臺灣日治時期譯者與譯事活動

翻譯史研究論叢

主編

王宏志　香港中文大學翻譯系榮休講座教授兼研究教授、
　　　　翻譯研究中心主任

學術委員會 (以姓氏筆劃排序)

王汎森　中央研究院歷史語言研究所特聘研究員

梁元生　香港中文大學歷史系榮休講座教授兼研究教授

章　清　復旦大學歷史學系教授

陳思和　復旦大學中文系教授

黃克武　中央研究院近代史研究所特聘研究員

熊月之　上海社會科學院歷史研究所研究員

鄭樹森　加州大學聖地牙哥分校榮休教授

叢書助理

李佳偉　香港中文大學翻譯研究中心博士後研究員

李穎欣　香港中文大學翻譯研究中心研究助理

翻譯史研究論叢・系列之三

臺灣日治時期 譯者與譯事活動

楊承淑 著

香港中文大學出版社
The Chinese University of Hong Kong Press

翻譯研究中心
Research Centre for Translation

翻譯史研究論叢

叢書主編：王宏志

叢書助理：李佳偉、李穎欣

《臺灣日治時期譯者與譯事活動》

　　楊承淑　著

國際統一書號 (ISBN)：978-988-237-277-1

出版：香港中文大學翻譯研究中心　　　　香港中文大學出版社
　　　香港 新界 沙田・香港中文大學　　香港 新界 沙田・香港中文大學
　　　電郵：rct@cuhk.edu.hk　　　　　　傳真：+852 2603 7355
　　　網址：www.cuhk.edu.hk/rct　　　　電郵：cup@cuhk.edu.hk
　　　　　　　　　　　　　　　　　　　網址：cup.cuhk.edu.hk

Studies in Translation History

Series Editor: Lawrence Wang-chi Wong

Series Assistants: Barbara Jiawei Li & Agnes Yingxin Li

Translators and Translation Activities in Taiwan under Japanese Rule (in Chinese)

　　By Yang Cheng-shu

ISBN: 978-988-237-277-1

Published by: Research Centre for Translation　　The Chinese University of Hong Kong Press
　　　　　　　The Chinese University of Hong Kong　The Chinese University of Hong Kong
　　　　　　　Sha Tin, N.T., Hong Kong　　　　　　Sha Tin, N.T., Hong Kong
　　　　　　　Email: rct@cuhk.edu.hk　　　　　　　Fax: +852 2603 7355
　　　　　　　Website: www.cuhk.edu.hk/rct　　　　Email: cup@cuhk.edu.hk
　　　　　　　　　　　　　　　　　　　　　　　　Website: cup.cuhk.edu.hk

Printed in Hong Kong

封面說明：〈臺灣總督府警察官及司獄官練習所實務訓練〉。典藏者：國立臺灣歷史博
物館。政府資料開放授權條款第 1 版 (Open Government Data License, version 1.0)。發
佈於《開放博物館》(https://openmuseum.tw/muse/digi_object/42ca3e5ae7138bb14eb5c4cab
582a70b#152632)。

叢書緣起

「翻譯史研究論叢」由香港中文大學翻譯研究中心策劃，香港中文大學出版社出版及發行，是海外第一套專門研究中國翻譯史個案的學術叢書。

近年來，中國翻譯史研究得到了較大的關注，坊間早已見到好幾種以《中國翻譯史》命名的專著，而相關的論文更大量地出現，這無疑是可喜的現象。然而，不能否認，作為一專門學術學科，中國翻譯史研究其實還只是處於草創階段，大部分已出版的翻譯史專著僅停留於基本翻譯資料的整理和爬梳，而不少所謂的研究論文也流於表面的介紹，缺乏深入的分析和論述，這是讓人很感可惜的。

香港中文大學翻譯研究中心成立於1971年，初期致力向西方譯介中國文學，自1973年起出版半年刊《譯叢》，以英文翻譯中國文學作品。近年著力推動翻譯研究，並特別專注中國翻譯史研究，於2011年推出《翻譯史研究》年刊，是迄今唯一一種專門刊登中國翻譯史個案研究論文的期刊。中心自2010年開始籌劃出版「翻譯史研究論叢」，目的就是要積極推動及提高中國翻譯史研究的水平，深入探討中國翻譯史重要個案，2012年推出叢書的第一種。

「翻譯史研究論叢」設有學術委員會，由知名學者擔任成員，為叢書出版路向、評審等方面提供意見及指導。所有書稿必須通過匿名評審機

制，兩名評審人經由學術委員會推薦及通過，評審報告亦交全體學術委員會成員審核，議決書稿是否接納出版。

「翻譯史研究論叢」園地公開，歡迎各方學者惠賜書稿，為推動及提高中國翻譯史研究而共同努力。

王宏志

「翻譯史研究論叢」主編

目 錄

附錄及圖片目次

引 言

現今探討譯者研究的重要成果大都出自近十年，專注投入且具分量的學者也多在亞洲（中國內地、香港、臺灣、日本、新加坡）。譯史與譯者研究必然涉及跨國與跨領域研究，亞洲地區的譯者研究社群與學術活動近來迭有學術會議及出版問世，尤其戰後政治社會劇變帶來語言文化上的「眾聲喧嘩」，加上近年陸續公開的歷史檔案，大都整合成可交叉參照的數位典藏查詢系統，更為譯者研究提供了豐饒的史料與題材。

2011年之前，臺灣的譯者研究多出自以史學、法學、社會語言學為等背景的臺灣研究領域，故其研究觀點並未以譯者及其譯事活動為焦點。尤其在研究材料來源與譯者事蹟等因素的影響下，研究範疇較集中於日治時期（1895–1945），且以單篇論文為主。

2011年筆者開始投入日治時期研究，並展開以譯者為主體的譯史探究，迄今撰稿約十餘篇（詳書末〈本書各章初出一覽〉）。主要研究方法是透過公文書等史料與關係人日記、書信、詩文、譯作等相關文本及其知識生產，探索日治時期譯者身分的形成、譯事活動的屬性特徵，以及贊助人與譯者關係等。

本書序章概述中國內地、香港、臺灣、日本、新加坡等地譯者與譯史研究的成果及意義。第1章簡述臺灣殖民初期日人來臺後的語文困境及其「通譯」（日本對於社區口譯的通稱）養成策略。該章以個案描述提出的主要譯者，也多是本書其後各章深入探究的人物。

　　然而，在臺灣的開拓發展史上，因大量引進閩粵移民，而使用閩、粵、原住民語等多種方言的現象至今依然存在。筆者受限於語料和語言能力，僅能在閩日語譯者的範圍內摸索探究，故會聚焦於佔比人口75%的福建語（據1940年「第五回臺灣國勢調查」人口普查結果）和官方語言——日語的譯事活動上。

　　第2章集中討論臺籍譯者方面。受限於多數史料為殖民者所留且為數有限，故以民間私文書——林獻堂日記語料庫為基礎，探索林獻堂和他九位通譯兼秘書之間的贊助人與譯者關係，以及其對臺灣社會、政治及文化的影響。在翻譯贊助人課題上，臺史得以呈現民間與官方（第6至末章）兩方面的具體案例，值得一書。

　　第3、4兩章的焦點在於譯者的他者視角，觀察民俗記述和文本敘事在不同語境下經譯者詮釋後的信息變化與折射，夾帶了哪些政治、社會、文化乃至個人層面的影響。透過這兩章的考察，可以證實譯者對於譯事生產的詮釋與介入，不論有意無意，皆影響至鉅。

　　由於河野龍也的後續研究，有關佐藤春夫在閩時的譯者鄭享綬及當地人物的生平事蹟，近來已揭露不少新事證，故第4章的修改幅度較大。對本研究感興趣或已讀過筆者於2015年發表的同名文章的讀者，盼能再讀本章。

　　第5至8章則基於翻譯研究的社會學理論轉向，展開譯者群體特徵的描述。而日治時期最大的譯者職業群體——法院通譯，正是本研究課題的沃土。首先，以日治時期最具影響力的法院通譯小野西洲為核心，對其生平和譯事活動進行深度探索。其次，則透過《臺灣總督府公文類纂》及職員錄等豐富史料，探究法院的主要譯者群體，包括法院發行的語文月刊《語苑》歷任主編的譯事活動及其群體特徵，從而指出歷任主編皆任高等官的事證，乃至法院通譯與警察通譯之間的流動性等議題。

　　第9章則以小野西洲為軸心，透過分析他對《臺灣日日新報》漢文版主筆謝雪漁奉派前往日本東京祭孔的〈內地遊記〉的翻譯及其作中人物，探究當局對於臺籍知識分子的操控，並梳理其中的臺日人物交友情況。

　　第10章繼以小野西洲早年與戰後未披露的漢詩文，考察詩中的臺日人物交友屬性及其交友圈的關係脈絡。藉此，譯者背後的官方力量次第浮現，那雙原本看不見的手，變得清晰可見。

　　第11與12章，則是透過1899至1936年間約1,000筆日臺語通譯試題及1931至1942年的應考教材，挖掘當局對於譯者能力的要求及試題的主題範圍，探究殖民者企圖透過譯者為耳目的政治、社會、文化乃至話語等議題的操控。

　　第12章涉及中日對戰期間，臺籍通譯隨日軍戰線延伸而至東南亞或中國大陸等地的活動。近期兩岸三地因戰後資料的解禁或新事證的發現，逐漸披露不少可觀的研究成果（詳見序章及書目）。筆者亦曾走訪奈良縣立圖書館戰爭文庫，翻閱當事人筆下血淚斑斑的心路歷程，令人不忍卒讀。日後不禁掩卷自問：「他們的角色還是譯者嗎？」在戰爭中完全喪失個人意志的處境下，他們成為軍中的雜役；戰後臺籍通譯又多數成為軍事審判下的死刑戰犯。揭開這些令人戰慄的史料，想到要日夜面對他們的生命歷程，對我而言是不可承受之重。這就是何以最末兩章的研究對象是史料和語料，而不是活生生的譯者。雖然原因不夠理直氣壯，但確是我心底的侷限與選擇。

　　臺灣、香港及東南亞在內的許多亞洲國家和地區都經歷過被殖民的歷史，而殖民統治的運作往往有賴於多語並存的制度和跨語協作的實踐。翻譯在殖民社會中無疑發揮著舉足輕重的作用，但歷史學者對此課題未必多所關注。筆者盼以臺灣日治時期譯者與譯事活動為路徑，從翻譯學視角進入歷史，另闢蹊徑，為探尋亞洲殖民史開一扇窗，也為日後的翻譯學科開拓新的天地。

凡例

1. 本書全長近30萬字，恐未必所有讀者皆能一貫通讀到底，為免讀者需前後查閱方能理解，少部分行文或註釋略有重複，敬請諒察。

2. 日本人名讀音不易查詢或中文讀者不易區辨姓氏，而已經筆者確認者，皆附記羅馬拼音。惟舊時日本人名讀音分歧，甚至有自改名字讀音者，因而難有定論，故不採全標記羅馬拼音方式行文。

譯者與譯史研究：理論與實踐

一、研究背景

翻譯理論自1990年代以來，即承襲1970年代興起於荷蘭、比利時等低地 (Low Lands) 國家的「多元系統理論」(polysystem theory)，視文學系統為動態體系，並有將經典從中心地位轉為邊緣，甚至逐漸消失的趨向。翻譯研究學者吸取此一觀點，嘗試將靜態、微觀、規約的形式化文本，轉為動態、宏觀、開放及多面向的詮釋觀點，並逐步建立起朝向譯作與受眾詮釋觀點與方法論的「文化學派」翻譯研究。如 Susan Bassnett 與 André Lefevere 於1990年合著的 *Translation: History & Culture* 即其中代表著作。[1] 而以該書為論述的文化學派進而提出「翻譯的文化轉向」，倡言將譯論的重心由作者轉向讀者，並從「源語文化」轉為「譯語文化」。此舉為翻譯研究開創耳目一新的視野與方向，且獲得學界廣泛的迴響。

Lefevere 進一步提出影響譯者翻譯策略的主因為贊助人 (patronage)、詩學 (poetics)、意識形態 (ideology) 等觀點。[2] 在此一論述基礎上，Jean

---

1　Susan Bassnett and André Lefevere, *Translation: History & Culture* (London: Pinter, 1990).

2　André Lefevere, *Translation, Rewriting, and the Manipulation of Literary Fame* (London and New York: Routledge, 1992). André Lefevere, *Translation: Culture/History: A Source Book* (London and New York: Routledge, 1992).

Delisle 與 Judith Woodsworth 於 1995 年出版的 *Translators through History*，[3] 指出譯者與贊助人的關係以及譯者最主要的貢獻。筆者將之梳理為：(1) 創造 (語言、風格、民族文學、締造歷史)；(2) 傳播 (知識、宗教、文化價值、編纂詞典)；(3) 操控 (權力、譯者主體性)。可以說，譯者確有其具體貢獻和重要功能，但亦不免透過譯事活動進行操控與介入。該書對於各國譯者與譯事活動的描述，印證了 1990 年代以來由 Bassnett 與 Lefevre 提出的「翻譯的文化轉向」論述。

其後，Anthony Pym 在 *Method in Translation History* 提出了譯史研究方法與目標，[4] 並從社會科學研究方法出發，將譯者研究置於譯史研究的重心。在其四項譯史研究「普遍原則」(general principle) 下，指出譯者研究應包含：探索生平經歷、描述多重身分、從事翻譯的多重目的，以及該環境下所產生的譯事活動及其特徵等。

繼「文化轉向」之後，近十年來翻譯學界漸次藉由布迪厄 (Pierre Bourdieu) 的社會學理論，將翻譯研究推向社會關係網路下的行動者 (agent)、描述其社會實踐空間，以及譯者進行社會實踐的主體性及其共同特徵，乃至掌握行動者社會實踐工具的資本類型及其轉換等。亦即，從社會結構的面向，確定行動者的社會位置，並將個體的主體性與社會的客觀性加以相互參照，將譯者與翻譯行動納入社會文化建構中的共同參與者，進而透過結構化、系統性、理論性的論述，使之成為可闡釋且廣泛應用的一套檢驗模型。

採取歷史研究路向的譯者研究，通常由該國學者或史料文獻保存地的學術社群所產出，主要研究方法與思路有兩種途徑：一是從過往的時代與社會脈絡中探尋歷史中的譯者，研究者從史料、文本、譯史、翻譯

3　本書的出版由以譯者組成的協會主動出擊，並透過 UNESCO 同時發行。除英、法文版外，已陸續譯為多種語言。本書的問世，對於翻譯研究發展而言，無論內在的意涵或是外在的形式，都揭示了譯者的主體意識及其可觀的行動力。本書前半部以研究方法為主，後半部則以譯者描述與分析為要。Jean Delisle and Judith Woodsworth, *Translators through History* (Amsterdam and Philadelphia: John Benjamins, 1995).

4　Anthony Pym, *Method in Translation History* (Manchester: St. Jerome, 1998).

理論等探索並描述譯者的譯事活動與知識生產，並綜合歸納譯者角色與屬性特徵等；另一途徑則是採取文化社會學角度，針對譯者群體屬性及其社會活動的接點，進行口述訪談及其話語分析等，藉此探究該群體的譯者角色與屬性特徵，並補足書寫材料無法對應的空缺。從後者的研究中，我們已可略見翻譯的「社會學轉向」(sociological turn)。

翻譯的社會學研究途徑，早在 Theo Hermans 的著述 *Translation in Systems* 即已指出，[5] 翻譯深嵌於社會、政治、經濟、文化的系統之中，是其內部的重要操作力量。然而，這樣的理論詮釋未如布氏理論以行動者 (actors) 為核心，且以推展社會化概念及結構性解釋為目標，將譯者與譯事活動同時置於社會的動態變化過程中，進行共時性的考察分析。

而將布氏理論用於譯者研究的學者，以社區口譯研究為先，其中又以為現居英國的 Claudia V. Angelelli 最具代表性。[6] 她多年來針對加拿大、墨西哥、美國的會議口譯員及法庭與醫療口譯者所做的角色分析，[7] 可説迄今成果最為突出，也是社區口譯領域受引述最多的學者。她的口譯員角色研究從人際、機構、社會等三方面切入，並就社會組織與社會結構的面向將布氏理論納入，以解釋譯者受到社會及文化語境作用的成因及其影響。

2005 年英國 Taylor & Francis 出版的重要學術期刊 *The Translator*，推出 "Bourdieu and the Sociology of Translating" 特刊號，由 Moira Inghilleri 主編，該輯有兩篇重要著作特別值得關注。其一為主編 Inghilleri 撰述的 "The Sociology of Bourdieu and the Construction of the 'Object' in Translation

---

5   Theo Hermans, *Translation in Systems: Descriptive and System-Oriented Approaches Explained* (Manchester: St. Jerome Publishing, 1999; UK: Routledge, 2014).

6   Claudia V. Angelelli, *Medical Interpreting and Cross-cultural Communication* (Cambridge: Cambridge University Press, 2004).

7   Claudia V. Angelelli, *Revisiting the Interpreter's Role: A Study of Conference, Court, and Medical Interpreters in Canada, Mexico, and United States* (Amsterdam and Philadelphia: John Benjamins, 2004).

and Interpreting Studies"，[8] 她援引布迪厄的理論觀點，指出翻譯研究的視角轉為將翻譯活動置於歷史與社會文化的脈絡中思考；而以口筆譯者為焦點，將其角色功能視為社會與文化活動中的行動者，考察譯者在口筆譯活動的複雜網絡下所引發的特定影響，可更深入探索譯者及其社會結構之間的關係。

另一論文則是加拿大學者 Jean-Marc Gouanvic 的 "A Bourdieusian Theory of Translation, or the Coincidence of Practical Instances"，[9] 其副標題即以布迪厄觀察社會結構與行動者的重要研究為思考基礎，以 "Field, 'Habitus', Capital and 'Illusio'" 為其主軸。該文以 19 至 20 世紀美國文學在法國的翻譯及譯者活動為主要觀察場域，藉由布氏前述概念，提出對於譯者群體慣習的歸納與描述。

The Translator 於 2005 年推出的 Bourdieu 特刊，顯然迅速發生了影響。2006 年 12 月，鳥飼玖美子發表博士論文，[10] 後於 2009 年出版 Voices of the Invisible Presence: Diplomatic Interpreters in Post-World War II Japan，其中有三章分別以 "Habitus"、"Field"、"Practice" 作為標題。[11] 顯然，運用布迪厄理論的用意十分明確。而其第二章〈口筆譯研究源流〉針對翻譯的等值、規範、倫理、自主性、後殖民、社會學研究方向等課題，則揭示了日本翻譯學者對於布迪厄社會學與翻譯學研究的關注。

受 Angelelli 影響深刻並提出重要著述的任文教授，[12] 在 2013 年的後續論文亦直接以布氏的「場域、慣習和資本」為題，[13] 探討社區口譯中的

8　Moira Inghilleri, "The Sociology of Bourdieu and the Construction of the 'Object' in Translation and Interpreting Studies," *The Translator* 11 (2005), Issue 2, pp. 125–145.

9　Jean-Marc Gouanvic, "A Bourdieusian Theory of Translation, or the Coincidence of Practical Instances," *The Translator* 11 (2005), Issue 2, pp. 147–166.

10　Kumiko Torikai, *Voices of the Invisible Presence: Diplomatic Interpreters in Post-World War II Japan* (Amsterdam: John Benjamins, 2009).

11　"Practice" 可譯為「實踐活動」，是來自布迪厄「實踐理論」(theory of practice) 的概念。

12　任文：《連絡口譯過程中譯員的主體性意識研究》(北京：外語教學與研究出版社，2010)。

13　任文、徐寒：〈社區口譯中場域、慣習和資本 ——口譯研究的社會學視角〉，《中國翻譯》2013 年第 5 期，頁 16–22。

社會學研究方法及其實踐等。該文除介紹布氏理論源流外，也針對該理論在口譯場域的應用優勢及不足之處提出清晰的描述。

藉由歷史學的方法及資料運用，可以對於過去特定時期與社會體制中譯者與譯事活動的探究與檢證，並與理論進行歷時性的對話。經由理論的檢驗分析，將過往的譯者群體描述與角色功能分析，結合歷時與共時性的考察視角，進行社會結構下的脈絡化與理論性的論述建構，以充實譯者研究的理論層次及其方法學等知識內涵。

二、研究動向

承續前述理論脈絡，2000 年以來中國內地、香港、臺灣與新加坡等華語圈學者以及日本翻譯學界，在以譯者為核心的譯史研究領域上，陸續提出不少突破創新的成果。尤其在幾位領袖級學者的帶動下，投入的年輕學者有日益增加之勢。由於本領域起步不久，故在研究成果之外，下文對於其中最具指標意義的研究學者及其學術活動，儘可能加以涵蓋並披露其成果概要。

日本學界的譯者與譯史研究，首推立教大學跨文化溝通研究所武田珂代子教授。她於 2007 年完成西班牙 Rovira i Virgili 大學博士論文，該研究以二戰後東京審判中的口譯員為考察對象，針對審判過程中的三段式口譯途徑（日本外交官譯員、日裔美籍雙語監測員、美國白人語言裁定官），[14] 以及三者之間的權力消長與譯事關係等進行分析。該研究意圖呈現政治權力下的審訊中，不同族裔、國籍、身分譯者所扮演的不同角色。武田教授近年研究內涵日益深化，透過史料、文本、史觀、翻譯理論等探索譯者的譯事活動，其研究視野與方法可說是前述譯史與譯者研究的代表。[15]

14　武田珂代子：《東京裁判における通訳》（東京：みすず書房，2008）。

15　武田珂代子（譯），Anthony Pym（著）：《翻訳理論の探求》（東京：みすず書房，2010）。

　　而另一方面，採取文化社會學角度及口述歷史研究方法的代表學者，則為鳥飼玖美子教授。她2007年的博士論文，是其譯者研究的代表作。該文透過口述歷史與口譯案例分析，訪談戰後日美外交中的頂尖譯員──西山千、相馬雪香、村松增美、國弘正雄、小松達也，並依此描述譯者生平、譯者養成、職場經歷等。[16] 同時，透過譯者自述歸納其口譯角色及對自身任務的自覺，該書可說是前述譯者口述訪談研究的代表著作。

　　她於2004至2012年擔任「日本通譯翻譯學會」會長，在此期間除積極邀請歐洲翻譯理論學者Jeremy Munday與Franz Pöchhacker訪日外，[17] 還擔任監譯將其相關著作譯介為日文。[18] 此外，她在電視、報紙、出版等媒體上曝光率甚高，同時擔任國立國語研究所評議委員等要職，故在日本英語口語傳播、口筆譯教學、乃至翻譯學術上皆具意見領袖的地位。

　　而在中國大陸首開先聲的是2014年退休（2020年離世）的上海外國語大學高級翻譯學院謝天振教授。他於2009年開辦了《東方翻譯》季刊並擔任副主編；該刊在譯論引介、譯學動向、新刊書評等學術領域持續推展，也是中國最積極披露譯史與譯者研究的翻譯學術期刊。

　　2007年，謝教授倡言「譯介學視野下的譯者研究」，[19] 聚焦於：(1)譯者的翻譯活動與創作文學之間的關係；(2)譯者對於翻譯文學的貢獻。該研究視角承襲了 *Translators through History* 的譯者研究觀點，並在後來他主編的《中西翻譯簡史》中，[20] 繼以譯者在傳播與創造上的貢獻為主軸，對於中西翻譯發展的歷史進行兼容並蓄的描述。在譯者研究對

16　鳥飼玖美子：《通訳者と戦後日米外交》（東京：みすず書房，2007）。

17　Jeremy Munday, *Introducing Translation Studies: Theories and Applications* (London and New York: Routledge, 2001). Franz Pöchhacker, *Introducing Interpreting Studies* (London and New York: Routledge, 2004).

18　鳥飼玖美子（監譯），Jeremy Munday（著）：《翻訳学入門》（東京：みすず書房，2009）。鳥飼玖美子（監譯），Franz Pöchhacker（著）：《通訳学入門》（東京：みすず書房，2008）。

19　謝天振：《譯介學》（上海：上海外語教育出版社，1999）。

20　謝天振：《中西翻譯簡史》（北京：外語教學與研究出版社，2009）。謝天振：《中西翻譯簡史》（臺北：書林出版有限公司，2013）。

象上，他提出的譯者有兩類：一是集文學家與翻譯家於一身者，如魯迅、茅盾、郭沫若、徐志摩、卞之琳等，其譯者研究聚焦於翻譯活動與創作文學之間的關係；而另一類則是知名職業翻譯家，如林紓、嚴復、朱生豪、傅雷等，重點在於探究他們對於翻譯文學的貢獻。[21]

而香港學界的譯史研究，以香港中文大學翻譯研究中心王宏志教授的投入最受矚目。他自 2009 年起每兩年舉辦一次「中國翻譯史研究暑期班」，除延聘頂尖講師培養中國內地、香港、臺灣優秀碩博士班學生投入譯史研究外，還於暑期班隔年主辦「書寫中國翻譯史：中國譯學新芽研討會」，鼓勵暑期班學員將研究成果在研討會中展現。2011 年，他還創辦了以中國翻譯史為主要探究對象，並譯介國外翻譯史研究論文的《翻譯史研究》(年刊)。同年又推出該校翻譯研究中心成立 40 週年紀念論文集 *Towards a History of Translating*（《走向翻譯的歷史》），共計三冊。

王教授本人則以鴉片戰爭中的譯者為研究範疇，[22] 大量運用英國外交史料與文本進行研究，顯示史學研究方法與資料運用，對譯者及譯史研究產生十分顯著的影響。由於王教授的大力推動，顯然已經產生明確的傳承效果，例如 2015 年《翻譯史研究》刊載了香港中文大學翻譯系陳雅晴的〈亦趨亦離：早期港英殖民政府的華人譯者 (1843–1900)〉。[23] 至此，香港殖民時期的譯者群體研究，已由青年學者初試啼聲，令人欣喜。

王教授引述 Van Hoof 的看法：「翻譯史的書寫，能促進人們對整個人類文化歷史的重寫」，且積極回應了謝天振教授撰寫翻譯史的呼籲。[24] 他的研究以晚清以降的中國翻譯史為主軸，探討範圍涵蓋明末清初的中

21　謝天振：《譯介學導論》(北京：北京大學出版社，2007)，頁 229。

22　王宏志：〈第一次鴉片戰爭中的譯者〉，《翻譯史研究 (2011)》(上海：復旦大學出版社，2011)，頁 82–113。王宏志：〈第一次鴉片戰爭中的譯者 下篇：英方的譯者〉，《翻譯史研究 (2012)》(上海：復旦大學出版社，2012)，頁 1–58。王宏志：〈1816 阿美士德使團的翻譯問題〉，《翻譯史研究 (2015)》(上海：復旦大學出版社，2015)，頁 52–98。

23　陳雅晴：〈亦趨亦離：早期港英殖民政府的華人譯者 (1843–1900)〉，《翻譯史研究 (2015)》，頁 263–313。

24　王宏志：〈一本《晚清翻譯史》的構思〉，《中國比較文學雜誌》2001 年 2 期，頁 100–109。

英通事、晚清的翻譯贊助人（如林則徐、恭親王及嚴復的贊助人吳汝
綸）、京師同文館與晚清翻譯以及對周作人、魯迅、梁實秋、卞之琳等
研究。[25] 從以上譯者研究看來，王教授的研究對象與謝天振教授所提出
的兩類譯者，正巧不謀而合。就文化學派的理論脈絡而言，其來有自，
實非偶然。

　　而在新加坡方面，任教於南洋理工大學中文系的關詩珮教授，近年
對於譯史與譯者研究亦有可觀的成果。2012年她提出英國傳教士及漢學
家理雅各（James Legge, 1815–1897），針對香港翻譯官學生培訓計劃
（1860–1900）翻譯課程的相關研究。[26] 該研究透過爬梳英國殖民地部的
檔案，詳述理雅各開辦者的角色及其返回英國後的影響和作用等。[27] 文
中除細膩描述當時譯者不足所遭逢的社會困境外，也在因應過程中彰顯
理雅各對於翻譯的貢獻。同時，本文亦有意藉此突顯亞洲殖民知識生產
與英國本土漢學關係的互動發展。[28]

　　2012年，她還有一項針對1847至1870年英國外交部中國學生譯員
計劃的研究，[29] 探討譯者威妥瑪（Sir Thomas Francis Wade, 1818–1895）在
該計劃中的角色功能，以及該計劃中的師資、教材、教學法、考核、評
量等。從她新近的研究即可看出對於譯者角色與其譯事活動的描述，在
分量上已有日趨顯著的傾向。

25　王宏志：《翻譯與文學之間》（南京：南京大學出版社，2010）。
26　關詩珮：〈大英帝國、漢學與翻譯：理雅各與香港譯官學生計劃（1860–1900）〉，《翻譯
　　史研究（2012）》（上海：復旦大學出版社，2012），頁59–101。
27　Uganda Sze Pui Kwan, "Translation and the British Colonial Mission: The Career of Samuel
　　Turner Fearon and the Establishment of Chinese Studies in King's College," *Journal of Royal
　　Asiatic Society of Great Britain and Ireland* 24 (2014), No. 4, pp. 1–20.
28　Uganda Sze Pui Kwan. "Politics of Translation and the Romanization of Chinese into World
　　Language," in David Der-wei Wang (ed.), *A New Literary History of Modern China* (Massachusetts,
　　Cambridge: Harvard University Press, 2017), pp. 119–125.
29　關詩珮：〈翻譯政治與漢學知識的生產：威妥瑪與英國外交部的中國學生譯員計劃
　　（1843–1870）〉，「從晚明到晚清：文學‧翻譯‧知識建構」國際學術研討會（臺北：中
　　研院文哲所，2012年11月1–2日）。

　　2013年她從倫敦大學挖掘了一手史料，進行文本梳理後，分析英國漢學家斯當東（Sir George Thomas Staunton, 1781–1859）來華的譯事活動及其返國後透過從政極力贊助翻譯與漢學活動。斯當東1847年在倫敦大學國王學院設立中文教席，大量培養翻譯中國情報的人才。2014年，她揭露了斯當東的繼任者佐麻須（James Summers, 1828–1891）與英國十九世紀在中國及東亞龐大政經利益的錯綜關係。她的研究突顯了譯者的知識生產與主體性，推展了英國本土漢學的發展乃至國家利益的維護。這在譯史議題與史料發掘上，是頗具新意與創見的成果。

　　至於臺灣，第一篇考察範圍最廣的譯者研究，是中央研究院臺灣史研究所許雪姬教授的〈日治時期臺灣的通譯〉。[30] 她透過梳理《臺灣總督府公文類纂》等大量官方史料，將日治時期的通譯養成、類別、經歷等，作出一個鳥瞰式的描述。該文提供了豐富的史料來源，為其後的臺灣日治時期譯者研究，展開了具指標意義的論述。[31]

　　其次，在日治法院通譯研究方面，以日本津田塾大學國際關係學科准教授岡本真希子[32] 為最早。她透過《臺灣總督府公文類纂》與《臺灣總督府職員錄》等大量官方史料，針對臺灣法院通譯的整體屬性及個案進行描述。她以《語苑》前後四位主編及兩位臺籍法院通譯為對象，並附上人事檔案作為佐證。其觀察著眼於法院判官、檢察官、法院通譯等官僚體制的脈絡梳理，對於主編《語苑》的法院通譯則視之為「實務型下層官僚」，並針對個別通譯提出檔案整理與描述。2012與2013年，岡本進而針對1910至1940年《語苑》的主編與編輯委員、評議員等數十位通譯

30　許雪姬：〈日治時期臺灣的通譯〉，《輔仁歷史學報》第18期，頁1–44。

31　許雪姬：〈他鄉的經驗：日治時期臺灣人的海外活動口述〉，當代上海研究所（編）：《口述歷史的理論與實務：來自海峽兩岸的探討》（上海：上海人民出版社，2007），頁177–212。

32　岡本真希子：〈日本統治時代台湾の法院における『通訳』たち──『台湾総督府公文類纂人事関係書類から見る台湾人／地人『通訳』〉，《第五屆臺灣總督府檔案學術研討會論文集》（南投：國史館臺灣文獻館，2008），頁153–174。岡本真希子：《植民地官僚の政治史：朝鮮・台湾総督府と帝国日本》（東京：三元社，2008）。

的生平簡歷及著作等詳加列舉，提出大量法院通譯的人事資料，其史料文獻的處理方式和考察成果均值得借鑑。[33]

此外，淡江大學日文系副教授冨田哲則從日治時期的社會語言研究視角，運用日臺公文書及相關史料，探究總督府翻譯官與基層通譯的臺灣土語學習及其知識內涵。近年冨田漸有朝向總督府翻譯官與政治體制關係的研究傾向。[34]他的研究對於日治時期翻譯史的探究頗具佐證之功。

冨田哲的專著《植民地統治下での通訳‧翻訳——世紀転換期臺湾と東アジア》收錄了七篇以殖民統治下的翻譯與通譯為焦點的研究，[35]透過語言政策與語文教育及實務運作等面向，考察日治時期政府各級單位中的各類譯者群體，包括總督府高階翻譯官，以及民政局轄下的臺語、客語、原住民語等基層警察通譯的養成及其生產活動。該研究主要根據《臺灣總督府公文類纂》、府報、官報、職員錄，以及日本國立公文書館的公文書檔案等，詳查出總督府翻譯官的員額、職稱、薪給、位階、隸屬單位、語言專長等。同時，也旁及日治時期翻譯官與南進政策的關係，以及「清國通」翻譯官的定位等課題的探究。

2011年，王宏志教授主持的香港中文大學翻譯研究中心研究計劃「翻譯與亞洲殖民管治(2011–2014)」，由筆者負責其子計劃「翻譯與臺灣殖民管治」。2012年9月27日於中研院臺史所舉辦「日治時期的譯者與譯事活動」工作坊，並提出五篇學術論文。[36]2013年9月14日與臺灣

33 岡本真希子：〈日本統治前半期台湾の官僚組織における通訳育成と雑誌『語苑』——1910–1920年代を中心に〉，《社会科学》第42卷第2、3號（合併）(2012年12月)，頁103–144。岡本真希子：〈「国語」普及政策下台湾の官僚組織における通訳育成と雑誌『語苑』——1930–1940年代を中心に〉，《社会科学》第42卷第4號，頁73–111。

34 冨田哲：〈日本統治初期の台湾総督府翻訳官——その創設及び彼らの経歴と言語能力〉，《淡江日本論叢》第21輯(2010年6月)，頁151–174。冨田哲：〈日本統治期をとりまく情勢の変化と台湾総督府翻訳官〉，《日本台湾学会報》第14號(2012年6月)，頁145–168。

35 冨田哲：《植民地統治下での通訳‧翻訳——世紀転換期臺湾と東アジア》（臺北：致良出版社，2013）。

36 工作坊論文並未正式出版。但部分論文經大幅修訂後，收入筆者2015年主編之專書。詳下註。

翻譯學學會、國家教育研究院、臺大文學院翻譯碩士學位課程等合作，於國家教育研究院舉辦「譯史中的譯者」國際學術研討會。2014年6月於《翻譯學研究集刊》第17輯推出「譯史與譯者研究」特刊。

2012年初至2015年間，筆者策劃推動每月一次、連續40次的「譯者研究讀書會」。與此讀書會相關的幾場學術活動包括：前述工作坊及2013年6月在國教院舉辦的「譯者與譯史研究工作坊」，特邀許雪姬及張隆志兩位史學教授講授史學研究方法與史料運用。2015年12月，由筆者主編並邀集七位讀書會成員完成了由臺大出版中心刊行的《日本統治期臺湾における訳者及び「翻訳」活動：殖民地統治と言語文化の錯綜関係》（《臺灣日治時期的譯者與譯事活動──殖民統治與語言文化的錯綜交匯現象》）。[37]

2013至2015年筆者在輔仁大學跨文化研究所碩博士班首開「臺灣日治時期翻譯專題研究」，培養了幾位碩士生完成論文，[38] 另外陳韶琪於2021年提出研究日治初期複通譯兼漢詩人趙鍾麒的博士論文。此後，臺灣師範大學翻譯研究所的賴慈芸教授，也於2017年在該所開設了「臺灣翻譯史」課程。而她指導的張綺容（思婷），則先於2015年完成博士論文《臺灣戒嚴時期的翻譯文學與政治：以〈拾穗〉為研究對象》。[39]

此外，臺北市立大學英語教學系陳宏淑副教授，自2010年以來針對晚清譯者包天笑等人的譯作所展開的轉譯史研究，可謂饒富巧思的研究課題。其中包含譯者的操控、轉譯語言與文本的深入追蹤等，[40] 相當

37　楊承淑（主編）：《日本統治期台湾における訳者及び「翻訳」活動：植民地統治と言語文化の錯綜関係》（臺北：國立臺灣大學出版中心，2015）。

38　陳宛頻：《通譯的國族認同之探討：以皇民化時代戰場通譯為例》（輔仁大學跨文化研究碩士論文，2013）。涂紋鳳：《日治時期原住民蕃語集中的「警察」形象解析──以1905–1933年日蕃對譯教本為範疇》（輔仁大學跨文化研究碩士論文，2015）。

39　張思婷：《臺灣戒嚴時期的翻譯文學與政治：以〈拾穗〉為研究對象》（臺師大翻譯研究所博士論文，2015）。

40　陳宏淑：〈〈馨兒就學記〉前一章：《兒童修身之感情的轉譯史》〉，《翻譯學研究集刊》第17輯（2014年6月），頁1–21。

程度反映了「翻譯的文化轉向」以來的研究視角與方法，[41] 且又能從多語譯本與譯史脈絡中切入，[42] 近期研究成果豐碩，深受學界肯定。

賴教授近年投入臺灣戰後翻譯偽本問題的研究，[43] 帶出了戰後譯者身分及其背後生態的探究，[44] 為國府來臺後至解嚴間 (1945–1987) 約達 40 年的譯事活動作出深入的挖掘與梳理。同時，也對臺灣在受殖民與戒嚴時期之間的轉折提出了明確的交代。2019 年，她主編的《臺灣翻譯史：殖民、國族與認同》由 12 位學者共同完成了一部 623 頁、貫穿百年的臺灣翻譯史研究，頗具里程碑意義。[45]

受前人研究論述影響，近年學界的譯史研究幾乎都以屬性相近的譯者群體為觀察對象，且兼顧其時代性與社會性等歷史背景成因的分析。而 Delisle 與 Woodsworth 所提出的譯者活動的三大特徵創造、傳播、操控的觀點，也在前述學者近年的研究成果中陸續得到有力的佐證。

從中國內地、香港、臺灣、新加坡與日本等研究成果可知，譯者研究的理論背景大都來自歐美學者的論述，但研究的對象則為其本土譯者或譯事活動。而前述學者的代表性研究成果，也都集中於近十年，可見學界對於此一領域的投入，已在各地不約而同地展開。尤其，在各地領袖型學者的積極帶動之下，如今已有數項區域合作的學術研究陸續推展。例如，武田珂代子、政治大學歷史系藍適齊以及法國學者等，參與

41　Hung-Shu Chen, "Chinese Whispers: A Story Translated from Italian to English to Japanese and, finally, to Chinese," *Journal of the History of Ideas in East Asia* 東亞觀念史集刊 8 (2015), pp. 267–307.

42　陳宏淑：〈翻譯「教師」：日系教育小說中受到雙重文化影響的教師典範〉，《中國文哲研究集刊》第 46 期 (2015 年 3 月)，頁 31–62。Hung-Shu Chen, "A Hybrid Translation from Two Source Texts: The In-Betweenness of a Homeless Orphan," *Compilation and Translation Review* 編譯論叢 2 (2015), vol. 8, pp. 89–120.

43　賴慈芸：〈不在場的譯者：論冷戰期間英美文學翻譯的匿名出版及盜印問題〉，《英美文學評論》第 25 期 (2014 年 12 月)，頁 29–65。

44　賴慈芸：〈幽靈譯者與流亡文人 —— 戰後臺灣譯者生態初探〉，《翻譯學研究集刊》第 17 輯 (2014)，頁 23–55。賴慈芸：〈咆哮山莊在臺灣：翻譯、改寫與仿作〉，《編譯論叢》第 6 卷第 2 期 (2013)，頁 1–39。

45　賴慈芸 (主編)：《臺灣翻譯史：殖民、國族與認同》(新北市：聯經，2019)。

和田英穗教授主持的「對 BC 級戰犯中臺籍戰犯的研究 ── 以中英法澳戰犯審判為例」（日本學術振興會研究計劃，2011–2014）。[46] 其中，武田與藍教授的部分即與通譯研究相關。

　　以上亞洲相關研究成果，以及中國內地、香港、臺灣地區的學術活動，顯現各地自有其學術脈絡與發展特色；尤其老中青三代學者之間，可見學術研究的橫向社群集結與縱向傳承之勢。這些都顯示十年來譯者與譯史研究的播種扎根，可望得到開花結果的榮景，甚至，足以進一步在國際學術舞臺上發聲發揚。各地既擁有豐饒史料與題材，更不乏有志學者與學子，深盼繼續充實其理論及學術內涵，以不負天時、地利、人和的良好契機。

三、結語

　　現代史學既追求重建客觀歷史與事實真相，同時也對歷史的客觀性持續質疑。因此，如何將社會的多元面貌與網絡特質納入歷史研究的視域，並找尋相對於過往以「重要事件」與「重點人物」為主軸的歷史敘事與研究脈絡；從特定時空下找尋具關鍵意義的跨語和跨界人物，透過他們的譯事活動與人際網絡，和當時的政治環境、社會經濟、時代氛圍加以勾連牽動，讓小人物的集合與印記成為大歷史的佐證，甚或形成翻轉。而透過譯者場域與論述所設定的權力位置乃至關係網路，都是理解譯者進行社會行動的關鍵節點，也是闡釋結構與行動之間互動關係的切入重點。

　　譯史研究如何找出一個介於外來者與本地人之間的觀察角度，是翻譯學者可以著力之處。而以西方譯史與譯者研究論述闡釋過往的譯者角色，透過各時期的譯者身分形成與譯事活動等課題，可以發展為具本土

46　Kayoko Takeda, "Interpreting at the Tokyo War Crimes Tribunal," in Shlesinger, Miriam and Franz Pöchhacker (eds.), *Doing Justice to Court Interpreting* (Amsterdam: John Benjamins, 2010), pp. 9–27.

特色與觀點的翻譯學研究並深化其內涵。未來，因應譯者及其翻譯活動、乃至當地歷史的跨領域研究而形成的學術社群亦足以為各自的學科開創新格局與新視野。

第 1 章

臺灣日治時期的譯者群像

一、前言

Pym 在 *Method in Translation History* 中對翻譯史研究提出的方向與方法，[1] 強調將研究重心對準譯者，並透過對譯者背景分析以詮釋翻譯的成因。

譯史研究的主要對象不是譯本，不是與譯本相關的語境系統，也不是語言特徵，而應是以人為主體的譯者。因為只有譯者才肩負著與社會成因相關的種種責任。惟有通過分析譯者和他們身處的社會聯繫（客戶、贊助人、讀者），我們才能理解何以翻譯會在特定的歷史時空下產生。[2]

前述研究觀點，突顯了譯者主體性及其社會環境在翻譯研究中的重要位置。尤其是處於政權交替的殖民初期譯者 —— 特別是擔任口語傳達的通譯，他們在社會的各行業及生活的各角落和面向上，不僅扮演著殖民者與被殖民者之間關鍵性的中介者角色，同時也「扮演」著隱形人的角色。表面上，他們雖然沒有説出自己想説的話語；而事實上，他們

---

1 Pym 曾指出譯史研究的四項普遍原則 (four general principles)：一、譯史研究應解釋何以翻譯會在特定的歷史時空下產生，並指向社會成因的問題；二、應以譯者為對象；三、宜有效梳理譯者身處的社會脈絡（居住環境與工作）及其譯語文化 (target culture) 等因素；四、譯史研究不止於解釋過往，亦宜闡釋並解決當今的問題。參 Pym, *Method in Translation History*.

2 參見盧志宏：〈翻譯：創造、傳播與操控 —— 讀德利爾和沃茲華斯編著《穿越歷史的譯者》〉，《東方翻譯》2011 年第 1 期（總第 9 期），頁 86–90。

是否僅「扮演」一個不說自己的話，卻未必沒有發聲的隱性發話者呢？透過史料與文本記載，盼能將一直被人視而不見的通譯，讓他們重回歷史的脈絡，儘可能地重現他們心底的聲音，並順著彼時的心聲呈現他們的視角與觀點。

從事口譯的譯者往往是個別、零星，又受人遺忘的角色。如今回首追溯百餘年前沒沒無聞的昔日通譯，似乎僅是一個個斷簡殘篇中浮光掠影的人物。幸而，十餘年來臺灣史學界對於日治史料的翻譯整理及積極數位化等努力之下，如今透過前人研究及對譯者活動、產出、側寫、回想等文本記載，我們終能循線探索殖民統治的時空之下，譯者在譯事活動中呈現的行事與話語觀點及其語文產出特徵。盼從日治時期的歷史脈絡裡，梳理譯者隱而未發的訊息內涵及其語文產出特徵，並精細描述譯者的形貌及其文化位置。

二、日治初期的臺籍通譯養成

關於日治時期的臺灣通譯研究，最直接而具體的文獻首推許雪姬的〈日治時期臺灣的通譯〉，文中共提及95位通譯。[3]透過她對相關史料的梳理及通譯生平與活動的描述，[4]對於臺灣日治時期通譯角色的解讀，可說極有助益。

許雪姬的研究指出，日治初期官方透過學校所培養的「通譯」，主要以臺語與日語間的口譯為主，並不包含北京官話或其他語言。而日語與英語等西歐語言譯者，則稱為「翻譯官」。此外，根據當時臺灣公立中學

3　許雪姬：〈日治時期臺灣的通譯〉，頁 1–44。
4　許雪姬在〈日治時期臺灣的通譯〉中所引之通譯史料包括《臺灣總督府公文類纂》，內含完整的通譯履歷。其次，則透過總督府出版的《官報》、《府報》、《臺灣總督府職員錄》等，掌握通譯的任職分佈。至於譯者生平等記載，則來自《臺灣人士鑑》。

校教諭渡邊精善的描述，[5] 日人來臺之初，雖有一百數十名通曉北京官話的陸軍通譯來臺，但因臺人根本不懂官話，故除筆談之外，這批通譯幾乎派不上用場，致使當局既感不便，且難免遭逢事故而倍感危機。而事實上，要從日人中立即養成通譯，不如就地取材，大量培養臺籍通譯，才是斧底抽薪的解決之道。

臺灣的日治時期在1895年5月8日《馬關條約》簽訂、10日換文公布生效後開始。是日海軍大將樺山資紀受命為首任臺灣總督。同年5月21日制訂暫行條例，總督府下設民政局、陸軍局、海軍局。其中，民政局下分「內務、外務、殖產、財務、學務、遞信、司法」共七部。

總督一行於6月5日抵基隆港，14日入臺北城。學務部長伊澤修二(1851–1917)立即上書，[6] 要求僱用清國人吧連德(ブラント)。吧連德父為德國人、母為廈門人，在香港受過高等學校教育，故熟諳英語且能操臺語。伊澤擬以80圓高薪立即聘用，以協助推展教學及教材編纂等業務。[7] 經核批後於6月17日正式對吧連德委以「學務部事務囑託」，亦即以約聘身分擔任該職。

根據《臺灣教育沿革誌》記載，[8] 1895年7月學務部開始在芝山巖設立日語學堂時，八芝林街鄉紳子弟共十餘名，由伊澤修二以英文教授，再

5　據臺灣總督府《府報》第826號(昭和4年〔1929〕11月26日)記載，渡邊精善於昭和4年11月22日出任臺灣公立中學校教諭。參渡邊精善：〈芝山巖時代の教育〉，《臺灣教育(1935)》，頁40–51。

6　伊澤修二為日本文部省最早派出的留美(1875–1878)專攻師範教育的學生。返國後力倡音樂、體育、盲啞教育等。自薦來臺後任學務部長(1895年5月至1897年7月)，曾以片假名為張本設計「臺語假名音標」，成為日治時期通行的臺語標音方式。參陳恆嘉：〈以「國語學校」為場域，看日治時期的語言政策〉，收黎中光、陳美蓉、張炎憲(編)：《臺灣近百年史論文集》(臺北：吳三連臺灣史料基金會，1996)，頁13–29。

7　渡邊精善：〈芝山巖時代の教育〉，頁40–51。臺北第一師範學校校長志保田鉎吉〈芝山巖精神について〉指，吧連德有時也充任伊澤修二的通譯。參志保田鉎吉：〈芝山巖精神について〉，《臺灣教育》第318號，頁68–74。又詳志保田鉎吉：〈台湾における国語教授の変遷(一)〉，《言語と文学》第3號(1930)，頁52–57。該文註解中亦提及吧連德身世。

8　臺灣教育會(編)：《臺灣教育沿革誌》(臺北：臺灣教育會，1939)，頁155–158。臺灣教育會(編)：《臺灣教育沿革誌》(東京：青史社，1982)。

由吧連德譯成臺語，示以實物，教其名稱。其後，再逐次教授片假名及單字、會話等內容，三個月後獲結業證書者，日常會話大致無礙。然而，以如此迂迴的方式啟蒙，[9] 即使每天上課5至6小時，[10] 半年後能否充任通譯，恐怕大有疑問。不過，當局對於這批結業學員，除吸收為僱員或安排隨長官前往日本內地見學外，對有意進一步升學者甚至支付足以保障生活的津貼。[11] 對於第一批種子學員，可謂全力栽培。

日治初期的通譯養成可分為前後兩階段。前者屬應急速成性質，於1896年5月由臺灣總督府設「國語傳習所」甲科，[12] 全臺計14所，[13] 共培養1,804名學員。[14] 甲科以15至30歲讀過四書的臺人中流子弟為對象，[15] 半年養成後立即投入工作。從培訓期間的短促密集、年齡設限寬鬆以及要

9 　這類接力式語言溝通方式（relay interpretation），不僅見於初始的課堂教學，直到竹越與三郎（1865–1950）於1903至1904年間來臺時，還見法院與警察單位依賴能操北京官話的副通譯，擔任日語與臺語間的中介傳達。參見竹越與三郎：《臺灣統治志》（東京：博文館，1905／復刻版，臺北：南天書局，1997），頁310–311。及鷲巢敦哉：《臺灣警察四十年史話》（東京：綠蔭書房，2000），頁106。

10　參許佩賢：《殖民地臺灣的近代學校》（臺北：遠流出版，2005），頁45。據許佩賢指，國語傳習所上午8點到下午4點上課，中午休息2或3小時。在此之前，臺灣未曾有過這種「按表操課」的規律化集中教育體制。關於上下課時間等「國語傳習所規則」內容，詳見臺灣教育會（編）：《臺灣教育沿革誌》，頁169–170。

11　為保障學員生活，故支給「食費手當（津貼）」。參臺灣教育會（編）：《臺灣教育沿革誌》，頁156。

12　甲科學科僅國語、讀書、作文。修業半年。畢業後可任地方行政吏員或在書房傳習國語（日語）。乙科生修業四年，畢業後可從事公私業務，或進入高等學校。參芝原仙雄（編）：《臺北師範學校創立三十周年記念誌》（臺北：臺灣日日新報社，1926），頁320–324。

13　據許佩賢指，1897年9月之後各地民眾以提供場地或籌款等方式，要求當局設置分教場。故1898年10月改制為公學校為止，共設立約40所分教場。參許佩賢：《殖民地臺灣的近代學校》，頁57。芝原仙雄則指，國語傳習所後來擴增至17所。參芝原仙雄（編）：《臺北師範學校創立三十周年記念誌》，頁324。

14　根據許佩賢製表「各傳習所人數變化」，可見甲科各年人數如下：開所476人、1896年12月296人、1897年12月607人、1898年5月425人，總計1,804人。參見許佩賢：《殖民地臺灣的近代學校》，頁37。

15　《臺灣總督府公文類纂》明治32年乙種永久保存，「臺灣總督府國語學校明治三十年度報告（第三附屬學校ノ部）」。

求漢學基礎等，可知當時需才殷切的程度。此外，甲科甚至由國庫支給學習者生活津貼，乙科則無。[16]

　　根據恆春國語傳習所1896年的紀錄顯示，[17]考試分期中及結業兩次，項目為「口試、筆試、人物評論」。口試是個別受試，筆試則集體受試，[18]人物評論是觀察學生平素資性行狀，分甲、乙、丙三等，以為日後任用參考。可見，當時培訓的原則是精選可造之才，才施加訓練。由選才之初即要求出身中流子弟、學過四書與算術、身體強健（無精神障礙且屬天花免疫者）、不吸食鴉片等條件可知，[19]其養成理念是兼顧人品、健康、家庭、學力、技能等多重考量。

16 據《臺灣總督府直轄國語傳習所規則》第六章〈補則〉，學務部對甲乙科之區分說明書曾指，學生須有四書五經基礎，且要求於最短時日學成，以備基層任用，故對甲科生有家眷者支給食費1日10錢、津貼1日5錢，稱為「給費生」。該制度始於1896年9月府令第40號公布，因支出擴增而於1897年2月終止。參見臺灣教育會（編）：《臺灣教育沿革誌》，頁178–179。乙科生原先本無補貼，但據國語傳習所第一批教諭（後來擔任太平公學校校長）加藤元右衛門回憶，草創初期招募不易，故從撥付甲科生每日20圓中挪出5圓給乙科生，卻因此引來不少貧家子弟，其中亦有操持苦力等賤業者。蓋當時上流家庭大都自行延聘教席，不願與他人共學，乃有國語傳習所為貧民學校之說。參見〈臺湾教育の思ひ出（3）国語伝習所時代（其一）〉，《臺灣教育》（1933年4月），頁73–76。不過，該文指出亦有秀才攜子前來就讀，實際年齡從17、18到40歲皆有之。此外，遠從桃園中壢來臺北就學者亦有之。
17 《臺灣總督府公文類纂》明治31年乙種永久保存，「二十九年恆春傳習所事務功程報告——恆春國語傳習處二十九年功程報告」。
18 傳習所的考試內容雖不得而知，但可參考1899年警官兼土語通譯需通過的考試內容。例如，在有關鴉片的試題裡，要求用日語片假名先拼寫成臺語讀音，再譯成日語。題為：「臺灣歸阮日本帝國以後，衛門有設規矩，若無吃的攏不准伊吃，所以免若久此號歹風俗就無了了，我想百姓有歡喜按怎樣啊。」參見在泉朝次郎：〈警察官土語試驗問題〉，《臺灣土語叢誌》第貳號，頁92–100。前揭試題乃1899年7月臺北縣廳首次舉辦警官土語通譯兼掌考試，由考試委員在泉朝次郎提供考題與答案。據富田哲（2010）對《臺灣總督府公文類纂》及職員錄等調查顯示，在泉朝次郎可能就是有泉朝次郎（生於1871年，1895年來臺任陸軍、憲兵隊本部通譯。1904年9月至1915年2月擔任總督府翻譯官）。詳見富田哲：〈日本統治初期の臺灣総督府翻訳官——その創設及び彼らの経歴と言語能力〉，頁151–174。就姓氏而言，「有泉」較為普遍；但兩者日語發音相同，或為筆名亦有可能。
19 見臺灣教育會（編）：《臺灣教育沿革誌》，頁14–15。

　　事實上，國語傳習所的培訓，不只起點要求頗高，結業水平更高。根據許佩賢的查證，[20] 1897年3月「國語傳習所甲科生志願成績等一覽表」，其中結業後想當官吏、教員、或通譯生者258人（46.8%），從事實業者25人（4.5%）。相對於此，有意進入國語學校深造者僅27人（4.9%）。反之，無法如期在3月畢業者達178名（32.3%），畢業無望者63名（11.4%）。可見，能夠達標且願從事通譯者僅半數以下，而真正能上場的通譯可能更少。

　　傳習所開設之初，當局設定的培訓對象即鎖定中上階層。[21] 而在地方鄉紳協助宣導甚或帶頭示範之下，實際就學者以商家子弟或勞心者（指總理、街庄長、讀書人、教員）居多。[22] 前者需與日人生意往來，後者則需與官府往來，都是基於營生需求而來。同時，由於國家經費的挹注、有力人士的推動，能立即感知並回應政策導引，似可視為有意藉此提升社會位階，以獲取優勢資源的先覺者。[23]

　　其後，總督府於1896年9月25日正式發佈〈國語學校及附屬學校規則〉。國語學校下設師範部及語學部。師範部以養成初等教育師資為目標；而語學部則分為土語科和國語科，旨在培養基層人員及通譯。土語科為培養日人學土語，而國語科則培養臺人學日語。

　　度過應急時期之後，統治當局對於通譯人才，開始展現了長期培養的用心。根據《臺北師範學校卒業及修了者名簿》所載，[24] 1900至1902年

20　許佩賢：《臺灣近代學校的誕生──日本時代初等教育體系的成立（1895–1911）》（臺灣大學歷史學研究所博士論文，2001），頁58–59。

21　根據《臺灣總督府公文類纂》第4516冊第3號，明治30年（1897）4月（15年保存）「公學校設置等ニ關シ諮問事項」，「國語傳習所上席教諭ヘ諮問ノ事項」第十項「生徒募集ノ情況」記載，當時總督府要求，須盡量募集上流士人子弟，以利統治。

22　商家因日本移民增加帶來商機，而有學日語的實際需求。另，由附錄一「各傳習所學生父兄職業別」可知，甲科出身商家者366人，佔總數（含乙科）2,347人之36%。見許佩賢：《殖民地臺灣的近代學校》，頁38–41。

23　據《臺南縣公文類纂》明治30年永久保存，「明治三十年中各官衙に奉職したる卒業者一覽表（臺南國語傳習所）」可知，1897年臺南國語傳習所畢業生擔任公職的月俸多在12–15圓之間。轉引自許佩賢：《臺灣近代學校的誕生──日本時代初等教育體系的成立（1895–1911）》，頁61。

24　轉引自許雪姬：〈日治時期臺灣的通譯〉，頁9。

間自國語學校土語科畢業的通譯僅有65名。而國語科直到1902年所培養的通譯人才，也僅67名。當時，土語科固然招募日籍生不易，[25] 但對臺生來源無虞的國語科顯然把關甚嚴，可見當局對於通譯的素質要求及養成方式，是有其明確目標的。[26]

　土語科招生以日本國內15至25歲高等小學校畢業者為對象，[27] 國語科則以國語學校附屬學校或國語傳習所畢業者為對象。[28] 土語與國語科科目相同的是：修身、國／土語、讀書、作文、習字、算術、簿記、唱歌、體操；相異的是國語科學習理科 (3年修習9學時；3＋3＋3)，土語科則修習國內外地理、歷史 (3年共修習11學時；3＋4＋4)。可見，當局有意培養臺人成為產業實務人才，對日人則著重認識臺灣人文背景。

　國語科的國語課每週計12小時。第一學年包含音韻性質、假名用法、語言種類、會話實習、話文讀法、作文等。[29] 第二學年則修習文法規則、會話實習、話文讀法、作文、地理、歷史講說等，[30] 共10小時。第三學年與第二學年相同。此外，三學年都另設每週7–9小時「讀書作文」課，第一學年內容為話文、普通文 (合計7小時)，第二、三學年則為話文、普通文、書翰文、公用書類 (各9小時)。

---

25 關於日治初期的國語學校招生方式及演變等，詳參謝明如：《日治時期臺灣總督府國學校之研究 (1896–1919)》，臺灣師範大學歷史系碩士論文，2001年，頁142–145。

26 根據《臺北師範學校卒業及修了者名簿》，1900至1902年間的國語科畢業生人數如下：1900年3月20人，1901年3月22人，1902年3月13人、7月11人、10月1人；共計67人。而土語科畢業生人數則為 (頁59–61)：1900年3月22人、4月2人、7月8人 (含自費修讀土語與漢文兩年之「土語專修科」3人)，1901年7月12人，1902年5月1人、6月8人、7月12人；共計65人。臺北師範學校創立三十周年記念祝賀會 (編)：《臺北師範學校卒業及修了者名簿》(臺北：臺北師範學校，1926)，頁121–122。

27 1886年日本的小學修業期間為3至4年，稱為「尋常小學校」，於1900年統一為四年制。而銜接其後的「高等小學校」修業期間則為2至4年。筆者推估，後者並非義務教育，受教育者需自行付費，就學者的家庭經濟及社會位階應屬中等以上。參閱百瀨孝・伊藤隆 (監修)：《事典昭和戰前期の日本：制度と實態》(東京：吉川弘文館，1990)，頁377–378。

28 根據許雪姬的說明，該類學校是供國語學校學生實習而設的。參見許雪姬：〈日治時期臺灣的通譯〉。

29 詳見「臺灣總督府國語學校規則」及國語／土語學科教授課程表，收入芝原仙雄 (編)：《臺北師範學校創立三十周年記念誌》，頁21–23。

30 此處之史地課乃國語課之部分內容，且僅設於二、三學年，比重難與土語科等量齊觀。

　　土語科的土語課三學年每週皆修12小時，包含音韻性質、語言種類、會話實習、話文讀法、作文等；第二學年則修習會話實習、話文及公文讀法、作文等。第三學年與第二學年相同。此外，三學年都另設每週6–7小時「讀書作文」課，第一學年內容為講讀、本國話文、普通文、作文、書翰文、公用書類（合計7小時）；第二學年含講讀、普通文、漢文（古文及時文）作文、尺牘、官用文（合計6小時）；第三學年則為講讀、漢文（古文及時文）作文、尺牘、官用文（合計6小時）。

　　以上這套根據1896年〈國語學校規則〉而實施的課程，除了要求均衡發展日、臺語的語文知識及運用能力之外，對於日、臺人的側重之處也有所不同。例如，注重臺人的文字、讀音、語勢正確，且要求時時與土語對照其意義，以正確解釋他人思想並有效表達自己的想法。而對於日人則要求口音、語勢準確，且要求以「現行的內地語」譯出合乎語勢與語意的風格。從以上課程內容及要求可知，當局對於通譯的養成，十分重視知識的吸收及語言技能的運用，並分別提示了明確的規範。其後，前述國語與土語科課程於1901年結束，「土語專修科」則於1902年終止。至此，臺灣總督府透過學校系統，已經培養了1,936名畢業生，足以供通譯選才之用了。[31]

三、臺籍通譯的譯事活動及其特徵

　　許雪姬前述研究中提及的日治時期通譯，主要功能大都是因應地方法院、各級行政機構業務之需。直到1940年代，才因戰事之需而要求通譯進入軍警（憲兵隊）等單位，擔任通弁並收集情資。因此，日治初期與後期的通譯需求及功能，是完全不同的屬性。前者透過學校養成、給予公務員職位、俸給優厚的待遇，以鼓勵優秀人才順服並協助統治。而戰

31　據許雪姬指，迄1902年國語傳習所及總督府國語學校等，至少已培養1,936名通譯。參見許雪姬：〈日治時期臺灣的通譯〉，頁10。但前述學校畢業生未必全數成為通譯，故僅顯示當局可用之通曉日語人才約達2,000名。

爭期間所徵用的通譯雖然名為通譯，但實際上並無選才意識與基準。因此，本研究只以當局具有養成及任用意識下所採用的通譯為探討對象。

　　根據明治28年 (1895) 11月1日總督府檔案〈民政局及地方廳職員與月俸額〉記載，通譯官月俸約41–58圓之間。如，臺北縣廳58.1圓、臺灣民政部49圓；臺北支廳：淡水56圓、基隆41.2圓、新竹43.3圓。俸額約為地方公職人員的3倍，屬委任 (判任官) 待遇僱員。[32] 此外，據明治28年10月編製的〈民政局及地方廳職員俸給別〉，[33] 當時任職民政局、臺北縣廳、支廳，及臺灣民政支部、出張所、臺南民政支部、澎湖島等44位通譯官的待遇，最高70圓、最低18圓，平均月俸35圓。較之當時民政局會計事務官月俸約15–25圓，而具委任官資格或有會計職務經驗的「分任官」則為20–40圓；[34] 相對於此，通譯官的位階與薪給，皆可稱禮遇。[35]

　　至於通譯中的佼佼者，後來際遇又是如何？從日治初期接受國語傳習所培訓後擔任通譯，乃至公學校、國語學校畢業後經通譯歷練，進而取得文官資格或躍入政壇的人物，且觀察他們擔任通譯的起迄時期及轉職情況。透過賴雨若 (嘉義)、謝介石 (新竹)、蔡伯毅 (臺中)、劉明朝 (臺南) 等，即可印證藉由通譯工作進入基層再求取晉升，確是當時臺籍青年社會位階向上移動的有利途徑。詳表1.1：

32　感謝許雪姬教授指正，此處所稱「委任」，應指「判任官」。參明治28年乙種永久第七卷：〈明治28年11月中民政事務報告〉，《臺灣總督府檔案中譯本》第三輯 (南投：臺灣省文獻委員會，1994)，頁766。又，根據明治28年12月1日檔案，陸軍翻譯月俸加上津貼則約46.6–74.6圓。如，臺北縣廳(74.6)、淡水(61.6)、基隆(46.6)、新竹(53.6)、宜蘭(50.7)等支廳，則在46–61圓之間。參見明治28年乙種永久第八卷：〈明治28年12月份民政事務報告〉，《臺灣總督府檔案中譯本》第四輯，頁35。

33　詳明治28年乙種永久第九卷：〈明治28年10月分文書課事務報告〉，《臺灣總督府檔案中譯本》第四輯，頁209。

34　詳「臺灣總督府民政局會計事務官採用內規」明治28年乙種永久第十卷：〈明治28年9月中經理課事務報告〉，《臺灣總督府檔案中譯本》第四輯，頁365–366。

35　1896年4月1日，公布日籍官吏在臺薪資待遇加俸三成及加速晉升之敕令。1898年8月，曾討論臺籍法院通譯判任官是否適用加俸制度，但遭駁回。此一制度於1906年改依官職調整加俸幅度，至1910年乃至1931年數度修訂的結果，日籍高等官薪資較臺籍高等官約高4至5成，判任官約高6至8成。詳見岡本真希子：《植民地官僚の政治史：朝鮮‧台湾総督府と帝国日本》，頁155–225。

表1.1 日治時期臺籍文官之通譯經歷及轉職情況

姓名	培訓年份：機構	任職年份：單位／職務	轉職年份：去向	轉職年份：去向
賴雨若 (1878–1941)	1899：國語傳習所	1900：臺南地方法院、檢察局僱員派嘉義出張所／通譯	1904：升任臺灣總督府法院通譯派臺南地院嘉義出張所	1905：普通文官及格 1923：取得日本律師資格後返臺執業
謝介石 (1879–1954)	1897：國語傳習所	1896：新竹縣知事通譯	1904：任東洋協會專門學校講師[36]、於明治法律學校攻讀法律	1915：活躍於偽滿洲國外交界 1934：任滿洲國外交部總長 1934–1937：滿洲國駐日大使
蔡伯毅 (1882–1964)	1900：梧棲公學校畢業 1918：早稻田大學畢業[37]	1921–1923：警部翻譯官（臺灣人首任該職）	1923：母逝辭職，杭州賣卜	上海日租界任中醫師、律師 1947：返臺中任律師[38]
劉明朝 (1895–1985)	1913：國語學校國語部 1922：東京大學畢業[39] 1923：高等文官及格	1924年5–12月：專賣局翻譯官	1931：殖產局水產課長 1938–1940：山林課長	1942：高雄稅關長退休

資料來源：許雪姬〈日治時期臺灣的通譯〉及相關文獻[40]

36　參許雪姬：〈是勤王還是叛國——「滿州國」外交部總長謝介石的一生及其認同〉，《中央研究院近代史研究所集刊》第57期，頁57–117。該文指出謝介石前往日本拓殖大學前身——東洋協會專門學校，是為教授來臺日本官吏學習臺灣土語。同時，他也藉赴日之便，進入明治大學前身——明治法律學校攻讀法律。

37　詳〈警部になつた本島人 早稻田出身の蔡國珍氏〉，《臺灣日日新報》1919年11月5日。

38　據蔡伯毅的媳婦林雙意回憶，蔡伯毅於1947年自上海返臺任律師。參許雪姬（編著）：《霧峰林家相關人物訪談紀錄下厝篇》，《中縣口述歷史》第五輯（豐原：臺中縣立文化中心，1998），頁9–15。又據許雪姬教授賜告，蔡伯毅早年名為蔡國珍。謹此致謝！

39　詳見劉明朝：〈追思林獻堂先生之一生〉，林獻堂先生紀念集編纂委員會（編）：《林獻堂先生紀念集》卷三（臺北：文海出版社，1960），頁48。

40　另參臺灣新民報社調查部（編）：《臺灣人士鑑》（臺北：臺灣新民報社，1934）。王詩琅（著），張良澤（編）：《臺灣人物誌》（臺北：海峽學術出版社，2003）。住屋三郎兵衛、住屋圖南（編著）：《臺灣人士之評判記》（臺北：南邦公論社，1937）。住屋三郎兵衛、住屋圖南（編著）：《臺灣人士之評判記》（臺北：成文出版，1999）。

　　從表1.1可知，當時擔任通譯且表現突出的臺籍知識分子，在出任通譯一職時，大都屬於職業歷程中的起步階段。任職長者達十餘年，短則不過8個月至4年。據岡本真希子從《臺灣總督府公文類纂》人事資料查證，1905至1941年臺籍人士通過普通文官考試者，僅有271名。[41]可見，公部門的職位臺人極難企及，因此前述優秀人才轉職後多半從事律師等專門職業。畢竟，原屬基層公職的通譯，對於有意學習求進者而言，似乎僅是過渡性質而已。但是，從臺籍優秀人才願意積極學習日語並擔任通譯職務達數年之久，可見統治當局也提供了相當的誘因，才能在短短6至7年間養成近2,000名畢業生。[42]

　　不過，據吳文星研究，1898至1902年就讀公學校者累計約64,000人，但中途退學人數高達三成。而戶口調查亦顯示，臺人能運用日常日語者，1905年時不過11,270人。可見能達到通譯水平者實屬鳳毛麟角。

　　根據許雪姬的研究，日治初期的通譯養成，除了官方學校培訓之外，還有民間單位的養成。如佛教團體在臺北、彰化、臺南等地設立免費學校，成績優異者結業後隨即進入公務部門任職並擔任通譯。據吳文星指，1896年5月起前述學校甚至曾發生無法容納有意入學者的情況。[43]對照表1.1的記載，可知臺人接受日本學校教育日益普及之後，在供給大於需求的背景下，對於通譯的特殊待遇也就大不如前，或許因而造成譯者轉職或轉業的情況。

　　相較於學校系統的通譯養成與任用之外，另外還有一類通譯則出自民間的需求與培養。民間通譯的需求主要來自兩方面，一為律師事務所，一為世家望族（如板橋林熊祥、霧峰林獻堂）。民間通譯的主要功能，在於維護當事人自身權益。律師業務以分家分產、土地歸屬等居多，如吳濁流（1900–1976）小說《亞細亞的孤兒》第二篇〈無可救藥的人群〉，講的就是祭祀公產的分產問題。文中也提到當時人敬律師如神

41　岡本真希子：《植民地官僚の政治史：朝鮮・台湾総督府と帝国日本》，頁250。
42　許雪姬：〈日治時期臺灣的通譯〉，註86。
43　吳文星：《日據時期臺灣社會領導階層之研究》（臺北：正中書局，1992），頁314。

明，故身邊的通譯也同受尊敬。[44] 至於世家望族，則以與官府文書往來或會晤等為主。當時最具代表性的南北林家，幾乎富可敵國，且社會影響力極大，[45] 故更加有此需求。

尤其，霧峰林獻堂 (1881–1956) 前後任用的通譯人選，可謂人才濟濟。根據《灌園先生日記》及《林獻堂先生紀念集》〈林獻堂先生年譜〉記載，[46] 他一向透過通譯以臺語與日人晤談，因而他的秘書大都身兼通譯。林莊生指，林獻堂有四位秘書：甘得中、施家本、葉榮鐘、林瑞池。[47] 而許雪姬則指，施家本、楊松、許嘉種、溫成龍、溫成章等亦為其秘書兼通譯。[48]

除了前述幾位之外，林氏在與臺灣總督或在日本與日方要人會晤等正式或重要場合，還是會另請適當人士擔任通譯。其人選包括：蔡培

---

44 此處見解與舉例引自許雪姬：〈日治時期臺灣的通譯〉，頁7、16。小說《亞細亞的孤兒》中，主角胡太明的姪子胡志達「穿起簇新的西裝，看樣子好像很得意，據說是在一個律師那裡當翻譯。當時的人對於律師敬畏如神，因此律師的翻譯當然也同樣受尊敬。」參見吳濁流（著），傅榮恩（譯）：《亞細亞的孤兒》（臺北：草根出版社，1995），頁105。

45 據佐藤春夫所述，當時力薦他往訪的新聞記者B君，告以「阿罩霧的林熊徵氏乃本島第一人，設若有臺灣共和國之成立，則大統領非林氏莫屬。」參佐藤春夫：〈殖民地の旅〉，《定本佐藤春夫全集》第27卷（京都：臨川書店，2000），頁70。而據戴國煇的考察，阿罩霧的林熊徵，並非板橋林熊徵而是霧峰林獻堂。〈台湾〉，《アジア経済》「100号記念特集号：日本におけるアジア，アフリカ，ラテン・アメリカ研究」，頁53–82。

46 根據〈林獻堂先生年譜〉1944年1月8日的記載：「總督府總務長官齊藤，介人來請赴新嘉坡擔任華僑綏靖工作，乃托陳炘以不解日語難與當地日本軍政聯絡為由辭之。」可見，即使到了日治末期，林獻堂還是不直接以日語和日人溝通。參見林獻堂先生紀念集編纂委員會（編）：〈林獻堂先生年譜〉，《林獻堂先生紀念集》卷一，頁145。此外，根據〈殖民之旅〉所記，佐藤春夫與林獻堂見面時，林氏即先解釋自己已是老人，不似年輕人大都能操日語，故只能透過通譯交談。參見佐藤春夫：〈植民地の旅〉。

47 林莊生：〈談1900年代出生的一群鹿港人〉，《臺灣風物》第57卷2期（2007年6月），頁9–35。

48 筆者2011年4月1日至中研院訪許雪姬所長時，得知她是以長期聘用的秘書兼通譯為其基準。此外，亦承蒙許雪姬所長指點，林獻堂次媳藤井愛子亦為其通譯兼秘書。據〈林獻堂先生年譜〉記載，藤井愛子於1927年4月與林猶龍成婚，逝於1940年9月13日。參林獻堂先生紀念集編纂委員會（編）：〈林獻堂先生年譜〉，頁86、135。又據竹中信子，愛子是林猶龍留日期間結識，愛子來臺後即學臺語、著臺服，為林家盡心盡力，頗受敬重。參見竹中信子：《植民地台湾の日本女性生活史》大正篇（東京：田畑書店，1996）。

火、[49]林呈祿、[50]羅萬俥、[51]陳炘、[52]楊肇嘉等。[53]他們不僅與林獻堂交情深厚，甚至到了日治結束的1945年，據〈林獻堂先生年譜〉9月6日記載：「在上海接獲日本海軍司令部土岐參謀長之傳言，謂蔣委員長命何應欽將軍電命臺灣總督通知林獻堂、羅萬俥、林呈祿、陳炘、蔡培火、蘇維(惟)樑等六人到南京參加九月九日之受降典禮。」[54]由此可知，擔任林獻堂與日方要人間的傳譯人選，皆是臺灣當時頗具影響力的社會賢達。[55]

從以上資料與記載，我們可對日治初期臺籍通譯的養成、職能角色及其社會位階等屬性特徵概括如下：

1. 培養具本國基礎教育學力之中流階級子弟，人品、知識、能力皆優者。

2. 通過學校教育，短期養成基層通譯，或長期培養雙語聽說讀寫俱佳者。

3. 通譯所獲薪給或津貼，相對他職，可稱優厚。

4. 依附於律師事務所之通譯，獲利頗豐，社會地位亦高。

5. 受聘於民間世家的通譯，常居要人與望族之間，地位提升且人脈豐沛。

---

49 據《臺灣總督田健治郎日記》：大正十年1月17日，「林獻堂伴蔡培火為通譯，來存問。」參吳文星、廣瀨順皓、黃紹恆、鍾淑敏(主編)：《臺灣總督田健治郎日記》(中)(臺北：中央研究院臺灣史研究所出版，2006)，頁18。

50 據〈林獻堂先生年譜〉1930年7月5日載：「偕林呈祿訪晤石塚總督辭府評議員。」

51 據〈林獻堂先生年譜〉1931年2月6日載：「偕羅萬俥、林呈祿訪新任臺灣總督府總務長官高橋時雄陳述改革臺灣要政五點。」同年2月7日亦載有：「復偕羅萬俥、林呈祿訪新臺灣總督太田，仍呼籲改革臺灣政治五點。」又，1934年5月31日，載有：「上北偕羅萬俥往總督府訪平塚總務長官，力言漢文教育之必要。」參見林獻堂先生紀念集編纂委員會(編)：〈林獻堂先生年譜〉，頁99、111。

52 據〈林獻堂先生年譜〉1934年7月21日載：「應中川總督之邀偕陳炘往訪，蓋為勸告停止臺灣議會之請願運動也。」

53 〈林獻堂先生年譜〉1937年6月3日載有：「在東京偕楊肇嘉訪伊澤多喜男。」

54 林獻堂先生紀念集編纂委員會(編)：〈林獻堂先生年譜〉，頁151。

55 感謝審查人指教，傳譯人選中尚有草屯的「洪元煌」。據《臺灣總督田健治郎日記》記載：1921年4月29日，「林獻堂為通譯伴洪元煌來禮訪」；6月16日，「林獻堂伴甘得中彰化、通譯洪元煌來邸」等。參見吳文星、廣瀨順皓、黃紹恆、鍾淑敏(主編)：《臺灣總督田健治郎日記》(中)。

6. 對於通譯中的菁英而言，通譯多屬起步階段職務，其後即轉進
   商界、政界、法院等高階職種。相對於其他職業，較有機會轉
   業乃至提升其社會位階。

以上屬性特徵足可反映，出身通譯者大都家境尚可，並具有相當程
度的本國語文、演算等知識基礎。尤其能在一年半載（甲科）或是三年
期間（乙科）習得雙語及翻譯技能，堪稱天資聰穎。此外，在那動盪的
時代，能夠發揮才智，契合時代與社會的需求，可說頗具先見之明。甚
至，有人歷經通譯歷練之後，進而轉向他職或高階職位，獲得更上一層
樓的機會。

通譯在日治初期扮演了統治者與被統治者之間的中介角色，且成為
遍布基層的螺絲釘。從當局提供的養成津貼、晉升階梯、俸祿職位等誘
因，以及回應者的優異表現看來，可見該項政策確有成效。[56] 此外，從
日人將學校教育與通譯養成齊頭並進地推動，可知日治初期培養一批能
為統治者服務的基層文職人員誠屬迫切。然而，殖民統治十餘年後，隨
著殖民統治與教育的日益鞏固，通譯角色似乎不再舉足輕重。而1940年
代後的戰事背景，則形成了通譯遭強徵入伍，且出現認同危機等情況，
與統治初期的譯者角色及功能，難以等量齊觀。綜而言之，通譯的社會
價值與功能的起落浮沉，似乎也標誌並詮釋了殖民統治的深化程度。

四、日籍通譯的養成背景、譯事活動及其特徵

1895年日治開始之際，由於日臺雙方語言不通大感不便，故於該年
12月上旬在大塚貫一少佐倡議及總督嘉獎之下，鼓勵日人公餘學習土

---

56 據日治時期知名法院通譯小野西洲（1884–1965，1932年起任法院內部月刊《語苑》主編
   多年）自述，他自知學歷不足卻又盼能出人頭地，故於1900年開始立志苦學臺語與漢
   文，終於1903年如願當上法院通譯。可見，透過通譯晉身公職之途，無論日人臺人皆
   然。參見小野西洲：〈自叙漫言〉，《語苑》第28卷第12號（1935年12月），頁81–88。

語。[57] 於是，就在 12 月 18 日由陸軍幕僚部開辦「臺灣語講習會」，最初的講習會幹事為大塚貫一，主任教官為吉島俊明，教官為藤田捨次郎、長野實義，土語教師則為王興樵、陳文溪，共計 158 名出席。後因各地方廳先後開設，而人數逐漸減少。1896 年 3 月，僅餘 50 餘名；至 6 月 16 日經考試後授予 12 名學員結業證書。[58]

　　根據許雪姬的研究，相對於臺籍通譯大量進入基層行政系統，日籍通譯主要分佈於軍警、法院、及行政部門，養成管道則限於學校或在職學習。[59] 當時的陸軍、憲兵隊等通譯日臺籍皆有，可見日籍通譯數量是不敷使用的。此外，就當時日籍警官的臺語通達情況看來，語言能力也未臻理想 (詳表 1.2)。[60]

表 1.2　1898 年 (明治 31 年) 總督府通令調查地方警察官臺灣語通達情形表

警察官 程度	警部		巡查		計	
	人數	比率*	人數	比率*	人數	比率*
精通	9	1.4%	50	7.9%	59	9.3%
普通	16	2.5%	131	20.7%	147	23.2%
稍通	53	8.4%	375	59.1%	428	67.5%
計	78		556		634	

資料來源：《臺灣警察四十年史話》，頁 107。
備註：*為劉惠璇換算之比率。

　　就表 1.2 內容看來，日治初期的日籍巡警中具有臺語運用能力者僅達三成，故實際可擔任通譯的人數，推估應少於此。而據 1898 年總督

57　引自許錫慶：〈日據初期日本人與臺灣人之間的語言鴻溝〉，《國史館臺灣文獻館電子報》107 號 (2013 年 2 月 27 日)。參《臺灣總督府公文類纂》「向臺灣事務局陳報設置土語講習所之件」(000000390030024)。https://www.th.gov.tw/epaper/site/page/107/1501#。

58　芝原仙雄 (編)：《臺北師範學校創立三十周年紀念誌》，頁 164–165。

59　據富田哲指，憲兵隊多透過單位自設培訓課程養成土語人才。參見富田哲：〈臺灣的語言如何被分類？——日治初期臺灣總督府之「土語」論述形構〉，國科會研究計劃第二年成果報告，2009 年 10 月 31 日。

60　引自劉惠璇：〈日治時期之「臺灣總督府警察官及司獄官練習所」(1898–1937)——臺灣警察專科學校史探源〉，《警專學報》第 4 卷第 8 期，頁 63–94。

府民政局長後藤新平指示調查府內各單位的土語能力後發現,「能以臺灣土語辦公事者」373位,能處理「日常卑近私事者」851位。[61] 即使以能辦理公務為基準,大概僅約總數1,224人的三成。況且,前述能力僅屬當事人之主觀認定,並無客觀基準。據富田哲指出,該項調查對象可能有部分與警官重疊,但排除已擔任通譯者。[62] 事實上,就生源與學習質量而言,日籍通譯的養成自然難與臺籍通譯相比。

而在法院方面,根據岡本真希子從臺灣總督府職員錄,抽取其中擔任通譯者的名錄得知,1899至1944年共約290位法院通譯。[63] 因此,同一時期的日籍通譯在職人數,大概也不滿百人。以通譯能力而言,法院通譯的知識技能應屬較佳者。透過現存資料,我們發現了幾位值得討論的日籍通譯。雖然,他們大都出身基層軍警,[64] 但卻能逐步晉升,擔任專職通譯長達20餘年。透過著書立說,展現與一般公職譯者大相逕庭的面貌。而其著作亦可視為譯者觀點的反映及其譯事活動的佐證。

除臺語通譯之外,還有一位蕃語通譯森丑之助(1877–1926),[65] 與前兩位日籍通譯同樣出身軍旅,足跡行遍全臺蕃地,並在人類學、植物學的田野調查上功績卓著。本節將以這三位曾經著書立說的日籍通譯為對象,描述其譯事活動並分析其著作內容。藉由他們的譯事活動及語文產出,勾勒他們透過通譯視角的所知所聞及其語文產出的內涵意義。

---

61 《臺灣總督府公文類纂》第4549冊,第9號,1898年4月1日〈現在職員ニシテ臺灣土語履修者調查〉,頁11。

62 冨田哲:〈日本統治開始直後の「台湾土語」をめぐる知的空間の形成〉,《多言語社会研究会》年報5(2009),頁56–77。

63 岡本真希子:〈日本統治時代台湾の法院における『通訳』たち——『台湾総督府公文類纂』人事関係書類から見る台湾人/内地人『通訳』〉,頁153–174。筆者獲贈此職員名錄,謹此致謝!

64 當時日本政府限制一般人民進入臺灣,僅軍警及公務員才有機會奉派來臺。且在臺任職之文武官員,皆視同征外從軍人員。參明治28年乙種永久第九卷:〈明治28年10月分文書課事務報告〉,《臺灣總督府檔案中譯本》第四輯,頁185。

65 根據大正13年版《植民地年鑑27 臺灣年鑑1》,1922年臺灣總人口390萬人。其中,本島(臺灣)人361萬、內地(日本)人17萬、生蕃8萬、外國人3萬。參見《植民地年鑑27 臺湾年鑑1》(東京:日本図書センター,2001)。

　　許雪姬論及的兩位日籍通譯，分別為長年任職法院的片岡巖及跨足警察和法院的東方孝義。據《臺灣總督府公文類纂》顯示，片岡巖（1876–1930）是日本福島縣士族出身，[66] 1895年12月進入仙臺第二師團第四聯隊，1896年10月隨步兵第二聯隊來臺。1898年9月編入臺灣第八憲兵隊上等兵，曾在深坑、石碇等地屯所。因勤學臺語而在該年12月20日受命為臺灣土語通譯五等級。1900年6月升為四等級。1901年轉任駐於北門街的臺北憲兵隊，同時升為三等級。1902年5月就讀大稻埕稻江義塾臺灣土語部，一年後畢業。繼於1902年11月進入「早田大學法律科」修畢第一學期課程。1903年8月則專任北門街憲兵隊二等土語通譯，該年11月退役，前後擔任憲兵通譯共6年。

　　1904年7月，他開始任職臺灣總督府法院通譯，獲八級俸，[67] 任臺北地方法院檢察局通譯，兼臺北地方法院通譯。1905年4月任臺北地方法院新竹出張所察查局通譯。1909年補覆審法院檢察局通譯兼臺北地方法院檢察局通譯。1911年2月補臺南地方法院檢察局通譯，直到1923年3月因病辭官為止。[68] 在退休前的1922年底還兼任臺灣總督府法院書記，並補臺南地方法院檢察局書記。這時，他的敘薪已達三級俸，[69] 正好是八級俸的兩倍。而其法院年資，也高達18年之久。

　　從片岡巖的生平與升職歷程可以看出，由於他在通譯上的努力，讓他幾乎每一兩年即晉升一級，且從軍職進而轉入文職，並數度獲得授勳或賞金。退休時更以「從七位勳七等，高等官七等退官」，並榮獲高等法院長官高度讚許，說他18年間「恪勤精勵且有優良成績，勤練本島語，

66　片岡巖生於1876年1月26日，卒於1930年2月6日。感謝片岡巖曾外孫沖內辰郎先生賜告。

67　「八級俸」是高等文官3–7等中最低之第7等（內分8–10級俸）。屬事務官技師之八級俸者，年俸1,000圓。參見「臺灣總督府職員官等俸給令」（明治29年4月1日起實施）〈明治28年甲種永久 第二卷〉，《臺灣總督府檔案翻譯輯錄》第一輯（南投：臺灣省文獻委員會，1992），頁148。

68　據許雪姬指，片岡巖自1896年來臺後常犯瘧疾，到1922年11月仍時時發作，致使記憶力減退，日趨消瘦。參許雪姬：〈日治時期臺灣的通譯〉，頁31。

69　參見註64。根據該俸給令顯示，三級俸年薪2,000圓。

為檢察事務貢獻良多」，除「依願免官」外，且賞與退職金1800圓。[70] 據片岡巖在臺戶籍資料顯示，他退休後以法律代書為業，1930年歿於臺南市，享年53歲。

片岡巖最令人驚嘆的是，利用公餘之暇，且在退休之前，陸續出版並於1921年結集成1,184頁，共12集的《臺灣風俗誌》。[71] 各集與各章內容如表1.3：[72]

表1.3《臺灣風俗誌》內容目錄

集目	各章內容
1. 民俗	生產、結婚、葬儀、年中行事、一日起居。
2. 生活	家屋、服裝、布帛、頭髮、飾品、陋習、食物、雜業、生產機具。
3. 人際	良俗、階級、乞丐、花柳、演劇、武術、私刑、賣身、收養、結拜、敬帖、宴席、店號、新居、**臺人常用詞語**。
4. 樂曲	音樂、歌曲。
5. 玩樂	成人嗜好、兒童遊戲、猜謎、繞口令。
6. 典故	醒世警語、俚語俗諺、傳說故事。
7. 怪談	每節1篇，共54篇。
8. 俚諺	臺人俚諺、**臺日俚諺對譯**（依五十音順序，共36節）、蕃人傳說。
9. 迷信	自然現象、日月星辰、動植物、生死婚葬、魂魄、鬼怪。
10.巫覡	巫師、驅邪招福、符咒、身心異狀、事象異狀。
11.宗教	儒教、佛教、道教、齋教、基督教、神明會、宗教建物、囚犯信仰、生蕃眾神、傳統宗教觀。
12.匪亂	依筆畫序，每節1名，共24名。
附錄	植物、動物、礦物。

---

70 片岡巖歷年薪給、職等、受勳及賞金等，詳《臺灣總督府公文類纂》第3757冊，第15號第3卷。

71 片岡巖（著），陳金田（譯）：《臺灣風俗誌》（臺北：臺灣日日新報社，1921）。片岡巖（著），陳金田（譯）：《臺灣風俗誌》（臺北：眾文圖書，1990）。片岡巖：《臺灣風俗誌》（臺北：南天出版社，1994）。

72 各集本無題目，為求一目了然，筆者自行整理後加上。各章關鍵詞亦譯為中文後並列入表中。

　　全書內容可說包羅萬象、鉅細靡遺。許雪姬指出，「這部內容豐富
的民俗資料，即使到今天，還沒有任何一個人的著作翔實、完整超過
它。」除了著作內容廣博之外，其中還可見「臺人常用詞語」與「臺日俚
諺對譯」等大量對譯詞語的收集。可見片岡對於詞語對譯的關注甚深，
而這也符合通譯工作的實際需要，並顯露了著作內容與作者通譯身分的
相關性。此外，從菅野善三郎的序中，還提到片岡在本書之前已另有著
作《日臺俚諺詳解》。[73] 事實上，該書1913年即由臺南地方法院檢察局
內臺灣語研究會出版。可見，俚諺正是片岡巖工作時的語文生產活動主
題之一。

　　片岡擔任臺南法院通譯與書記期間(1910–1923)，曾陸續在《臺法
月報》、《臺灣教育》、《語苑》等雜誌發表文章，[74] 內容以民間傳奇故事居
多。集結出版者計有：《日臺俚諺詳解》(1913)、《臺灣風俗》第一卷
(1913)、《臺灣風俗》第二卷(1914)、《臺灣風俗》第三卷(1914)、《臺灣
文官普通試驗‧土語問題答解法》(1916)、《臺灣風俗誌》(1921)、《臺
灣みやげ話》(1925)、《改正民事訴訟法訴訟手續臺灣實例書式》(1930)
等書。就片岡巖的著述等知識生產路徑及順序，前述著作具備編年上的
意義，[75] 值得進一步深入探究。

73　朽木義春檢察長在該書序言中指，其收錄臺灣日常用語、譬喻、故事、俚諺、隱語等
　　計兩千餘句，共295頁。但該版本實際僅收入俚諺詳解776條，對譯詞條(未附詳解)
　　407條。後收入《臺灣風俗誌》第八集時，詳解增列85條，刪除4條；對譯增列9筆，刪
　　除1筆。據飯倉照平指，其俚諺特色為反映昔日臺灣農村生活，尤其家畜與小動物相關
　　詞條頗多。參片岡巖：《日臺俚諺詳解》(臺南：地方法院檢察局內臺灣語研究會，
　　1913)，書後〈解說〉，頁1–3；片岡巖：《日臺俚諺詳解》，《ことわざ資料叢書》第12卷
　　(東京：クレス出版，2002)。
74　《臺法月報》(1905–1943)是臺灣總督府高等法院介紹法令與判決的刊物。《語苑》
　　(1909–1941)則由設在高等法院的「臺灣語通信研究會」發行，是由全臺警察與地方法
　　院具有語文或通譯專長者投稿的內部刊物。陳文指《語苑》每期約發行1,000–3,000部，
　　30年代最高曾達4,000部。
75　此一看法詳陳偉智：〈「可以了解心裡矣！」：日本統治時期臺灣「民俗」知識形成的一個
　　初步的討論〉，《2004年度財團法人交流センター協會歷史研究者交流事業報告書》(臺
　　北：財團法人交流協會，2005)，頁1–35。

　　而《臺灣風俗誌》著者序裡，提到編寫此書的目的是為了「矯風正俗」；意指「為使島民悅服，需先熟悉民眾心理，而欲詳知其心理，必先探究其風俗習慣。」而事實上，他的書寫幾乎看不到矯正臺人風俗的跡象。反而他的描述彷彿攝錄鏡頭，像是在為讀者導覽當時臺灣民眾生活點滴，令人盡收眼底。例如，寫到家屋時，他會把商家、農家、一般家庭的平面圖及其室內擺設圖示與解說一併附上；[76]提到服裝時，會附上手繪的各式款型及其圖解；對於髮型，則針對男女髮式及細節詳加描繪。而對於日人可能不習慣的風俗，往往在最後一行加上提示，如談到檳榔，則稱「或如我國古來涅齒之風」；談到喝茶方式的差異，則加上「國人見此或許未必適應」；而對於吹水煙，則指「國人或有珍奇之感」等。[77]這種不介入的觀察及書寫方式，與他身為法院通譯的工作屬性及其訊息傳遞方式看來是頗為一致的。

　　就法院通譯的職能要求而言，片岡巖不僅需要克服土語在書寫上的困難，以及各地口音變化多端的語音語調等問題。同時，還要理解各地資源配置、民情風俗、信仰、乃至價值觀等差異，才能在法院處理各類訴訟時，稱職地扮演通譯的角色。從他得以不斷晉升通譯等級，可知他的持續努力付出。而編纂這部史無前例的巨著，不僅要「涉獵群書，或質之耆老」，[78]且持續達十餘載。[79]可說是片岡巖全心投入法院通譯的重要見證；而這本巨著的內容，也反映了法院通譯長年面對的廣泛課題。同時，透過這部日積月累的著作，也讓我們看到了一位日籍通譯對於譯事工作的專注投入。

　　至於片岡巖著作的後續影響，陳偉智亦曾著墨。例如，曾任臺灣中部地區高級警官的鈴木清一郎（1934），其《臺灣舊慣冠婚葬祭と年中行

76　關於家屋、服裝、頭髮之描述，詳片岡巖（著），陳金田（譯）：《臺灣風俗誌》第二集，頁87–107。

77　片岡巖（著），陳金田（譯）：〈臺灣人の纏足其他〉，《臺灣風俗誌》第二集，頁116–117。

78　原文見片岡巖（著），陳金田（譯）：《臺灣風俗誌》著者序，頁13。譯文引自許雪姬：〈日治時期臺灣的通譯〉，頁32。

79　《臺灣風俗誌》菅野善三郎之序言「為臺灣固有之人情風俗調查攻究十有餘年」，頁3。

事》部分內容即是取材自《臺灣風俗誌》。同時，當時警察培訓所用的「臺灣事情」教材，也有引述片岡巖著作的情形。

　　而當時的臺灣法院，除了片岡巖之外，另外還有一位與片岡一樣出身軍人的通譯——東方孝義（1889–1957）。[80] 他是臨近日本海的石川縣人，高等小學畢業。先任巡查兼通譯，進而成為專職通譯。1909年入步兵第七聯隊第七中隊，1911年歸休除隊。1913年來臺，受臺灣總督府命為巡查，8月服務於新竹廳，月俸12圓。9月因公負傷，11月受命為臺東廳巡查服職於警務。1914年調臺北廳警務課。1916年9月28日補巡查補教習所教官，1918年3月受命為檢疫委員，且因兼法院通譯而獲津貼2圓50錢，當時月俸約15圓。[81]

　　1923年9月擔任臺灣總督府法院通譯兼書記，又兼臺灣總督府警察局及司獄官練習所教官，且兼臺灣總督府警察官及司獄官練習所舍監臺灣總督府警部。此時，他成為橫跨司法、警務之行政、教學、通譯於一身的人才，月俸達67圓。但就在1923年9月他卻辭去前述多職，進入臺南地方法院嘉義支部檢察局專職通譯。1927年轉臺中地方法院檢察局，後調任高等法院檢察局繼續擔任通譯。[82]

　　東方孝義與片岡巖雖先後來臺，但卻有許多巧合之處。例如他們都因從事軍職而來臺，後均轉入法院擔任通譯。此外，他們也同在1923年辭職；只是片岡是因病退休，而東方孝義則進入地方法院專職通譯。而最重要的不謀而合之處則是，兩人都先後出版了臺灣民情風俗鉅著及日臺詞語工具書。而他們編寫的日臺俚語俗語、日臺辭典及散見於

80　關於東方孝義的生平研究，主要參考文獻如下：中島利郎：〈東方孝義著作年譜〉，《岐阜聖德学園大学外国語学部中国語学科紀要》第3號（2000）；中島利郎：〈鷲巢敦哉氏と東方孝義氏について〉（1999），https://home.hiroshima-u.ac.jp/tatyoshi/higashikata001.pdf；許雪姬：〈日治時期臺灣的通譯〉。透過以上文獻的交互比對，可知東方孝義生平及來臺後的經歷、職位、薪給、著述、交友、譯事活動等。

81　從東方孝義1913年到1918年月俸僅增3圓看來，通譯津貼卻達2圓50錢，可謂比重甚高。

82　關於其生平，參東方孝義：〈本書編著に就いて〉，《臺日新辭典》（臺北：南天書局，1997）；《臺日新辭典》（臺北：臺灣總督府警務局內臺灣警察協會，1931）；許雪姬：〈日治時期臺灣的通譯〉，頁32–33。

報刊雜誌中與法庭口譯或臺語詞義辨異等相關文章，[83] 亦可反映當時日籍通譯對於日臺語詮釋及運用的觀點。

　　而兩者之所以產生前述共同點，主要出於法院通譯的共同身分。例如，他們身為法院通譯時，往往需要深入了解案情及其相關人士身處的社會環境，且又需支援行政部門，擔任戶口調查、書記、甚至教學等工作，可見當時法院通譯的業務範圍頗為廣泛。而兩人大量採集臺灣風俗資料或整理日臺詞語對譯等，[84] 事實上都與前述業務需求是密切相關的。不過，他們的產出固然出自於法院通譯的工作背景，但並非背景相似的通譯，都能將熱情傾注於著述。他們的語文產出，應視為兩位用功的譯者，為其譯事活動留下的寶貴心得與深刻見證。

　　東方孝義的《臺灣習俗》全書422頁，出版於戰時的1942年。[85] 該書版權頁上除了顯示「執筆者 東方孝義」之外，另有兩行小字；分別是地址——「臺北市文武町六丁目一番地」及機關名稱——「高等法院檢察局通譯室」。由此看來，本書的出版可能不是出於東方孝義的個人行為，而是由高等法院檢察局通譯室接下任務，由東方孝義擔任通譯室裡的執行者而已。不過，本書不像片岡巖那樣邀了五位長官寫序，[86] 僅附上作者自序而已，不知與戰事日熾的背景是否有關。

　　序言中揭櫫的成書目的是「了解臺灣風俗變遷的軌跡，以資移風易俗。」這點又與片岡巖頗為類似。許雪姬認為，此一說法乃為順利出版

83　兩人皆曾投稿《語苑》，但東方孝義更為活躍。他在1930年代經常在法院內部刊物《語苑》投稿並任編輯委員，其他文稿則散見於《臺灣日日新報》、《臺灣警察時報》、《民俗臺灣》等。

84　東方孝義：《臺日新辭典》。

85　東方孝義：《臺灣習俗》(臺北：同仁研究會，1942；臺北：古亭書屋，1974；臺北：南天書局，1997)。

86　為《臺灣風俗誌》寫序者依次為：臺灣總督府民政長官下村宏、高等法院檢察官長菅野善三郎、臺中州知事加福豐次、臺南地方法院檢察官長松井榮堯、臺灣總督府編修官古山榮三。反之，東方孝義1931年出版《臺日新辭典》時，曾由臺灣總督府警務局長井上英、及臺北地方法院檢察官長上內恆三郎寫序。而其自序則就編著及出版經過，做了頗為詳細的交代。

而寫，以避免內容遭到刪除。[87] 事實上，兩書都達到讓讀者「了解臺灣風俗變遷軌跡」的功能，但「移風易俗」則未必。然而，兩書口徑一致地強調移風易俗，實際書寫方式與立場卻都未必如此，其中隱含的對臺傾斜及背離政策之處頗耐人尋味。

　　《臺灣習俗》共分九類。包含服裝、食物、住居、社交、文學、演劇、音樂、運動、趣味。但全書僅有分類及細目，而未分集或設章節。試舉目次如表1.4：

表1.4《臺灣習俗》內容目錄

集目	各章內容
1. 服裝	**概說**、男女便服、禮服、童裝、流行服、穿著、洗滌、裸露、髮帽、鞋、飾物。
2. 食物	主食、食材、烹調、點心、佐料、水果、惜穀、男女分席、招呼語、菸、酒、茶、檳榔、鴉片。
3. 住居	概說、樣式、隔間、建材、住屋特徵、防暑、佛間、夫妻同眠、落成儀式、轉宅修繕、招福避災、井位、植栽禁忌、符咒解咒。
4. 社交	尚禮、稱呼、上流者／中流以下／下流勞動者之禮儀、姿勢、宴席／社交規範。
5. 文學	概說、種類狀態、詩詞歌賦、民間文學、童謠、俗謠、流行歌曲、民謠、山歌、採茶歌、故事、神話、傳說、趣話、寓話、唱本。
6. 演劇	概說、舞臺、演出、角色、類別、服裝、道具、後場、腳本、劇目、現況。
7. 音樂	概說、聲樂、樂器、音符、讀譜、曲調唱腔、各式音樂。
8. 運動	概說、拳 、扒龍船、棒押、兒童遊戲。
9. 趣味	概說、詩歌文章、琴棋書畫、比輸贏、搏大小、四色牌、硬牌、抽籤。

87　1942年版《臺灣習俗》中，遭刪除處為頁172「歐戰歌」之後的欄目名稱，以及頁173「反動團體攻擊歌」之後的內容。1997年版則在頁172的「歐戰歌」之後補上「社會革命歌」五字，而在頁173–174「反動團體攻擊歌」之後，則多一首「霧社蕃反亂歌」。其歌詞最後另附一行說明：「此歌原本甚長，以下因甚為殘虐，故就此擱筆」（筆者譯）。由此看來，本書不像是為政策服務的作品。

　　分類項目與內容和《臺灣風俗誌》近似的主題有服裝、食物、住居三類，其中穿插的住居、服裝、髮型等繪圖及圖解方式，也與片岡巖的寫作方式頗為神似。兩書內容上的差異除了反映日治初期與中晚期的治理落實程度外，同時反映了他者（The other）對於臺灣民族外在活動與內在思維以及對物種資源等的觀察與記述。因此，《臺灣風俗誌》中呈現迷信、巫術、宗教、匪亂（分別敘述24名寇匪的事件始末）、動植物與礦物的記載等；而《臺灣習俗》則對於社交、文學、演劇、運動、趣味等，配置了相當比重的篇幅。後者加入了臺日對比的角度，觀察臺人生活習性、態度、價值觀等章節。從其敘述視角及日臺對比的寫作方式，以及採納民眾生活的創意及其寫意的書寫風格看來，作者自己置身其中的「生活感」顯然更為鮮明強烈。

　　《臺灣習俗》最具特色的是作者在各類別的第一篇所寫的「概說」。細讀各篇概說即可發現，作者是以為日人導覽的角度而書寫的。例如介紹臺灣食衣住行各面向時，首先會將「領臺」以來該領域的情況先行陳述，再以中國為對照，最後才指出臺灣的特色。其中，介紹篇幅較多的類別有住居（40頁）、文學（144頁）、戲劇（80頁）、趣味（59頁）。而敘述細節最為詳盡的，即是服裝與社交。以服裝為例，作者指日本家庭最講究的莫過穿衣得宜與否，而臺人穿著卻全然不分場合、不知痛癢，不過其服裝經濟實用，且重視洗滌，衣著常保潔淨。此外，婦女絕不裸露示人，故日婦稍露肌膚即易引起臺灣男子垂涎。[88] 該類別除文字說明之外，還附上三頁髮式、帽子、衣型的圖繪。由此可見，作者對於日臺人衣著的外在形式與內在意識，都有深刻的觀察與精細的描述。

88　古山在〈有禮無體〉中也提到，小販驚見日婦坦露酥胸，竟忘算錢。參古山：〈有禮無體〉，蘇同炳：《臺灣今古談》（臺北：時報文化出版，1980），頁270–272。其實，早在1895年8月，當局即已明令禁止內地人露腿行走於戶外。違者應科五拾錢以上壹圓九拾五錢以下罰款。但歷經數十年後，依然積習難改。詳明治28年（1895）乙種永久第九卷：〈明治28年9月分文書課事務報告〉，《臺灣總督府檔案中譯本》第四輯，頁185。

綜觀全書，作者對於臺灣的習俗，大都基於臺日對比的立場，讓日本讀者了解兩者之間的異同並提出解釋。他的觀點大體可稱有褒有貶；不致於一味批評臺人，有時也會貶抑日人。例如指臺灣婦女無論地位貴賤，早起梳洗後必結髮操持家務，絕不亂髮示人，即使居家亦堅持奉行。而相形之下，日本婦女中卻有素養不佳者，「蓬髮弛帶」招搖過市，且因不諳臺語，受臺人嘲笑仍不自知，竟然笑顏以對，不禁令人「思之斷腸」、「感同身受」、「憤慨情切」（筆者譯）。由此可見，東方孝義對於臺灣的觀察深入市井小民，且對於民眾生活景象可稱瞭若指掌。尤其，在做日臺對比之際，並不偏頗任何一方。

根據林獻堂年譜1932年的記載，[89]林氏當時曾提倡象棋為青年之娛樂，避免一般青年終日飽食無所事事，甚至流於嫖賭酗酒等不良嗜好。其後，象棋比賽果然在全島風行一時。對此，東方孝義在書中並未說明象棋風行的背景與流行的程度，而僅說明日本「將棋」與臺灣「象棋」的區分，以及「圍棋」與「象棋」素有「文棋」與「武棋」之稱等。文中附上象棋的繪圖，並說明棋子的種類、數量、遊戲規則等。不過，作者卻在文末話鋒一轉，以似曾身歷其境的口吻指出，象棋看似簡單，但實地操作之際，往往牽一髮而動全局，頗為複雜有趣。

從這段描述可知，本書確有結合客觀資料及作者生活體驗的特色。一位日籍通譯能有如此細膩的覺察，足以反映當時日臺人相互接受的情況。[90]此外，在「社交」類中，東方孝義對於臺人的禮儀規範、應對進退、大氣的社交風格等，頗為讚譽之餘，甚至批評起日人的小家子氣。同時，他還倡議在臺日人宜多學臺人語言風俗，自可彼此融和無礙。在日本近50年的統治下，這些出自日籍官吏的言論，彷如空谷足音。

89　詳見林獻堂先生紀念集編纂委員會（編）：〈林獻堂先生年譜〉，頁105。
90　東方孝義：〈大同的社交〉，《臺灣習俗》，頁90–92。

　　至於與片岡巖來臺時期相近、年紀相仿的，另有一位前面提到的蕃語通譯森丑之助。根據楊南郡考察的年譜記載，[91] 森氏1877年生於京都，曾在九州長崎市的長崎商業學校唸過一年級 (肄業)，在校時學過中國南方官話。16歲時 (1893) 因不耐母親與乳母的過度照顧，自稱「棄家、輟學，決心過流浪生活」。18歲時 (1895) 遂以中文通譯身分前往遼東半島服役，同年5月因日軍接收臺灣，故於9月改以陸軍通譯身分申請來臺。1896年1月，因公進入桃園縣復興鄉，首次進入蕃地並結識當地頭目。同年8月隨部隊調往花蓮，職稱為「守備隊本部付通譯」。1897年2月 (20歲)，以通譯身分隨「太魯閣蕃討伐軍」進入戰地。1898年 (21歲)，他已能操排灣、阿眉、布農、泰雅等族之蕃語。1899年，甚至為民政部警察本署編寫了《排灣蕃語集》與《阿眉蕃語集》等。[92]

　　1900年1月至9月森丑之助全程陪同奉派來臺的人類學者鳥居龍藏 (1870–1953)，自述擔任「地理嚮導兼土語與蕃語譯員，[93] 同時參與調查工作」。[94] 時年23歲的他，已有能力身兼南京官話及數種蕃語的口譯。自此之後，他的人生即與臺灣原住民結下了不解之緣。日後，他散盡錢財、不眠不休地深入全臺蕃地，[95] 至少16次橫跨中央山脈進行民族誌紀錄、地理調查、服飾圖譜製作、植物採集調查等工作，留下大批田野調查記述、攝影、圖繪、標本、著作等，搶救並整理出「深山部落的分佈、

91　詳見楊南郡 (譯註)，森丑之助 (原著)：《生蕃行腳》(臺北：遠流出版，2000)。

92　1909年，《排灣蕃語集》與《阿眉蕃語集》由蕃務本署以小冊子形式發行。而1900年，《布農蕃語集》也已成稿。

93　前述《生蕃行腳》中，森丑之助提到1900年1–4月那次任務，由於自己不太會講臺語，還請了一位曾受日語教育的臺北士林人張君楚先生，隨行擔任臺語通譯以便與本地苦力溝通。參楊南郡 (譯註)，森丑之助 (原著)：《生蕃行腳》，頁183–184。可見，他的臺語運用能力不如南京官話或蕃語。

94　森丑之助的〈生蕃行腳〉原載《臺灣時報》大正13年 (1924) 4至11月。中文譯文參楊南郡 (譯註)，森丑之助 (原著)：《生蕃行腳》，頁180。

95　據楊南郡〈學術探險家森丑之助〉一文，森丑之助於1900年因父親過世而繼承的家業與遺產，都悉數充作探險調查之用。同時，因長年出外調查而無穩定收入，其妻森龍子僅靠出租家裡的房間維持生計。又，因為出外調查，其女1909年出生，卻直到隔年6月才一併辦理結婚與生女登記。參楊南郡 (譯註)，森丑之助 (原著)：《生蕃行腳》，頁45–46、60。

族群生活與動態、地理踏勘實況、動植物生態」等珍貴資料。森丑之助的紀錄及圖繪極詳盡，被高度肯定為對原住民深入且系統化的學術成果。

　　1902年起，他的學術文章、圖譜陸續發表於學術期刊，[96] 並散見於報章雜誌，達114篇。[97] 1909年出版《排灣蕃語集》與《阿眉蕃語集》，並由臺灣總督府出版《二十萬分之一北蕃圖》。1910年由蕃務本署出版《布農蕃語集》。1912年為三省堂《日本百科大辭典》撰寫第六卷「臺灣蕃族」項，共7,500字、照片16張。1915年出版《臺灣蕃族圖譜》第1、2卷。1917年出版《臺灣蕃族志》第1卷（泰雅族篇）。1923年關東大地震，使原定各出版20卷的《臺灣蕃族圖譜》與《臺灣蕃族志》原稿資料全數化為灰燼。其後，他因推動「蕃人樂園」計劃受挫而抑鬱失落，1926年7月3日登上從基隆駛往神戶的「笠戶丸」，翌日自船上投海自盡，時年49歲。

　　回顧在臺灣的30年，森丑之助從完全不諳蕃語，到成為能操數種蕃語的通譯，進而編寫蕃語教材，持續發表著作。而他從未受過學術訓練，但卻能不斷進修人類學與植物學知識及調查方法，並經年累月深入蕃地取得精確的一手資料，其對原住民研究的熱誠與貢獻，令人動容。[98]

　　森丑之助身為稀有且優秀的日籍蕃語通譯，幾乎是歷任總督、相關單位長官及研究學者等前往蕃地時的最佳陪同人選。[99] 1920年作家佐藤春夫（1892–1964）來臺時，也是由森氏建議旅行路線並安排各地接

96　1902年12月，《東京人類學會雜誌》發表了〈臺灣石器時代遺物發現地名表〉一文，列出93處遺址及收集的遺物種類，並論述石器垂直分佈與現住原住民地理位置相符的事實。引自楊南郡（譯註），森丑之助（原著）：《生蕃行腳》，頁611。

97　詳楊南郡（譯註），森丑之助（原著）：《生蕃行腳》，頁26。這114篇是楊南郡考察所得，但未包含已成書的文章及對他的報導。著作及論文目錄詳同上，頁639–662。

98　引自1935年遺孀森龍子為他寫下的300字略傳。楊南郡（譯註），森丑之助（原著）：《生蕃行腳》，頁636–637。

99　如，森丑之助1906年曾陪同佐久間左馬太總督、1925年曾陪同伊澤多喜男總督。詳見附錄二〈森丑之助年譜〉，楊南郡（譯註），森丑之助（原著）：《生蕃行腳》，頁601–638。

應。[100] 從佐藤春夫的訪臺作品中，更可明顯看出森氏的影子，如1923年的〈魔鳥〉、1925年的〈霧社〉、1928年的〈日章旗之下〉等。在〈霧社〉裡，佐藤將他化名為「M氏」。而在〈魔鳥〉與〈日章旗之下〉裡，則以第一人稱書寫。在〈霧社〉一文中，佐藤提到當時隨身攜帶《臺灣蕃族志》閱讀，並指明其中的M氏即為森丑之助（文中稱「森丙牛」）。[101] 同時，〈魔鳥〉的傳說，也是參照《臺灣蕃族志》而寫成的。

佐藤春夫在〈日本の風景〉(1958)中寫道：「關於臺灣的風物，我已寫了許多作品，無庸在此贅述。儘管如此，無法將那華麗島嶼如日本風景般細加描述，對我而言，真有遺憾萬千之慨。」（筆者譯）佐藤春夫28歲那年，[102] 於1920年7月5日至1920年10月15日之間訪臺，日後陸續寫出20多篇作品。其中，有媽祖傳說（〈社寮島旅情記〉、〈天上聖母〉）、民間故事（〈女誡扇綺譚〉）、文化巡訪（〈殖民地之旅〉）、原住民敘事（〈魔鳥〉、〈霧社〉、〈旅人〉、〈日月潭遊記〉）等。尤其與蕃地相關作品占最多數。可以想見，若非森丑之助，佐藤是不會也不能處理這類主題的。

雖然，森氏因腿疾未隨佐藤同行並充任通譯，[103] 但若未透過森氏對臺灣的解讀，佐藤的筆下何來如此豐富而深刻的體察？甚至，那些以第

---

100 1963年佐藤春夫在《詩文半世紀》中，對於森氏的生平有所介紹，且提到森氏的通譯背景，及其受蕃族敬重的程度。因森氏在總督府人面甚廣，故佐藤春夫的行程悉由森氏安排並委其上司代為疏通。而1936年的〈かの一夏の記〉則提到，抵達基隆港後，即往臺北訪問任職臺灣博物館的森丑之助，並與森氏商討行程的安排。森氏建議安排兩週前往福建一遊，佐藤春夫旅臺時還曾到森宅住了半月。參見笠原政治：〈佐藤春夫が描いた森丑之助〉，《文化人類学の先駆者・森丑之助の研究》（平成12–13年度科研費補助金基盤研究C2研究成果報告書，2002），頁45。文中稱森氏為「館長代理」應是佐藤的誤解。

101 磯村美保子指出，森丑之助為本名，筆名則依其需要有所不同。計有：森丙牛、はに牛、熄火山人、曾遊生、劍潭子等。參見磯村美保子：〈佐藤春夫「魔鳥」と臺灣原住民——再周辺化されたものたち〉，《金城学院大学論集・人文科学編》(2006)，頁55–66。

102 〈かの一夏の記〉中，佐藤春夫自己的説法是29歲。而笠原政治則指，29歲是虛歲。參見笠原政治：〈佐藤春夫が描いた森丑之助〉，頁42。

103 森氏曾於1920年7月17日寫信給佐藤，表示由於腳部神經疼痛致無法隨行，深感遺憾。參見新宮市立佐藤春夫紀念館（編）：《佐藤春夫宛森丑之助書簡》（新宮市：市立佐藤春夫紀念館，2003），頁4–5。

一人稱寫成的作品，反可說是佐藤化身為森氏的代言人，且竟成了森氏的傳譯。佐藤春夫日後成為文壇大將，透過他對臺灣的觀察並賦予臺灣的「他者」魅力，進而引發了日本作家日後相繼而起的南方想像及他者風貌的書寫。

從以上三位日籍通譯的譯事活動及語文產出，試歸納其主要之共通點：

1. 他們未受正規學校養成，而是透過工作長期積累，自學有成。
2. 透過長期實地採集並做成紀錄加以出版，以備日人參閱。
3. 透過通譯工作，為當局提供日人對臺灣民眾生活的細微觀察與解讀。
4. 從著作的取材廣度與深度，可察知當時臺灣民眾與官方的接觸點為何。
5. 從文化生產的角度而言，書中的臺灣習俗或蕃地書寫，皆可視為日臺共融下的文化產物。

五、他者眼中的通譯及其譯事活動

本節將透過通譯活動參與者所做的紀錄，描述通譯在譯事活動中的角色及意義；針對代表基層通譯的許文葵（1900–1968）及經常在林獻堂會晤要人時居間通譯的蔡培火（1889–1983），提出他者眼中對通譯的觀察與記述。之所以做此選擇，乃是因為許文葵與前述兩位日籍通譯都有任職地方法院通事的一致性，且在日籍作家佐藤春夫的小說中留下作家對他的觀察與記載。而選擇非職業通譯角色的蔡培火，則著眼於蔡培火除了擔任過林獻堂與日方要人會晤之居間通譯外，他的「通譯活動」似應以他長期從事的臺人辦報及其社會影響等層面加以探討為宜。此外，非職業屬性的通譯活動，在當時是普遍存在的譯事現象，故亦有其代表性。

根據臺灣新民報社編輯的《臺灣人士鑑》（1934），許媽葵（又稱文

葵‧鵑魂)明治33年1月9日生於鹿港。少修漢學，公學校畢業；後入臺中中學校(即臺中一中)，並為首屆畢業生；畢業後即任臺中州書記及通譯。《臺灣人士鑑》稱他「頭腦明晰」。[104] 他曾於1920年佐藤春夫訪臺時擔任隨行翻譯，並被寫入1932年出版的〈殖民地之旅〉。根據曾訪許文葵的池田敏雄在〈鹿港遊記〉與〈亡友記〉中的敘述，[105] 許氏即該文主角之一「臺灣通譯A君」。而據河原功從鹿港戶政事務所調查得知，[106] 許氏歿於1968年11月。[107]

參照陳豔紅的調查，許文葵1917年臺中中學畢業後進入臺中州廳擔任僱員，並兼州知事通譯。由於雅好詩文，1921年加入「大冶吟社」，1927年則加入「聚鷗吟社」，1931年進入「南音社」等詩社。1933年更創立「淬勵吟社」，1940年亦參加「新生詩社」。他曾在1942年經營當鋪「鹿門莊」，但亦充作文人沙龍集會之用。到了1945年日治結束之後，擔任臺中一中國文教師，直到1955年終被擠出校外，[108] 致生活失據。洪炎秋的〈佐藤春夫筆下的鹿港〉以及林莊生《懷樹又懷人》第九章〈許文葵先生〉，[109] 都提到許文葵晚年拮据的景象。

---

104 臺灣新民報社調查部(編)：《臺灣人士鑑》，頁41。該書是《臺灣新民報》為日刊發行一週年而編，「發刊之辭」指針對具信望之重要人士，不論其階級、貧富，以對臺灣社會意義為指標，經嚴選後收錄之。

105 池田敏雄：〈鹿港遊記〉，《臺灣地方行政》1942年8月號，頁92–104。又參池田敏雄：〈亡友記〉，收入張良澤(編)：《震瀛追思錄》(佳里：琅琊山房出版，1977)，頁119–139。

106 河原功：〈佐藤春夫「植民地の旅」の真相〉，《臺湾新文学運動の展開——日本文学との接点》(東京：研文出版，1997)，頁23。

107 關於許文葵生平，另詳邱若山：〈佐藤春夫「植民地の旅」をめぐって〉，《日本学と台湾学》「特集：佐藤春夫台湾関係作品研究」，頁132–135。陳豔紅：〈日本文化人の目に映った鹿港の半世紀(1920–1976)〉，2005年9月10日「天理臺灣學會第15回研究大會」，《臺灣大會記念演講及研究發表論文報告集》B6–3場，頁129–149。

108 根據林莊生追憶，由於許文葵只能以臺語授課之故，在學校地位亦逐年下降。由訓導主任降勞動服務組組長，後再降為初中班導師；授課也從國文改為公民。參見林莊生：《懷樹又懷人——我的父親莊垂勝、他的朋友及那個時代》(臺北：自立晚報社社會文化出版部，1992)，頁162。

109 洪炎秋(1899–1980)，鹿港人。〈殖民地之旅〉中曾記，許文葵與佐藤春夫在鹿港街上和洪炎秋不期而遇，乃請洪邀其父洪棄生與佐藤會面，卻未見首肯。見洪炎秋：〈佐藤春夫筆下的鹿港〉，收入蘇薌雨、葉榮鐘、洪炎秋(合著)：《三友集》(臺中：中央書局，1979)，頁294–301。

　　許文葵於弱冠之齡即被州知事指派擔任當時已在文壇嶄露頭角的佐藤春夫的陪同秘書兼通譯，可見胸有點墨。加之能在1934年即列名於《臺灣人士鑑》，可見頗受同時代人肯定。他的好友洪炎秋在〈佐藤春夫筆下的鹿港〉的附註裡提到，[110] 許文葵「年輕時候，才氣煥發，能說善道，假期常從先父(洪棄生)學詩文，好跟日本人抬槓，為本省人吐氣。」可見許氏確是有才情、能詩文，且個性方正。據陳豔紅研究，許文葵除了1920年伴隨佐藤春夫同遊之外，其後還擔任過不少日本文人藝術家的通譯兼嚮導。詳如表1.5：

表1.5　許文葵歷任日本文化人士通譯及陪同導覽紀錄

來訪人物	來訪者背景	日期	目的	同行者	遊後作品	印象點
佐藤春夫 (1892–1964)	知名詩人 小說家	1920.09.29	旅行	許媽葵	〈植民地の旅〉	紀念碑
池田敏雄 立石鐵臣 (1905–1980)	民俗研究者 知名畫家	1942.03.10	順道 採訪	許媽葵	〈臺灣民俗図絵・鹿港一、鹿港二〉	金盛巷[111]
中村哲 (1912–2003)	法政學者 1937–1945： 旅臺	1942.04中旬	順道 採集	巫永福、 許媽葵	〈臺中日記〉	龍山寺、 鹿門居之蟹
池田敏雄 (1916–1981)	1923–1947： 渡臺	1942.04下旬	民俗 採訪	許媽葵、 周東山	《鹿港遊記》	青樓女子、吟唱王昭君
池田敏雄	1954–1976： 平凡社民俗 學與民族學 部門編輯	1942.07.06	民俗 採訪	許媽葵、 蔡嵩林、 洪遙孚	《續鹿港遊記》	鹿港文化巡訪

資料來源：引自陳豔紅並參考池田敏雄〈鹿港遊記〉。

---

110 洪炎秋：〈佐藤春夫筆下的鹿港〉，頁301。
111 此處為筆者根據陳豔紅文中內容補記。參陳豔紅：〈日本文化人の目に映った鹿港の半世紀(1920–1976)〉。

　　從表1.5的來訪人物及其背景可知，部分人士雖為在臺口人，但在語言與文化背景方面，若無通譯與導覽還是難窺堂奧。而許文葵的所知所聞正足以滿足詩人、作家、畫家、民俗及文化研究者的知識需求。其中，數度造訪的民俗研究者池田敏雄，在許文葵身後於1976年12月回到許氏當年開設的「鹿門居」徘徊，但見舊址已成廢墟，門前竟成麵攤與水果攤販聚集之處，故為文感懷並悼念許氏。可見，許文葵除了通譯導覽之外，與來訪者交心頗深。同時，從佐藤春夫〈殖民地之旅〉亦可知，佐藤對於許氏的言詞或態度，其實未必完全認同，甚至有時感到「難於招架」。[112]但實際見諸文章之際，卻將許文葵的言行舉止如實納入文中，可見許文葵的真摯情切確實撥動了作家的心弦。

　　以今日的口譯規範而言，譯者通常不會介入談話參與者的行動。然而，佐藤春夫筆下〈殖民地之旅〉中提到的A君雖是隨行秘書兼通譯，行動中卻常有挑戰當時社會準則或既有價值觀的舉動，致使佐藤有時還得將就配合。[113]例如A君會主動批評當局的作為（將「胡蘆屯」改名為「豐原」）或是臧否人物（批評佐藤造訪過的素人畫家之甥不知人間疾苦，或是評論那些要求林獻堂排解糾紛的鄉民）、乃至代為挑選主人贈予佐藤的書法作品，[114]且稱「這個好，正符合你目前的景況」等行為。[115]此外，見到公園裡的石碑上，把和日軍對峙的臺人稱為匪徒或賊徒時，A君即

---

112 佐藤春夫在〈殖民地之旅〉中提到，A君與他在車上時，口沫橫飛地對於臺灣的改朝換代，「有時悲歎，有時謳歌，使他難於招架」。這裡的「難於招架」，是引自洪炎秋的譯文。參見蘇鄉雨、葉榮鐘、洪炎秋（合著）：《三友集》，頁299。

113 不知是否受到佐藤春夫對A君的犀利筆觸及作品的「盛名」之累，池田敏雄指許文葵似乎不願多談此事（「許さんは佐藤先生のことにふれたがらなかったようです」）。參池田敏雄：〈亡友記〉，頁126。

114 根據在鹿港戶政事務所的調查，該書法家為鄭貽林（1860–1925）。參見河原功：〈佐藤春夫「植民地の旅」の真相〉，頁13–14。

115 原文為「これがいいでせう、今のあなたの身の上のやうで」。此處直呼佐藤為「あなた」，似有逾越親疏的分際。

直指此舉是為政者的不智。對於一路上這類不滿統治當局的言論，佐藤春夫大體上是顯現同理心，並表現出接納的雅量。[116]

在導覽風格上，許氏的導覽可稱熱忱主動，甚至不惜投入自己的藏書。例如，佐藤有意訪問詩人洪棄生卻遭謝絕之後，[117]A君隔天即將自藏的洪氏詩集贈予佐藤，該詩集果然受到佐藤高度評價及珍視。[118]只是，在去豐原的車上，佐藤本想細細玩味洪棄生詩集，但為了聆聽A君的議論，以致於無暇翻閱。但大體而言，佐藤都還是接受了A君的看法。

從以上許文葵與佐藤春夫之間的互動，可知許氏當時扮演著嚮導與秘書(安排車輛、行程等)的角色。許文葵的行動呈現出熱誠的接待者、資訊的提供者，以及社會評論者等屬性特徵。而這些角色所產生的行動或觀點，雖然由於兩者文化背景及性格上的差異，讓佐藤一時不知如何接招，但對其觀點也大致認同與接受。而就文本意義看來，假使這篇〈殖民地之旅〉抽掉了A君角色的話，大概也難以成篇。而佐藤春夫這篇小說的寫作意旨，正是以客觀描寫的手法呈現發生於臺灣及鹿港的人與事，故其書寫內涵必須透過通譯而使之成立。文中許文葵成了佐藤觀看臺灣中部人的主要窗口，對應於佐藤春夫身為觀看者所持的感受與論述，許文葵成了當下的鮮明印記與對照。

事實上，通譯的角色，不只對一個短暫來臺的日本作家，有著主要訊息與觀點提供者的功能。那些長期治理臺灣的日本官吏而言，何嘗不是透過通譯的視角，去聽聞與觀看臺灣呢？固然，統治者可以藉由不同譯者，平衡其觀點。但若非刻意安排配置，日常業務上最常接觸的通譯，勢必成為其訊息接收的主要來源。

---

116 洪炎秋曾指，佐藤春夫「對於導遊小吏批評長官的狂言，能夠欣賞，實在難得，值得一讀。」見蘇薌雨、葉榮鐘、洪炎秋(合著)：《三友集》，頁313。

117 洪棄生(1867-1930)，原名洪攀桂，字月樵。因臺灣割讓而改名棄生，埋首讀書作詩，不問世事。

118 該詩集《寄鶴齋詩矕》1917年付梓，是六十卷詩文全集的精選集，共四冊。見蘇薌雨、葉榮鐘、洪炎秋(合著)：《三友集》，頁309-313。文中提到，此書製作質樸、內容珍奇，令佐藤深受「魅惑」，並長期珍藏於書齋中列於座右。

　　〈殖民地之旅〉中，還有一段關於通譯的描述，非常值得細加揣摩。當佐藤與林獻堂談到本島(臺灣)人與內地(日本)人之間應如何相處時，林氏主張不宜以地理或歷史背景區分彼此，而應以人與人之間的友愛相互包容。説到此處，林獻堂忽然岔開話題對A君説：「請儘量按照我説的譯出來，可別只譯個大概喔！」而A君的回答則是：「是，我就是一直這樣譯的。其實，林先生您不用通譯，這些話您也全都懂的。您只不過不開口説，但您是聽得明明白白的。」(筆者譯)

　　當時，現場雖有一位在旁奮筆疾書做筆記的警察，[119] 但林氏還是非常明確地要求許文葵的口譯必須忠實傳達，可見林獻堂對於傳達自己的觀點與論述時，不但力求口譯品質與效果，甚且主動提出口譯的方式。這也説明了林獻堂對於口譯的完整性，可能常有無法切中意旨之苦，故要求譯者勿擅自省略。而擔任通譯的許文葵，也以認真的態度回應，並認為自己的口譯內容經得起林氏(或他人)的檢驗。

　　對照許文葵在〈殖民地之旅〉中的表現，可知他雖有足夠的能力做好精確的口譯，然而他的行動卻往往超越了通譯該有的分際。可見，在其認知中，逾越通譯的角色範疇或去衝撞當時的主流意識，甚而影響日本文人(也是社會菁英與意見領袖)對臺灣的看法，勿寧是更具意義的。根據林莊生對許文葵的觀察，[120] 許氏是個遇事達觀、懷抱赤子之心的性情中人。因此，許文葵伴同佐藤春夫的文化之旅中，他表現於外的鮮明情緒、視角、評論、行動等，應可視為自覺的選擇結果。而佐藤春夫來臺旅行時，原本似無具體寫作計劃，但返國後採取行諸於文的書寫行動，

---

119 佐藤春夫寫下警察夾在他與林獻堂之間做紀錄，可見其為歷史見證的意圖十分明顯。無獨有偶，關於警察緊盯林氏，池田敏雄也提到，戰時他曾受林獻堂之邀，前往參加原住民婚禮，席間也有派出所警察緊鄰林氏而坐。見池田敏雄：〈亡友記〉，頁124。

120 林莊生是許文葵好友莊垂勝之子，且於許文葵任教臺中一中時正好就讀該校。據林莊生追憶，由於許文葵只能以臺語授課，在學校的地位亦逐年下降。要是別人恐怕受不了這種遭遇，幸而，他還達觀，淡然處之。此外，他還提到有回許文葵來家裡小住，被小説迷住，邊看邊笑，竟致徹夜未眠，可見頗有童心未泯的性格。見林莊生：《懷樹又懷人──我的父親莊垂勝、他的朋友及那個時代》，頁162。

可見應是歷經沉澱之後反思的結果。[121] 而〈殖民地之旅〉也因而可視為日本作家與臺灣通譯之間，在臺灣鹿港等地共同創造的文學結晶。

繼佐藤春夫來訪之後，許文葵在日本文化人士間似乎有了口碑，從表1.5所列的民俗研究者池田敏雄、畫家立石鐵臣、法政與文化學者中村哲等來訪陪同紀錄看來，許氏獲得日人頗高的評價。因為前述文化人士，無一不是臺灣民俗研究的翹楚，許氏能一再為他們導覽，證明他的文化內涵與資訊提供皆達相當水平。同時，根據陳豔紅所載，池田敏雄與立石鐵臣於1942年間數度造訪鹿港，每次都由許文葵隨行解說。他們訪後的共同作品則是《臺灣民俗圖繪》，[122] 其中包含了鹿港「金盛巷」的庶民生活樣貌及建築街道等，甚至庶民生活中老嫗的擋風帽、孩童的便溺等，在圖繪中都有所著墨。相信，若無許氏提供資訊及解惑，恐不易完成其作品。此處，也再次證明許氏與日本文人創作的共生關係。

此外，另一位訪問鹿港的法政與文化學者中村哲，在其〈臺中日記〉也指出，[123]「許氏是佐藤春夫小説中的角色，是當地的代表性人物，且精於漢學。」其實，當年30歲的中村哲造訪鹿港時（1942年），即住宿於許文葵的「鹿門莊」，並於當晚品嚐近海捕獲的螃蟹，還為此賦詩寄情。相信當晚的螃蟹宴，對於日後成為日本知名法政學者，進而成為法政大學校長的中村哲而言，許家的鹿門莊應是記憶中十分深刻的體驗。而許氏也透過與日本文化人士的深度交往，在觀察者眼中，成為值得信賴的內容提供者，以及創造共同經驗的文化感知者。

固然，許文葵與日本文人之間的通譯案例，未必是當時臺灣通譯的共同經驗。但從一個外來觀察者與在地被觀察者的角度看來，許氏與日人之

---

121 在〈植民地の旅〉一文中，佐藤自述被問及來訪目的時，皆稱只是來臺「漫遊」。本文問世之際，則在文後加上「作者附記」，表示「本文虛實參半，盼勿累及作中人」。而作者於大正9年（1920）訪臺，到昭和7年（1932）刊行，中間相隔長達12年，幾乎居該系列作品之末。根據河原功的看法，可能作者持文明批判之意，且對作中人乃至臺灣知識分子寄予同情而致有所顧忌。見河原功：〈佐藤春夫「植民地の旅」の真相〉，頁7。

122《臺灣民俗圖繪》是立石鐵臣根據池田敏雄的〈鹿港遊記〉所繪製的素描插畫。

123 中村哲：〈臺中日記〉，《民俗臺灣》11號，頁34。末次保，金關丈夫（編）：《民俗臺灣》（臺北：南天書局，1998）。

間的資訊提供與人際互動，未嘗不是臺籍通譯與日方當局之間的寫照。更何況，透過佐藤春夫的現身說法，以第一人稱觀點寫成作品，且通譯本人更穿梭其中成為焦點人物，可說是彌足珍貴的歷史佐證。未來，透過該作家其他的書寫文本，盼能更進一步檢證並詮釋通譯的角色與功能。

　　至於另一位臺籍通譯，則是為林獻堂與日方要人數度擔任口譯的蔡培火。他出生於清末，活躍於日治時代，明哲保身於國府時期。蔡培火曾在林獻堂的資助與鼓勵之下，於1915至1921年負笈東京，就讀國立東京高等師範。[124] 回臺後積極投入政治、社會、教育普及等運動。返臺期間蔡氏前後出版了《與日本國民書》(1928) 和《東亞之子如斯想》(1937)，揭發臺灣總督府之治理劣跡。1929年夏末，攜眷常駐東京時，為臺灣總督宣布重發「阿片吸食許可證」向國際聯盟、日本政界、教會人士等抗告。1937年7月盧溝橋事變爆發，蔡妻不幸於事變前五日亡故。蔡氏遂於8月率兒女全家離臺，在東京新宿開設臺灣餐館「味仙」，達五年之久。

　　日治時代是他一生中最為活躍的時期。《臺灣人士鑑》稱他為「臺灣社會運動先驅者之一」。[125] 他曾投入臺灣議會設置請願、臺灣文化協會、臺灣民眾黨、臺灣地方自治聯盟等政治運動；並於1922至1927年間推動臺灣人刊物報紙《臺灣青年》、《臺灣民報》、《臺灣新民報》的發行。[126] 蔡氏對於當時的政治與文化運動，幾乎可說無役不與。而這些活動的背後支持者，正是從留學到辦報一路出資力挺的林獻堂。

---

124 據蔡培火自述，林獻堂想在臺中辦學並交由蔡氏經營，以培養臺灣子弟。蔡於1916年考進國立東京高等師範時，認為「同胞最缺乏者是科學」，故選擇主修物理化學。但「高師四年之學習，實苦極了，幸終獲突破而畢業」。詳張漢裕 (主編)：《蔡培火全集》第一冊 (臺北：吳三連臺灣史料基金會，2000)，頁70。

125 臺灣新民報社調查部 (編)：《臺灣人士鑑》，頁76。

126 蔡培火1920年在東京參與《臺灣青年》之創始，1923年創設25,000元之股份公司以支持該刊發行。後該刊陸續更名為《臺灣》、《臺灣民報》，蔡氏都一直出錢出力。1927年7月，蔡培火甚至為了讓《臺灣民報》取得在臺發行許可，不惜自殺相抗。然而1932年《臺灣新民報》獲准發行日刊後，卻不思戀棧，為該報「贈一社歌作別」。詳張漢裕 (主編)：《蔡培火全集》第一冊，頁64–76。

　　對於蔡培火而言，林獻堂是他一生中的導師與恩人。從〈林獻堂年譜〉中蔡氏的註記以及《灌園先生日記》的記載即可看出，兩者往來極為頻繁。故林氏對於自己一手提攜且看重的蔡培火，委其擔任通譯的緣由自不待言。[127] 以下，根據〈林獻堂年譜〉及《臺灣總督田健治郎日記》，將蔡培火曾為林獻堂口譯的紀錄整理如表1.6。

　　從表1.6的事由欄即可看出，其記載必是出自蔡培火的註記，才會在僅有當事人在場的情況下，能有如此詳細的説明。由於林氏向來都有秘書兼通譯伴隨，故請蔡培火出面通譯大都是基於人面或議題之需。因此，蔡培火在表1.6中的角色，亦可説是具有某些事件的見證者、共創者、觀察與被觀察者等多重身分的表徵。其中，包括了對臺政治改革主張、與出版大老交流、和國外志士串連、政治觀點的表達等。而對照蔡氏日治時期的生平事蹟，可知在臺灣的政治改革路途上，他確實在同化會(1914–1915)、私立中學創立運動(1913–1915)、[128] 議會設置請願(1921–1934，請願15次)、臺人辦報(1920–1932)等議題上，都是長期跟隨林獻堂的一位踐行者。

　　如果不把蔡培火個人視為單一的通譯，而從譯者群體的觀點審視林獻堂與他的通譯群所形成的「文化群體」(cultural groups)或「文化位置」時，即可發現這群經常從事語言中介活動的人物，同時代表著一個具有高度歸屬意識的臺人群體。[129] 他們在日本統治者治理之下的獨特體制、時空及語言文化環境中，共同扮演了被殖民者中的先覺者角色。

---

127 承許雪姬教授指正，林獻堂與蔡培火之間的情誼在二戰前後是有差異的，不宜等量齊觀。

128 根據蔡培火自述，由於總督府不准臺人設立私立中學，故將林獻堂等籌措之30萬元日幣，充作臺中公立中學之用，管理及課程悉由總督府支配，「乃斷然拒絕返臺(任教)」。詳蔡培火：〈家世生平與交友〉，詳張漢裕(主編)：《蔡培火全集》第一冊，頁71。

129 林獻堂最後一位秘書林瑞池曾經估計，林獻堂一生中資助過約3,000人唸書。參許雪姬(編著)：〈林瑞池先生訪問紀錄〉，《霧峰林家相關人物訪談紀錄頂厝篇》，中縣口述歷史第五輯(臺中：臺中縣立文化中心，1998)，頁175。

表1.6 蔡培火為林獻堂通譯之記載一覽

通譯日期	記載出處	內容及事由引述
1921.01.17	《田健治郎日記》	林獻堂伴蔡培火為通譯，來存問。
1932.09.09	〈林獻堂年譜〉	偕日本眾議院議員田川大吉郎暨蔡培火晉謁日本內閣首相齋藤實，建議改革目前臺灣政治問題四要項。
1934.02.01	〈林獻堂年譜〉	偕蔡培火應總督府警務局長石垣之招見，被勸停止臺灣議會設置請願運動。
1934.03.30	〈林獻堂年譜〉	偕蔡培火受東京岩波書店店東岩波茂雄邀宴於晚翠軒酒家，因其介紹認識印度志士浦士及朝鮮革命家朴錫胤。
1934.03.31	〈林獻堂年譜〉	因浦士之介紹偕蔡培火赴日本安岡正篤之邀宴，席設於新橋「灘萬」酒家，陪賓有岩波、浦士及砂原律師等四人。
1934.04.01	〈林獻堂年譜〉	偕蔡培火訪伊澤多喜男。[130] 伊澤問先生曰統治滿州有何妙策，先生曰能使滿州人之生命財產安全，而又不受侵害其既得之利益，乃為統治滿州之第一要諦。伊澤深以為然，渠深恐日本以統治臺灣之失策再在滿洲踏其覆轍也。請先生與歸臺後搜集日本統治臺灣失政之資料供其參考。
1934.04.04	〈林獻堂年譜〉	偕蔡培火往訪東京帝大矢內原忠雄教授，席間蔡曰聞朴錫胤言石原莞爾大佐曾謂「除天皇以外之日本人應對中國人民謝罪」君以為何如，矢內原教授一聞此言勃然大怒曰，石原為計劃侵略滿洲之謀主，而作此自欺欺人之語，殊可痛恨。
1937.10.06	〈林獻堂年譜〉	偕蔡培火訪東京帝大教授矢內原忠雄於其私宅，因矢內原教授本月一日冒天下之大不諱在東京共立講堂作攻忤軍部窮兵黷武之演講，先生對其愛和平崇正義之殉道精神表示欽佩。

資料來源：根據〈林獻堂年譜〉及《臺灣總督田健治郎日記》記載內容。

　　此一群體大都接受了日本的學校教育，對於日本語文可以聽說讀寫無礙，但卻只能閱讀與書寫漢文，而日常的口語溝通及通譯的語言則為日臺語（如許文葵）。臺人在殖民統治之下，受到種種資源分配的限制，乃至語言政策等差別待遇，終致林獻堂長年率領知識青年，一再挑戰統

---

130 伊澤多喜男（1869–1949），曾於1923至1924年任日本駐臺灣第十任總督。詳黃昭堂（著），黃英哲（譯）：《臺灣總督府》（臺北：前衛出版，1993），頁122。

治當局體制，以及辦報為臺人喉舌等抗衡行動。而圍繞著林氏的這批知識分子，他們以行動傳遞的理念，以及後續行動所凝聚的群體意識與文化位置，似乎反映了被殖民者藉由殖民者的話語脈絡，提出自己言說與思維的企圖。

許文葵、蔡培火、乃至佐藤春夫等相關書寫，不約而同地反映了林獻堂在臺人心目中極為崇高的地位，似乎也表露了隱藏在臺籍通譯背後群體意識的共同仰望。反之，我們不會在日籍通譯身上，發現如此的群體意識或共同表徵。日籍通譯之間不謀而合的共同關注，則是殖民政策導向下臺灣民眾的群體生活規範、心靈信仰、自然風土、文化產出等。經過數十年殖民的結果，日本殖民統治者似乎逐漸受到被殖民者的包圍與吸引，產生精神上的共鳴，並投入共同經驗的參與。

六、殖民統治與譯者屬性

日治初期，隨著殖民統治需求而產生的通譯，數年間（1895–1902）即達到需求高峰，他們的出現反映了殖民者典章體制的在地落實。而高峰期過後，多數知識青年隨著譯者需求的退潮，陸續轉入其他行業或職務時，卻仍然扮演著知識訊息的中介者角色。本節將以日臺跨文化接觸做為譯事活動的軸心，分析涉入雙語文化的日臺知識分子扮演的不同身分（如教師、作家、譯者、編輯、社會運動家等）、文化接觸（結識日本上流階層、學者專家、知名作家等）、知識生產（譯作、著作、演講、刊物等）、及其譯事活動中發生的文化摩擦或社會影響等，梳理他們所形構的文化群體及其文化位置。

1920年前後，臺灣社會受過中學教育的知識青年，對於自己置身邊緣地帶及舊時代群眾的位置，自然是無法滿意的。然而，這樣的處境對於統治者而言，卻又是最為安適的。兩者之間的權力落差與社會位階，透過學制、戶籍、婚姻、法治等制度的運作，失衡狀態更形乖離。於是，臺籍知識分子衝撞體制的行動逐步展開，甚至還獲得不少日本有志

之上的支持。例如，前後長達14年的臺灣議會設置請願行動，若無日本議員有意識的支持，怎能在日本眾議院中提案達15次之多？而在每次運動的背後，無論為文書寫或口頭論述，都可想見曾有多少「譯事行動」涉入其中。

因此，在1920至1940年間的殖民後期，譯者的群像較之個別的譯者，呈現了長期持續且有知覺的集體行動。他們之間的人際脈絡，如實地反映了那個時代知識青年的群體意識；透過核心領袖林獻堂的導引，一次次地發出微弱卻明確的訊息。尤其，在1920年代中期到1936年實施皇民化運動的大約10年之間，[131] 臺灣知識分子各自在不同領域裡，發出了代表本土意識的共通訊息。其共同表徵就是透過語文產出，投入詩社（許文葵等）、報刊（蔡培火等）、書畫（見〈殖民地之旅〉）、電影、[132] 雕刻（黃土水，1895–1930）、[133] 美術等文化活動。[134]

到了1930年代，[135] 甚至出現以臺灣為「故鄉」的日籍第二代，如畫家立石鐵臣（1905–1980）、文學家西川滿（1908–1999）、[136] 民俗研究者及資

131 根據岡本真希子引述鷲巢敦哉的研究指出，1920年代臺人政治社會運動興起，為取締臺語的政治演說活動，1923年甚至為警察設立了「臺灣語學特科生」制度。詳見中島利郎、吉原丈司（編）：《鷲巢敦哉著作集 II——臺灣警察四十年史話》（東京：綠蔭書房，2000）。1937年中日戰爭爆發，日本對臺殖民政策亦隨之嚴苛。

132 1927年蔡培火創辦「美臺團」，以兩隊電影巡迴農村，推動農村成人教育。而該筆資金是來自蔡母70壽辰，全臺同志所贈壽禮全部所得。

133 1920年，黃土水以原住民為題創作石膏作品「蕃童」，入選第二屆帝展。而1924年的「郊外」則以水牛、鷺鷥為題，並入選第五屆帝展。詳見顏娟英（編著）：〈徘徊在現代藝術與民族意識之間——臺灣近代美術史先驅黃土水〉，《臺灣近代美術大事年表》（臺北：雄獅圖書，1998），頁 VII–XXV。

134 臺灣教育會由1927年起主辦「臺灣美術展覽會」，簡稱「臺灣展」。是當時最大規模的公開募集畫展，主導畫壇動向，所獲媒體報導也最多。

135 根據近藤正己的研究，這類日籍第二代的文學活動興起於1930年前後，風格與早期渡海來臺者的旅人心境迥異。詳見近藤正己：〈西川滿札記〉（上），《臺灣風物》第30卷第3期（1980年9月）。

136 西川滿三歲來臺，除就讀早稻田大學（專攻法國文學）期間（1927–1933），在臺長達30年。大學畢業後決心返臺獻身於「外地文學」，1934年任職《臺灣日日新報》，主編學藝欄，即開始其文學活動。參近藤正己：〈西川滿札記〉（上），頁 2–6。

深編輯池田敏雄(1916–1981)等融入臺籍文人的「文化群體」。[137] 透過評論、座談、寫作、編輯等活動，彰顯臺灣風土的文化位置，並大力鼓吹研究臺灣民俗。西川滿的作品常見臺灣的生活詞語，對此他皆以日語假名標上臺語發音，引領日本讀者走進臺灣的話語情境。其後，西川滿受到佐藤春夫賞識，提案頒給他「文學泛論、詩賞、功勞賞」，可見來自殖民地的視角與主張，竟也獲得了日本主流文壇的肯定。

而1940年代，即使面臨物資緊缺、前方軍情吃緊，1940年7月10日由日臺籍人士共同編輯的《民俗臺灣》依然在臺問世。發起人是一群三、四十歲的日臺菁英，包括臺大醫學教授金關丈夫(1897–1983)、社會人類學者岡田謙(1906–1969)、海事學者須藤利一(1901–1975)、工藝家萬造寺龍(1896–1979)，以及社會學者陳紹馨(1906–1966)、臺灣《新民報》編輯(後為臺大教授)黃得時(1909–1999)。該刊由池田敏雄主編，採取園地公開方式徵稿。從1941年7月至1945年1月持續刊行三年半，共發行43號，直到紙張缺乏始告停刊。前後共有244人次投稿刊登，每期銷量約1,000冊，最高曾發行至3,000冊。[138]

根據陳豔紅的分類目錄，該刊內容包含時局政策、信仰、風俗、種族、飲食、醫藥、故事俚語、語言遊戲、歌謠、戲劇、民間藝術、圖繪寫真、隨筆、書評、文獻資料等。[139] 而《民俗臺灣》的穩定出刊，可以

---

137 池田敏雄7歲來臺(1923)，1929年進入臺灣第一師範學校，1935年(19歲)任教於龍山公學校。1939年，西川滿創刊《臺灣風土記》，池田協助務並開始發表臺灣民俗文章。1940年7月10日《民俗臺灣》問世，由池田主編並進行民俗採集田野調查，且負責編寫「民俗採訪」專欄。1946年任職臺灣省編譯館臺灣研究組。1947年5月，受二二八事件影響，帶新婚妻子黃鳳姿返回日本。1954至1976年任職於平凡社，擔任民俗學與民族學部門編輯。黃得時於1981年為《臺灣風俗誌》撰寫代序〈光復前之臺灣研究〉，提到「當時在臺日人有兩類。一種只圖日本人利益，對臺人不聞不問。另一類則與臺人同甘共苦、休戚相關。金關丈夫教授、池田敏雄先生及《民俗臺灣》同仁都屬後者。詳見黃得時：〈光復前之臺灣研究〉，片岡巖(著)，陳金田(譯)：《臺灣風俗誌》(臺北：眾文圖書，1990)，頁14。

138 參見《民俗臺灣》網站，http://da.lib.nccu.edu.tw/ft/。

139 詳見陳豔紅：《『民俗台灣』と日本人》(臺北：致良出版社，2006)。

視為日臺知識分子不顧當局檢查制度阻撓，不畏物資艱難，以開放的胸
襟積極採集臺灣民俗的知識經驗，並共同投入生產的一項壯舉。

　　若從 James C. Scott 的 *Weapons of the Weak*，或是霍米巴巴 (Homi K.
Bhabha) 的「殖民擬仿」(colonial mimicry) 等「拒抗」(resistance) 的理論角
度觀看前述現象，[140] 則無論圍繞林獻堂的譯者群體，或是《民俗臺灣》多
達數百位的撰稿人，他們以看似日常實踐的方式，展現了共同建構發聲
過程與位置的意念。他們的文化社群是以共同耕耘的結社團體或定期刊
物為園地，經年累月地灌溉著彼此認同的對臺情感與文化歸屬。此舉正
如 W. Edward Soja 所指，藉由虛構時空建構的「第三空間」(third space)，[141]
彰顯該群體對於當局的抗拒和重新組構的企圖。

　　而另一方面，日籍通譯透過厚重的對臺書寫，更明白顯現了他們的
文化歸屬意識。他們雖然隸屬於「殖民權力」(colonial power) 的身分，但
卻在書寫的形式與內涵中，創造了臺人的「文化公民」(cultural citizenship)
位置。從對臺人「移風易俗」的政策指令下漸次偏移的譯者書寫即可見其
端倪。因此，由 1910 年代片岡巖《臺灣風俗誌》的中性書寫，到 1930 年
代東方孝義《臺灣習俗》的對臺傾斜，乃至 1940 年代日臺人集體創作的
《民俗臺灣》，此一臺灣意識的逐漸高漲，亦可說是殖民統治底下，來自
內部與同族的逆轉所促成的結果。

　　甚至，如森丑之助透過佐藤春夫之筆，將其對臺人及原住民的理解
與見解，以佐藤春夫的作品為平臺，並藉其虛構時空所建構的「第三空
間」，將作者與作中人對於當局的抗拒與企圖，深深地植入佐藤春夫的
文學血肉之中，更於日後形成佐藤春夫文學中的一脈血緣。而在作者與

---

140 所謂「殖民擬仿」，即是以隱而不顯的方式，對抗主流文化或宰制機制。以扭轉或協商
　　的方式，產生一種翻譯與轉變。參見廖炳惠 (編著)：《關鍵詞 200：文學與批評研究的
　　通用詞彙編》(臺北：麥田出版，2003)，頁 230。英文原著參見 Homi K. Bhabha, *The
　　Location of Culture* (London: Routledge, 1994).「拒抗」之譯詞，引自廖炳惠 (編著)：《關鍵
　　詞 200：文學與批評研究的通用詞彙編》，頁 229–231。
141 參 W. Edward Soja, *Thirdspace: Journeys to Los Angeles and Other Real-and-Imaged Place* (Cambridge:
　　Blackwell, 1996).

被殖民者互為依存的共同創作中，從作品的主題性（以蕃地或臺灣傳說為主體架構）、人物的主體性（以被殖民者為作品靈魂人物）、敘事的主觀性（以被殖民者觀點敘事）等，都足以洞察被殖民者發出的呼喊，以及書寫被殖民者的深刻意圖。

更不可思議的巧合則是同在1920年，森丑之助竟也對遠從東京美術學校返臺找尋創作題材的黃土水，提供了以蕃地為主題內容的研究資料，而開創了黃土水藝術創作上的里程碑，[142] 終以「蕃童」成為臺人首度入選「帝國美術展覽會」（簡稱「帝展」）的藝術家。

從前述日籍通譯與日本文化人士的對臺傾斜，我們可從兩個角度觀察。從臺人的角度而言，數十載殖民統治之下，透過由下而上的重重包圍，臺籍文化群體力量的滲透及其影響層面，似乎逐漸發生質變與擴展。在殖民統治的時空之下，他們以低調而模糊的身影，滴水穿石的軟化漸進，透過群體意識的凝聚，突破統治當局的重重限制，傳遞臺灣的文化內涵並進而建構臺灣的文化位置。

而另一方面，從日人的角度觀看，當年的統治者中，竟有幾位「反骨」的日籍通譯，不顧主流大勢地逆流而行，傾其所能地將臺灣民情風俗、蕃族生態、臺人意識、景物風貌的觀點與訊息透過書寫流傳於世，甚至影響了日籍作家與臺籍藝術家，使其訊息內涵得以轉化成不同的藝術形式。如今本文得以憑藉的著述與創作，竟大半出於日人的書寫。

其實，日治時期的日臺籍譯者之間，他們的共同語言就是日語，譯入語言也是日語，同時置身的主流或法定語文都是日文。若以Pym所指稱的社會脈絡（social context）與譯語文化（target culture）觀之，日治時期的時空之下，無論日臺籍通譯都是以日語為其共同的發聲媒體，並以日本文化與社會體制為共同的生活場域。甚至，日治中期以後的臺籍通譯，他們的日語也已近乎母語水平。因此，當時的通譯所操持的臺語或

---

142 1920年黃土水回臺拜訪森丑之助，借閱諸多資料後，決定以原住民為題創作石膏作品「蕃童」，而於當年入選第二屆帝展。參見顏娟英（編著）：〈徘徊在現代藝術與民族意識之間──臺灣近代美術史先驅黃土水〉，頁XII。

蕃語及其背後的文化與思想，能夠透過主流語言表達並保留下來的，應是兩者之間交織而成的思想結晶。

然而，無論日臺籍個別譯者，事實上都是殖民統治下的渺小人物。通譯在殖民統治過程中，卻能以關鍵少數的力量，成為殖民統治中不可或缺的參與者。而在翻譯的過程裡，有知覺地運用其話語權闡述自身的自主性。此一舉動似乎印證了 Delisle 及 Woodsworth 所稱，譯者的譯介是一種「逆流而上的顛覆」(translation as subversion)。易言之，儘管當時的通譯只能為殖民當局服務，但本文所探討的日臺籍通譯卻都不謀而合地試圖打破規範，以模糊的姿態或語調（甚至假他人口筆），在夾縫中抱持與當局意識型態相異的觀點，進而釋放與主流相悖的言論。

七、結語

幾乎在任何時代，所有的通譯與通譯活動，大都難免流於個別的、偶發的、乃至品質參差的情況。回顧百餘年前的臺灣日治時期，所能發現的通譯人物或相關事蹟，就更顯得零星散見。甚至對於部分譯者的生平，亦感形跡模糊。

本研究關注譯者的觀點，從史料、文獻、創作等，探索到一些足以印證當時通譯活動及其事蹟的材料，並藉由日臺通譯的對比與描述，顯現他們在殖民統治中的行事觀點及譯事特徵。若非他們曾經奮力地逆流而上，並留下譯事活動的形跡與筆墨，從現存的史料中我們恐難察覺他們曾經拼搏的痕跡。而在探索這群譯者的視角之際，我們似乎也找到了一扇可以觀看過往的窗口。

下文將繼續針對臺灣日治時期的通譯角色類別、譯事活動範圍、通譯語文產出，以及對譯者的深度探索，發現並指證譯者所持的視角及其作用。藉此，盼能漸次揭露殖民統治之下通譯隱而未顯的面貌及其主體性，深入分析譯者的話語意涵，從中解讀殖民者與被殖民者之間，曾經透過譯者而共有的視角，並剖析經其折射下的訊息內涵。

第2章

譯者與贊助人：
以林獻堂為中心的譯者群體

一、前言

　　回顧譯史研究中贊助人與譯者的關係，獨立贊助人長期持續支持一群譯者的譯事活動，無論資源與體制上都難以比擬官方扮演的贊助人角色。然而，百年前的臺灣，卻由於日本殖民統治之故，因緣際會地創造了民間世家長期扮演翻譯贊助人角色的案例。其中，時間最長、譯者人數最多的就屬林獻堂（1881–1956）與他的通譯兼秘書之間，長達數十年的譯事活動。[1] 探索這段贊助人與譯者的角色身分及譯事活動的屬性特質等，除了可以檢驗譯史研究與翻譯理論的見解，更可針對日治時期最具影響力的民間領袖——林獻堂，理解他如何透過譯者展現其文化公民與群體位置的意圖。同時，對於這批譯者所凝聚的群體力量與屬性特質，提出脈絡化的描述並給予適度評價。

　　林獻堂從1895年臺灣進入日治時期開始，就委由譯者居間傳達他與統治當局的往來接觸。透過1927至1955年間的《灌園先生日記》及多位前任秘書共同編撰的《林獻堂先生紀念集》（含〈林獻堂先生年譜〉）等記載，以及親近的秘書、友人、親人撰寫的個人全集或個別記述，[2] 再加上前人

1　類似的事例，在歷史上或許未必罕見，但往往由於未留下紀錄，以致難以追溯。
2　全集方面有《葉榮鐘全集》、《蔡培火全集》。個人記述有林莊生：〈談1900年代出生的一群鹿港人〉，《臺灣風物》第57卷第2期（2007年6月），頁9–35。人物訪談見許雪姬編著：《霧峰林家相關人物訪談紀錄頂厝篇》、《霧峰林家相關人物訪談紀錄下厝篇》。此外，亦宜參閱林妻楊水心（1882–1957）女士日記。

研究的揭露，[3] 可知經常為林氏通譯的譯者約達十餘人。這些譯者可以分為長期聘用的秘書兼通譯，以及針對特定議題而臨時指派的任務型通譯。

究竟這群林獻堂身邊的秘書兼通譯，在臺日跨文化溝通與活動裡，參與了哪些價值判斷的思辯，並在新意識與新價值的形成過程裡扮演何種角色？本章將透過文本、史料、訪談紀錄等，探索這群贊助人與譯者共同創造的譯者身分與譯事屬性，[4] 以及在林獻堂對外發言與行動時，他們所產生的作用及其群體特徵。

二、譯者與贊助人

據〈林獻堂先生年譜〉及其〈六十述懷〉詩，[5] 1894年底至1895年間，15歲的林獻堂奉祖母羅太夫人之命，率全家40餘口避難泉州晉江。到了1897年5月8日，亦即《馬關和約》載明的臺灣住民決定去就之日，林獻堂選擇留在臺灣，奉父命「在家塾由白煥圃授經史」。其實，林獻堂七歲入家塾「蓉鏡齋」受何趨庭啟蒙，[6] 已有十年漢學根底。17歲時改從白煥圃讀經史之際，若也開始學習日語，大概終其一生都不需要譯者居間傳譯。然而，何以他會做出這樣的選擇？據黃富三《林獻堂傳》指，[7] 此舉顯示「其民族意識的強烈與不計功利、不務虛名的性格」。進一步說，他的選擇可以視為對漢學認同與精進的意願，且亦顯現了不接受統治者思想及其語言的立場。甚至直到日治晚期，他還鼓勵臺人青年要說不摻雜日語的臺灣話。[8]

3　許雪姬：〈日治時期臺灣的通譯〉，頁1–44。
4　由於篇幅有限，本文將僅探討秘書兼通譯的人物，而擔任臨時性的任務型通譯者請參閱前章。
5　1895至1897年事蹟，參林獻堂先生紀念集編纂委員會（編）：〈林獻堂先生年譜〉，頁17–20。
6　何師乃傳統學者，對林的少年時期影響在於學養與傳統士人涵養。如，積極上進、克己自律等。詳參張正昌：《林獻堂與臺灣民族運動》（臺北：益群書店，1981），頁32–33。
7　黃富三：《林獻堂傳》（南投：臺灣文獻館，2004），頁17。
8　日治期作家張文環（1909–1978）在〈難忘的回憶〉中曾指，「先生又時常教我要說流利的臺灣話，那便是不摻雜日本話的臺灣話，當時除私談以外，幾乎不用臺灣話，所以像我的年紀的人，就說不出流利的臺灣話來」。參見林獻堂先生紀念集編纂委員會（編）：《林獻堂先生紀念集》卷三，頁92。

　　根據佐藤春夫〈殖民地之旅〉中的描述，當佐藤與林獻堂於1920年會面時，林氏即先解釋自己已是老人，不似年輕人大都能操日語，故只能透過通譯交談。[9]彼時的林氏固然不是太年輕，但在日治已長達25年的歲月中，何以仍聲稱自己無法以官方語言溝通，似乎另有隱情。

　　然而，其不以日語直接對話的立場，始終未曾改變。甚至，到日治中晚期（1930–1944）他的日語已有精進，[10]但他還是以不諳日語為由，婉拒擔任「府評議員」或夫妻聯袂出席皇居觀菊會之邀，乃至當局交付的政治任務等。[11]

　　據〈林獻堂先生年譜〉記載，林獻堂次子林猶龍於1927年4月與留日期間結識的藤井愛子結婚。[12]據竹中信子指出，[13]愛子來臺後即學臺語、著臺服。此外，從1927至1940年間《灌園先生日記》亦可知，愛子幾乎參與了林氏家族所有的公私活動，與林氏夫妻非常親近。不過，若非林氏貫徹其臺語的話語立場，何以日籍媳婦需要努力學習臺語？[14]

　　林獻堂的語文選向，除了深入學習漢學經史之外，他還透過留學旅居中國的堂侄林幼春積極掌握中國的新知來源。[15]如自海外訂購上海《萬

9　佐藤春夫：《定本佐藤春夫全集》第27卷，頁93。

10　據1937年8月18日至1938年12月《灌園先生日記》可知，林氏曾透過藤井愛子的母親延請荒木秋子指導日語，並於讀完《國語教本》三篇後逐日複習。可見曾用心學習一年以上。許雪姬等（註），林獻堂（著）：《灌園先生日記》（臺北：中央研究院臺灣史研究所籌備處，2000）。

11　詳見許雪姬等（註），林獻堂（著）：《灌園先生日記》，頁222、337。此外，據〈林獻堂先生年譜〉1944年1月8日記載，「總督府總務長官齋藤，介人來請赴新嘉坡擔任華僑綏靖工作，乃托陳炘以不解日語難與當地日本軍政聯絡為由辭之。」可見，直到日治末期，林獻堂還是堅持不直接以日語和日人溝通。參林獻堂先生紀念集編纂委員會（編）：〈林獻堂先生年譜〉，頁145。

12　據〈林獻堂先生年譜〉記載，她於1927年4月與林猶龍成婚，逝於1940年9月13日。參林獻堂先生紀念集編纂委員會（編）：〈林獻堂先生年譜〉，頁86、135。又，其子林博正先生2011年9月13日接受筆者訪談時，轉述聽聞長輩提及父母結識背景。據林博正先生提供之結婚紀念照記載，愛子1927年4月2日與林猶龍結婚，時年18歲。

13　竹中信子：《植民地臺湾の日本女性生活史》大正編（東京：田畑書店，1996）。

14　藤井愛子生於1909年3月25日，卒於1940年9月13日。參《臺灣霧峰林氏族譜》第二冊，頁379。栃木縣宇都宮人，東京錦秋高女畢業。詳見臺灣銀行經濟研究室（編印）：《臺灣霧峰林氏族譜》第一、二冊（臺北：臺灣銀行，1971）。

15　參謝金蓉：〈多事當時月重晤梁啟超〉，《青山有史——臺灣史人物新論》（臺北：秀威資訊，2006），頁51–55。

國公報》、 梁啟超在橫濱創辦的《清議報》(1898年12月至1901年12月)、《新民叢報》(1902年1月至1907年11月)等。[16]換言之,林獻堂不但早在日治之初,就已選擇了要以自己的語文與統治者對話的立場,且始終如一。此一決定,也為林氏作為贊助人,與譯者之間展開長達數十年的群體關係。以下,從各秘書兼譯者的任職期間及其工作內容,概述其譯事活動、譯者屬性特質、譯者與林氏的角色關係,以及譯者各自的社會活動與角色變化等。

根據巫永福接受許雪姬口述訪談時指出,許嘉種是林獻堂的第一位通譯,之後才是甘得中、葉榮鐘。其中,聘期1至3年屬過渡性質的是:許嘉種、莊遂性、溫成章、林漢忠。而任職6至8年長期聘用的秘書則為甘得中、施家本、葉榮鐘、林瑞池。而擔任秘書最久且兼屬林家管事的是溫成龍與楊天佑(即楊雲鵬,但《灌園先生日記》中大都稱「天佑」),他們兩位一直做到告老為止。[17]不過,他們後來管的大都是帳務與總務等內務,而非林獻堂對外時的秘書。此類秘書極少兼任通譯,[18]尤其後者的工作性質不宜納入本研究討論範圍。

16　參葉榮鐘:〈林獻堂與梁啟超〉,《臺灣人物群像》(臺中:晨星出版,2000),頁199。又,甘得中在〈獻堂先生與同化會〉亦指,林氏「無奈處於異族統治下之臺灣,不但無書可讀,且新聞雜誌之言論文章,皆以總督府之言論為言論。」「翁乃求之海外,如滬之萬國公報,戊戌政變後,由橫濱獲讀清議報,新民叢報」。參見林獻堂先生紀念集編纂委員會(編):《林獻堂先生紀念集》卷三,頁24。

17　2011年9月13日,林獻堂長孫林博正先生受訪時表示,這兩位秘書就任後即未曾離開林家。

18　據《灌園先生日記》1929至1944年記載,楊天佑陪同林氏訪問日人者,僅約4例。而1927至1944年共360筆溫成龍的記載中,他陪同會客的記錄共28筆;其中明確記載由溫任通譯者12筆(1930年3次,1931年1次,1932年1次,1934年3次,1935年3次,1937年1次),在溫陪同下日方談話內容有具體記載者,計16筆(1930–1944)。

表 2.1　林獻堂正式聘用的秘書一覽表

序號	姓名	生殁年	教育及資歷	任用時期	職掌	重要任務
1	許嘉種	1883–1954	1903：臺南師範學校畢業 1904–1906：彰化廳林公學校訓導 1908–1909：彰化廳總務課僱員 1910–1912、1917–1920：臺中廳庶務課僱員/通譯 1920–1921：臺中州知事官房調停課通譯 1936–1937：臺中州彰化市參事會員 1936–1939：議員	1906–1908[19]	秘書兼翻譯	1922：赴日晤高橋是清首相，說明臺灣議會請願之宗旨
2	甘得中	1882–1964	1900–1902：彰化公學校（約年餘完成4年學業） 1902–1904：臨時臺灣土地調查局僱員 1905年春：任臺中醫院通譯/養成看護婦講師/並本嶋人夜學教師囑託 1906–1909：受林獻堂資助，赴早稻田大學專修班 1920：返臺[20] 1920–1932：歷任彰化郡役秀水、花壇庄長 1923–1940：臺中州州協議會員 1937–1940：臺中州州參事會員/州會議員	1906–1914	幕賓兼翻譯	1907：為梁啟超與林獻堂安排會晤 1913–1914：數度偕同謁板垣退助伯爵 1914年秋：陪同會見板垣伯爵、國民黨黨魁犬養毅、內閣總理大隈重信等
3	施家本	1886–1922	國語學校二年級肄業 1909.05：鹿港公學校僱員 1910：鹿港公學校訓導	1914–1920[21]	秘書兼翻譯	1915：以和歌結識下村宏總務長官 1918–1919：伴隨赴日，迎田總督[22] 1920：赴總督府提銀行創立案
4	莊遂性	1897–1962	1907：公學校畢業 1921–1924：明治大學政經科畢業 1941：加入櫟社	1920–1921[23]	秘書	因施家本離職而接手秘書職 1919：初次隨林獻堂赴日 1925：隨林獻堂自東京返臺

序號	姓名	生歿年	教育及資歷	任用時期	職掌	重要任務
5	葉榮鐘	1900–1978	1930：日本中央大學政經系畢業	1921–1927[24]	秘書兼通譯	奔走議會設置請願運動[25] 1935：撰寫《臺灣新民報》社論
6	溫成龍	–	國語學校畢業 1919：臺北師範學校師範部乙科畢業 彰化第一公學校教師、帝國製糖會社	1929.04[26]– 1937.04[27]	秘書兼通譯	
7	溫成章	1918–？	1937：臺中一中畢業[28] 1941–1943：早稻田大學專修科畢業[29]	1937.05.01– 1940.03.16	通譯[30]	臺中一中畢業後，即隨林獻堂赴日，並同住東京
8	林漢忠	1918–？	1937：臺中一中畢業 1940：日本同志社大學經濟科畢業[31]	1940.04– 1940.10[32]	秘書	林獻堂任 1941.01：入新民報社（後更名「興南新聞社」） 1944：任《新報》記者 1946：當選基隆市參議員[33]
9	楊天佑	1892–？	曾任職新民報攝影部五年	1940–？	秘書	林獻堂妻楊水心之弟[34]
10	林瑞池	1926–2010[35]	公學校畢業後入臺北中學，畢業後進青果合作社 1946：進入彰化銀行（彰銀）	1949.09– 1956	隨行秘書[36]	1949.09：由彰化銀行派任，隨林獻堂赴日，直至林辭世[37]

備註：網底者表示聘用6年以上。

資料來源：許雪姬[38]、林莊生[39]、《灌園先生日記》及林博正先生、許世楷大使夫婦訪談等。

19　參臺灣新民報社調查部（編）：《臺灣人士鑑》，頁36。1921年辭臺中州通譯，1922年伴同林獻堂赴日請願。據巫永福指出，許嘉種是林獻堂的第一位通譯。參見〈巫永福先生訪問紀錄〉，許雪姬（編著）：《霧峰林家相關人物訪談紀錄頂厝篇》，頁123。

20　漢文「留學生消息」〈留學生甘得中〉，《臺灣協會會報》（東京：臺灣協會會報，1906），頁45–46。又，1906年3月1日漢文版《臺灣日日新報》曾記，「霧峰林獻堂林嘉其志之美且銳，許每年願贈百金」。

21　葉榮鐘：〈詩人施家本——記一個未完成的天才〉，《臺灣人物群像》，頁298。

22　據《臺灣總督田健治郎日記》大正8年11月9日的記載，「林獻堂通譯施家本賦三絕謝恩」。見吳文星、廣瀨順皓、黃紹恆、鍾淑敏、邱純惠（主編）：《臺灣總督田健治郎日記》（上），頁59。

23 參施懿琳〈世代變遷與典律更迭—從莊太岳、莊遂性昆仲漢詩作品之比較談起〉一文的附錄「莊太岳、莊遂性生平簡介」。施懿琳：〈世代變遷與典律更迭——從莊太岳、莊遂性昆仲漢詩作品之比較談起〉，中臺灣古典文學學術研討會（臺中：臺中縣文化局，2001）。

24 據《葉榮鐘年表》及〈杖履追隨四十年〉，民國16年5月，林獻堂偕子赴歐美遊歷一年，故他與林氏有近一年的空白。參葉榮鐘：《臺灣人物群像》，頁37，頁47–49。葉光南、葉芸芸（主編）：《葉榮鐘年表》（臺中：晨星出版，2002）。

25 1915年第6次請願時，由葉榮鐘陪同拜訪司法大臣江木翼。參葉榮鐘：〈初期臺灣議會運動與日總督府的態度〉，《臺灣人物群像》，頁187。

26 《灌園先生日記》1929年4月21日曾記，「採用溫成龍為通譯」。許雪姬等（註），林獻堂（著）：《灌園先生日記（二）》，頁120。

27 《灌園先生日記》1941年2月22日記載，「溫成龍現為信用組合職員，常與同儕衝突，故不安其位也。」此外，1940年11月8日亦有「末到信用組合會金生、成龍、銘瑄。」可見，溫成龍確曾離開過林家一段時間。到1941年12月3日，攀龍與關關兩對夫妻自東京返臺時，即由「天成、磐石、成龍往基隆迎之。」故可知彼時成龍又重回林家任事。見諸1942–1944年之日記，成龍又有多次與雲龍、靈石或猶龍等，迎送林氏前往重要場合的紀錄。如1944年9月30日，「三時餘成龍同訪長谷川總督」，當日雖因總督觀映畫而未入見，但事已俱在。參許雪姬等（註），林獻堂（著）：《灌園先生日記》。

28 據臺中一中的紀錄，溫成章生於1918年，1932年入學，1937年畢業。林漢忠亦同。

29 詳《灌園先生日記》1943年3月19日，註1「溫成章」。

30 《灌園先生日記》1937年3月30日記載，「（溫成章）性質沈著寡言，人格修養勝其兄（溫成龍）十倍，遂內定採用為隨行，同往東京」。許雪姬等（註），林獻堂（著）：《灌園先生日記（九）》，頁117–118、180。

31 據《灌園先生日記》1940年4月10日記載，其學歷為同志社大學，而非《臺灣人士鑑》所示之明治大學。當日漢忠來訪，「欲用以補成章之缺也」。

32 其任秘書期間及返臺後資歷，皆引自許雪姬等（註），林獻堂（著）：《灌園先生日記》。

33 參見《民報》1946年12月23日，第4版，基隆市安樂區選出之參議員林漢忠曾出席活動報導。

34 根據林博正先生受訪時賜告，楊天佑較林獻堂夫人楊水心女士小10歲。

35 根據林蘭芳2007年《國科會研究計劃報告——大倉財閥在臺灣》，指出該年林瑞池先生受訪時已年逾80。本文初稿完成後，蒙許雪姬教授過目時賜告林卒年為2010年。謹此致謝！其餘學經資歷引自林瑞池先生自述之口述訪談。參見許雪姬（編著）：《霧峰林家相關人物訪談紀錄下厝篇》。

36 據〈林獻堂先生年譜〉1955年7月28日按語記載：「據隨行秘書林瑞池言，先生自開刀後身體日有起色。」又，1956年9月8日記載，林氏臨終之際，「楊夫人及秘書林瑞池、森、真島兩博士隨伺在側。」參林獻堂先生紀念集編纂委員會（編）：〈林獻堂先生年譜〉，頁172–173。

37 許雪姬（編著）：〈林瑞池先生訪問紀錄〉，頁167–177。此外，據2011年9月13日林博正先生訪談時指出，林瑞池先生乃彰銀派任之隨行秘書。

38 許雪姬：〈日治時期臺灣的通譯〉，頁20。

39 林莊生：〈談1900年代出生的一群鹿港人〉，頁9–35。

　　從《灌園先生日記》的記載看來，1940年以後的秘書擔任通譯的比重似已漸次下降。按林氏《日記》載明，日治後期官式會議、學校慶典不再有「通譯」為本地人進行翻譯，他還被要求用日語（讀出文稿）做出回應的記載，可見林氏的日語頗有進步，[40]故對通譯品質要求相對更高。所以，根據每次談話目的與需求的任務型通譯，往往取代了秘書所做的通譯。至於秘書的通譯工作，據葉榮鐘與甘得中的記述，[41]對外時的主要工作是與訪客會面（如梁啟超、矢內原忠雄）、與總督或日方高官會談等。

　　從《灌園先生日記》、《臺灣人士鑑》等記載，可知擔任過秘書者其後還是會伴隨林氏出訪或充任通譯，如許嘉種、[42]葉榮鐘、[43]莊遂性（垂勝）等。[44]可見歷任秘書與林獻堂的關係長久而密切，且印證通譯工作漸由專職秘書轉為交付任務型通譯的角色變化。而專職秘書的工作則包含助理、照護、看帳、通譯、書函、公關、隨行、嚮導、生活照顧、語文代理、對外接洽、帳務處理等多重身分。[45]由於歸屬私人秘書性質，故在林獻堂的不同年齡與不同處境之下，秘書所做的工作也各有差異。再加上每位秘書的翻譯能力不一，其通譯角色與分量也不盡相同。

40　據林莊生在〈林獻堂先生〉文中披露林獻堂於1940年9月7日致其父莊遂性之日文信函可證，林氏應具日文能力。見林莊生：《懷樹又懷人——我的父親莊垂勝、他的朋友及那個時代》，頁293。該函是否由秘書起草，現無可查證。但據許雪姬教授三度拜訪林氏晚年秘書林瑞池得知，林氏確需透過翻譯才能做精細的溝通。

41　葉榮鐘：〈杖履追隨四十年〉，《臺灣人物群像》，頁37–60。甘得中：〈獻堂先生與同化會〉，《林獻堂先生追思錄》卷三（臺北：文海出版社，1974），頁24–40。

42　據《臺灣人士鑑》載，許嘉種於大正11年伴隨林獻堂赴東京參加「臺灣議會設置請願運動」，同年並赴中國南北各地周遊考察。參臺灣新民報社調查部（編）：《臺灣人士鑑》，頁36。

43　參見《灌園先生日記》1929年4月21日、1931年3月7日、1932年7月20日、1932年12月30日、1942年7月22日。

44　參見《灌園先生日記》1929年4月21日。

45　參見許雪姬等（註），林獻堂（著）：《灌園先生日記》，頁21。如，外出旅行時需通譯兼嚮導。或如葉榮鐘〈杖履追隨四十年〉所述，前往英國領事館為林家辦理簽證；據2011年9月13日林博正先生受訪時指出，秘書的工作處所與兩位帳房先生共處一室，內有一位男僕跑腿端茶。而該帳房距林氏起居處，步行約三分鐘之遙。

尤其在生活照顧方面，隨著林氏年齡漸長和體力趨弱，秘書所負擔的照護與雜務，乃至於人際往來等支持性的角色功能，則有日益加重的傾向。就語文與知識技能而言，秘書所扮演的角色發揮了代筆、代言以及代理林氏送往迎來的公關活動，或是代辦業務等扮演林氏化身的角色。

然而，若從譯者的角度觀察秘書與林獻堂的互動，會有兩者之間未必只是聘僱關係的印象。例如秘書中因林氏資助而留學者計有甘得中、莊遂性、葉榮鐘、林漢忠等。其中葉榮鐘且曾兩度接受林氏資助，完成在日本的大學學業。他首次獲得林氏的資助，是在其恩師施家本的引見下而獲得機會；當時的葉榮鐘與林氏其實並不認識。據林獻堂最後一位秘書林瑞池指出，他曾估算林氏過其一生資助的學生約達3,000人。[46]從此一數據觀之，林氏的贊助人屬性似乎是某種社會理念的展現，其中頗有促成臺人知識框架擴張與改變的社會改造意涵。此舉與他長期致力於為臺人建校的心願，看來是前後一致的。

可以說，林氏的贊助人角色與行動，並非僅是單純的個別事例，而是具有社會意識的長期計劃。而在如此強烈的社會意識之下，林氏所聘任的譯者，必須成為林氏意識型態與價值判斷下的忠實代言人，才堪當林氏代言人的重任。

三、譯者生平及其譯事活動

本節將針對林獻堂秘書兼通譯的背景與事業歷程，依據史料、林氏日記、譯者著述、訪談內容等，描述其多重身分的開展脈絡及其共同特徵，並指出譯者與林獻堂之間在不同角色變化下的互動及對應關係。資料來源及分類如下：

46　參見許雪姬（編著）：〈林瑞池先生訪問紀錄〉，頁175。這3,000人當中，想必亦包含對藝術家的學資贊助。關於林獻堂的藝術贊助者角色，請詳林振莖：〈從《灌園先生日記》看林獻堂在日治時期（1895–1945）臺灣美術運動史的贊助者角色與貢獻〉，《臺灣美術》84期（2011年4月），頁42–61。

表2.2 林獻堂及其秘書之引述資料來源及分類

資料類別	資料來源	佐證人物
公文書類	《臺灣總督府公文類纂》、總督府職員錄	甘得中、許嘉種、施家本、溫成龍
報章雜誌	《臺灣日日新報》、《臺灣政況報告》、《臺灣協會會報》、《臺灣公論》、《民報》	許嘉種、甘得中、施家本、溫成龍、莊遂性(垂勝)、林漢忠
人物自述	《灌園先生日記》、〈獻堂先生與同化會〉、《林獻堂先生紀念集》、《葉榮鐘年表》	溫成龍、溫成章、林漢忠、林瑞池、甘得中、葉榮鐘
口述訪談	許雪姬〈林瑞池先生訪問紀錄〉	林瑞池
	2011年9月18日筆者訪談許世楷大使及盧千惠女士	許嘉種、甘得中
	2011年8月9日/9月13日筆者訪談林獻堂長孫林博正先生	林獻堂
親友記述	〈林獻堂先生年譜〉	林獻堂
	林博正編〈林攀龍先生年表〉	林獻堂
	林博正〈回憶與祖父獻堂公相處的那段日子〉	林獻堂
	葉榮鐘〈詩人施家本——記一個未完成的天才〉	施家本
	洪炎秋〈懷念鹿港才子施家本〉	施家本
	林坤元(施家本女婿)《七十自述》	施家本
	洪炎秋〈懷益友莊垂勝兄〉	莊遂性(垂勝)
	葉榮鐘〈臺灣的文化戰士——莊遂性〉	莊遂性
人物事典	《臺灣人士鑑》、《臺灣歷史辭典》	許嘉種、甘得中
	《臺灣歷史人物小傳——明清暨日據時期》	施家本
往來書函	甘得中外孫女盧千惠女士提供書函	林獻堂致甘得中私函
	林莊生〈林獻堂先生〉	林獻堂致莊遂性書函
前人文獻	黃富三《林獻堂傳》等	林獻堂

備註:書目資料,請詳本章腳注。

以下,針對每位秘書的生平與譯事活動及其特殊事蹟等概述如下。

1. 許嘉種（1883–1954）[47]

　　臺灣彰化人。幼習漢學，1903年（20歲）畢業於臺南師範學校後，[48] 1904年任教於彰化員林公學校擔任訓導。[49] 1906至1908年間擔任林獻堂的通譯。1917至1921年任臺中州廳通譯，1921年辭去。1922年參與臺灣議會設置請願運動，並加入文化協會成為骨幹。1924年擔任文協彰化支部幹部及臺灣民眾黨中央執行委員。1927年與賴和等發起「政壇演說會」。1935年於臺灣第一回選舉中當選，1936至1939年任臺中州彰化市會議員。1936年組織「昭和信託株式會社」，任專務取締役。

　　從以上職業歷程可知，許氏曾經擔任過教師、通譯、秘書、政黨幹部、民選議員及企業創業者。而擔任林獻堂秘書兼通譯，只是他從學校轉進社會時的短暫經歷。然而，從公學校學生乃至教師，其背景都還只是教育界，年齡也不過弱冠之齡，還處在人生的起步階段。從許氏一生的政治活動與創業行動看來，林氏似乎也扮演了啟蒙良師的角色。尤其，許氏辭去任職十年的臺中州廳通譯後，中壯時期積極投入臺灣最重要的政治與社會運動，一路追隨林獻堂投身議會設置請願運動，後加入文化協會成為幹部，乃至擔任民選議員。這長達十餘年的政治活動，兩者之間的贊助與呼應關係，可說互為表裡。

　　甚至，在私人方面，1932年初許氏曾為其子乃昌謀《新民報》記者職。[50] 其中雖略有波折，但經林氏提出：「余言採用乃昌為高雄支局次席記者亦可；若不採用，當使人與嘉種疏通，無生惡感」（1932年3月24日）。因此，許乃昌得以順利就職，1932至1937年間任職於該報社。[51]

47　參臺灣新民報社調查部（編）：《臺灣人士鑑》，頁36。許雪姬等（撰）：《臺灣歷史辭典》（臺北：遠流出版，2004），頁808。

48　其孫許世楷大使2011年9月18日受訪時指出，許氏入學時校名為「臺南國語學校」，但畢業時學校已於1902年更名為「臺南師範學校」。

49　許嘉種擔任公職之年份及職稱等，參見《臺灣總督府職員錄》，頁158、250、288。

50　《灌園先生日記》1932年1月22日記載，「他希望採用其子乃昌為《新民報》之記者。」

51　見《灌園先生日記》1932年1月22日註解，及1932年3月20、23、24日。

　　許氏不僅與林氏年齡相仿，兩人還是表兄弟關係。[52] 但許氏選擇了進入國語學校的教育路徑，日常習用的是日語，閱讀也以日文為主。他最尊崇的人是福澤諭吉，出於對文明化的高度嚮往，他為子女安排的教育也都以日本菁英之路為其途徑。他本人無法如同時代曾讀私塾的同儕那樣吟詠唱和漢詩，但卻有鮮明的文化認同。

2. 甘得中（1882–1964）[53]

　　彰化人。幼習漢學，1902年畢業於彰化公學校。1906年春（23歲）在林獻堂資助下赴日求學三年，但因肺疾返臺。[54] 入東京正則英語學校普通科後，[55] 進入早稻田大學。[56] 1914年參加臺灣同化會，熱心文化社會運動。1920年返臺，同年任彰化郡秀水庄庄長，1923至1936年任官派臺中州協議會員；1937至1940年當選臺中州州會議員。曾任大新商事會社取締役，皇民化時期任皇民奉公會臺中州支部委員。戰爭後期赴中國，任華中煤炭製造廠理事，上海新華企業公司社長、新東亞興業製紙廠理事等職。

　　據〈林獻堂先生年譜〉及甘得中的追思文章──〈獻堂先生與同化會〉等記載，甘氏赴日前一年（1905），即辭臺中醫院臺語講師職，進入林家「就教莊舉人竹書先生於萊園」。[57] 據此可知，甘氏從赴日之前乃至留學

52　感謝許嘉種之孫許世楷大使於2011年9月18日受訪時賜告。許大使為許氏次子乃邦之長子。

53　感謝甘得中先生外孫女盧千惠女士（許世楷大使夫人）於2011年9月18日受訪時賜告，甘氏卒於1964年11月24日。另參臺灣新民報社調查部（編）：《臺灣人士鑑》，頁61。許雪姬等（撰）：《臺灣歷史辭典》，頁262。

54　甘得中〈獻堂先生與同化會〉指，林獻堂不願子女就讀公學校，故自聘家庭教師，但遭臺中廳長佐藤謙太郎否決。林氏慎極，乃虛與委蛇，同時力勸甘氏赴日留學，並允助學資。「翁資人出國留學者，余為最先。」參見林獻堂先生紀念集編纂委員會（編）：《林獻堂先生紀念集》卷三，頁27。關於這一點，甘氏自己也是不願送子女進入日本學校的。

55　據葉榮鐘〈我的青少年生活〉指，正則英語學校是臺灣與朝鮮留學生必去的預備學校。參葉榮鐘：《臺灣人物群像》，頁397。

56　經查早稻田大學校友名冊，並無甘得中姓名記載。許世楷大使推估可能是進入先修班就讀。

57　莊竹書即莊士勳（1856–1918），鹿港人，是日後任林獻堂秘書──莊遂性的叔父。他堅不受日人之聘，僅賴祖傳田畝維生，閉戶讀書，不問世事。霧峰林家深慕其德，乃厚聘為林家宮保第西賓，歷時十餘年，受教者不可勝數。參張子文、郭啟傳、林偉洲（編）：《臺灣歷史人物小傳──明清暨日據時期》（臺北：國家圖書館，2003），頁449–450。

期間，即有為林家服務之實。[58] 其中包括接應林氏長子攀龍及次子猶龍赴日就讀(1910)，甚至1914年三子雲龍及侄兒陸龍(其弟階堂之子)赴日求學，想必甘氏亦有所協助。甘氏擔任林獻堂秘書期間，很可能就是他留學日本期間；推估應為1906至1914年。[59]

蒙甘氏孫女盧千惠女士惠賜林氏致甘氏信函(圖2.1)，[60] 函中指「得中老弟 英鑒書來說諸兒輩近況甚詳，不異親見之也，深謝用心周到。如再遇攀猶請教之以勤儉，而攀龍尤宜勉之以誠信。」又言「陸夔雲俱壯健殊為可喜。」而言及尚未在日就學的愛女關關(1906–1997)時，則提到安排入學的曲折。函中對甘氏直稱「老弟」，落款則為「獻堂」拜上。函中三分之二談孩子的教育，另外三分之一則另有他事託付，可知倚重甚深。而據林攀龍(1901–1983)年表可知，[61] 1910年4月林獻堂率攀龍與猶龍(1902–1955)往東京求學，寄宿於日本教育家嘉納治五郎家中，1914年林氏再率三子雲龍(1908–1959)及侄兒夔龍到東京就讀。對照前函內容及其兒女年齡，即可確認甘氏在東京時與林家的往來情況及時期。

此外，據〈林獻堂先生年譜〉1907年記載，「民前五年秋，先生偕甘得中由東京歸臺」，[62] 先往橫濱、繼往神戶，擬訪梁啟超。不意途次奈良旅社，甘得中從登記簿中循線探訪到梁任公本人。當晚的林梁之會，甘得中雖無法居中傳譯，但留下梁公筆談內容，確是臺史聞名的一段佳話。

---

58 據1907年〈林獻堂先生年譜〉按語記載，甘得中於民國二年在東京。詳林獻堂先生紀念集編纂委員會(編)：〈林獻堂先生年譜〉，頁32。

59 見《灌園先生日記》1929年3月30日：「記得大正三年秋間，受板垣之介紹，同二哥、得中會大隈伯(大隈重信伯爵)，忽忽已十六年，……」。據此可知1914年秋，甘氏仍任秘書兼通譯。

60 該函共兩頁，書於「灌園用箋」上，但末尾日期僅記為「四月十三日」，並未標示年份。但對照林氏兒女之就學年齡，即可推估甘氏在東京的時期。

61 秦賢次(編)：〈林攀龍先生年表〉，收入林博正(編)：《人生隨筆及其他：林攀龍先生百年誕辰紀念集》(臺北：傳文文化事業，2000)，頁301–335。

62 1907年3月，是林獻堂第一次前往日本遊歷。想必甘得中當時也扮演了嚮導的角色。

圖2.1 林獻堂致甘得中信函

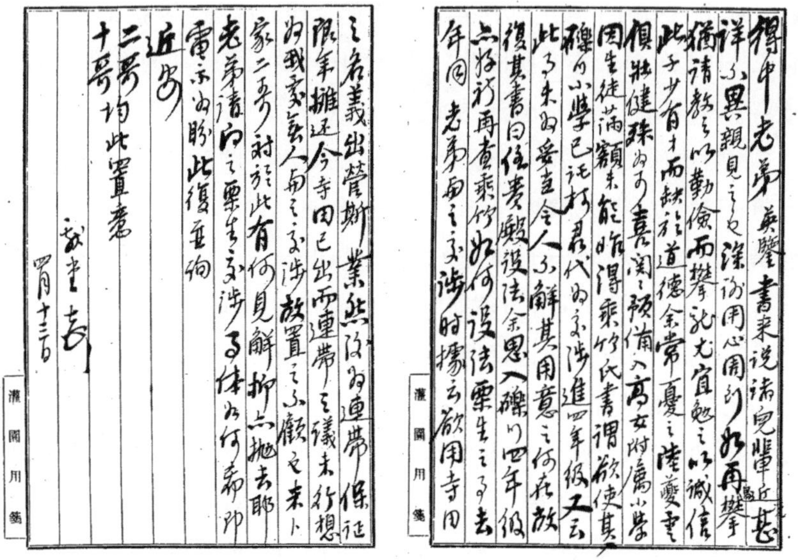

　　而1911年3月24日任公來臺時，林氏邀連雅堂先生等迎於基隆碼頭，當時大船尚未能靠近岸壁，甘氏乃乘小艇進艙會見任公。可見，甘氏幾乎是以林獻堂「分身」的身分，前往迎接仰慕已久的貴賓。此外，他在翌日的迎賓宴席之後，偵騎四出，追問與會者何故參加。「聞有感到惶惑者，不曰林獻堂，則曰甘得中相邀，我所以參加。」可知當時甘氏的秘書身分與林氏之間，無論公私都極為緊密契合。

　　兩人年齡接近，雅好詩文，但個性迥異。據甘氏回憶，1914年秋他與林氏赴日拜訪政界高官，[63] 適逢總督府長官內田嘉吉在京，林氏乃招甘往謁，但對方態度高踞，「非止無杯茶相待，連叫坐也沒有。余憤謂翁曰：尋他作甚？翁默然。」回臺後「翁猶要偕余往謁，余殊不擇。翁曰：子且忍耐，乃勉與俱行。至官邸，門吏謂閣下方入浴，余喜極則投以刺，且云：我們別無他事，因歸自京，特來致敬耳，回頭就走。蓋以

63　甘得中：〈獻堂先生與同化會〉，林獻堂先生紀念集編纂委員會（編）：《林獻堂先生紀念集》卷三，頁34。

不見為清靜也。」這段出自甘氏本人的文筆，非常傳神地披露了兩人的性格差異與互動關係。林甘之間彷彿知友，甘不掩其性情，林也不改其初衷。但兩者之間卻未見摩擦，甘氏總依林氏意志行事，並常扮演林氏分身或代言人的角色。而甘稱林氏「所見之遠，思慮之周，尤足以使余追思」；其中信賴與敬重之情，更是溢於言表。

到了1930年9月27日，林氏三子雲龍成婚時，甘氏仍為讀祝辭。[64] 而1930年9月25日的記載，則見甘氏「率其女寶釵、女婿張月澄來訪，他兩人將於廿七日之船往南京留學。」可見雙方往來甚為親近。[65] 據《灌園先生日記》1943年10月20日記載，那天是甘氏的還曆生日，在家宴請至親好友。而林受邀前往彰化時，甘氏夫妻與二子皆往火車站相迎，至為慎重。從1927年初到1944年底，記載了甘氏的日記達120餘筆，可見兩者往來無論婚喪喜慶或日常行事皆往來頻繁，且常擴及家庭成員。甚至，甘氏為人謀事、為姪輩借款等，都是央請林氏出面，而林也確實盡心回應。[66]

甘氏一生跨足政商，戰爭後期赴中國後的主要活動則為工商製造業。從他的職業歷程看來，他曾經擔任語言教師、通譯、秘書、庄長、議員、企業創業者、經營者等。擔任林獻堂秘書兼通譯，是他在日留學期間的主要工作。從1905年(22歲)進入林家到1914年(31歲)這段期間，是他生命中求學與處世的奠基階段。擔任林獻堂秘書讓他從臺灣走向了日本，也開展了廣闊的視野。

從甘氏一生政治與商業活動同時並進的情況看來，他與林氏的路途可說同中有異、異中有同。例如甘氏曾加入同化會，回臺後擔任庄長與議員等公職，進而當選為民選議員。約達二十年的政治活動，與林氏民族自決與地方自治等理念是頗為呼應的。至於工商活動方面，甘氏雖有

---

64 《灌園先生日記》1930年9月27日：「宴臣、耀亭、蓮舫、得中讀祝辭，祝辭百三通。」
65 《灌園先生日記》1930年9月25日：「得中率其女寶釵、女婿張月澄來訪……」
66 《灌園先生日記》1931年6月28日：「甘得中引楊鑫淼來，請余寫紹介狀與廣東丘琮，蓋楊氏卒業高工，欲往是處以謀一職也，十一時來，四時歸去。」又，《灌園先生日記》1931年12月10日：「甘得中來，因他用其姪文芳，余為保證人向彰銀借金萬一千元，自二月至今不換單，彰銀屢次催促，他特來說明其事。」

意邀約林氏，惜雙方想法未必相同，[67]但雙方仍往來頻繁，且受挫時林亦予安慰。[68]而晚期以工商活動為主，甚至前往中國發展，似乎也反映出甘氏性格中積極開拓的面向。

3. 施家本（1886–1922）[69]

彰化鹿港人，其父施仁思為舉人。1895年隨父內渡，兩年後父母皆逝，因而輾轉返臺，由庶祖母撫養成人。1903年就讀鹿港公學校，兩年內修畢四年學業。1905年考入國語學校，翌年卻因觸犯校規而遭退學。1909年前後任鹿港公學校教員，[70]後任臺中州民事調停課翻譯。1906年曾在漢書房（私塾）擔任教席，林氏長子攀龍隨之習四書五經。[71]1913年受聘為霧峰林家記室，掌理臺中中學創校事務。1914年加入同化會，為會務積極奔走。1915年轉任林獻堂秘書兼翻譯，從事「六三法撤廢」運動。1920年離開林家，謀自行創業。不幸於翌年12月6日遽告病逝，年僅36歲。遺命墓碑署「詩人施家本之墓」。

施氏學養深厚，才氣縱橫，善漢詩與和歌。1919年加入櫟社，1921年與陳懷澄、莊太岳等在鹿港共組大冶吟社，並任社長。應天皇「敕題」所作之和歌，曾為御歌所選取。因好十四世紀兼好法師之《徒然草》，自名其書齋曰「徒然草堂」，著有《徒然草堂詩抄》、《肖峰詩草》。

67　《灌園先生日記》1927年1月15日載，甘謂有筆土地交易請林合股，但林慮有損其人格，「雖將來有厚利亦不願為也，力辭之。彼甚失望，僅談十數分間，匆匆即去。」相關記載參見《灌園先生日記》1927年3月6日、3月13日、3月20日，以及1939年3月21日等內容。

68　《灌園先生日記》1929年8月26日：「數月前內中有人提告訴分配不公平於彰化郡警察課，而諸關係者或拘留或拷問，得中亦恐有這等的受虧。四時餘培火來自臺南，炘來自臺中，皆得中招之商量善後策，余安慰其必無此事。」又，1933年12月5日：「甘得中四時餘來，述其女寶釵夫妻不和，生前死後之經過。」

69　參張子文、郭啟傳、林偉洲（編）：《臺灣歷史人物小傳——明清暨日據時期》，頁327–328。吳文星：《鹿港鎮志·人物篇》（彰化縣：鹿港鎮公所，2000），頁57。以及葉榮鐘：《臺灣人物群像》，卒年1922乃據葉光南、葉芸芸（主編）：《葉榮鐘年表》，頁34。

70　1909年施家本是他就讀公學校二年級第一學期時的導師。參葉光南、葉芸芸（主編）：《葉榮鐘年表》，頁29。葉榮鐘：《臺灣人物群像》，頁366。

71　秦賢次（編）：〈林攀龍先生年表〉，頁301–335。

據葉榮鐘指出，[72] 施氏為舉人嫡子，頗受鄉里敬重。才情並茂，浪漫多情。

1911 年因梁任公到訪，施氏參與詩會才與林獻堂結識。1913 年受聘為林家記室之後，他的才華得到了施展的機會。1914 年積極為同化會奔走，也是他獻身社會運動的開始。

擔任林氏秘書期間 (1914–1920)，海外書報等知識來源充沛，且有機會陪同前往香港、上海、東京等地，其中東京則每年達一至兩次。因此，這份工作真正讓施氏達到行萬里路、讀萬卷書的悠遊自在。加以施氏博聞強記，文采奪目，讓林氏的文化光環增色不少，深得日人看重。[73]而林獻堂日後提起施氏時，仍對他的才華頗表欽佩。[74]

施家本與其他秘書不同之處在於其瀟灑不羈的性格及其詩人氣質，加以英年早逝，故一生功績主要在其詩文。一生中最燦爛的時期，也就是擔任林獻堂秘書期間；在此之前，他只擔任過教師、翻譯等工作。可以說，這段邁入而立之年的時光，是他積極參與社會活動的階段，如同化會、六三法撤廢運動 (經林呈祿鑽研提案的利弊得失後，建議改稱「臺灣議會設置請願運動」) 等。同時，這些社會參與都是出於林獻堂的啟蒙與導引。

施家本僅小林獻堂五歲，並未受其學資之助，也未將秘書當成過渡性質的工作，兩者之間應有鞏固的信賴基礎才得以維繫關係數載。尤其，施的浪漫性格與林的拘謹自持原本大相逕庭，而兩人卻能朝夕相處，想必出自性格上的互補才不致於牽強。此外，施的詩文才華讓林傾心，也是兩者得以契合的基礎。質言之，才情並茂應是林獻堂所重視的內在價值，因而也反映在秘書人選的特質上。

72　葉榮鐘：〈詩人施家本——記一個未完成的天才〉，頁 298。

73　前總督府總務長官下村宏也對施家本的日文與和歌造詣頗為讚揚。參葉榮鐘：〈詩人施家本——記一個未完成的天才〉，頁 298。

74　「有時提及家本先生，大都是欽佩他的才華的話。」此外，林曾對葉榮鐘回憶自己曾以東京剛寄到的報紙考驗施之記憶力，證實確有過目不忘的功力。參葉榮鐘：〈詩人施家本——記一個未完成的天才〉，頁 300。

4. 莊遂性（1897–1962）

　　鹿港人，名垂勝，字遂性。父為前清秀才，叔父為舉人。1907年
公學校畢業，因家貧未升學，乃於1915年考進公費之「大目降糖業研習
所」。1917年畢業後入「大日本製糖株式會社」蒜頭工場任農務技工。
1920年因表兄施家本離職而接任林氏秘書職。旋即因林家族人有少爺
赴日留學，願負擔伴同者學資，故決意就任。[75] 1921年赴日本明治大學
就讀，1924年畢業於政經科。留日期間加入「新民會」（林氏於1920年
12月出任會長），畢業後曾往韓國及北京、上海遊歷考察。1925年隨林
獻堂自東京返臺後，積極從事文化啟蒙運動，乃參與文化協會活動並創
設「中央俱樂部」介紹合理的衣食住等新生活方式。1926年獲400多人響
應，集資四萬圓創辦中央書局，進口中日精良書籍，以傳播新知。1927
至1931年加入民眾黨。1932年與賴和、葉榮鐘、許文葵、洪炎秋等共
創文藝雜誌《南音》。[76] 1946年出任省立臺中圖書館館長。晚年不問世
事，過著半耕半讀的生活。1962年（65歲）病逝。

　　莊遂性擔任秘書期間大約一年，但任秘書之前即已跟隨林氏赴日，
可見與林獻堂原本熟識，且印象不錯。因此，當前任秘書施家本因故去
職的情況下，他是施的表弟也就順勢遞補。但想必能力頗佳，才能接手
才子施家本的工作。此外，任職不久即受林氏長期資助赴日留學，可見
頗受林氏賞識。

　　從1939年12月21日兩人的通信內容看來，林獻堂在與莊氏推敲自
己詩作時，函稱莊氏為「君」而自稱「愚」；起首稱「遂性君雅鑒」，落款
自稱「灌園」。[77] 顯然，林氏十分敬重對方。而莊氏的覆函則顯得十分鄭

75　關於其家世與赴日求學原委，引自洪炎秋：〈懷益友莊垂勝兄〉，《傳記文學》第29卷第
　　4期（1976年10月），頁81。
76　林莊生：〈黃春成先生〉，《懷樹又懷人——我的父親莊垂勝、他的朋友及那個時代》，
　　頁178。
77　林莊生：〈林獻堂先生〉，《懷樹又懷人——我的父親莊垂勝、他的朋友及那個時代》，頁
　　289。從另一封信的落款為「獻堂」看來，可能林氏在談論詩文之際，慣以「灌園」自稱。
　　另函內容，參見《懷樹又懷人——我的父親莊垂勝、他的朋友及那個時代》，頁295。

重，他稱林為「獻堂先生」，文中以「敬悉尊體（日漸痊癒）」、「您老人家」
等敬稱或敬語行文之外，且又加上「以後請毋須拘介為便」。可見莊氏亦
有誠惶誠恐之感。不過，從另一封信的稱謂與文字看來，林氏似又不如
前函敬謹。看來，前函應是出於對莊氏書法與詩文涵養的尊重。同時，
也顯現出林氏的讀書人本色。

　　莊氏擔任秘書雖然時間極短，但他留日期間乃至返臺後所投入的文
筆工作或社會活動，都與林獻堂主導的運動是互通聲息的。《灌園先生
日記》關於他的記載多達 627 筆，可知他與林氏互動始終密切。甚至，
多年後亦復如此。例如莊氏在二二八事件中受累被捕七天，為他出面向
軍方說明的正是林獻堂。[78] 葉榮鐘稱他為「臺灣的文化戰士」，[79] 反映其
投入文化活動的態度與深度。陳逸雄在〈我對父親的回憶 —— 陳虛谷的為
人與行誼〉曾指：「父親曾說，他尊敬的朋友一為賴和、二為遂性，諒是
賞識遂性不求名利的狷介性格及其重情誼的為人。」[80] 如此人格特質，
應是林氏為他挺身而出的理由吧。

5. 葉榮鐘（1900–1978）

　　鹿港人。1914 年鹿港公學校畢業，1918 年受林獻堂資助赴日留
學，入東京神田正則英語學校學習英語，並於研數學館學習代數。1921
年返臺任職糖廠，但因參加臺灣議會設置請願運動而遭革職。該年春夏
之間，轉任林獻堂秘書兼通譯直到林獻堂赴歐美遊歷（1927 年 5 月至
1928 年 4 月）。其後，再受林氏資助於 1927 年 8 月入東京中央大學政治
經濟科，1930 年 5 月畢業返臺。旋即籌組「臺灣地自治聯盟」要求地方自
治。1931 年春結婚，年底受林獻堂資助創辦文藝雜誌《南音》。1935 年

78　林莊生：〈圖書館時代與二二八〉，《懷樹又懷人 —— 我的父親莊垂勝、他的朋友及那個
　　時代》，頁65。又，據林氏日記1946年4月2至7日載，林氏先向市長黃克立打聽消
　　息，又與逮捕莊之憲兵營長孟文楷相善，故得以解圍。
79　葉榮鐘：〈臺灣的文化戰士 —— 莊遂性〉，《臺灣人物群像》，頁305–316。
80　陳逸雄（編）：《陳虛谷選集》（臺北：鴻蒙文學出版公司，1985），頁502。

底任《臺灣新民報》通信部長兼論説委員，每週撰述一篇日文社論。
1940至1941年任《臺灣新民報》東京支局長。返臺後該報改名為《興南新聞》，任臺中支局長。1944年全臺日報合併為《臺灣新報》，改任該報文化部長兼經濟部長。[81] 1946至1947年任臺中圖書館編譯組長。1948年入彰化銀行，1966年退休，著有《臺灣民族運動史》、《臺灣人物群像》、《日據下臺灣大事年表》，2000年出版《葉榮鐘全集》。

葉榮鐘18歲拜林幼春學詩，43歲（1942）成為櫟社社員。一生大都致力於文筆與報社雜誌等媒體，即使進入銀行也不離文筆工作，退休前一年還著手撰寫《彰化銀行六十年史》。退休後更專注於日治時期政治社會運動史之撰述，在「自立晚報」連載五年，計278回達50餘萬字。綜觀其一生，前段屬文職工作，除秘書兼通譯外，繼任報社記者、社論主筆、報社主管等。而後段的銀行業務則包括調查科長、人事主任、主任秘書等。而後者資歷見諸於年表者，卻只有初進銀行的1948年有所記載，餘則僅記錄其詩文等作品。可見，其志不在此。

他追隨林獻堂幾達40年，兩度受其資助赴日留學，並擔任秘書兼通譯約達七年，直到1927年5月15日林獻堂偕次子赴歐美遊歷為止。而1928年5月25日至11月8日，林氏遊歷後滯留東京將近半年。[82] 當時，林與子侄及葉同居一處，相處十分密切。而1929年3月5日至1929年4月21日林氏再度赴日，彼時葉雖仍在東京，而《灌園先生日記》日記中陪同通譯者卻經常換人，且大都由親友充任。[83] 想必當時葉仍在求

---

81 該刊自《臺灣青年》、《臺灣》、《臺灣民報》到《臺灣新民報》，歷經雜誌、半月刊、旬刊、日刊等演進。《臺灣新民報》時期（1932年4月15日–1941年2月10日），該刊網羅各界菁英，以批判性立場反映本土輿論，博得「臺灣人喉舌」之美譽。但由於殖民政府戰爭統制因素，1941年2月11日被迫更名為《興南新聞》，由林呈祿主編。1944年3月26日，《興南新聞》因戰時言論及報紙統制被迫與《臺灣日日新報》、《臺南新報》、《臺灣新聞》、《高雄新報》、《東臺灣新報》合併為《臺灣新報》，但次日即發表沉痛的〈停刊之辭〉，結束了25年的歷史。引自柳書琴：〈興南新聞，許雪姬等（撰）：《臺灣歷史辭典》。

82 〈林獻堂先生年譜〉指，林獻堂遊歷歐美後滯留日本共8個月之久。參林獻堂先生紀念集編纂委員會（編）：〈林獻堂先生年譜〉，頁87。但比對秦賢次編製〈林攀龍先生年表〉之詳細日期記載，應為約五個半月方為正確。參秦賢次（編）：〈林攀龍先生年表〉，頁301–335。

83 1929年3至4月間充任通譯者：羅萬俥、林呈祿、楊雲萍、呂靈石、莊垂勝、施純孝（林獻堂表甥）等。

學，故並未擔任秘書或通譯。到1929年4月21日，林氏決定起用溫成龍。而葉氏擔任秘書兼通譯，正是青年立志與成長的21-27歲之間。擔任林獻堂的秘書，對於葉氏一生的志向與視野，都有至關重要的影響。

《灌園先生日記》1930年5月12日記載，葉榮鐘大學畢業返臺謀職時，林氏有意推薦他進入新民報社，但社裡卻有人以他酗酒、打架、侮辱他人等而反對。故林與葉懇談，勉其「願汝痛改，免遭疵議」；而此時「榮鐘大感動，至於淚下」。從這段日記看來，林葉之間是坦率直言、真情流露的。據葉榮鐘自述，他好打抱不平、行俠仗義，往往形諸於外；而這種為他人抱不平的性格，其實林氏亦有之，只是偏向克己內斂。此外，兩者皆好詩文，1940至1941年間葉氏奉派至東京，故得「同遊同詠，雪泥鴻爪，到處留連」。[84] 得利於天時、地利、人和，以作詩吟詠為樂，互動融洽。其實，葉氏離任秘書之後，兩者往返依然密切。從灌園日記中葉氏出現的次數看來，他應是與林獻堂生活中接觸最多，相關書寫也最多的一位。

作為林氏秘書兼通譯，他為議會設置請願運動 (1921-1934) 及文化協會等林獻堂積極推動的政治社會運動扮演居中傳遞訊息或協調的角色。此外，在林氏的財務管理上，他也受到信賴與重用。例如1927年3月12日的日記中記載：「命榮鐘取出三五會社之帳簿，與猶龍同檢查其結算。余意謂會社買入之株券以現在時計 (按：時價計) 有超過者，結算用買入之價格；有損失者，結算用現在之時價。猶龍謂株券雖有起落，皆未賣出，結算須用當日買入之價格。榮鐘贊成其說，乃遂決定。」依照一般會計常識看來，林氏才是對的。但不知何故，竟以兩位小輩之多數為議。其次，能信賴葉氏到與其子一起結算帳簿，可見彼此親如家人，且信賴有加。戰後，葉榮鐘在林獻堂邀請下擔任林的秘書，一起參加丘念臺領導的臺灣光復致敬團到南京、西安，以及林氏死後為其編紀念集，足見林氏對葉的信賴程度之深。

---

84 葉榮鐘：〈杖履追隨四十年〉，頁51。

6. 溫成龍（生卒年不詳）

根據《灌園先生日記》及其註解，[85] 1919年溫成龍畢業於臺北師範學校師範部乙科。他先任職於彰化第一公學校，後因在帝國製糖廠受人歧視，故於1927年1月15日向林獻堂表示有意就職於大東信託，結果雖未如願，但1929年4月21日即「採用溫成龍為通譯」。直到1937年4月，共達八年。

然而，從日記內容看來，這八年期間溫成龍除了通譯之外，還掌理了「一新會」的活動，例如司儀、結語、甚至多次擔任講師。然而，重要的通譯通常另有其人，他所擔任多半是一新會或是日常業務的通譯。[86]

對於他的能力，林氏似乎頗有微詞。其中情節嚴重者，有因其虛妄之言，致使生訟而需付和解金300円（1930年9月14日），故林指「皆因溫成龍無常識，有以致之也。」（1930年5月8日）又如有人來電告，成龍在醉月樓擲杯翻桌，非常橫暴。「余聞，怒成龍之非理，以致不寐。」（1937年4月15日）而情節較輕者，則如「天尚未大亮，成龍貪睡，余常不喚之起」（1931年10月20日）等。到後來，又有一新會教師劉集賢來訪（1939年3月2日），「述去年與溫成龍意見不合，辭退新光會社之職。」但經林勸再為新光會社効力，劉願從之。依此看來，溫成龍脫軌的行事作風不止一端，顯然頗令林氏傷神。

而據1930年10月5日日記顯示，其甥（林氏長姊次子）呂靈石有意在林家工作，林即透露「但余處有成龍在焉，使成龍轉任於民報社或自治聯盟，想萬俥、肇嘉決不能承諾，若使其辭職未免可憐。」可知，溫成龍的表現確實不盡理想，而林氏又不得不予照顧。

---

85 參見《灌園先生日記》1927年1月15日內容及註解4。

86 據《灌園先生日記》1931年12月12日記載，「成龍為資彬通譯往土木課。」1932年9月2日，新竹支店開張「余以式穀為通譯，略述會社經營之方針，並為挨拶之語。」1932年11月30日，一新會主催兒童親愛會「攀龍述開會之目的；須田清基以成龍為通譯。」1934年3月16日，夏季講習會上，「成龍為通譯。」1935年7月15日「成龍為通譯，會見檢察官長上瀧汎，謝其兩次來霧峰之厚意。」1935年9月18日，「成龍同余訪鶴內務部長、細井警務部長、陳炘、楊肇嘉，俱不遇。」

　　林獻堂於1937年5月17日赴日，1940年10月27日返臺。這段期間擔任隨行秘書的是溫成龍之弟溫成章。如此安排或因溫成龍妻於1937年4月病故，[87] 且「成章個性內斂、人品修養俱佳」，遂採用並同往東京。但據林博正先生訪談時賜告，在他與祖父母同住的時候（1941年9月至1949年9月），[88] 溫成龍還是在林家工作，並未見其去職。[89]

　　據1938年6月5日日記，「修寄溫成龍之信，言補助賴宜俗之子之學費自四月起全年加54円，合計百伍十円。」可見彼時成龍與成章同時擔任臺日兩地秘書。[90] 此外，以溫成龍在1927至1944年的360筆日記記載中，僅有12次通譯記錄，由此可知他即使有通譯任務，還是以處理日常事務為主，而非以通譯為主的秘書。[91]

7. 溫成章（1918–　？）

　　據《灌園先生日記》1937年3月29日載，溫成章畢業於臺中一中，畢業前夕隨其兄成龍來謝林獻堂學資補助。同年5月17日隨林氏及猶龍妻小等離臺赴日。1940年擬辭職就讀音樂學校，並請林氏補助學費，林未允其請，遂於是年3月辭職。8月回臺後再赴日時，林氏助其旅費。1941至1943年早稻田大學專修科畢業後，返臺就職於新光紡織廠。[92]

87　據《灌園先生日記》1937年4月16日記載，「溫成龍八時以電話來通知其妻昨夜十一時死去。」

88　林博正：〈回憶與祖父獻堂公相處的那段日子〉，《臺灣文獻》第57卷第1期（2006年3月），頁154。

89　據2011年9月13日訪談，林博正先生與祖父同住時期為1941至1949年；與祖母則同住到1957年。

90　1939年1月1日，林氏返臺參拜祖宗之際，成龍亦同往學校。1月5日且與猶龍於新光會社為親友說明製造方法。2月16日陪同林氏前往齒科治療。3月6日「成龍同余赴郡役所」。但3月12日赴臺北憲兵隊時，出現「以成章為通譯」的記載。而5月24日卻又有「伊藤部長來，以成龍為通譯」的記述。參見《灌園先生日記》。

91　在他擔任秘書期間，由前任秘書葉榮鐘通譯的紀錄就有5次（1929年4月21日、1931年3月7日、1932年7月20日、1932年12月30日、1942年7月22日）。對象包括：南洋倉庫會社專務、警察詢部、二瓶源五（演講）、柳澤律師、大阪朝日臺中支局長。

92　參臺灣早稻田大學同學會（編）：《臺灣早稻田大學同學會會員通訊錄》（1947），頁24。

　　從林氏日記觀察成章在東京的日子，其工作似以衣食住行、育樂、跑腿打雜、看病取藥等日常事務為多。甚至，有時還要陪同林氏或女眷上街購物（1938年4月26日）、隨行理髮（1938年1月20日）、接送家人（1938年6月17日），乃至製作桌椅（1938年7月22日）、報告氣溫（1937年11月15日）等瑣事。在總計440筆關於他的記載中，此類伴隨的工作即有166筆，約近四成。

　　而另一方面，依林氏日記顯示，溫成章擔任通譯的次數極少，僅約6筆，且大都集中在1938年。即使加上他陪同林氏訪問日人，推估可能也做了通譯的紀錄，還是只有12筆。不但在將近三年的440筆記載中擔任通譯的次數極少，與其後僅接任秘書8個月的林漢忠相比，相形之下比重更低。由此看來，擔任通譯並非他的主要工作。

　　在日期間，溫成章不像葉榮鐘那樣與林氏一同住宿，而是住在離林氏住居三分鐘之處（1937年11月1日）。此外，成章體弱之餘，常有悲觀之念（1938年3月7日）。有時因夜不成眠，致使被迫取消出門訪客之約（1938年4月3日）。最嚴重的一次是1938年5月1日，因受林氏責備而仰藥送醫住院數日。

　　他甫出校門即擔任林氏秘書，且又立即遠渡日本，無論年齡與社會經驗皆不足，導致身心倍感壓力，難以勝任公關或通譯等對外工作，故轉為服務內眷或料理內務等瑣碎雜務，想必有其不得已的苦衷。

8. 林漢忠（1918–？）

　　林漢忠出身霧峰林家，1937年臺中一中畢業後赴日求學。1940年3月16日溫成章辭職後，即由當時甫自同志社大學畢業的族人林漢忠遞補，過渡性地擔任約8個月的秘書職務。他於1940年10月底與林氏一同返臺，1941年1月由林氏安排進入新民報社。1946年當選臺灣光復後首屆基隆市參議員。他的家庭背景、社會位階、出身乃至工作動機等，與林氏其他秘書相較，可說大相逕庭。唯一相似的就是年齡，以及初出校門、處於人生剛起步階段的景況。

　　林氏日記裡關於林漢忠的紀錄共277筆。其中，任通譯之明確記錄僅6筆。而伴遊紀錄卻有133筆。固然由於當時時局緊張且林氏即將返臺，經常要處理瑣碎雜務，故平均大約每月有一次口譯機會。而這些為數不多的記載中，有半數是與攀龍一起行動的，故有可能是由攀龍擔任通譯也未可知。而通譯主題，則多都屬會客或處理日常事務等性質。（詳見表2.7）

9. 林瑞池（1926？–2010）

　　林瑞池是臺中太平人，臺北中學畢業後入臺灣青果合作社服務，1946年2月進入彰化銀行擔任秘書，1949年9月23日以秘書身分隨林獻堂赴日。[93] 從其進入職場的經歷看來，當時已進入彰銀三年半，且在此之前亦有職場經歷。故與過往的秘書相較，無論年齡或社會經驗，都算是稍微成熟的人選，但仍屬未滿而立之年的青年。

　　他隨林氏在日生活到1956年林氏辭世為止。林獻堂未過世前，林瑞池已在林氏擔任顧問的「東南商事」工作，林獻堂過世後才入東洋大學經濟系就讀。[94] 故自1949年赴日之後，直到2010年過世為止，他是一直旅居日本的。

　　據他接受許雪姬教授訪問時指出，林氏在日時期無論公私事務，都非常需要翻譯。[95] 包括口譯與書寫等，需求相當頻繁。但從1949年赴日後的日記可知，直接寫明由林瑞池擔任通譯的會談情況似乎不多。

---

93 見《灌園先生日記》1949年8月29日「決定以林瑞池為隨員」。9月23日，林獻堂一行搭機前往東京。《灌園先生日記（二十一）》（臺北：中研院臺史所，2011）；另詳許雪姬（編著）：《霧峰林家相關人物訪問記錄頂厝篇》，頁167。

94 林獻堂是東南商事的最高顧問。詳許雪姬：〈林博士先生訪問記錄〉，《霧峰林家相關人物訪問記錄頂厝篇》，頁110。蒙許教授賜告，林瑞池先生受訪時告訴她，獻堂先生在世時有需要他時即往協助，無事則往東南商事工作。此外，據林博正先生於2011年9月13日受訪時指出，林瑞池上大學可能是一邊工作，一邊讀書。因為，林瑞池未曾間斷過在該商事的工作。

95 感謝許雪姬教授賜告，謹此致謝！

　　事實上，1941至1945年之間《灌園先生日記》裡的通譯記載不但次數甚少（每年約僅10次上下，總計42筆），且大都由親友家人等充當。其中，通譯次數最多的，就是畢業於早稻田大學經濟系的外甥呂磐石，共計10次（1942年2次，1943、1944年各3次，1945年2次），[96] 其次是林氏長子攀龍（1944年5次，1945年1次）計6次，再其次則是次子猶龍（1942年1次，1943、1944年各2次）及外甥女婿林金荃（1941、1943、1944年各1次，1942年2次）都各5次。[97] 簡言之，愈到後期愈少讓外人擔任通譯。詳如表2.3：

表2.3　1941–1945年《灌園先生日記》之通譯者及日期、次數一覽

姓名	日期	次數
1941年（通譯筆數共1次）		
林金荃	04.13	1
1942年（通譯筆數共10次）		
高城（劉）弘治	02.07	1
楊天佑	02.26	1
林金荃	03.24、09.01	2
呂磐石	06.13、07.30	2
林猶龍	06.25	1
葉榮鐘	07.22	1
陳炘	07.31	1
李丙戊	10.20	1
1943年（通譯筆數共8次）		
廣中守	01.17	1
呂磐石	01.21、06.25、10.25	3
黃洪炎	02.01	1
林金荃	08.01	1
林猶龍	09.05、09.20	2

96　呂磐石（1898–1959），其母林金鵬為林獻堂長姊，排行長子（呂靈石乃其弟）。豐原三角仔人，畢業於早稻田大學商科，返臺後投身於臺灣實業界，任大安產業株式會社支配人（總經理）。參《呂氏家譜簡要》，頁9；及興南新聞社（編）：《臺灣人士鑑》（1943），頁468。

97　林金荃，1933年臺中商業學校畢業。其妻曾秀容為楊水心之甥女，即楊水心四妹之女。

姓名	日期	次數
	1944年（通譯筆數共12次）	
林猶龍	03.30、04.21	2
呂磐石	05.29、08.09、11.12、12.06	4
林攀龍	08.8、09.10、09.12、09.17、12.06	5
林金荃	09.03	1
曾珠如（林攀龍妻）	10.29	1
	1945年（通譯筆數共11次）	
游禮樁	02.27	1
張文權（環）	04.18	1
小野真盛（西洲）	04.22	1
呂磐石	07.10、07.11	2
林攀龍	08.05	1
林津梁	09.21	1
林雲龍	11.07	1
戶田龍雄	11.26	1
林勗	11.29	1
林禹承	12.14	1
總計		**42**

　　由表2.3可知，日治末期戰火熾熱期間，林獻堂需要通譯的時候並不多。而他的秘書就由主掌內務的楊天佑與溫成龍等人擔任[98]，幾乎已不做任何通譯工作了。反而是1949年9月林獻堂赴日之後，林瑞池擔任秘書期間，由於環境的需要，通譯又成為秘書的日常工作。只是，性質上從重要訪客的公務或正式晤談，轉變成支持林氏生活所需的通譯內容，故日記裡的記載也隨之大幅減少。

98　據1941年9月至1949年9月與林獻堂夫妻共同生活的長孫林博正先生訪談指出，當時楊與溫兩位都在林家工作。他們掌理家產、帳務、接待來客，並協助政治與慈善等活動。有時亦需為林夫人出外辦事，甚至帶領林博正到臺北檢查身體等。

四、譯者的多重身分與角色變化

綜合前述秘書與林獻堂的關係等記錄，本節將進一步探究秘書的個別屬性特質，以及他們擔任林氏秘書期間的共同脈絡。主要課題為：(一) 譯者屬性、(二) 譯者的角色變化、(三) 譯事活動及目的。

1. 譯者屬性：從秘書兼通譯的出身背景、教育背景、語文程度、人格特質、譯事水平等，描述其譯者屬性特質

秘書兼通譯者與林氏的人際脈絡，主要來自血緣或地緣關係。與林氏有親戚關係者為：許嘉種 (表兄弟)、林漢忠 (侄孫)。而地緣關係之中，亦有師生或手足等尤為緊密的人際關係。例如秘書之間有地緣關係者為施家本、莊遂性、葉榮鐘，他們同為鹿港人。而秘書間有特殊關係者計有：施與莊為表兄弟，[99] 施與葉為師生關係；溫成龍與溫成章則為兄弟。此外，九位秘書之中，前五位都是彰化人。第六位溫成龍曾任職彰化第一公學校，第七位溫成章畢業於臺中一中，第八位是侄孫林漢忠，[100] 第九位林瑞池則是臺中太平人。而他的秘書之所以大都出身臺中彰化等鄰近地區，與林氏信任其親人或前任秘書的介紹，想必也是構成地緣性人際脈絡的重要關鍵。他們擔任秘書的年齡及其受聘前的教育背景與職業經歷等整理如表2.4。

---

99 莊遂性兄莊太岳於1908年 (時年29歲) 任林獻堂、林朝崧 (癡仙，林文明之子) 子女、林幼春諸弟家庭教師及幕賓。故莊遂性與林家的關係，可能比他與施家本之間的表兄弟關係更為親近。

100 林漢忠是林文明曾孫；父為林資基，其祖為林朝成。林獻堂與林朝成同輩，林資基為侄輩，故林漢忠應為林獻堂之侄孫輩。

表2.4 林獻堂秘書兼通譯之學經背景及任用年齡

序	姓名	生歿年	教育及資歷	任用時期	年齡
1	許嘉種	1883–1954	1903：臺南師範學校 1906–1916：臺中廳/州通譯	1906–1908	23–25
2	甘得中	1882–1964	彰化公學校畢業 1906–1909：赴日入早稻田大學 1920：返臺	1906–1914	24–32
3	施家本	1886–1922	國語學校二年級肄業	1914–1920	28–34
4	莊遂性	1897–1962	1907：公學校畢業 1921–1924：明治大學政經科畢業	1920–1921	23–24
5	葉榮鐘	1900–1978	1930：日本中央大學政經系畢業	1921–1927	21–27
6	溫成龍	1905–?	1919：臺北師範學校師範部乙科畢業；任職彰化第一公學校教師、帝國製糖會社[101]	1929–1937	24–32[102]
7	溫成章	1918–?	1937：臺中一中畢業 1941–1943：早稻田大學專修科畢業	1937–1940	19–22
8	林漢忠	1918–?	1937：臺中一中畢業 1940：日本同志社大學畢業	1940.04–1940.10	22–24
9	林瑞池	1926–2010	公學校畢業後入臺北中學；畢業後進青果合作社 1946：進入彰化銀行	1949–1956	23–30

　　從表2.4可知，前述秘書任用之際大都約二十來歲，且多初出社會或曾短暫進入職場或教職。日治時期臺人接受的學校教育，除了啟蒙的公學校(4–6年)之外，大都以公費的師範體系(2年)為主，畢業後須到學校服務3年。前述秘書的教育背景中，循此途徑者有許嘉種、甘得中、施家本(國語學校肄業，但曾任公學校教師)、溫成龍。而未循此途徑者，包括莊遂性、葉榮鐘，皆因家境貧困：前者選擇就讀大日本製糖公司開辦的「大

---

101 1919年適逢國語學校改名為師範學校，故溫成龍列名於《臺灣國師同學會通訊錄》大正八年師範部畢業生。參臺灣芳蘭同學會(編印)：《臺灣國師同學會通訊錄》(1981年4月)，頁26。承吳文星教授見示，謹表謝忱！

102 當時公學校學制為4至6年，師範2年，師範部畢業後最低任教3年。可依此推估溫成龍之生年及擔任林氏秘書的年齡。參見臺灣教育會(編)：《臺灣教育沿革誌》。

目降糖業研習所」；後者公學校畢業後並未升學，後來受林獻堂資助，18
歲時負笈日本。而林漢忠是林家成員，臺中一中畢業後，即直接赴日求
學。[103] 至於林瑞池，則屬彰化銀行派任，雖非林氏直接聘用，但在年齡與
教育背景乃至職場經歷等方面，似乎並未偏離前述秘書的選拔基準。

從秘書的教育背景與語文能力看來，前期的許嘉種、甘得中、施家
本、莊遂性，都具有相當的漢學根底。其中，施與莊的父親分別是前清
舉人與秀才。而中日文造詣俱佳者，以施家本為其中翹楚。據葉榮鐘
指，[104] 施家本漢學功底紮實，和歌深受總督府總務長官下村宏稱許，屬
才子型文人。而莊遂性、葉榮鐘可稱和漢皆優，兩人都有日本大學學
歷，而漢詩亦達櫟社成員水平。這類能詩能文的秘書，往往特別受到林
氏賞識，尤其在探討詩作之際，無論書函或詩文往返，都顯得格外敬
重。往往以其雅號互稱，字裡行間完全跳脫主從分際。[105] 由此可見，林
氏對於文人的看重，頗為誠懇真摯。

就選任為秘書的年齡與教育水平看來，林氏選拔的大都是初出校門的
年輕人。他們藉此接觸了該年齡與社會位階難以接近的日臺政治、文化、
社會等菁英階層，因而視野大開。當秘書從林氏譯者的角度介乎其中時，
自然也開始逐步認識日臺人交往時的立場、談到的議題、溝通的情境等，
並進而受到某種程度的薰陶。這在他們日後的詩文或話語裡，也都反映
出頗為鮮明的立場。例如甘得中、施家本、莊遂性、葉榮鐘等皆屬之。

以秘書的人格特質而言，前述九位秘書性格雖不一致，但大抵可分
兩類；一類是個性強烈、情感外放；另一類則是個性沉穩、情感內斂。
前者以甘得中、施家本、葉榮鐘、溫成龍等長期任用的秘書為代表，後

---

103 據林氏日記1940年4月10日記載，林漢忠從臺中一中到留學期間（1933年9月至1940
年3月），總計6年7個月，每月由共榮會補助學費40円。可見，他既是林氏家族成
員，也是林氏提拔的青年之一。共榮會是1931年在林獻堂勸導下由林澄堂遺產中撥付
成立，以補助學費為主的基金會。共50,000元，每年提供4,000元學費。引自許雪姬：
〈日治時期霧峰林家的產業經營初探〉，黃富三等（編）：《臺灣商業傳統國際學術研討會
論文集》（臺北：中央研究院臺灣史研究所籌備處，1999），頁58。
104 葉榮鐘：〈詩人施家本 ——記一個未完成的天才〉，頁291–303。
105 林莊生：〈林獻堂先生〉，頁287–308。

者則以許嘉種、[106] 莊遂性、溫成章、林瑞池等為代表。從林氏日記及他們的文章或訪談等記載，大致可看出每位秘書的性格。至於，林氏何以能長期與個性外放的秘書相處，大概可以說是與林氏形成互補效應所致吧。

談到秘書的通譯水平，一如佐藤春夫〈殖民地之旅〉的描述，林氏其實對於通譯品質十分在意。[107] 但在精微之處，似乎尚難明察秋毫。據其日記顯示，經由家人（其女關關）或日本友人提醒，才知發生通譯偏差較大的是溫成龍。其次，則是身體與精神狀況欠佳的溫成章，故最少委以通譯工作。再其次，通譯工作較少的林漢忠，可能是因為任用期間過短，難以進入狀況所致。可見，除了語文能力之外，譯者的精神狀態及熟悉相關人與事等，都是影響通譯是否受到重用的因素。

2. 譯者的角色變化：從譯者的社會位階及社會活動變化等，掌握譯者的多重身分與角色

從林氏日記看來，似乎人人皆有可能充當通譯，只是到了緊要關頭，林氏對於通譯人選還是會慎重其事，未必會以日常擔任秘書的通譯充任。而另一方面，經常對外並兼掌通譯的秘書也不會長期以此為業，往往會轉向求學或其他職場。從林氏秘書的求學、求職、轉職、乃至影響人生重大轉折等關鍵時刻，得以探索譯者的角色變化。此外，透過林獻堂居中扮演的角色，亦可察知林氏與秘書之間的關係。以下從林氏長期聘用的秘書兼譯者的多重身分及其事業歷程，掌握此類譯者的屬性特質。除了歸納分析林獻堂鍾意的秘書人選之綜合特質，也從譯者教育水平與職業變動以及社會活動等，觀察林獻堂歷任秘書的角色與身分變化。

---

106 據《臺灣人士鑑》載，許嘉種為人溫和篤實，喜讀書、登山、散步。參見臺灣新民報社調查部（編）：《臺灣人士鑑》，頁36。

107 參佐藤春夫：〈植民地の旅〉，頁98。當佐藤與林獻堂談到本島（臺灣）人與內地（日本）人之間應如何相處時，林氏主張不宜以地理或歷史背景而區分彼此，應以人與人之間的友愛相互包容。說到此處，林獻堂忽然岔開話題對A君說：「請儘量按照我說的譯出來，可別只譯個大概喔！」（筆者譯）

　　由表2.5可知，擔任過林氏秘書兼通譯者，日後大都在教育上有所精進。其原因除了受林氏資助之外，在林氏身邊往來者皆非等閒之輩，大概也是促使秘書日後積極深造的動力之一吧。

　　其次，林氏雅好詩文並敬重文人雅士，顯然更是影響歷任秘書最深之處。此外，他們似乎頗具開創性格，從開創文化事業或社團、乃至企業者皆有之，比重更達全體的七成以上。

　　而受林氏影響最深遠的，莫過於追隨林氏政治主張或社會理念的運動。他們除了長期擔任幹部之外，有些則以經常參與的方式積極支持（如擔任一新會講員）。更為積極且擁有資源者，則直接投入競選活動，角逐民意代表。成員中有三成的比例投入相關運動，堪稱頗具分量。

　　至於經濟活動方面，除了最早期的兩位秘書曾自行創業之外，其餘秘書留學時也大都主修經濟。例如莊遂性與葉榮鐘皆主修政經，林漢忠與林瑞池則都主修經濟。不過，觀察他們返臺後似乎未必投入經濟活動，反而進入報社擔任記者（葉榮鐘、林漢忠）或開辦書局（莊遂性）等。或許，當時臺人環境艱苦，學習實用之學蔚為主流，可能在專業選擇上並未受到林氏影響。[108]

　　然而，他們在離開林氏秘書職後，就業上得力於林氏提攜之處頗多。從林氏日記或當事人之記述即可看出，直接由林氏安排的就有葉榮鐘、林漢忠、林瑞池。此外，其後的轉職或事業擴展等，林氏也都出錢出力（葉榮鐘、甘得中）。甚至，連其下一代的就學（寫信慶賀莊遂性長子林莊生入讀高中臺中一中）、[109] 就業（為許嘉種長子許乃昌謀事，1932年3月24日）、乃至婚姻等都給予協助與關懷（甘得中之女寶釵婚姻觸礁致早逝，1933年12月5日）。

---

108 林氏也有影響其資助學生的例子，如鼓勵蔡培火留學時修讀教育，以便返臺後主持臺中中學。詳見蔡培火：〈家世生平與交友〉，頁70。
109 據林莊生〈憶葉榮鐘先生〉所披露的林獻堂1943年3月26日致其父莊遂性賀函原件。參林莊生：《懷樹又懷人——我的父親莊垂勝、他的朋友及那個時代》，頁230。

表2.5 林獻堂秘書任用前後之學經歷及社會活動變化（續底表長期聘用者）

序	姓名	生沒年	教育、資歷及文化活動	任用時期	任用後教育水平與社會活動變化
1	許嘉種	1883–1954	1903：臺南師範學校畢業 1904–1906：任彰化廳林公學校訓導 1913：創彰化同志青年會、啟發知識及文化向上	1906–1908	1906–1921：臺灣舊慣調查會 1908–1909：彰化廳總務課僱員 1910–1912：臺中廳庶務課僱員 1916–1935：彰化同志信組理事、常務理事、總代 1917–1920：臺中廳庶務課通譯[110] 1920–1921.11：臺中州知事官房調停課通譯[111] 1922：參與臺灣議會設置請願運動並加入文化協會 1935：當選第一屆彰化民選市議員 1936–1937：臺中州彰化市參事會會員 1936–1939：臺中州彰化市會議員 1936：創辦「昭和信託株式會社」任專務取締役

110 參大正6年(1917)1月9日漢文版《臺灣日日新報》：「新任彰化廳通譯彰化總舖街許嘉種氏……，生平品望頗優，這回臺中廳選選為通譯，以補楊松氏缺云。」

111 參大正10年(1921)11月9日漢文版《臺灣日日新報》臺中特訊：「通譯辭職臺中州通譯許嘉種氏。與霧峰林獻堂氏誼屬姻親，這回受威友愁愁，乃辭去歐職，與獻堂共事。其弟許嘉會氏來補斯缺，拜命僱員。在州廳調停課，執通譯事矣。」

序	姓名	生歿年	教育、資歷及文化活動	任用時期	任用後教育水平與社會活動變化
2	甘得中	1882–1964	幼習漢學 1900–1902：彰化公學校就讀（約年餘完成4年學業） 1902–1904：任臨時臺灣土地調查局僱員 1905：春任臺中醫院通譯／養成看護婦講師／並本嶋人夜學教師囑託 1905：辭臺中醫院入林家工作 1906–1909：受林氏資助，赴東京正則學校及早稻田大學專修班[112]	1906–1914	1914：參加臺灣同化會，熱心文化社會運動 1920：返臺 1920.12–1924：任彰化郡役秀水庄庄長 1923–1929、1933–1936：任臺中州協議會員 1925–1932：任彰化郡役花壇庄庄長 1937–1940：任臺中州參事會員／州會議員 1921–1935：任官派臺中州協議會議員 1936–1939：當選臺中州議員 後任「大新商事會社」取締役 1940年代：赴中國，任「華中煤炭製造廠」理事、上海新華企業公司社長、新東亞興業製紙廠理事
3	施家本	1886–1922	1895：隨父內渡 1903–1905：鹿港公學校畢業 1906：國語學校二年級肄業 1906：任漢書房教席 1909.05–1909.10：任鹿港公學校僱員／訓導 1913：任林家記室並協助林爛堂興辦臺中中學	1914–1920	1914：加入同化會，為會務積極奔走 1919：加入櫟社 1921：組大冶吟社 1920：離開林家，謀自行創業 1921.12：病逝 著有《徒然草堂詩抄》、《肖峰詩草》等和漢詩集

112 漢文「留學生消息」〈留學生甘得中〉，頁45–46。又，1906年3月1日漢文版《臺灣日日新報》曾記，「霧峰林爛堂嘉其志之美目銳，許每年願贈百金。」

序	姓名	生歿年	教育、資歷及文化活動	任用時期	任用後教育水平與社會活動變化
4	莊遂性	1897–1962	1907：公學校畢業 1921-1924：修讀明治大學政經科 1932：與賴和、葉榮鐘、許文葵、洪炎秋等共創文藝雜誌《南音》 1941：加入櫟社	1920–1921	因施家本離職而接手秘書職 1921-1924：赴日伴讀，自身亦順利讀完大學 1925：隨林獻堂自東京返臺 1926：創辦「中央書局」 1930.07.29：創中央俱樂部 1927-1931：加入民眾黨 1946：出任省立臺中圖書館長。晚年不問世事
5	葉榮鐘	1900–1978	1914：鹿港公學校畢業 1918-1921：受林氏資助留日 1926-1930：修讀日本中央大學政經系	1921–1927	1920-1934：積極參與「臺灣議會設置請願運動」[113] 1926：擔任矢內原忠雄與林氏翻譯，並陪同至竹山 1930.05.12：由林氏推薦入新民報社 1930：任臺灣地方自治聯盟書記長，巡迴全臺演講 1935-1945：任職《臺灣新報》通信部長兼專事寫作 1948-1966：任職彰化銀行。退休後專事寫作
6	溫成龍	–	國語學校畢業 1919：臺北師範學校師範部乙科畢業	1929–1937	1920.08-1921：任職於彰化州第一公學校，後入帝國製糖會社 1937.05：林獻堂赴日後，即在林家任事直到終老
7	溫成章	1918–	1937：臺中一中畢業 1941-1943：早稻田大學專修科畢業	1937–1940	臺中一中畢業後，即隨林獻堂赴日，並同住東京 1943：返臺，戰後任職於新光紡織廠
8	林漢忠	1918–	1937：臺中一中畢業 1940：日本同志社大學經濟科畢業	1940.04–1940.10	1941.01：入新民報社(後更名「興南新聞社」) 1944：任《臺灣新報》記者 1946：當選基隆市參議員
9	林瑞池	1926–2010	臺北中學畢業後入青果合作社 1946：入彰化銀行任秘書	1949–1956	1949.09：由彰化銀行派任林獻堂秘書一同赴日 1956：林氏生前任職「東南商事」，林逝後於東洋大學經濟系就讀

113 葉榮鐘：〈初期臺灣議會運動與日總督府的態度〉，頁181-188。

　　從表2.5各秘書任用前後的學經資歷及社會活動等內容，即可看出其主要變化。表2.6分類整理重要特徵，計有以下五項。

表2.6　林獻堂秘書兼通譯之主要社會活動

留學深造	• 受林氏資助赴日留學者有，甘得中、莊遂性、葉榮鐘、林漢忠。而溫成章則獲旅費資助，林瑞池也在任滿後進入東洋大學。
文化事業	• 創設文化社團：許嘉種(彰化同志青年會)、施家本(大冶吟社) • 創辦文化事業：莊遂性、葉榮鐘(《南音》)、莊遂性(中央俱樂部，中央書局) • 加入漢詩詩社：施家本、莊遂性、葉榮鐘(櫟社) • 任職文化工作：莊遂性(臺中圖書館長)、葉榮鐘、林漢忠(報社記者)
社會運動	• 擔任幹部：許嘉種、莊遂性、葉榮鐘(文化協會)、[114] 甘得中、施家本(同化會)、葉榮鐘、莊遂性(臺灣議會設置請願運動)、[115] 溫成龍、莊遂性(一新會) [116]
政壇活動	• 競選民代：許嘉種(彰化市會議員)、甘得中(臺中州會議員)、林漢忠(基隆市參議員)
經濟活動	• 創設企業：許嘉種(昭和信託)、甘得中(上海華新企業)

　　不過，以日治時期與光復之後相較，前期的秘書與林氏關係極為緊密，彼此無論公私領域都頗有交集。甚至，前後任秘書之間也頗有淵源或交誼，因而形成綿密的人際網絡。後期四位秘書中，除溫成龍以外，任職期間大都與林氏居住於日本，活動的範圍與人際接觸不如在臺時期活躍，秘書之間的交集也較受限。至於，後期秘書的社會或經濟活動，除林漢忠(曾任議員)之外，似不如前期秘書活躍。例如溫成龍始終未離開林家，溫成章任職於臺灣企業，林瑞池則任職於林氏持股之臺資商事。

---

114 詳《灌園先生日記》1927年1月2日，兩人皆為文化協會理事，林氏為議長(主席)。
115 據《灌園先生日記》1930年5月3日記載，莊遂性加入之民眾黨常藉演講呼籲地方自治之必要，並要求民眾為「臺灣議會請願書」署名。
116 溫成龍常任一新會主持或主講人，莊遂性則於1932年2月28日一新會創立時，陪同林氏說明宗旨。

3. 譯事活動及目的：從譯者擔任的通譯活動中，描述其通譯的主題與範圍以及通譯對象等特徵，並分析其譯事目的

以日治時期為範疇，根據林氏秘書所處理的譯事活動主題與通譯對象等性質，可以林氏歐遊（1927年5月15日至1928年5月9日）為分歧點，劃分為前後兩個時期。歐遊之際，他以長子攀龍與次子猶龍為伴，並未過於倚賴秘書，可能也因而促成了他對秘書角色定位的改變。此外，他所處的時空與時代環境的改變，如居住日本或臺灣，以及處於戰事等情況下，應是發生變化的主要因素。

從表2.7的譯事活動與通譯對象來說，顯然林氏在僱用秘書的1906至1927年之間，他在臺灣社會的影響力及企圖心都頗為突出。從通譯的議題可以看出他所投入的主要課題是臺人在殖民下的因應對策及爭取奧援等行動。因此，從他向梁啟超的請益以及對於日本政界大老的遊說（日臺同化），乃至爭取各界奧援以改善臺人處遇（如撤廢六三號法案、臺灣議會設置請願運動），從通譯紀錄即可佐證其長期持續的作為及用心。

在這長達20年以上的期間，從林氏與許嘉種到葉榮鐘共五位秘書之間的關係，也有頗具特徵的共同性，值得一提。該時期的歷任秘書，大都和漢文俱佳，且懷抱強烈的民族意識。在改善臺政的議題上，與林氏似乎形成一個具有共同意識與行動力量的社會群體。例如他們先後投入同化會、文化協會、撤廢六三號法案、臺灣議會設置請願運動等，並且長期擔任重要幹部，可說是有志一同。若非林氏積極投入資源的作為與影響，此事應非偶然。

表2.7 林獻堂秘書之重要通譯活動記述（灰底表長期聘用者）

序	姓名	生歿	任用時期	通譯對象	主題	目的	時間/地點及備註 [117]
1	許嘉種	1883–1954	1906–1908	首相高橋是清	臺灣議會請願	說明宗旨	1922：陪同林氏赴日
2	甘得中	1882–1964	1906–1914 [118]	梁啟超	殖民下對策	請益	1907：奈良某旅社
				梁啟超	講學論世	請益交流	1911：基隆、臺北、臺中
				伯爵板垣退助	臺日同化	尋求奧援	1913–1914：數度往訪日本
				板垣退助	臺日同化	宣揚理念	1914年春及12月：伯爵訪臺
				板垣退助、黨魁大養毅、首相大隈重信等十數人	創立同化會	改善臺政並懇除六三號法案	1914年秋：陪同林氏於東京訪板垣伯爵及重臣等
3	施家本	1886–1922	1914–1920 [119]	民政長官下村宏	和歌入選	御歌會	1915：在臺與下村宏結識
				下村宏	社會教育講習	推廣社教	1916：向下村宏建言
				田健治郎總督	政治改革	改善臺政	1919.11.09：赴日迎田健治郎總督 [120]
				—	—	—	赴總督府提提銀行創立案
4	莊遂性	1897–1962	1920–1921	淺沼新三郎	灌溉用幫浦	投票	1934.07.30：淺沼新三郎招垂勝至林府，託林氏助他參與投標

---

117 參臺灣新民報社調查部（編）：《臺灣人士鑑》，頁36。許雪姬等（選）：《臺灣歷史辭典》，頁808。

118 右欄據甘得中為1974年的追思文〈獻堂先生與同化會〉，參甘得中〈獻堂先生與同化會〉，頁24–40。及《灌園先生日記》1929年3月30日：「大正三年秋明，受板垣之介紹，同二哥，得中當大隈大限重信伯爵），忽忽已十六年，……」。

119 右欄主要取材自葉榮鐘〈詩人施家本——一個未完成的天才〉，頁291–303。

120 據《臺灣總督田健治郎日記》大正8年11月9日所記：「林獻堂通譯施家本賦三絕謝恩」。參吳文星、廣瀨順皓、黃紹恆、鍾淑敏（主編）：《臺灣總督田健治郎日記》（上），頁59。

序	姓名	生歿	任用時期	通譯對象	主題	目的	時間/地點及備註[121]
5	葉榮鐘	1900–1978	1921–1927	司法大臣江木翼	第六次請願	說明主旨	1915：葉榮鐘同任司法省[121]
				矢內原忠雄	日帝下的臺灣	田野調查	1926.04：為林氏與矢內原通譯
				臺銀支店長岩間	委託股票交易	投資	1927.01.11：同住臺中
				警察課長宮尾	埔里服田總巡查部長毆打添丁	投訴暴行	1931.03.07：同住臺中州廳
				二瓶源五	滿州視察談	演講會	1932.07.20：一新會青年會館
				律師柳澤	蘭生繼承問題	紀堂遺產	1932.12.30：在林府
				高等特務內田正之	米穀納入會社	詢問民意	1939.07.02：來林府詢問民意
				憲兵分隊長竹中、宮原、上瀧官長	登載遊記風波	謀求諒解	1942.06.25：同林氏住訪
				《大阪朝日》臺中支局長泉義夫、社員錦織嘉一	臺中新式甘蔗栽培	訪問	1942.07.22：訪客來林府
				警察部長松山	遊記風波	示以對策	1942.08.06：警局

---

121 葉榮鐘：〈初期臺灣議會運動與日總督府的態度〉，頁187。

序	姓名	生歿	任用時期	通譯對象	主題	目的	時間／地點及備註
6	溫成龍	—	1929–1937[122]	南洋倉庫專務半田治三郎	與臺銀談判	解決衝突	1930.06.07：半田來林宅訪
				檢察官武井	澄堂遺產	照會	1930.06.21：伴同林氏訪武井
				法院院長大里	斡旋和解	林氏仲裁	1930.10.21：伴同林氏前往法院
				保險常務取締役大成、益子逞輔	該公司未來經營方針	說明	1932.02.29：益子逞輔來訪
				須田清基	兒童親愛會	演講	1932.11.30：一新會主辦
				彰銀取締役岩瀨啟造[123]	賞金購地	承賣轉地	1932.12.05：陪同林氏前往彰銀
				講習會與會者	辦理講習	講習	1934.03.16：夏季講習會
				臺灣製麻股東	股東會	年度配息	1934.04.30：林氏為股東會主席
				夏季講習會	結業式	致詞	1934.08.16：於一新會館主辦[124]
				大阪朝日記者高橋正男	林家歷史	採訪	1934.09.11：於林宅

122 右列各項記載，皆引述自林氏日記。

123 岩瀨啟造（1876–1942），佐賀縣人（士族出身），大阪關西法律學校、大阪關西實業學館就學，1900年入浪速銀行，轉任臺灣銀行書記，1913年入彰化銀行任取締役兼主事（後升取締役），同時任臺中電燈株式會社監察役及臺中實業協會評議員，參臺灣新民報社調查部（編）：《臺灣人士鑑》，頁20。後轉任彰化銀行、歷任機關，南投任支店長。取締役兼助役，又為南投街協議會員等。參《臺灣官民職員錄》昭和3年，頁176。

124 霧峰一新會於1932年3月由林獻堂長子林攀龍創立，會址設於來園中林梅堂宅院，亦即後來來園至1937年七七事變為止。引自中研院臺灣史研究所，中央研究院數位典藏資源網：http://digiarch.sinica.edu.tw/content.jsp?option_id=2841&index_info_id=5424。

序	姓名	生歿	任用時期	通譯對象	主題	目的	時間／地點及備註
				檢察官上瀧汛	謝來訪及贈畫	致謝	1935.07.15：陪同林氏住訪
				臺灣新民報政治部長竹內清	轉述中平警務部長之囑託	預警	1937.03.13：在千代乃家旅館會晤
				郡守淵之上、警察課長本田、特高主任小島	《林氏家傳》須修正刪除處	質問糾正	1939.03.06：與氏同赴郡役所
				總督長谷川	拜會	晤談	1944.09.03：因其看電影，遂未見
7	溫成章	1918–1982	1937–1940	前臺灣憲兵隊長沼川佐吉大佐	雜談	訪問舊識	1938.03.10：於東京住處巧遇舊識臺灣憲兵隊今已升任少將
				總督府秘書官須田一二三[125]	雜談	來訪	1938.03.14：於東京寓所
				前警務局長石垣倉治	雜談	道謝	1938.04.15：偕林氏往訪並贈水果，謝辜龍曾受其照顧
				警察	臺灣米統制	詢問意見	1938.12.14：於船中應警方傳喚
				少將沼川佐吉	談論中國情勢	訪問舊識	1939.08.22：於東京往訪長沼川，但他已辭少將，將往南京任顧問
				律師福本謙治郎	審理中之案件	了解案情	1939.09.06：往訪福本

125 須田一二三（1899–1951），臺灣總督府文書課長，福岡人。1920年入東京帝國大學。1922年高等文官行政科及格；1923年東京帝大法學部政治科畢業，同年4月任總督府鐵道部書記，於庶務課服務；1924年任鐵道部庶務課長；1931年任運輸課長；1932年任殖產局商工課長；1936年任總督府秘書官、文書課長，兼總督府官房人事審議；1939年任官房人事課長；1941年任殖產局長；1942年任總督府企劃部。參興南新聞社（編）：《臺灣人士鑑》（1943），頁205。

序	姓名	生歿	任用時期	通譯對象	主題	目的	時間/地點及備註
8	林漢忠	1918– ?	1940.03–1940.10	律師清瀨一郎[126]	抗訴案情分析	訴訟案	1940.06.24：與孫龍等一同住訪
				記者中野浩[127]	雜談	詩文	1940.08.23：與漢忠任訪
				東方會社角力	雜談	拜訪	1940.08.31：任東方會社
				議員田川大吉郎[128]	論時局	了解情勢	1940.10.19：與孫龍林氏訪田川[128]
				臺灣製麻專務江淵清滿	配息及捐獻	請求裁決	1940.10.21：江淵來府請示
				前臺灣總督伊澤多喜男	時政	拜訪	1940.10.22：與孫龍林氏住訪，時任樞密顧問官
9	林端池	1926–2010	1949–1956				

126 清瀨一郎（1884-1967），兵庫人。大正、昭和時代政治家、律師。1908年畢業於京都帝國大學帝國大學獨（德）法科。任東京地方裁判所司法官試補，旋入東京帝國大學大學院；1909年辭職任律師；1913年留學德國、英國留學，人英國法律研究所研習，歸國提出學位論文；1922年遷京都帝大法學博士；1920年當選眾議員始入政界。在臺灣議會設置請願運動上，一直是重要助力（任介紹人）；1923年治警事件時亦為嫌疑被告辯護，直到該運動結束；1928年4月任眾議院副院長；1938年任法政大學教授；1939年任東京弁護士會會長；1940年任大政翼贊會總務，臨時選舉制度調查委員；1946年1月遭解除公職，5月重獲開庭，任文相；1959年任眾議院議長；1962年曾來臺考察（1962年10–11月參加列國議會二十五屆眾議員會，歷訪南美諸國，歸途來臺訪問將介石總統）；1960–1963年兼任眾議院議長。參葉榮鐘：《臺灣民族運動史》（臺北：自立晚報社，1994），頁218–222。〈四〔事〕略年譜〉，《大正人名辭典III》上卷（東京：日本図書センターーち之部），頁38–39。同盟會、化出版部，1983），頁247–248。黑澤文貴：《清瀨一郎——ある法曹政治家の生涯》（東京：駿河臺出版社，1994）。

127 中野浩（1876– ？），青森縣人，明治大學法科畢業。初任臺灣總督府官吏，任臺灣總督府後歸國休養。其後，任職於時報新報社、東京每日新聞等。1920–1925年任日本東京赤坂區長。詳吳文星、廣瀨順浩、黃紹恆、鍾淑敏（編）：《臺灣總督府田健治郎日記》（臺北：中央研究院，2009），條目1922年7月25日。

128 田川大吉郎（1869–1946）生於長崎縣，1889年畢業於東京專門學校（早稻田大學前身）。曾任《都新聞》記者。1903年尾崎氏任東京市長，田川氏（任助役〔秘書長〕）並當選眾議院議員。1914年後任司法參政員，明治學院總理，東京市議員等職。後為國民政府延攬，擬任以安撫在華日人。他與蔡培火重慶宣撫途中，能作漢詩（號晴軒），為自由主義者。他曾到重慶尋求中日和談機會。後由國民政府派機送回日本。由於直村正九的介紹，蔡培火曾識田川氏並遊他支持臺灣請願運動，達15年之久。1924年曾來臺考察，著有《臺灣訪問記》，引自《數位典藏與數位學習聯合目錄》。

　　然而，從1928至1945年日治終結為止，他所任用的通譯屬性似乎有了明顯的改變。其中最大的差異是，他開始以家人或親戚為通譯。除了1940年的秘書兼通譯林漢忠是林氏侄孫外，如前節（表2.3）所示，1941至1945年之間充當通譯次數最多的也是家人或親戚（依序為外甥呂磐石、長子攀龍、次子猶龍、外甥女婿林金荃）。此外，他的秘書屬性也從對外的社會政治等面向，轉為處理林氏家族財產或事業等日常事務的範疇。例如投資事業、法律訴訟、應付警察、人際酬酢、詩文往來等。與其前期相同的主題，大概只有拜訪群賢及討論時政等議題了。此外，從通譯對象也可看出其中的變化；該時期的往來與談論對象，多以公司股東、檢察官、律師、媒體、憲警、政界人物為主。

　　固然，後期的資料出於每日記載之日記，故有可能偏向日常生活或業務性質的描述，以致產生前述推論。然而，依前後期議題的社會性及宏觀性觀之，兩者之間的落差可說顯而易見。後期的秘書兼通譯的家族性與個人支持者角色，與前期的社會議題的改革性及群體性，更是尤為明顯的對比。

　　此外，就林氏所處的時空環境而言，前期的林氏除了為「撤除六三法案」與「臺灣議會設置請願運動」奔走之外（1919年10月至1921年4月、1921年12月至1922年5月），極少在日長期滯留。但發生於1936年6月17日的「祖國事件」等打擊後，[129] 他與子媳等家人滯留日本期間趨於長期（1937年5月18日至1938年12月11日、1939年4月至1940年10月27日），似乎對於臺灣社會改造的雄心也有所降溫。

　　綜而言之，從譯者的家世與性格、教育與語文能力等個別屬性，到他們投身林獻堂身邊而產生的社會活動與參與情況等，得以掌握譯者透

129　1936年6月17日，日人賣間善兵衛在日軍部的支持唆使下，利用林獻堂應臺中州知事之邀，赴臺中公園參加始政紀念日園遊會時，為林數月前在中國之發言「歸回祖國」，當眾掌摑林氏耳光，是謂「祖國事件」。此後林氏即有早日離臺避居日本之念。引自黃富三：《林獻堂傳》，頁58–59。

過贊助人而發生的內外質變。而透過對通譯活動的觀察，也讓我們得以窺知贊助人的社會角色變化及其與遷移軌跡。詳如表2.8：

表2.8 林獻堂與秘書兼通譯的身分、角色、及譯事活動概要

譯者屬性		角色變化		譯事活動		
年齡	21–35	赴日留學	6人	前期	主題	改善臺政
地緣	彰化、臺中9人	文化事業	5人/11人	(1905	對象	社會賢達
主修	政治經濟4人	社會運動	6人/9人	–1927)	目的	維護臺人權益
教育	師範／國語學校／臺中(北)中學7人	政壇活動	3人		譯者	群體意識
語文	和漢俱佳(前期)5人	經濟活動	2人	後期	主題	家產、事業
性格	外放型：長期4人 內斂型：短期4人	變化程度	前期：多變 後期：平穩	(1928 –1945)	對象	股東、檢警、媒體、軍政等
血緣	2人	–	–		目的	維護家產事業
家世	書香門第4人	–	–		譯者	家族意識

五、結語：以林獻堂為中心的譯者群體

就殖民統治的本質而論，林獻堂身邊的譯者群體及其社會活動，清楚地顯現了殖民帝國的文化暴力意圖。受其壓制之下，林獻堂唯有透過譯者的居間傳譯，才能明白地表達其不願屈從的意志，而又免受統治當局語言統一政策的壓制。日治下的近30年間，林氏一方面透過譯者發聲，同時也透過對譯者的培養提攜，在身邊形成一個日益鞏固的文化與社會群體。從其日記可知，林氏結合日本政界、學界乃至媒體等，共同挑戰當時臺灣政治體制，並以提升臺人權益為目標。而在奔走於臺日之間的同時，也讓那些具有感染力的社會議題，得以迂迴地衝撞既有體制。

此外，林氏與其譯者透過綿密的接觸，達成殖民統治對臺人的鬆綁。林氏藉由本身社會聲望與財力資源，並透過秘書兼譯者的經常疏通，尋求學界、新聞媒體、歷任總督、各級官僚(地方警政主管)等日

方要人與社會菁英對臺人的同情與理解。例如，臺中中學的設立、臺人辦報的准許等，都是具體可見的突破與貢獻。而林氏身邊的譯者，亦可說無役不與。

林氏與其譯者還透過地理上的移動，達成抗衡殖民統治的目的。首先，他將子女等送出臺灣，以獲得林家子弟教育的選擇自由。對此，前後任秘書甘得中、莊遂性等，都發揮了相當的助力。此外，他於1927至1928年與二子出遊歐美一載，可視為對外取經以提升其在殖民統治下生存能力之計劃。彼時的譯者，即由兩子充任。至於第三類的移地行動，即是「祖國事件」後的避居日本，藉此免受殖民地高壓統治之苦。而此計劃的落實，還是需要適任的譯者同行（溫成章、林漢忠）。

從本章對林氏及其譯者的分析可知，為了維護文化暴力下的話語權與社經權益，他的秘書兼通譯有投入地方選舉者（許嘉種、甘得中），也有投身報刊媒體者（葉榮鐘、林漢忠），還有開創文化事業或團體者（許嘉種、莊遂性、施家本）。在他們的行動背後，無論理念、資金、人脈，都與林氏的支持密切相關。

至於他們所形成的群體特質，如前所述，歐遊之前的二十餘年，由於致力改善臺灣社會政治環境的共同理念，林氏積極發揮贊助人角色，從培植學生以厚植其知識力量，廣結中日社會賢達以充實其言論內涵，到穿梭於日臺政界要人以形成政治影響力，進而遊說、辦學、辦報、結社，並推動「臺灣議會設置請願運動」等，形成前所未有的思想震撼與破冰行動。

以殖民統治下的政治與社會脈絡而言，林氏群體的辦學、辦報、結社等行動，可以視為具有開創臺灣人「公共圈」（public sphere）的實質意義。[130] 其推動過程中所觸及的言論權、參政權、資本自主權等主張，同時也挑起了被支配民族的「自我決定」（self-determination）意識。而這些

---

130 據哈貝馬斯（J. Habermas）的理論，"public sphere" 是指政治權力之外，討論公共事務、參與政治的活動空間。參 J. Habermas, *The Structural Transformation of the Public Sphere: An Inquiry into a Category of Bourgeois Society* (Cambridge: Polity Press, 1989).

行動裡，若無譯者的介入，亦難以發聲。除了林氏秘書兼通譯之外，那些受其資助的學生、受其影響而加入運動者，乃至參與臺人興業者等，亦可視為譯者群體的一部分。

第3章

譯者的視角與傳播：
片岡巖與東方孝義的臺灣民俗著述

一、前言

過去十餘年來的臺灣日治時期研究成果，如今已有彌足珍貴的史料與可觀的自述及日記整理等，為日治時期的人物研究奠定了堅實的基礎。對於當時日臺籍知名人士，如今也有系列研究產出。然而，對於那些曾任公職通譯並見證時代劇變的眾多基層譯者，卻僅有零星數篇論文探討，迄今仍未見持續的系列研究。

尤其，針對個別譯者的深入研究，尚未受到學界充分的關注。因此，儘管臺灣歷經殖民統治與跨文化深刻烙印，迄今仍未產出具有持續性或系列性的譯者研究。本章擬以臺灣日治時期的通譯為線索，對彼時譯者角色及其群體位置做出精細的描述，同時藉由西方翻譯理論闡釋臺灣日本殖民歷史中的臺日跨文化內涵。

本章主要針對片岡巖（1876–1930）與東方孝義（1889–1957）——兩位出身基層憲警的日治時期法院通譯，分析其生平活動中譯者身分的形成，以及在憲警與法院通譯等多重身分下，其民俗採集的觀點及其知識生產的路徑與特徵。通過依循兩人身為通譯的工作背景，梳理其對臺灣風習的採集、記載，以及臺日風習的比較對照等圖文記載，藉以分析兩人的文化翻譯視角及其視野，進而探究譯者角色對其觀察臺灣人、事、物的觀點與詮釋，是否產生具有共性的闡釋意義。

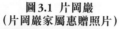

圖3.1 片岡巖
（片岡巖家屬惠贈照片）

圖3.2 東方孝義（引自1995年東方孝義
長女武田タカ發行之《臺灣習俗》復刻版）

二、研究背景

從André Lefevere文化學派的贊助人觀點看來，譯者過去一直是受贊助人操控下的角色。然而，Delisle與Woodsworth卻提供了一個反向的思考。[1] 作者認為譯者在翻譯的過程裡，有可能在滿足贊助人的同時，雖然身處複雜的權力關係，卻能以可用的資源與安全的方式，進行反其道而行的顛覆（subversion）。譯者的主體性是隱而不現，但始終存在且有其目的意識。

如何落實以譯者為主體的譯史研究？Pym在 *Method in Translation History* 特別強調譯者在譯史研究中的重要性與複雜性。而其第10章〈譯者〉（"Translators"）中[2] 則指出譯史研究的不應是一位譯者，而是一群譯者。因此，譯者研究不僅要敘述譯者的生平經歷，更重要的是描述其多

1　Delisle and Woodsworth, *Translators through History*, p.153.

2　Pym, *Method in Translation History*, pp.160–176.

重身分下，從事翻譯工作的多重目的，以及該環境下所產生的譯事活動及其屬性特徵。

　　也就是說，當我們以譯者為核心人物，進行譯史研究時，必須兼顧時空背景、社會條件、譯語受眾文化等因素，才能對譯者的譯事活動及角色行為，做出精細的描述及可受檢驗的評價。

　　就譯事過程的操作看來，誠如 Tymoczko 及 Gentzler 所言，[3] 翻譯不應僅歸結為原文的忠實呈現，而是有目的、有意識的行為。翻譯的過程裡，包含了選擇、組合、建構、仿造等有目的且有意識的行為。同時，也包含了訊息的竄改、抗拒、偽造、乃至密碼的創造。而這些「創造性叛逆」（creative treason）的整建工程，就譯事活動的文化意義而言，譯者的譯事行為同時也是參與知識創造及文化建構的活動。

三、譯者生平及其身分形成

　　本節將針對片岡巖與東方孝義來臺後從憲兵／警察轉入法院通譯的職業經歷及其職務屬性等多重身分與目的等面向進行分析。除參考日治初期的憲兵與警察制度、法院通譯制度與職責等相關史料之外，藉由譯者自述、著述年譜、戶籍謄本、人事履歷、前人文獻、後人訪談，對譯者活動的側寫（含書評）、及其民俗著作的後續引述等，以對其通譯角色身分及翻譯工作目的等提出確切的考察。詳參表3.1。

　　關於譯者的前人研究，大都採取對譯者群體做一俯瞰式描述後，再對其中具典型性的譯者做重點探究。而其考察對象則涵蓋不同領域（如法院、警察）。所運用的一手資料以《臺灣總督府公文類纂》、《臺灣總督府府報》及日本國立公文書館之《公文類聚》等史料為主。其次，則以直接描述通譯的文章內容為參照，如《語苑》、《臺灣日日新報》之報導等文本記載為其佐證資料。

3　Maria Tymoczko and Edwin Gentzler (eds.), *Translation and Power* (Amherst/Boston: University of Massachusetts Press, 2002), p. xxi.

表3.1 片岡巖與東方孝義研究資料來源及分類

資料類別	資料來源	佐證人物
人物自述	《臺灣風俗誌》與《臺灣習俗》序言	片岡巖、東方孝義
	1931.05：《臺日新辭書》「本書編著に就いて」（1931/1997）	東方孝義
口述訪談	2011.11.09–13：筆者訪談片岡巖曾孫沖內辰郎先生	片岡巖、親家森永信光
	2011.11.26：筆者訪談沖內辰郎先生及其母親、姨母、親近長輩等，並前往福島縣郡山市片岡巖墓地訪查	片岡家屬（獨生女片岡薰、長孫女木村禮子）
	2012.04.19–22：筆者訪談片岡巖長孫女木村禮子女士，並安排至其父任教之竹村國小與當年受教學生會晤	次孫女森永勳枝、勳枝子曾孫沖內辰郎）
戶籍謄本	片岡巖在臺照片及其戶籍謄本[4]	片岡巖
著作年譜	中島利郎（2000）《東方孝義著作年譜》	東方孝義
人事履歷	《臺灣總督府公文類纂》、《總督府職員錄》	片岡巖、東方孝義
日治史料	1901.01–1907.08：《臺灣舊慣記事》	片岡巖（著作引述來源）
	1901.10.25：勅令第196號〈臨時臺灣舊慣調查會規則〉	臨時臺灣舊慣調查會
書評	小野西洲〈同化を説いて片岡君の著書を紹介す〉，《語苑》1914年9月10日。	片岡巖
	立石鐵臣〈東方孝義著《臺灣習俗》〉1943年2月《民俗臺灣》第20號。	東方孝義
考題	片岡巖（1916）《臺灣文官普通試驗・土語問題答解法》	《臺灣風俗誌》《臺灣事情》
	鷲巢敦哉（1934）《警察生活の打ち明け物語》附錄：練習生卒業試驗問題（1925–1933年甲科臨時、乙科、特科）	《臺灣習俗》
人物側寫	中島利郎（1999）〈鷲巢敦哉氏と東方孝義氏について〉	東方孝義
	《灌園先生日記》1930年5月7日及1933年5月20日	
前人文獻	許雪姬（2006）〈日治時期臺灣的通譯〉	片岡巖、東方孝義等
	林美容（1995）〈臺灣民俗學史料研究〉	
	冨田哲（2009）〈臺灣的語言如何被分類？——日治初期臺灣總督府之「土語」論述形構〉	
	冨田哲（2011）〈日本統治初期の台湾総督府翻訳官——その創設及び彼らの経歴と言語能力〉	

備註：完整書目資料，請詳文後參考文獻。

4　感謝片岡巖孫女木村禮子、森永勳枝女士及曾孫沖內辰郎先生，提供其家族戶籍謄本與珍貴照片等，特此申謝！

前人研究中以許雪姬的〈日治時期臺灣的通譯〉涵蓋面最廣，文中共提及95位通譯。其中，對片岡巖與東方孝義的人物研究，透過《臺灣總督府公文類纂》等人事資料查證，有關片岡巖與東方孝義的生平及來臺後的職歷、位階、薪給等均有詳細記載。但對於片岡巖退休後的活動乃至其卒年等則尚未涉及。本文透過表3.1的史料及文獻資料，對於片岡巖生平、學習方式、工作經歷、職級俸給等提出以下的逐年記載（表3.2），以初步探究其譯者身分的形成途徑。

表3.2　片岡巖（1876–1930）簡歷

日期	年齡	記載內容
1876.01.24	0	福島東白河郡片岡直寬三男（士族）
1891.04	15	尋常學校高等科畢業，中學校入學
1895	19	入仙臺第二師團第四聯隊
1896.10.28	20	**渡臺**（編入步兵第二聯隊），12月編入桃仔園守備隊
1898.09.08	22	第八憲兵隊上等兵，10月深坑街憲兵屯所
1898.12.20	22	**五等級土語通譯**
1899.01.21	23	第十三憲兵隊石碇街憲兵屯所
1899.06.09	23	**四等級土語通譯**
1901.04.04	25	臺北北門街憲兵隊；5月15日**三等級土語通譯**
1902.05 1902.11	26	**入大稻埕稻江義塾臺灣土語部，一年後預科畢業；早田大學校法律科修業一學期**
1903.01.12	27	因守備戰功獲賞勳局30圓；4月1日後備役編入
1903.08.01	27	臺北北門街憲兵隊，**二等級土語通譯**。11月30日**除役**
1904.07.22	28	**臺灣總督府法院通譯**，補臺北地方法院檢察局通譯，**八級俸**
1905.04.15	29	**臺北地方法院新竹出張所檢察局通譯**，7月31日臨時戶口調查委員
1906.03.31	30	**給七級俸**
1907.09.30	31	**給六級俸**
1908.10.12	32	與高荻初瀨結婚
1909.10.25	33	**補覆審法院檢察局通譯兼臺北地方法院檢察局通譯**
1911.02.20	35	**補臺南地方法院檢察局通譯**，9月30日給**五級俸**
1911.09.13	35	高荻初瀨（1888–1911）死於臺南醫院，時年23歲
1912.04.15	36	與福島同鄉池添和子於臺南結婚

日期	年齡	記載內容
1914	38	《臺灣風俗》三卷本發行
1915.11.10	39	獲頒「大禮紀念章」；9月三女薰於臺南市出生
1916.10	40	《臺灣事情》臺灣總督府發行
1917.03.31	41	給四級俸；殘匪處分有功賞金10圓
1919.06.28	43	賞勳局「敘勳八等授瑞寶章」
1921.02.10	45	《臺灣風俗誌》發行
1922.03.31	46	給三級俸；11月中旬瘧疾時發，致罹「惡性瘧疾兼神經衰弱症」
1923.05.01	47	因病請退；以從七位勳七等，高等官七等退官；後以司法代書為業
1925.11	49	自行出版發行《臺灣みやげ話》
1929	53	因失明乃以口述擬出版《改訂 民事訴訟法臺湾実例書式》未果[5]
1930.02.06	54	歿於臺南市

資料來源：《臺灣總督府公文類纂》、《臺灣總督府職員錄》及片岡巖在臺戶籍謄本等。

從以上簡歷可知，片岡弱冠之齡來臺，不到五年即取得三級臺語通譯資格，並在奠定語言基礎之後，26歲進入稻江義塾學習一年，顯示其力求精進的決心。且就在同一年，還展開了法律修習，為轉為法院通譯而倍加努力。27歲取得二級通譯資格後，隔年即由軍職順利轉為文職，28歲那年正式成為法院通譯。

片岡所處的年代雖然未曾設置通譯的專修課程，但從他自己設定的學習階梯看來，可知他學習臺語的方式，是先從業務或生活上隨機的學習，並訂定取得通譯資格的進度，且在達到一定水平之後，再透過專業指導進行密集的學習。

片岡從來臺到取得五等級通譯資格費時約兩年。從五等升到四等，僅費時半年；晉升到三等，費時近兩年。而升到二等，則費時兩年四個月。以近七年時間，從無到有、連續晉升到接近最高等級，可見他持續投入學習的積極性。同時，在語言之外又針對通譯的業務需求，進一步

5　這段出版未果的記事引自片岡巖於福島縣郡山市的墓碑背後之碑刻，由其妻池添和子撰述。

修讀法律課程，為轉入法院通譯取得必要的專業職能。由此可知，語言能力與專業知識是通往譯者之路的基礎條件。

至於東方孝義的譯者形成途徑與方式，同樣藉由表3.1的史料及文獻資料，對其生平、學習、經歷、職級、俸給、著述、譯事活動等整理出以下內容（表3.3），以揭示其譯者身分與功能的展現。

表3.3　東方孝義（1889–1957）簡歷

日期	年齡	記載內容
1889.09.25	0	生於日本石川縣能美郡，東方六右衛門三男（農家，平民）
1903.03.31	14	高等小學校畢業
1909.12.01	20	步兵第七聯隊第七中隊入隊
1910.11.20	21	一等卒受命為上等兵，12月1日受命為伍長勤務上等兵
1911.11.08	22	獲賜第二種射擊徽章，11月20日歸休除隊同日附與下士適任證書
1913	24	來臺；[6]7月7日受命為巡查練習生；7月10日受臺灣總督府命為巡
1913.08.08	24	服務於新竹廳；**月俸12圓**；9月因公負傷
1913.10.03	24	受臺灣總督府命為巡查練習生與巡查
1913.11.13	24	受命為臺東廳巡　服職警務；11月14日獲賜9月因公負傷治療費30圓34錢
1913.11.18	24	受命警務課之勤務
1913.11.21	24	因負傷治療20日以上，獲頒12圓津貼；勉勵勤務獲賜賞金3圓
1914.05.06	25	調臺北廳警察課；5月11日受命為臺北廳巡查，**月俸12圓**
1914.07.11	25	赴任臺東廳，獲賜調職費5圓；9月30日**月俸13圓**
1914.11.21	25	勉勵勤務獲賜賞金18圓
1915.02.10	26	討伐臺灣番匪獲賜賞金10圓
1915.03.29	26	逮捕1914年10月22日違反鴉片令之賭博犯，獲賜賞金
1915.08.31	26	受命為臨時戶口調查委員與臨時戶口調查監督補助委員

6　根據《臺灣總督府公文類纂》東方孝義履歷記載，1910年僅兩條目，分別是11/20「一等卒受命為上等兵」與12/01之「受命為伍長勤務上等兵」。直至1913年07/07及07/10始有「受命為巡查練習生」與「受臺灣總督府命為巡　」記載。對照東方孝義編撰《臺日新辭書》序言：「余大正二年渡臺」，與公文類纂所記內容吻合。

日期	年齡	記載內容
1915.12.10	26	勉勵戶口調查勤務獲賜賞金4圓；12月21日勉勵勤務獲賜賞金18圓
1916.03.31	27	**月俸15圓**
1916.05.20	27	1913年8月20日於竹東郡民都有山(位於今新竹縣尖石鄉)因公負傷，獲賜慰問金10圓
1916.09.28	27	巡查補教習所教官補(臺北廳)；12月21日勉勵勤務獲賜賞金17圓
1918.03.15	29	受命為檢疫委員；3月31日**獲賜通譯兼掌津貼**(2圓50錢)，月**俸15圓**
1918.06.05	29	因無法勝任疫病職務，依願免職；6月11日**月俸30圓**
1918.06.13	29	獲賜巡查看守退職金70圓
1918.08.23	29	**轉任臺灣總督府法院通譯，補臺南地方法院檢察局通譯；月俸25圓**
1918.12.21	29	勉勵事務獲賜賞金30圓
1919.01.27	30	嘉義出差；任**《語苑》編輯委員**，1919–1923年密集投稿《語苑》
1919.02.01	30	受命為嘉義出張所檢察局通譯；3月31日**月俸27圓**
1919.08.10	30	因官制更改，出任臺南地方法院嘉義支部檢察局通譯
1919.09.30	30	**月俸30圓**；12月21日勉勵事務獲賜賞金75圓
1920.03.31	31	**月俸33圓**；4月8日，31 與見留リウ結婚
1920.08.17	31	因俸給令更改，**月俸60圓**
1920.11.24	31	兼任臺灣總督府法院書記；補臺南地方法院檢察局書記；受命為嘉義支部檢察局通譯；12月21日勉勵事務獲賜賞金125圓
1921.09.09	32	**補臺南地方法院通譯兼臺南地方法院書記**；9月30日**月俸63圓**
1921.12.21	32	勉勵事務獲賜賞金125圓
1922.03.31	33	**月俸65圓**；12月15日勉勵事務獲賜賞金130圓；12月25日**月俸67圓**
1923.09.01	34	任「警察官及司獄官練習所」教官兼舍監及警部(至1926年，判任官，**月俸67圓**)住於臺南市，開始編纂**《臺日新辭書》**
1924.04.01	35	兼任臺北州警務部高等警察警部(至1926年)
1924.06.25	35	開始投稿於《臺灣警察協會雜誌》
1925	36	警察用語類投稿於《臺灣警察協會雜誌》，臺灣習俗類則投於《語苑》
1926.04.01	37	免兼臺北州警部；前述兩類稿皆投稿於《語苑》
1927.07.05	38	**補臺中地方法院檢察局通譯給五級俸(至1934年)**；前述兩類稿主投《語苑》，次投《臺灣警察協會雜誌》
1928–1932	39	集中投稿於《臺灣警察協會雜誌》

日期	年齡	記載內容
1931.07	42	1930年3月《臺日新辭書》脫稿，1931年7月出版；**因該書之貢獻獲授勳六等瑞寶章**[7]
1933	44	福建語會話投於《臺灣警察協會雜誌》，臺灣習俗則投於《臺灣時報》
1935	46	**任高等法院檢察局與臺北地方法院檢察局通譯（至1944年）**
1935.03	46	**普通試驗臨時書記**；與鷲巢敦哉合著《語學試驗問題並解答集》
1936.03	47	**普通試驗臨時委員；臺灣總督府法院通譯**（1937至1940年）
1936–1937	47–48	臺灣習俗稿大量投稿於前述三刊物
1937.03.01	48	受命為河川取締職員講習會講師、**普通試驗臨時委員**
1938.04.01	49	**普通試驗臨時委員**
1938.03.31	49	在小川尚義主持下參與《新訂日臺大辭典》編纂；該辭典3月刊行
1939.04.01	50	**普通試驗臨時委員**
1940.04.01	50	**普通試驗臨時委員**
1939–1941	50	〈臺灣語の研究〉集中投稿於《臺灣警察協會雜誌》
1942.10.30	53	**《臺灣習俗》出版**；1942月12月15日，妻見留亡故
1946	57	返回日本，住於千葉
1957.07.15	68	逝於千葉，享年68歲

資料來源：《臺灣總督府公文類纂》、《臺灣總督府職員錄》及中島利郎等。[8]

東方孝義24歲以警職身分來臺，1918年29歲時轉任臺南法院通譯。根據東方孝義1931年出版的《臺日新辭書》序言顯示，他曾於1915年受教於岩崎敬太郎並稱岩崎為恩師。[9]不過，從他1918年所獲之通譯津貼2圓50錢看來，他的通譯水平僅達十等。[10]故轉為法院通譯時的薪給，其實不升反降（從30圓降為25圓）。但在擔任法院通譯僅一年之

7　引自《臺灣習俗》（福岡縣大牟田市：武田タカ自行出版，1995），復刻板封底頁著者介紹內容。

8　《臺灣總督府職員錄》之紀錄最早僅得溯及1919年，故該年以後之生平記載才與之參照。

9　東方孝義：〈臺湾語の研究方法〉，《臺灣警察時報》19號（1930年10月），頁21。

10　通譯津貼詳見臺灣總督府警務局（編），戴國煇（解題）：《臺灣總督府警察沿革誌》第5卷，第3編〈警務事蹟篇〉（1933–1939/復刻版，東京：綠蔭書房，1986），第四章〈講習、教養、試驗〉，頁919。不過，當時的通譯能力評定基準不一，且採取長官推薦制度，故有低等級而能力佳者，反之亦然。參前書，頁933。

後，他的月俸就回到了原先的水平，且在半年後即獲得10%提升，到該年底又因「勉勵事務獲賜賞金」達月俸之2.5倍。可見，他在法院擔任通譯表現出色，而法院的晉升階梯與待遇亦佳。

進入法院後的東方孝義即開始密集地在《語苑》投稿，同時擔任該刊編輯委員。可見，當時他的臺語應達相當水平，[11] 且在法院通譯群體中表現出眾，才能獲得編輯委員的地位。此外，1923年9月擔任警察官及司獄官練習所教官時，他已是全臺警察皆引以為師的臺語教官。[12] 況且，從《語苑》編輯委員名單看來，他從1919年2月到1941年10月為止，擔任委員達20餘年，[13] 定有足以服眾的實力。甚至，費時12年（1918–1930）的《臺日新辭書》更是投入極大心力的鉅作。[14] 不但足證其臺語學養，也是日臺語研究史上的一大貢獻。

東方孝義除了《臺灣習俗》之外，1935年曾與鷲巢敦哉合著並自行出版《警察語學試驗問題集及解答集》。[15] 故在《鷲巢敦哉著作集》中可得知東方孝義擔任警察時期，對於臺灣民情及語言的了解情況。透過兩人的合著，可以理解東方孝義對日臺語通譯能力養成的觀點及實踐成果。而在鷲巢的其他著作，[16] 針對當時警察探訪民情的背景與手法等記載中，亦

---

11 根據東方孝義1920年5月15日刊於《語苑》的〈臺灣語上達法〉，文中提出「語學研究座右銘」包括：(1) 每日音讀30分鐘；(2) 以臺語寫日記；(3) 精讀多讀且徹底讀懂；(4) 多創造開口機會、朗聲誦讀，以利自行糾正發音；(5) 譯語以正確為先，優劣其次；(6) 不可一日間斷；(7) 不容絲毫曖昧模糊；(8) 現學現賣。綜觀他的語言學習原則，可以說是「徹底追究、實踐力行、聽說讀寫，均衡發展」。

12 參中島利郎：〈東方孝義著作年譜〉。

13 參見《語苑》(1909–1941) 各期編輯委員名單。其中，東方孝義自1919年2月至1941年10月擔任編輯委員，而片岡巖則自1919年12月至1926年12月擔任編輯委員。可見，片岡於1923年5月退休之後，仍繼續擔任編委三年多。由此可知，該刊編委是以實力為基準，而非官職的延伸。

14 據東方孝義長女1995年發行之《臺灣習俗》「著者介紹」指，東方孝義在擔任法院通譯時，每週超過半數以上時間，前往臺灣總督府文教局任事，參與《日臺大辭典》及百科事典編纂團隊的工作。《臺灣習俗》，版權頁。

15 該書收錄於《鷲巢敦哉著作集》第五冊，及第八冊《鷲巢敦哉著作集》補遺續集 (第二輯)。參中島利郎、吉原丈司 (編)：《鷲巢敦哉著作集》。

16 如，1938至1942年由臺灣總督府警務局編寫並陸續出版的《臺灣警察四十年史話》及1933年出版的《臺灣總督府警察沿革誌》等，皆收於中島利郎、吉原丈司 (編)：《鷲巢敦哉著作集》全集。

不乏可資印證東方孝義採集臺灣習俗的背景成因。而他們編寫的日臺俚語俗語與日臺辭典，以及散見於報刊雜誌關於法庭口譯或臺語詞義辨異等文章，[17] 亦可反映當時的日籍通譯對於日臺語的詮釋及其運用觀點。

　　東方孝義散見於報章雜誌的投稿內容主要與臺語教學及教材相關，其次則是對於通譯兼掌制度的建言或批評。從其投稿內容可以看出，他不同於片岡致力於迷信舊慣乃至俚諺俗語等採集編撰，而是傾力於臺語的語音標記與臺語教學，並長期投入《日臺大辭典》的編纂而形成其主要貢獻。

　　片岡與東方來臺之後，透過努力學習臺語並進一步藉由日臺語雙語的應用，獲得了法院通譯的職位。據同時代另一位法院通譯小野西洲（1884–1965）刊於1935年12月的〈自敘漫言〉坦言，[18] 自己16歲來臺之前僅讀過私塾，未曾受過學校教育，唯一可望出人頭地的機會，即是學習臺語以任通譯。可見，這是當年來臺青年可憑本事奮鬥的有效途徑。因此，這批赤手空拳來臺的年輕人，憑著落地生根的意念，透過軍警等工作機會，加上刻苦自學的過程，終於取得法院通譯的職位。而法院通譯也是他們一生中任職最久，且是終其一生的人生事業。

四、民俗調查與贊助人角色

　　綜觀兩位譯者的譯事活動與語文著述，主要可分以下五個主題。這五部分的主題內容，經整理後發現其中不乏可資對應的共性，值得深入探索。例如，翻譯試題的收集與解題、臺灣風俗習慣的採集與整理、詞語編纂等著述，兩者都有專書出版（詳見表3.4網底內容）。而略有差異之處則是片岡在臺灣現況與臺灣導覽方面，較為投入且另有專書。此外，片岡於1923年退休後一直從事司法書記工作，故另有民事訴訟等

17　兩人皆曾投稿《語苑》並擔任編輯委員多年，但東方孝義投稿十分頻繁，1930年代除經常投稿《語苑》之外，《臺灣日日新報》、《民俗臺灣》等報章期刊亦常登載其文章。

18　引自小野西洲：〈自敘漫言〉，頁81–88。

相關著述。而東方孝義則以臺日雙語辭典為其重心。而兩者投入期間最長、且最具共性的知識生產，即是臺灣風俗習慣的採集與著述。

片岡巖與東方孝義最大的貢獻在於對臺灣民俗風習的長期採集。相對於片岡巖1921年出版達1,184頁、共12集的巨著——《臺灣風俗誌》；《臺灣習俗》則出版於戰時的1942年、全書422頁。[19] 兩者成書相距20年，但主題近似，內容包羅萬象。其中的內容差異，卻又正好反映日治中期與晚期的社會現象及民眾生活，是極佳的觀察與研究對象。

細究表3.4五大主題的背後，最重要的推手應屬政策與制度。所謂政策，指的是日本政府的對臺殖民治理時重視舊慣調查的政策思維；而制度方面，則以1898年4月勒令第68號公佈實施的「通譯兼掌制度」為其核心。[20] 而這兩個面向，都為凝聚譯者力量帶來了動能，也為譯者的譯事活動指引了具體方向。雖然，譯者在政策與制度下原本是被動的個體，[21] 但若無政策與制度的啟動，譯者的生產活動與角色功能也就無從發揮。

而政策的由來，從首任總督樺山紀資時代起，學務部長伊澤修二、民政局長水野遵、臺北縣知事田中綱常等，紛紛向總督建言深察人情風俗之必要性。[22] 但由於地方抵抗事件頗多，且傳染病等適應問題仍未解決，直到第四任總督兒玉源太郎時，才由民政長官後藤新平（1898–1906年在任）對此貫徹落實。

---

19 《臺灣習俗》出版之前於1934年3月至1938年2月，連續登載於《臺灣時報》上。而《臺灣風俗誌》的前身，即為1914年出版的《臺灣風俗》，共計三卷。

20 根據該勒令及同年5月16日公布的「臺灣總督府文官及巡查看守土語通譯兼掌者銓衡規程及土語通譯手當支給細則」，通譯兼掌者經審查合格者每月可支領甲級7圓、乙級5圓、丙級3圓之特別津貼。若與當時的巡查一級月薪8–13圓相較，通譯津貼的誘因甚高。參《臺灣總督府警察沿革誌》第5卷，頁913–914。另詳見李尚霖：〈試論日治時期日籍基層官僚之雙語併用現象〉，《跨領域青年學者臺灣史研究》第三集（臺北：國立政治大學臺灣史研究所，2010），頁335–349。

21 通譯兼掌制度後於1901年5月20日修改為：臺人巡查具日語能力者，亦可支領該項津貼。但重新劃分為13級，最高一等（7圓），每級差額50錢，第13等為1圓。1903年11月6日，以警察通譯需具備實務能力為由，另設「警察職員通譯兼掌者銓衡規程」，選拔經審查及口筆試合格者擔任通譯。

22 詳見鄭政誠：〈日治初期臺灣舊慣調查事業的開展（1896–1907）〉，《回顧老臺灣、展望新故鄉——臺灣社會文化變遷學術研討會論文集》（臺北：師大歷史系，2000），頁225–263。

表3.4　片岡巖與東方孝義的知識生產

	片岡巖	東方孝義
1.教材與試題	• 《臺灣文官普通試驗‧土語問題答解法》(1916)，臺南地方法院檢察局內臺灣語研究會	鷲巢敦哉 (編撰)：《警察語學試驗問題集及解答集》(1935)，自行出版
2.風俗採集	• 《臺灣風俗》三卷本(1914)，臺南：臺南地院檢察局臺灣語研究會 • 《臺灣風俗誌》(1921)，《臺灣日日新報》	• 《臺灣習俗》(1942/1997)，臺北：同仁研究會；1934年3月至1938年2月於《臺灣時報》連載
3.詞語編纂	• 《日臺俚諺詳解》(1913)，臺南：法院檢察局內臺灣語研究會	• 《臺日新辭書》(1931)，臺北：臺灣警察協會 • 《臺灣語の学び方》(1926)，自行出版
4.臺灣現勢	• 《臺灣みやげ話》(1925)，臺南：自行出版	／
5.法院通譯	• 《改正民事訴訟法訴訟手續‧臺灣實例書式》(1930)，臺南：自行出版	• 1929–1930年協助完成左列片岡遺著

資料來源：筆者自行整理，網底表示兩者可對應的知識生產內容。

　　後藤於1898年3月來臺即提出殖民政策必須在生物學基礎上發展的看法，認為應避免悖離舊慣習俗，致使臺人心生叛離，造成土匪等亂源蜂起。[23] 反之，熟知並運用該地民俗習慣，才能施行合宜的政策。而他來臺就任之際，適逢臺灣總督府正推行土地登記，而因親族關係而產生的權利得失等皆須依循慣例與舊規為據，難以適用日本或歐美法律。因而倡議設置臨時臺灣土地調查局，下設舊慣調查部，並選定京都大學法科教授岡松參太郎為負責人。[24]

　　於是，當局於1901年10月公布196號勅令〈臨時臺灣舊慣調查會規則〉，[25] 明訂由臺灣總督監督法制及農工商經濟相關舊慣之調查，以民政

23　詳蔡錦堂：《日本帝国主義下臺湾の宗教政策》(東京：同成社，1995)。

24　引自吳密察 (譯)：〈臨時臺灣舊慣調查會的成果〉，《臺灣風物》第32卷第1期，頁23–58。譯自山根幸夫：〈臨時台湾旧慣調査会の成果〉，《論集 近代中国と日本》(東京：山川出版社，1976)。

25　參《臺灣總督府府報》第1048號，明治34年(1901)11月1日。

長官為會長統理調查事務。15位委員則依內務大臣之奏請由內閣任命，
另設兩名部長由總督自委員中選任。

據1901年4月22日《臺灣慣習記事》第四號刊載，該項舊慣調查以
明治34年（1901）追加預算的方式經眾議院與貴族院審議，獲84,100圓
調查費。[26] 可見，這項行動的重要性與急迫性，在日本中央取得了高度
的共識。而在實際執行時，從〈臨時臺灣舊慣調查會規則〉第八至十三
條，可知撥付相關人員的經費相當可觀。以下是相關條文的中譯抄錄
（筆者翻譯，金額改以阿拉伯數字表示）：

> 第八條　支給委員津貼一年2,500圓以內。
> 第九條　本會設置二十名以內之補助委員，受委員指示協助調查事務。
> 第十條　本會設置書記通譯若干名，書記職司庶務會計，通譯則從事翻
> 　　　　譯通辯。
> 第十一條　支給補助委員津貼一年1,500圓以內。
> 第十二條　支給書記及通譯津貼一年1,000圓以內。
> 第十三條　總督府職員兼任委員、補助委員、書記、或通譯者亦支給津貼。

此項規則實施之際，適逢日俄戰爭後物價翻騰及貨幣法修法，1910
年3月全面修訂了殖民地俸給制度，並大幅提升高等官與判任官的俸
給，增幅約25%。修訂後的日本國內各省大臣年俸8,000圓，臺灣總督
年俸則為7,500圓。而臺灣總督府高等官年俸約500–2,500圓，判任官
（法院資深通譯及事務官多居此位階）年俸則約120–600圓。[27] 相對於此，
該會各級委員等津貼的比重甚高。[28]

---

26 參見《臺灣慣習記事》第四號（1901年4月22日）「雜錄」「慣習調查費の豫算成立す」，
　　頁72。
27 據富田哲研究，1906年時鐵道部、專賣局、法院通譯及地方官之通譯，大都為判任官。
　　參富田哲：〈日本統治初期の台湾総督府翻訳官──その創設及び彼らの経歴と言語能
　　力〉，《淡江日本論叢》第21期（2010），頁161。又詳岡本真希子據1899至1944年總督府
　　職員錄所做的調查結果。參岡本真希子：〈日本統治時代台湾の法院における『通訳』た
　　ち──台湾総督府公文類纂人事関係書類から見る台湾人/内地人『通訳』〉，《第五屆臺灣
　　總督府檔案學術研討會論文集》（南投：國史館台灣文獻館，2008），頁153–174。岡本真
　　希子：《植民地官僚の政治史：朝鮮・台湾総督府と帝国日本》，頁163–179。
28 據山根幸夫指，當時第一部補助委員桑原謙藏與第二部補助委員平野師應的年度津貼
　　均為1200圓，其餘補助委員各支領780、840、960圓等。山根幸夫：〈臨時台湾旧慣調
　　查会の成果〉，《論集 近代中国と日本》，頁83。

　　而更重要的是通譯在臺灣總督府的職稱與地位。根據冨田哲的研究，1897年11月時雖在民政局官制中有判任通譯生42名的編制，[29]但當時的總督府職員錄中卻沒有通譯的具體記載。後經1898年6月20日施行官制改正，卻仍在法制局與內務省之間折衝未決。直到臨時臺灣舊慣調查會明訂了通譯的職務，譯者才有了確切的名份與位階。甚至，出現幾位更高階的翻譯官得以奏任官職稱任事。[30]

　　該會的運作共計維繫了18年（1901–1919）。其調查業務有三：一為土地、親屬、繼承等法制部門，其次為農工商經濟部門，1909年增設立法部門。[31]而該會調查活動及其主要成果如下：

表 3.5　臨時臺灣舊慣調查會的部門分類及其進展

第一部門：法制部門（網羅私法範圍，將臺灣古來法制、慣習等，彙編為《臺灣私法》）

1901–1903.03：北部調查	編輯刊行《第一回報告書》2卷、附錄參考書1卷
1903.09–1906：南部調查	編輯刊行《第二回報告書》上下2卷3冊、附錄參考書2冊
1906–1907：中部調查	編輯刊行《第一部調查第三回報告臺灣私法》後，改以《臺灣私法》為題，集結為本文6冊、附錄7冊，於1909–1911年間陸續出版，可稱臺灣私法慣習的集大成著述

第二部門：農工商經濟部門（1901–1910）

1903.02–1904.04：調查臺灣貿易概況、經濟與產業資料、租稅金融、通信交通等	

第三部門：立法部門（1909–？）

1909：《臺灣民事法令彙編》：基於舊慣調查成果，起草臺灣特殊法律	

資料來源：林美容：〈臺灣民俗學史料研究〉；山根幸夫（著）、吳密察（譯）：〈臨時臺灣舊慣調查會的成果〉。

29　冨田哲：〈日本統治初期の臺湾総督府翻訳官——その創設及び彼らの経歴と言語能力〉，頁162–164。

30　據冨田哲，七位奏任官為：三好重彥、草場謹三郎、谷信近、藤田捨次郎、谷信敬、鉅鹿赫太郎、有泉朝次郎。冨田哲：《植民地統治下での通訳·翻訳——世紀転換期臺湾と東アジア》，頁154–167。至於其後的歷任法院通譯高等官，請詳本書第8章。

31　據山根幸夫的研究，1909年以後調查委員會的委員改以總督府官僚為主體，機構的主要功能是法案的起草審議，而非舊慣調查。參山根幸夫：〈臨時台湾旧慣調査会の成果〉。

從這樣一項由官方高層發想並下達政令而推行的臺灣舊慣習俗調查，可以想見其浩大工程的背後，對於譯者的動員也是空前的。從該會規則明訂配置通譯若干人，亦可見其端倪。而同在1900年，另一以舊慣習俗為主體的組織——「臺灣慣習研究會」，也在臺灣總督府與法院贊同此舉的成員之間，設立發起並刊行《臺灣慣習記事》。該會發起委員會於10月30日開會訂定會則的地點，就在土地調查局樓上。[32]

1901年1月起，該會每月刊行《臺灣慣習記事》，登載臺灣法制、經濟、歷史、地理、教育、宗教、風俗等研究及調查成果。活動期間（1901年1月–1907年8月），共發行7卷8號，總計80號。[33] 山根幸夫稱此為「官製的研究團體」，屬「舊慣調查會」的外圍團體。事實上，從這批《臺灣慣習記事》的記載中，不但可見到總督府舊慣調查行動的紀錄，甚至連地方所做的調查也可追溯一二。

《臺灣慣習記事》創刊號發刊詞開宗明義即指：

英國殖民印度之際，即召集碩學者緬氏調查當地慣習後而施政令。[34] 重視民俗慣習乃殖民成功之所在，英國之所以成為大國乃肇因於此。故爾後新領土之經營，宜依此為典範。
我政府有鑑於此，領有臺灣之際，即於總督府內設置各類調查所並銳意調查，以求施政適用於當地。然雖勉力為之，猶感部門繁多、調查困難，實難於短時內盡其全功，是以未能調查之臺灣慣習依然甚多。惟慣習調查並非政府委任才得行之，故我等定居臺灣且有志於此者可相互砥

---

32 據山根幸夫及《臺灣慣習記事》第壹號會報顯示，發起委員共33人，主要來自總督府及法院。當天出席27人，以法學士鈴木宗言為主席。會後推舉兒玉源太郎總督為會頭，後藤新平為副會頭，石塚英藏為委員長，鈴木宗言為幹事長。委員除發起委員外，再追加9名舊慣調查會的中心人物岡松參太郎、愛久澤直哉等。幹事則指名由伊能嘉矩、小松吉久、山田伸吾、田浦長壽、林定四郎、鈴木鉦之助、鎌倉豬熊等7人擔任，另以小林里平為編輯主任。參山根幸夫：〈臨時台湾旧慣調査会の成果〉，頁65–70；《臺灣慣習記事》1901年1月號。

33 該刊後由《法院月報》承續其內容主旨。如，調查報告、討論議決、舊慣釋義、民刑事判例。同時，也設置了舊慣專欄供會員投稿。《臺灣慣習記事》第七卷第八號（1907年8月25日）「彙報」，頁128–129。

34 緬氏即英國社會學者 Sir Henry Sumner Maine (1822–1888)。其1861年之著作 Ancient Law 於1885年在日本發行時又名《緬氏古代法》，該書對於日本近代法制之充實完備頗具影響。

礎，<u>另闢官途以外之慣習研究領域，公餘之暇從事調查研究，以盡吾人之天職</u>。此乃本會創立之緣由，且為本刊發行之初衷也。（筆者自譯）

由此可見，開啟舊慣調查的浩大行動，固然出於治理上的需要，但民政長官後藤新平主張徹底了解臺人並尊重臺灣舊慣的「科學殖民」理念，乃至英國的成功範例等，都是鞏固這項行動的重要基礎。但由於此項調查工程實在過於浩大，才有動員地方官吏、學校教師等公務員的想法，而該會最盛時期會員人數曾達2,600名之多。[35] 總督府有意透過由上而下的號召與導引，有效採集並撰述臺灣各角落的舊慣習俗，俾利制訂統治的政策方針。

從該刊創刊號列出的「臺灣慣習記事第一卷分類目錄」，[36] 分類為法制、經濟、歷史及地理、教育、宗教、風俗、雜部等各部，乃至「繪畫之部」、「會報之部」、「法令辭令之部」、「附錄之部」等，即可推知該刊內容與臨時臺灣舊慣調查會所做的調查，幾乎是完全吻合對應的。而事實上，由於會員多屬中央及地方公職人員，僅一成為律師、醫師、銀行員等民間人士，故兩者成員大都是同一批人馬。[37]

除此之外，據1901年5月22日發行的《臺灣慣習記事》第五號，引述《臺灣日日新報》所載內容，指為落實舊慣調查之縝密進行，法官會議已決議於各地方法院內設置「舊慣調查會」，拔擢世居臺灣且學識卓越、熟知世態人情的本島人與清國人，每一地方法院任命十名以內，給予相當之津貼，每月召集相關會議一次。其研究調查結果除告知各法院及其出張所外，尤為重要者皆收錄於《臺灣慣習記事》以利周知。熟知本島舊制古法形成之習慣法等通則，對於法院裁判極有裨益，法官亦早已深知舊慣調查之必要性。[38]

35　參見《臺灣慣習記事》第三卷第二號（1903年2月23日），〈雜報〉，頁88。

36　《臺灣慣習記事》第一卷第壹號（1901年1月30日），〈臺灣慣習記事第一卷分類目錄〉，頁1–4。

37　參見山根幸夫：〈臨時台湾旧慣調查会の成果〉，頁115–116。

38　《臺灣慣習記事》第一卷第五號（1901年5月22日），〈本島慣習と新聞雜誌〉，頁69–70。

　　除了法院內的「舊慣調查會」之外，還有一個由全臺各地法院判官、檢察官、通譯官等組成的「舊慣事項諮問會」，召集本島耆老並予「事務囑託（約聘）」職稱，每月定期開會供司法官對耆老提出臺灣舊慣問題以求釋疑。據1901年6月22日《臺灣慣習記事》第一卷第六號所載之臺北地方法院出席名單，[39] 本島人涵蓋士農工商各界共10人，會中設通譯及紀錄，可謂慎重其事。該會運作4年（1901年6月至1919年5月6日），共召開會議32次。[40]

　　由此可知，舊慣調查之所以落實於法院，乃是自上而下的政策導引與由下而上的實務需求，兩股力量互為表裡的結果。再者，就出版贊助的角度觀之，兩書的刊行皆由設在法院內的檢查局發行，其背後推手分別為臺南與臺北地方法院的內部組織──「臺灣語研究會」。而東方孝義《臺灣習俗》版權頁上的執筆者除了作者名之外，還加上「高等法院檢察局通譯室」於其後，發行所則為「同仁研究會」。可見，兩書贊助人皆屬官方，應非譯者個人公餘之暇的餘興之作。

　　雖然，日治時期關於臺灣風俗的紀錄還有數種，[41] 但以長期且廣泛採集而言，片岡與東方的著述最具當初舊慣調查之集大成性質。前者在十餘年內陸續出版且篇幅龐大；後者則在報刊連載四年後結集出版，兩者發佈層面及涵蓋內容皆廣。尤其在形成過程中透過政府的贊

39　臺北地方法院本島人士出席名單參見《臺灣慣習記事》第一卷第六號（1901年6月22日），〈雜錄〉，頁78–79。「臺灣慣習研究會會員名簿」詳參同號附錄，頁1–24。而《臺灣慣習記事》第一卷第七號（1901年7月23日）〈有志慣習諮問會續聞〉則揭示，該會每月第一週日定期開會等。

40　1901至1903年，臺北、臺中、臺南法院歷次諮詢議題及出席者、通譯紀錄人員名單等，詳見鄭政誠：〈日治初期臺灣舊慣調查事業的開展（1896–1907）〉，頁225–264。

41　其他主要著作尚有：佐倉孫三：《臺風雜記》（東京：國光社，1903）；佐倉孫三：《臺風雜記》（臺北：臺灣銀行經濟研究室，1961）；佐倉孫三：《臺風雜記》（臺北：大通書局，1987）；佐倉孫三：《臺風雜記》（南投：臺灣省文獻會，1996）；西岡英夫：〈臺灣の風俗〉，《日本風俗史講座》19號（1928），頁1–64；山根勇藏：《臺灣民族性百談》（臺北：杉田書店，1930）；山根勇藏：《臺灣民俗風物雜記》（臺北：武陵出版社，1989）；鈴木清一郎：《臺灣旧慣冠婚葬祭と年中行事》（臺北：臺灣日日新報社，1934）；鈴木清一郎：《臺灣旧慣冠婚葬祭と年中行事》（東京：大空社出版，2018）。

助人角色，法院通譯在土地歸屬、經濟生產、法制調查等政策課題下，民間舊慣調查容或僅是其支線，但通譯之所以從事風俗採集乃至出版問世，與殖民政策、資源分配、法院業務等需求都是不容忽視的背景因素。

五、民俗解讀與知識轉化

誠如 Tymoczko 及 Gentzler 所指，[42] 譯者的譯事生產過程包含了選擇、組合、建構、仿造等有目的且有意識的行為。因此，本節擬透過對兩位譯者的民俗著作分析及對照比較，探索在殖民統治的時空之下，兩位通譯如何在臺人風習的觀察與記述中，呈現自身的詮釋觀點及日臺對比評論。從兩者在民俗採集範圍、解讀方式，乃至良俗與惡習等分辨基準上，分別探討其民俗著述活動所持的觀點，並揭示兩者對民俗內涵與民眾生活的詮釋精神。

片岡與東方的民俗著作成書相距 20 年，但都經階段性披露後才集結出版的過程。前者首度問世於 1914 年，以《臺灣風俗》為題，共計三卷。後於 1921 年才將 1914 年已經完成卻未出版的文稿，集結為 1,184 頁共 12 集的篇幅發行《臺灣風俗誌》。而東方孝義的《臺灣習俗》則自 1934 年 3 月至 1938 年 2 月，連續登載於《臺灣時報》達 4 年之久，才結集出版於戰時的 1942 年，全書計 422 頁。

對於兩書的成書宗旨，以下將透過表 3.6 作者序文與長官推薦序言及其書評等內容，梳理兩者在成書過程與出版之際，總督府官員及地方官吏對於被殖民者風俗舊習的闡釋觀點，並比較對照兩書之旨趣異同。

---

42 Maria Tymoczko and Edwin Gentzler (eds.), *Translation and Power* (Amherst/Boston: University of Massachusetts Press, 2002), p. xxi.

表 3.6《臺灣風俗誌》與《臺灣習俗》之序言及書評

資料類別	資料內容	資料來源
《臺灣風俗》 迷信/巫覡/宗教	可以了解心裡矣（題字）	臺南地院檢察長 朽木義春
三卷本序言 （1914.08）	1. 知識文明建設容易，**民族性格轉化極難**。同化政策即至難之民族性格改造工程。 2. 本書對臺人民族性格之精微描述，乃同化政策倚據之**心理基礎**。 3. 讀者宜藉本書之啟發，**自覺各自之任務**。	臺灣總督府警視 加福豐次
	從善如登，從惡如崩，**為矯正不良習俗，唯熟知其風習**。	片岡巖發刊旨趣
	印度人為取悅諸神，不惜棄子投於恆河餵食鱷魚。支那民族之迷信亦不下於印人。故採集各項迷信於本書，**以深究民眾心裡，裨益治理**。	片岡巖第一、二卷自序（發刊旨趣與本序文內容大都納入1921年版自序）
《日臺俚諺詳解》 （1913）、 《臺灣風俗》 （1914）	1. **俚諺乃舊慣風俗之結晶**，值得教育、警察司獄各界參考。 2. 舊慣調查會報告書屬非賣品之鉅冊；而學務課編俚諺集亦屬價昂鉅冊，本書簡明價廉**官吏推行同化尤需一讀**。	小野西洲：〈同化を説いて片岡君の著書を紹介す〉，《語苑》1914年9月10日，頁40–42。
《臺灣風俗誌》 序言 （1920晚秋）	1. **臺灣社會側面史**。 2. 同類書中**最精細且具特色**。 3. 藉本書可知臺灣社會狀態及**臺灣民族心理**。	總督府民政長官 下村宏
	探索臺灣250年前移自中國之固有人情風俗，得以洞察300萬民情之歸趨，以資順利**收攬人心**。	高等法院檢察官長菅野善三郎
	洞察臺灣民族性格之精微，**奠定同化政策之心理基礎**。讀者宜見其異風變俗，自覺一己之任務。	臺中州知事加福豐次
	1. **施政**之資助 2. **博物**之志 3. **農工**之助 4. 豎立**商略**	臺南地方法院檢察官長松井榮堯
	臺灣統治第一義乃**同化**，惟**知彼知此**才得以致之。	臺灣總督府編修官古山榮三
	1. 支那民族多迷信，狡徒拳匪藉此煽動作亂，事端頗多。 2. 為使島民**悅服**，必先熟知民眾心理，探究其風俗習並善用之，始得啟迪民智。 3. 本書旨在**矯風正俗**。	片岡巖自序

資料類別	資料內容	資料來源
《臺灣習俗》序言（1942.10）	1. **人和**為先。人和乃相互理解而生，惟熟知彼此風俗人情思想，且不諱其優缺點，自然融和協調而得有之。 2. 本書旨在了解臺俗變遷軌跡，以資**移風易俗**。	東方孝義自序
《臺灣習俗》書評	1. 本書具有臺灣習俗簡易版百科全書性質。 2. 作者對於臺灣習俗之優缺判斷或感懷抒發，讀者或許未必認同，然作者熱誠可感之處，讀者必能諒察。	立石鐵臣：書評〈東方孝義著『臺灣習俗』〉，《民俗臺灣》1943年2月第20號，頁46。
相異點	《臺灣風俗誌》：為落實同化政策，知彼知此有效統治。 《臺灣習俗》：為求日臺自然融合，宜了解臺俗變遷軌跡。	
相同點	**主旨：矯風正俗、移風易俗。**	

資料來源：筆者自行整理　網底標示為兩書**自序主旨**之對照，為便於比較故**以不同字體顯示**。

對於片岡巖在民俗著述的生產過程，陳偉智曾指片岡任職臺南法院通譯時期的語文著作與臺灣民俗知識生產路徑。[43] 片岡初期投稿於《臺法月報》、《臺灣教育》、《語苑》等文章，後來依序集結為：《日臺俚諺詳解》（1913）、[44]《臺灣風俗》（1914）、《臺灣風俗誌》（1921）、《臺灣みやげ話》（1925）等書。至於，《改正民事訴訟法訴訟手續臺灣實例書式》（1930），則是他陷入失明狀況下的遺作。[45]

從1914年《臺灣風俗》三卷本的作者序言可知，「熟知風俗舊習，深究民眾心理，矯風易俗以利治理」大概是其主要宗旨。此外，亦呼籲日

43　陳偉智：〈「可以了解心裡矣！」：日本統治時期臺灣「民俗」知識形成的一個初步的討論〉。

44　《日臺俚諺詳解》於1913年由臺南地方法院檢察局內臺灣語研究會出版，復刻版收入《ことわざ資料叢書》第12卷（東京：クレス出版，2002）。該書序言朽木義春檢察長指其收錄臺灣日常用語、譬喻、故事、俚諺、隱語等計1,181句，共295頁。而2002年版實際收入附詳解之「日臺對譯門」（日757+臺776），與未附詳解之「臺日對譯門」（臺405/日400）日臺語共計2,342句。另加條列式之「母國俚諺門」收錄日語俚諺708句，總計1,889筆。後收入《臺灣風俗誌》第八集時，詳解增列83條，刪除4條；對譯增列8筆。飯倉照平（2002）指其俚諺特色為反映昔日臺灣農村生活，尤其家畜與小動物相關詞條頗多。（引自該書復刻版由飯倉照平撰寫之〈解說〉頁1–3。）

45　參見《改正民事訴訟法訴訟手續臺灣實例書式》封底，片岡巖之弟片岡直四郎為發行延宕之致歉函〈発行延引に付御挨拶申上候〉。

籍服公職者，應藉本書之啟發，自覺自身之天職，戮力從公。而對照當時法院通譯小野西洲 (1884–1965) 的書評內容，可知熟諳臺灣民俗風習是廣泛接觸民眾的教育、警察、司法等基層人員，執行同化政策時的重要原則。可以說，片岡巖採集臺灣民俗乃至編纂著述的背後，政策導引的力量始終存在。

首先，從採集的資料來源亦可見端倪。在《臺灣風俗》「第一、二卷迷信之部例言」中，作者對於書中引述出處在句末以（ ）表示援引之書名，而出自《臺灣舊慣記事》者則以（舊）示之。這段說明顯示該書所採集的資料來源。在1921年集結出版時（引自復刻版），也保留了同樣的記載方式，只是並未附上這段說明。同時，作者也在該書「例言」中列舉了《臺灣風俗》編纂時的參考書目及請益過的法院臺籍通譯姓名。[46] 可見，就採集行動與資料來源看來，足以顯示這項工作與推行舊慣調查的政策施行的相關程度。

再者，1914年《臺灣風俗》第一、二卷與1921年《臺灣風俗誌》作者序言中，都同樣提到一段印度人為求冥福而取悅諸神，不惜棄子投於恆河餵食鱷魚的敘事。然而，同樣的內容其實早在1901年4月22日《臺灣舊慣記事》第一卷第四號，伊能嘉矩所撰〈迷信の勢力及び影響〉中即有一段說明迷信力量強大的類似文章。原文中譯如下：

> 聖經有曰，亞伯拉罕為其所信之神而欲將其愛子在聖殿山頂殺之祭神亦不辭。而東方文明搖籃印度，亦有印人為迷信之宗教組織，因求冥福而

---

46 《臺灣風俗》編纂之際，片岡指曾就教臺灣總督府法院通譯趙鐘（鍾）麒與顏天壬。據《臺灣《臺灣總督府公文類纂》2350冊（文號10）當事人手寫之履歷表，應為1901至1913年任職臺南地方法院檢察局通譯的趙鍾麒 (1863–1936)。有關趙鍾麒的記載，在臺南地方法院「有志慣習諮問會」記錄中，可知他從1901年12月21日至1903年8月29日共14次會，擔任通譯達12次。引自鄭政誠：〈日治初期臺灣舊慣調查事業的開展 (1896–1907)〉，附錄三。顏天壬亦為臺南地方法院僱員，參《總督府職員錄》（大正9年8月），頁94。片岡參考書目為：四書、五經、老子、莊子、墨子、史記、魯班經、山海經、玉尺經、郭朴葬經、秘訣仙機、封神演義、五才子書、屑玉叢談、故事瓊林、玉匣記、居家必備、故事成語大辭典、世界年鑑、熟語大辭林、劉銘傳、領臺十年史、臺灣踏查實記、日本名勝地誌、臺灣府誌、臺灣統治誌、南部臺灣、臺灣年月誌、舊慣記事、舊慣大要、養心神詩、養神論、臺灣制度大要、統計要覽、歲時記。引自「臺灣風俗第一卷第二卷迷信之部例言」。不過，1921年復刻版《臺灣風俗》中卻未見記載。

不惜犧牲子女投入恆河餵食鱷魚。是以迷信可奪三軍之師，然不可奪匹夫之志。尤因迷信之魔力而凝聚之愚民民心，已是火不能燒、水不能澆，威力難以發威於前、理論亦不足以善其後，為害甚矣。迷信之勢既強且大，正因如此，其影響亦既深且鉅。故有險亂之徒欲逞其奸惡，常藉迷信煽惑愚民，莫不以此居為奇貨。（筆者自譯，原文詳表3.7）

這段文章內容，對照片岡巖前後著作自序，可說無論內容與架構都極為雷同。況且，伊能文章內容細節與構思都較片岡明確精細，故引自伊能嘉矩可說應無疑義。兩者內容與架構之出入對照如表3.7，以網底標示者為兩者完全相同之語句。

表3.7　伊能嘉矩〈迷信の勢力及び影響〉與片岡巖《臺灣風俗》第一、二卷序

段次	伊能嘉矩〈迷信の勢力及び影響〉	段次	片岡巖《臺灣風俗》第一、二卷序
1	聖書に傳ふるアブラハムは、其の信ずる神の為めに、一人の愛子を、モリブの山頂に殺し、燔祭に献ぜんとするを辭せざりき、	2	彼の信する神の為めには甘んじて愛子を殺し祭祀に献ぜし「アブラハム」の如き、
2	東方開化の搖籃たる印度人も、迷信によりて組織せられし宗教の為め、其の冥福を祈るに際たり、子女を犠牲として、ゲンヂス河中に投じ鰐魚の食に供するを惜しまざりき、	3	冥福を祈る為めには悅んで子女を「ガンヂス」河に投じて鱷魚の餌となす印度人の如き其最も甚しきものなり
3	以って、三軍の師を奪ふべし、匹夫の志は奪ふべからず、殊に迷信の魔力によりて凝聚せられし、愚民の心に至りては、火に焼く能はず、水に滅する能はず、威力もその前に力なく、理論も其の後に理を失ふ、甚だしい哉、迷信の勢力、強且つ大なるや、　而して其の勢力の強大なるだけ、之が影響も亦多且つ激なり、故に偶偶兒險亂を好むの徒あり、其の奸惡を逞くせんとするや、常に迷信を利用して、愚民を煽惑するの奇貨と為さざるはなし。	1	古人曰可以奪三軍師、不可奪匹夫志と、迷信の魔力に凝結せられたる民衆の心は火以て燬くべからず、威力も理論も以て其心裡を移す能はざるなり。
4	支那人は、由来迷信の強且つ大なる先天の性を有せり、彼の近く拳匪の徒が、其の或る一半の裏面に於て、愚民の迷信を利用しつ、殆ど世界の史上に於て、未だ類例を見ざる罪惡を、言語同断なる暴戻を以て行ふ手段を為せし如きは、…。	4	支那民族の迷信深きは更に之より甚しきものあり。彼狡徒拳匪の輩、必ずや裏面に此迷信を利用し、名を降神問佛に藉り、妄譚奇語以て眾心を聳動せしめ、事を作し国を殆ふせし事例甚た多し。

以上這段文章，從聖經典故與印度的迷信傳說，說到支那民族的迷信深植，導致臺灣島民受匪徒妖言惑眾影響甚鉅等引據推論，在在可看出伊能嘉矩言論的脈絡。可能伊能嘉矩在總督府提出的報告內容，形成當時頗具傳述力的政策論述，地方公務人員在執行該政策之際，亦口徑一致地奉此為圭臬。

然而，片岡巖與伊能嘉矩著作內容的重疊之處，其實還不僅於此。例如，《臺灣風俗誌》最後一集（第12集）第一章〈臺灣の土匪〉計24節，共描述了28名土匪。其中，約有10名土匪的姓名，與伊能嘉矩的《臺灣文化志》第四篇〈治匪政策〉第二章〈匪亂各志〉是完全一致的。而且，前五名土匪不但姓名一致，連排序也是相同的。以下是兩者對於土匪的記載與章節配置情況，其中雷同或重疊之處歷歷可見。

表 3.8《臺灣文化志》與《臺灣風俗誌》匪亂記述對照

第二章	《臺灣文化志》第四篇	頁碼	第一章	《臺灣風俗誌》第12集	頁碼
第一節	吳球及劉卻	788	第一節	吳球	1099
			第二節	劉卻	1100
第二節	朱一貴	792	第三節	朱一貴	1101
第三節	吳福生	816	第四節	吳福生	1103
第四節	黃教	817	第五節	黃教	1103
第五節	林爽文	819	第六節	林爽文	1104
第六節	陳周全	842	第七節	許尚及楊良武（斌）[47]	1107
第七節	蔡牽及朱漬	845	第八節	張丙	1108
第八節	高夒	852	第九節	李石	1111
第九節	噶瑪蘭の料匠挑夫土匪	852	第十節	戴萬生	1112
第十節	許尚及楊良斌	857	第十一節	郭光侯	1113
第十一節	黃斗奶	859	第十二節	施猴斷	1114
第十二節	張丙	860	第十三節	林火旺陳秋菊其他	1115
第十三節	郭光侯	866	第十四節	蔡清琳	1116

---

47 《臺灣風俗誌》中標題為「許尚及楊良武」，但其內文卻記載為「楊良斌」，應為標題誤植。

第二章	《臺灣文化志》第四篇	頁碼	第一章	《臺灣風俗志》第12集	頁碼
第十四節	李石	868	第十五節	劉乾及林啟禎	1117
第十五節	黃位	870	第十六節	黃朝及黃老鉗	1118
第十六節	戴潮春	870	第十七節	羅福星	1119
第十七節	陳心婦仔並蔡顯老	886	第十八節	李阿齊	1119
第十八節	施九段	887	第十九節	陳阿榮	1120

備註：人物姓名一致處，以網底標示。

　　就文章與表達方式而言，伊能嘉矩的記載中有相當分量的夾註，以說明背景或引述相關文獻乃至詩文等，較之片岡的描述更為精細。但兩者行文及內容並不全然一致，尚不足以斷定其中的互文關係。而兩者之所以針對土匪皆有所記述，主要還是著眼於匪亂往往藉由迷信與煽動等民間思想而生，如李季樺所指，對於統治上的威脅不容小覷。[48]可見，動員浩大的舊習風俗記事，若無政治上的利害關係，恐怕難以形成這部幾乎空前絕後的鉅著。

　　另外，還有一項關於俚諺的佐證。1901年《臺灣舊慣記事》第八號刊載的〈臺灣の俚諺〉（作者為南門閑人），總計64個俚諺條目當中，與片岡巖1913年出版的《日臺俚諺詳解》相比，俚諺詞條相同者共33條，解說內容有部分雷同者計17條。這些俚諺詞條，似乎都屬負面思維的為人處世俗諺。列舉如下：

> 自掃門前雪、飼老鼠咬布袋、偷雞也著一把米、強盜搶來賊仔劫去、你想江山萬萬年、三年水流東；三年水流西、一人沒比得一人（一樣米飼百樣人）、中姑家意；不中小姑意、折人籬笆、著築墻仔還人、牛屎龜頂石板、隱龜打車輦；著力兼呈看、樹大影也大、先生無在館；學生搬海反、驚跌落屎廁；不驚火燒厝、要疼你；你打算要咬你、大富由天；

48　李季樺：〈他者の視線からみた19世紀末から20世紀初頭の臺湾における「迷信」の生成──臺湾の旧慣‧民俗誌史料の分析を中心として〉，《現代臺灣研究》第18號（1999年12月），頁33–50。

小富山勤儉、頭目鳥、無死主、父債子還；子債父不知、冷面合人燒腳
穿、床頭相打；床尾講和、財勢力三般全、東海無魚討西海、語講頭
尾、成則為王；敗則為賊、人心隔肚皮、拼死打倒一百人、小鬼未堪得
大百金、騎虎難下、害人；害自己、大人言；君子口、真金不怕火、塞
城門；不塞暗空。

　　這些詞條下的解說或文字敘述未必有借鏡前人的痕跡，但對於詞條
的選擇，兩者之間高達半數一致，可謂比例甚高。至少，藉此可知初期
的舊慣調查所獲結果，對於後來的民俗採集是有所影響的。

　　此外，值得留意的是《日臺俚諺詳解》1913年由臺南地方法院檢察
局內臺灣語研究會出版，該書由其長官朽木義春檢察長作序，指其收錄
臺灣日常用語、譬喻、故事、俚諺、隱語等達2,000句。是否當初俚諺
採集是出於防範匪亂再起及裨益治理等因素，而有探究臺人性格等動
機，值得今後深入考察。

　　而據日治時期日人臺語學習雜誌《語苑》主編小野西洲1939年2月
（32卷2號，頁82）「榕窗隨筆」記載，有人（包括小野？）認為警察對於
隱語、俚語、俗語皆應熟知，才能免於怠忽職守之譏。此外，1936年8
月號《語苑》登載東方孝義〈謎がかった俚諺〉（謎樣的俚諺），亦提醒警
察官熟知俚語中隱語（歇後語、雙關語、謎語等）的必要性。可見，日
人學習或採集俚諺的背後，大都與殖民治理的政策考量有關。

　　至於分別出版於1913及1914年的《日臺俚諺詳解》與《臺灣風俗》，
篇幅即達1921年《臺灣風俗誌》的48%。從其推薦序文與發行單位等可
知，俚諺與風俗採集在日治初期就受到官方支持。現將其主要目次內容
摘記如下，以供前後對照。《臺灣風俗》「例言」稱，僅第二至第四刊出
版，其餘各刊皆已完稿但尚未刊行。各章節重複者表列如表3.9。

表3.9《臺灣風俗》、《日臺俚諺詳解》與《臺灣風俗誌》目次內容對照

《日臺俚諺詳解》(1913)		《臺灣風俗誌》[49]	
頁1–198	日臺對譯門（臺灣俚諺附日文詳解，776條）	第8集	第一章〈臺灣人的俚諺〉
頁199–276	臺日對譯門（臺日對譯，未附詳解，計600句，407條）	第8集	第二章〈臺日俚諺對譯〉
《臺灣風俗》(1914)		《臺灣風俗誌》	
第一卷	迷信、動植物、出產結婚死亡、魂魄、鬼怪	第9集	同左列內容
第二卷	巫、驅邪招福、符呪、身心及事象異狀之迷信	第10集	同左，迷信類略有增補
第三卷	宗教：儒教、職業與信仰、神明迷信、生蕃之神、佛教、道教、齋教、基督教、神明會、宗教的營造物、本島人的宗教心、支那古代的宗教觀念，共12章	第11集	同左，但合併生蕃神明為一章，刪除〈本島人的宗教心〉，共計10章
1914年（已脫稿但未刊行）	第一刊 土人的勝負事（棋、拳、賭博等之隱語、批判語）	第5集第1章	臺灣人大人の遊戲
	第二至四刊 迷信、巫覡、宗教（同《臺灣風俗》）	（同上列第9–11集）	
	第五刊 小兒的遊戲及謎語	第5集第2至4章	同左
	第六刊 俗謠	第4集第2章	臺灣の雜念（本章為歌謠）
	第七刊 笑話	第6集第1、2章	臺灣人の一口噺/落語
	第八刊 本島古來的奇話與現今的怪譚	第7集第1章	臺灣の怪談奇話
	第九刊 本島的生產、結婚、喪祭與年中行事	第1集第1至4章	同左
	第十刊 本島的善良風俗	第3集第1章	同左

資料來源：筆者自行整理。

---

49 收入《臺灣風俗誌》第8集時，詳解詞條增列85筆，刪除4筆；對譯增列9筆，刪除一筆。共增88筆。

經對照比較各版本，可知《臺灣風俗誌》的多數文稿在1914年8月之前就已完成。或許是受限於某些規定（如第一刊為非賣品）或因文稿數量龐大等原因，僅於1913與1914年由臺南地方法院代為發行其部分內容。直到1921年才再由臺南地方法院再度發行，並獲得總督府許多高官的肯定與推薦。

從以上對《臺灣風俗誌》的文本脈絡探究可知，片岡巖的著作似乎有不少是來自前人文本的彙整，甚至連作者自序的構思與內容也顯然出自伊能嘉矩舊作。但儘管如此，仍有不少官員願意背書推薦。較可能的解釋應是片岡巖的著述行動原本就是政策要求下的產物，他的著作被視為接近一般人士閱讀需求的版本（如小野西洲書評所指），因而結集出版時也受到當局的認同與鼓勵。

然而，到了東方孝義的1930年代後期（以文稿連載期間為基準），情況似乎出現了某種程度的質變。其中最主要的背景因素改變，就是前節所述的舊慣調查政策未再持續執行，因而譯者扮演的角色也就不再重要如昔。就出版序言的呈現方式看來，《臺灣習俗》的序言也不像片岡巖的年代那樣，受到總督府或法院官員的眾多推舉。事實上，《臺灣習俗》僅有一篇作者自序，並未採取他人代為引言或介紹等形式。

而《臺灣習俗》出版後的回響，也非來自公部門；而是一位關心臺灣民俗的藝術工作者——立石鐵臣（1905–1980）登載於《民俗臺灣》的書評。[50] 該文不像《臺灣風俗誌》那樣出現政策性立場的陳述（如同化、自

---

50 立石鐵臣（1905–1980），生於臺北，父親立石義雄時任臺灣總督府財務局事務官，後任臺灣瓦斯株式會社董事。1911年4月，入臺北市第二小學校（旭小學校）就讀；1913年，隨父親調職而舉家返日。1933年，28歲時來臺寫生、舉行畫展，停留三個月後返日，以在臺創作之「萬華」、「多雲日子的河岸」、「山丘小鎮淡水」、「植物園之春」等作品入選日本國畫會展，並成為該會會員。1934年7月至1936年3月，立石鐵臣再次旅居臺灣。1935年，與西川滿等人成立「版畫創作會」，蒐集、創作與臺灣鄉土民俗有關的版畫作品，並發表同人雜誌《媽祖》。1941年起陸續為《民俗臺灣》繪製封面及插畫、更在該刊開闢圖文並茂的「臺灣民俗圖繪」專欄，同時在《臺灣日日新報》、《臺灣時報》、《文藝臺灣》等報刊發表美術評論、隨筆或插畫、封面畫等。立石鐵臣大力投入民俗藝術、書籍裝禎方面的創作，先後為《民俗臺灣》製作37幅封面、45幅「臺灣民俗圖繪」專欄版畫以及200多幅小插畫，作品質精量豐，是該刊美術編輯的靈魂人物。以臺灣風物為主題的創作特色貫穿其一生。

覺己任、矯風正俗等）；而是以書評作者的個人體驗與需求為出發點，對於該書的工具性與功能性（簡易、方便），以及作者的著述態度與熱誠等，視為該書的特質而加以推薦。

此外，從東方孝義對臺灣民俗的書寫中抒發感懷或褒貶，可知他對臺灣風俗習慣的評價及其日臺比較等觀點，大都與其生活體驗相關，並非資料引述與採集而已。而在臺進行數十年的日臺同化工程，到了1930年代似乎已在生活中逐漸落實，到了東方孝義的年代仍有追求日臺人「自然融和協調」的寫作目標。 書在同化議題上，或許都具有承上啟下的政策作用與意義。然而，在實施同化政策多年的背景下，兩書出版之際卻都不約而同地高舉政策旗幟，以「**矯風正俗、移風易俗**」為其書寫主旨。或許是出版費用龐大需要公家支持，或是冀望免受嚴格的出版檢查，為求順利出版而向政策靠攏的權宜之計。[51]

其次，再以兩書圖解內容進一步比較對照。圖解在跨文化訊息內涵的屬性上與文字書寫的差異在於訊息傳遞時由於文化落差過大，致使訊息接受方難在既有的百科知識中獲得對等的概念。因此，與其以文字描述其形式與意涵，不如透過圖像或手繪等「百聞不如一見」的方式，以利明確傳遞臺灣民俗的形式內容。以下表列是兩書所刊載的圖解內容、數量、出處等一覽。詳見表3.10。

---

51 許雪姬曾指，東方孝義若不迎合政策，該書恐難出版。參許雪姬：〈日治時期臺灣的通譯〉，頁1–44。

表3.10《臺灣風俗誌》與《臺灣習俗》圖解比較

書名	類別	資料內容及數量	資料出處
《臺灣風俗誌》（1921）	住居	普通家屋、商店家屋、鄉間家屋平面圖各1	第二集第一章第1、2、3節〈臺灣人の家屋〉
		室內擺設—廳堂、房間內裝置平面圖各1	第二集第一章第4節〈屋內の裝置〉
	服飾	婦女服裝款式手繪圖10	第二集第二章〈臺灣人の服裝〉
		婦女髮型手繪圖15，兒童髮型2，男辮髮1	第二集第四章第2節〈結髮〉
	纏足	足型手繪圖4款（與《臺灣慣習記事》5卷9號 圖文皆同）	第二集第六章第1節〈纏足〉
	巫覡	時卦(手掌圖1)、皇帝占法4、聖籤3、藥籤2	第十集第一章第5節〈術師〉
		勅符1、鬼符2、治病符30、鎮邪保安符/咒32	第十集第一章第7節〈符と咒〉
		八卦圖1、驅邪2、門聯3、降魔4	第十集第二章第1節〈驅邪及招福〉
	迷信	仕紳指甲、婦女纏足（手繪圖各1）	第十集第五章第1節〈迷信〉
《臺灣習俗》（1942）	住居	單獨式家屋、市街地家屋平面圖	〈住居〉
		室內擺設—廳堂、房間內裝置平面圖各1	
	服飾	婦女服裝款式手繪圖11	〈服裝〉
		婦女髮型手繪圖12，帽5	
	請帖	婚禮2、賀壽1、新年1、遷居1、開業1、請帖1	〈社交〉
	棋牌	將棋2、行直1、骰子4、四色牌1、天九牌4、撚寶2	〈趣味〉
相異點		《臺灣風俗誌》：著重**迷信與異俗之揭露**，探索先民內在思維與性格之外顯表徵	
		《臺灣習俗》：著重**人際往來與娛樂消遣**之記述，刻畫臺人個別與群體互動規範	
相同點		**偏重住居與服裝等，與「人身識別」(personal identification) 相關的標記**	

資料來源：筆者自行整理。
備註：表中數字為圖解數量，網底表示相同之圖解。

在住居、服裝、髮型、乃至纏足等，日臺差異極大且根深蒂固的群體生活習慣及身體裝束等篇幅中，兩書都安排了一定數量的圖片，以利讀者按圖索驥。然而經詳細比對後發現，片岡巖直接援引自《臺灣慣習記事》的圖片其實不在少數。例如，5幅住居平面圖中有4幅與《臺灣慣習記事》完全相同。8張服裝款式圖片中，有6張完全相同。而14張髮式圖片中，則有12張與之完全相同。

而東方書中與片岡完全相同者，主要集中於髮式；14張中共計12張。而服裝方面8張中有4張，三者完全相同；其中東方與片岡完全相同者計有5張，可見後來的作者確有援用前人圖片的情形。唯有住居方面，東方的5張圖片都僅與前人相似而非相同。至於時尚帽款等，乃東方孝義獨有之題材。三書問世各相距約20年，但臺人之住居與服裝、髮型等變化似乎並不大。由此可見，明治時期臺灣民眾的生活方式與居住環境等，並沒有過於顯著的改變（三書服裝髮式等圖片請詳本章文後附錄3.2）。

兩書主要差異可就採集內容與詮釋方式進一步探討。就內容言，片岡巖於1913年出版《日臺俚諺詳解》與1914年刊行的《臺灣風俗》三卷本，亦即以俚諺、迷信、巫覡、宗教等佔《臺灣風俗誌》達半數篇幅書寫，可視為對臺人異俗的記載。對此，《臺灣習俗》中則未加採集。《臺灣風俗誌》中關於早期（含清朝）匪亂以及臺灣動物、植物、礦物等屬於資料彙整的記載（約達全書55%），《臺灣習俗》都未予納入。而其餘的45%內容，就是兩者的共同主題，亦即以衣食住居與社交等日常生活中的行為活動為主體，再加上休閒遊藝等文化生活。

再就兩書主題相較，片岡巖的民俗著述以探索先民內在思維與性格的外顯表徵為主，而東方的採集範圍與著述屬性則偏重當時臺灣社會的人群活動與生活情趣等，並以刻畫臺人個別與群體互動規範為重心。相對於片岡巖對臺人先祖迷信與巫覡等異俗的揭露，東方孝義則著重臺人現實生活中人際往來的規範，或是民眾生活中娛樂消遣等過程或心情的描述。

　　植野弘子的〈植民地臺湾における民俗文化の記述〉[52] 曾追溯官方於
1901年設置的「臨時臺灣舊慣調查會」及「臺灣慣習研究會」(該會月刊
《臺灣慣習記事》(1900–1907) 與《民俗臺灣》(1941–1945) 的活動與功
能。文中比較警察通譯鈴木清一郎與鷲巢敦哉的著述，[53] 指出警察通譯
與警方及官方政策之間的微妙落差。亦即，譯者的民俗著述，並未追隨
政策立場所指示的「打破迷信、矯正弊風」，亦少見對於臺灣「迷信惡習」
的批判。以下再引《臺灣風俗誌》與《臺灣習俗》對於臺灣陋習的描述，[54]
作為植野弘子觀察所得的佐證。

　　以鴉片與纏足描述為例，1902年人類學者伊能嘉矩曾以筆名「梅陰
子」，指出當時臺灣雖有鴉片與纏足兩大陋習，但「吾等應正視現有風俗
之事實，以介紹真實之臺灣，不宜受俗吏之偏見而抹煞其真相」。[55] 而
在《臺灣風俗誌》第二集第六章〈臺灣人の纏足其他〉中，片岡對於鴉片
也僅介紹日治以來的管理方式，並描述鴉片吸食方式以及吸食者為此傾
家蕩產，乃至出讓妻妾等毒害之客觀事實。而關於纏足的記載，則以四
張足部圖片與四至五頁引經據典的內容，介紹纏足緣由及其現況。不
過，值得注意的是，其中關於纏足的圖片與記載，其實是大幅抄錄
1905年《臺灣慣習記事》第五卷第九號「漢族婦人の纏足」(頁29–33，作
者不詳，詳附錄3.3)。至於其中的書寫觀點，可以說從日治初期的伊能
嘉矩到片岡的民俗著述，都未以迷信或陋習的角度橫加批判。

52　植野弘子：〈植民地臺湾における民俗文化の記述〉，茨城大学人文学部紀要 (編)：《人
　　文学科論集》第41號 (2004)，頁39–57。

53　鷲巢敦哉 (1896–1943)，明治30年代曾舉家來臺，但因其父身體不適而返日，直到
　　1917年其父過世後才來臺定居。曾於1927年入東京警察講習所，在臺擔任警官練習所
　　教官多年。1932年因病請辭。退休後開始展開警察史編纂事業，擔任總督府警務局警
　　務課囑託 (約聘人員)，投入《臺灣總督府警察沿革誌》之編撰，因而留下大量著作。引
　　自鷲巢敦哉之女古川ミドリ：〈父鷲巢敦哉の思い出〉，中島利郎、吉原丈司 (編)：《鷲
　　巢敦哉著作集》別卷，頁435–436。

54　參見片岡巖 (著)，陳金田 (譯)：《臺灣風俗誌》(1921)，頁109–117。東方孝義：《臺灣
　　習俗》(1942)，頁36–38。

55　參梅陰子 (伊能嘉矩)：〈風俗上よりみたる臺灣館 (一)〉，《臺灣慣習記事》第3卷第6號
　　(1902)，頁76–83。梅陰子文中直指「現下臺俗之兩大弊風為吸食鴉片與女子纏足……
　　等」，詳頁78–79。

　　而《臺灣習俗》中的處理觀點則有些許感性上的差異。對於纏足，作者並未將此置於「陋習」類，而是放在「服裝」項下做為「鞋履」的説明，且未附圖片(頁13–15)。而提及鴉片，作者特別提到成癮的緣由，為「多因病苦而求諸其麻醉作用」，而「一旦無法吸食，即輾轉反側彷如胃痙攣患者，其苦痛之狀難以正視。」以上文字，反而鮮明地反映了作者對於鴉片吸食者感同身受的書寫視角。而「矯風正俗」之説，似乎只是書序中的門面之詞而已。

　　相較於出版時期與《臺灣習俗》相近，且曾與東方孝義同在「臺灣總督府警察官及司獄官練習所」任過教官的鷲巢敦哉《臺灣保甲皇民化讀本》[56]，他所指出的臺灣三大弊風——鴉片、纏足、辮髮，顯然就充滿奉行政策命令的執行者觀點。其中最為明顯的書寫差異，即是極力描述三大弊風的危害(鼠疫病毒曾透過纏足傳染)、懲罰(為保護日人免受鴉片荼害，臺人若供日人吸食則處死刑)，以及宣揚其矯治成效(如今吸食鴉片者已不足兩萬人)等。最後，作者稱「本人若可改之，神清氣爽至極，此一無是處之弊風，尚且耗費二十餘年。然此亦趁機高壓出手才得實現之。」[57]顯然，對於掃蕩弊風的雷厲風行頗為自得，筆下絲毫未見處於臺人視角的觀察。

　　此外，對照1903年出版的民政局警務高官佐倉孫三(1861–1941)的漢文臺灣風俗記事——《臺風雜記》，[58]其中對於鴉片、纏足等記載，與鷲巢敦哉的觀點及表述相比，卻較為溫和客觀。關於鴉片，他除了描述臺人吸食鴉片煙的方法、期間、花費之外，還把日人嗜酒的狼籍情狀也加以對照。而在纏足方面，首先描述其操作方法、美感評斷、婚嫁影響

56　鷲巢對於當時三大弊風——鴉片、纏足、辮髮等的記載，詳見鷲巢敦哉：《臺灣保甲皇民化讀本》(臺北：臺灣總督府內臺灣警察協會，1941)，頁207–221。

57　鷲巢敦哉：《臺灣保甲皇民化讀本》，頁220–221。

58　佐倉孫三《臺風雜記》原書即為漢文，此為原文引述。佐倉於1895年來臺三年，該書部分文稿於1896年12月起陸續以筆名「稱史」於《臺灣新報》披露。「纏足」與「鴉煙」等皆屬之。詳參林美容：〈宗主国の人間による植民地の風俗記〉，《アジア・アフリカ言語文化研究》71號(2006年3月)，頁169–197。

等，同時還以口婦涅齒、西婦搾胸為美等相比擬。尤其書寫中往往加入「或曰」、「余曰」等與第三者對話式的表述方式，乃至與日本西歐等對照的平衡觀點。[59]

至於片岡巖與東方孝義著作的後續影響，陳偉智指，[60] 曾任臺灣中部地區高級警官兼通譯鈴木清一郎的《臺灣舊慣冠婚葬祭と年中行事》（1934），其中部分內容即取材自《臺灣風俗誌》。[61] 此外，當時警察培訓所用的「臺灣事情（現勢）」教材，乃至文官與警察考試，也有不少援引民俗著述的考題。

而對於東方孝義，陳偉智也指出他擔任警察、法院通譯、及警察土語教師之時，透過其通譯教材與語文測驗等著作，將反映都市生活與思想的詞語——烏貓、烏狗（意指摩登男女）、犯罪等，也都曾納入警察土語教材及通譯考題。[62]

就民俗知識的轉化而言，除了《臺灣舊慣冠婚葬祭と年中行事》明顯承襲片岡巖《臺灣風俗誌》中有關生老病死及婚喪節慶等儀式規矩的描述之外，當時各類公職人員考試試題裡，這類臺灣民俗知識與概念幾乎都屬必考題。顯然，接受考驗的對象都是日籍公職人員。此一現象，似乎也顯現出殖民者為了征服治理，確實用心探究殖民地人的民族性格與集體意識，並要求日籍公務員提高「自覺」以達成任務。

表3.11是針對1925至1933年警察官及司獄官練習所畢業考題中，[63] 有關臺灣民俗與臺灣現勢考題的分類及分析。顯然，就試題數量與分布

---

59 本書每篇文後還有作者友人橋本矯堂、細田劍堂、山田濟齋，及另一臺籍記者在其文後加註評語。詳林美容：《白話圖說臺風雜記》（臺北：國立編譯館，2007），頁10–23。

60 陳偉智：〈「可以了解心裡矣！」：日本統治臺灣「民俗」知識形成的一個初步的討論〉。

61 取材自《臺灣風俗誌》第一、三集，關於出生、結婚、葬禮等記載。

62 1920年5–11月，東方孝義曾在《語苑》連載6期警察土語訓練教材「臺灣的歹風俗」，其中的殖民地警察訓示立場，與《臺灣習俗》是截然不同的敘述觀點。由此可知，作者在不同身分下的書寫內容與心態，可以是全然不同的。詳見《語苑》第12卷第5–11號。

63 大正十四年(1925)開辦特科生，招警部補以下34名進入警察官訓練所培訓一年。訓練科目為：福建語（發音、會話、文法）、時文（公用文、新聞報導）國語、漢文、臺灣事情（風俗、習慣）、警察法、服務等。引自警務局無明生：〈警察制度十年の回顧〉，《臺灣警察協會雜誌》第108號（1926年），頁51–65。

頻率看來，關於臺人現實情況的考題，確實不如探究臺人先祖傳統風習
的試題受到重視。

表 3.11　臺灣警察官及司獄官練習所畢業考題分析 (1925–1933) [64]

分類	考試年份與月份	合計
沿革	1926 年 11 月；1927 年 1、9 月	3
港口	1927 年 2 月；1927 年 5 月；1929 年 5 月	3
死亡	1926 年 8 月；1926 年 11 月；1932 年 12 月	3
出生	1926 年 8、11 月；1927 年 5 月；1928 年 6 月	4
靈魂	1926 年 11 月；1927 年 7 月；1929 年 3 月、9 月	4
結婚	1926 年 8、11 月；1927 年 1 月；1929 年 3 月；1931 年 7 月	5
迷信	1926 年 11 月；1927 年 1、3、5、7、9 月	6
宗教	1926 年 9 月；1927 年 2、6、12 月；1928 年 2、3、6 月；1929 年 3、8 月；1932 年 3 月	10
產業	1925 年 3 月；1926 年 9、11 月；1927 年 2、3、5、6、12 月；1928 年 3 月；1929 年 3、5 月；1932 年 1、12 月	13
總計		**51**

資料來源：鷲巢敦哉：《警察生活の打明け物語》(1934)，〈附錄習生卒業試驗問題〉。

　　陳偉智對於片岡與東方等民俗著作的詮釋，[65] 曾指當局將警察與法
院關係者觀察所得的「民俗」知識，視為殖民者對於被殖民者內在心理
的外在顯現，並藉此將「不可見」(the unseen) 的內部主體與「可見」(the
seen) 的外部知識有效對應，以用於統治上的操作。見諸警察練習生畢
業考題中對臺灣民俗的重視程度，似乎足以支持此一見解。然而，要求
日籍應試者需熟知臺俗的思維，彷彿也讓殖民者把自己推向「他者」(the
other) 的位置，臺灣民俗也因此成為「他者」傾力解讀的對象。

　　而兩位譯者在參與對臺風習採集與解碼的過程中，從採集範圍、觀
察角度、解讀方式、乃至介入的程度，大體上的敘事變化是由宏觀到微
觀、從中性客觀描述到略加主觀評論等漸次顯現差異。例如，片岡巖採

64　參鷲巢敦哉：〈附錄習生卒業試驗問題〉，《警察生活の打明け物語》(臺灣：出版者不
　　明，1934)。感謝陳偉智老師提供收藏資料，並惠予諸多寶貴意見。

65　見陳偉智：〈「可以了解心裡矣！」：日本統治時期臺灣「民俗」知識形成的一個初步的討論〉。

取的是百科全書式的鳥瞰概說，並納入歷時性的資料以及中國先民的民族性影響因素等，以反映300萬民情活動，並兼寫臺人社會史。

而東方孝義的書寫則揚棄了先民遺留的包袱，多數章節都以「概說」方式概括，採取為日人導覽的角度而書寫。例如，將「領臺」以來的情況先做陳述，再以中國為對照，最後才指出臺灣的特色所在。介紹篇幅較多的有：住居（40頁）、文學（144頁）、戲劇（80頁）、趣味（59頁）等。顯然，東方注重的是當時臺灣生活的寫照，而歷史陳述僅是輔助讀者理解之用而已。

在對臺人風俗的詮釋方面，《臺灣風俗誌》在同化政策的思維與推動下，著重臺人傳統風習的資料收集與客觀敘述；而《臺灣習俗》則強調當時日臺共有的文化生活與共同精神，時有突出作者個人經驗或主觀評論的書寫。

就出版發行角度觀之，兩部臺灣風俗著述的刊行皆由設在法院內的檢察局發行，掛名者分別為臺南與臺北地方法院的內部組織——「臺灣語研究會」。其實，當初這個設於地方法院內的「臺灣語研究會」，是根據訓令鼓勵法官學習土語，以避免透過通譯甚至多重通譯而產生的。[66]而東方孝義的《臺灣習俗》原稿，雖經《臺灣時報》連載四年後才結集出版，但該書版權頁上的執筆者除了作者姓名之外，還並列了「高等法院檢察局通譯室」，而發行所則以「同仁研究會」冠名。可見，兩書贊助人皆屬官方，不宜視為譯者個人公餘之暇的餘興之作。

六、結語：譯者與民俗著述

誠如 Delisle 及 Woodsworth 的 *Translators through History* 所指，譯者的主要貢獻是：創造、傳播、操控。其中包括，語言、風格、文學、歷史

---

66 見〈雜錄〉，〈鈴木前院長と司法事務〉，《臺灣慣習記事》第7卷第8號（1907年8月25日），頁75。

的創造；知識、宗教、文化價值、編纂詞典等傳播；權力的操控、譯者主體性的介入等。

　　以臺灣日治時期的風俗著述為範圍，透過探究譯者在法院通譯身分及其角色任務下所展開的民俗採集與記述活動，並分析其語文產出與民俗知識形構的關係時，可知殖民方譯者鮮明地顯現了他們在語文創造與民俗傳播等角色功能，甚至也介入了民俗價值取向、俚諺或詞語選取等帶有操控意味的知識與文化建構者位置。

　　然而，從當局的舊慣調查政策與執行體制中，又可見譯者身分及其職務需求等背後的殖民脈絡與社會角色，對於譯者的民俗與語文著述，正是其源頭與關鍵作用所在。或因如此，民俗書寫才會成為法院通譯的任務。而其出版發行方式與推動進程，乃至長官作序推薦，甚至採集過程中的文本圖片等交互援引，其中的集體性與公共性似乎未曾受到揭露。

　　前述譯者在參與民俗著述中的意識型態或道德辯論之際（如，對纏足女性的同情，或允許吸食鴉片的緣由），他們不但扮演書寫與傳播者的角色，同時也將翻譯的對象指向臺灣民眾的生活。這也顛覆了日本歷史上翻譯經典著作的傳統，可說是首次動員大規模人力物力，並長期展開詮釋境外民眾生活與集體意識的跨文化行動。尤其，這批譯者並非傳統文人學者，而是跨海來臺的日籍青年，在新領地中摸索學習當地語言，進而透過舊慣調查等活動而取得跨文化的生產成果。

　　其後，透過民俗著述的前期與後續文本脈絡對照，可知譯者下筆之際並非全然受到政治與社會角色左右，尤其透過語文系統中的封閉性與獨特性，譯者仍得以保有遊走雙語之間的些許自由空間。未來，透過對譯者其他著述的語文形式與內涵考察，期能從多面向的角度描述譯者主體性，並揭示其譯事活動中更深層的目的意識。

附錄3.1　《臺灣風俗誌》與《臺灣習俗》內容目錄

《臺灣風俗誌》內容目錄

集目	各章內容	1,184頁，共12集
1.民俗	生產、結婚、葬儀、年中行事、一日起居	86頁
2.生活	家屋、服裝、布帛、頭髮、飾品、陋習、食物、雜業、生產機具	69頁
3.人際	良俗、階級、乞丐、花柳、演劇、武術、私刑、賣身、收養、結拜、敬帖、宴席、店號、新居、**臺人常用詞語**	122頁
4.樂曲	音樂、歌曲	98頁
5.玩樂	成人嗜好、兒童遊戲、猜謎、繞口令	71頁
6.典故	醒世警語、俚語俗諺、傳說故事	56頁
7.怪談	每節1篇，共54篇	24頁
8.俚諺	臺人俚諺、**臺日俚諺對譯**（依50音順序，共36節）、蕃人傳說	224頁
9.迷信	自然現象、日月星辰、動植物、生死婚葬、魂魄、鬼怪	115頁
10.巫覡	巫師、驅邪招福、符咒、身心異狀、事象異狀	136頁
11.宗教	儒教、佛教、道教、齋教、基督教、神明會、宗教建物、囚犯信仰、生蕃眾神、傳統宗教觀	94頁
12.匪亂	依筆畫序，每節1名，共24名	33頁
附錄	植物、動物、礦物	52頁

備註：第1–5集為臺人現實社會之紀錄；第6–11集（共649頁）為臺人集體經驗與潛在意識之描述。

《臺灣習俗》內容目錄

集目	各章內容	422頁
1. 服裝	**概說**、男女便服、禮服、童裝、流行服、穿著、洗滌、裸露、髮帽、鞋、飾物	17頁
2. 食物	主食、食材、烹調、點心、佐料、水果、惜穀、男女分席、招呼語、菸、酒、茶、檳榔、鴉片	21頁
3. 住居	**概說**、樣式、隔間、建材、住屋特徵、防暑、佛間、夫妻同眠、落成儀式、轉宅修繕、招福避災、井位、植栽禁忌、符咒解咒	41頁
4. 社交	尚禮、稱呼、上流者/中流以下/下流勞動者之禮儀、姿勢、宴席/社交規範	23頁
5. 文學	**概說**、種類狀態、詩詞歌賦、民間文學、童謠、俗謠、流行歌曲、民謠、山歌、採茶歌、故事、神話、傳說、趣話、寓話、唱本	145頁
6. 演劇	**概說**、舞臺、演出、角色、類別、服裝、道具、後場、腳本、劇目、現況	81頁
7. 音樂	**概說**、聲樂、樂器、音符、讀譜、曲調唱腔、各式音樂	21頁
8. 運動	**概說**、拳 、扒龍船、棒押、兒童遊戲	10頁
9. 趣味	**概說**、詩歌文章、琴棋書畫、比輸贏、搏大小、四色牌、硬牌、抽籤	64頁

備註：第5、6、9項之文藝活動所佔篇幅最多。

附錄3.2 《臺灣慣習記事》、《臺灣風俗誌》、《臺灣習俗》
圖片對照表

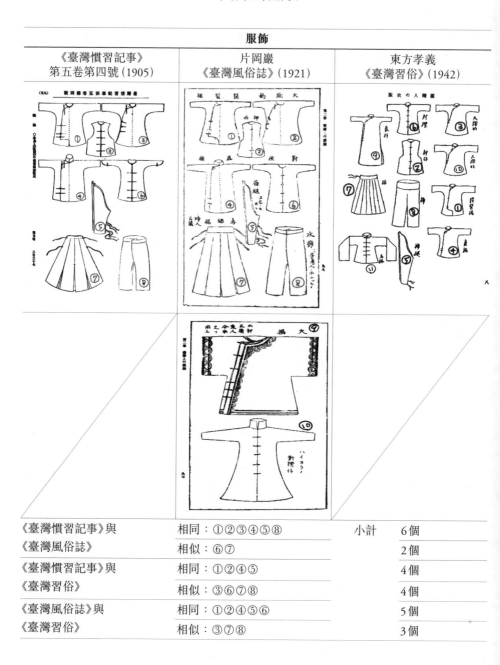

服飾		
《臺灣慣習記事》 第五卷第四號（1905）	片岡巖 《臺灣風俗誌》（1921）	東方孝義 《臺灣習俗》（1942）

《臺灣慣習記事》與 《臺灣風俗誌》	相同：①②③④⑤⑧	小計	6個
	相似：⑥⑦		2個
《臺灣慣習記事》與 《臺灣習俗》	相同：①②④⑤		4個
	相似：③⑥⑦⑧		4個
《臺灣風俗誌》與 《臺灣習俗》	相同：①②④⑤⑥		5個
	相似：③⑦⑧		3個

髮型

《臺灣慣習記事》	片岡巖《臺灣風俗誌》（1921）	東方孝義《臺灣習俗》（1942）

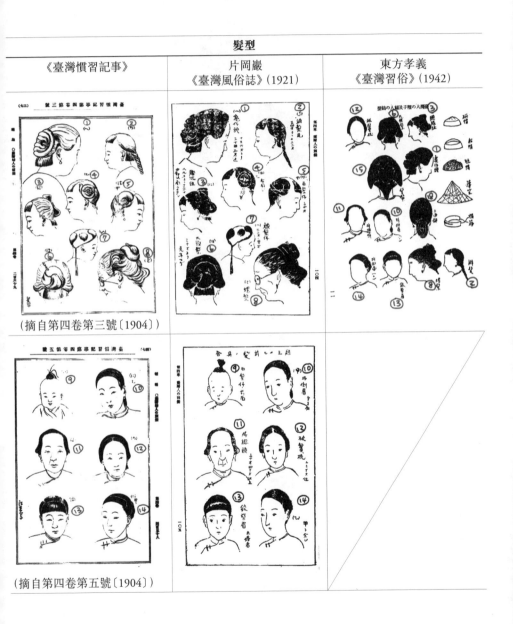

（摘自第四卷第三號〔1904〕）

（摘自第四卷第五號〔1904〕）

髮型

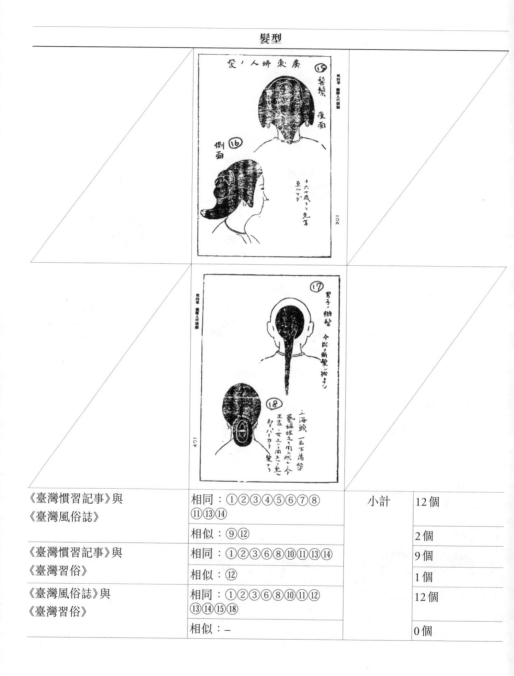

《臺灣慣習記事》與	相同：①②③④⑤⑥⑦⑧⑪⑬⑭	小計	12個
《臺灣風俗誌》	相似：⑨⑫		2個
《臺灣慣習記事》與	相同：①②③⑥⑧⑩⑪⑬⑭		9個
《臺灣習俗》	相似：⑫		1個
《臺灣風俗誌》與	相同：①②③⑥⑧⑩⑪⑫⑬⑭⑮⑱		12個
《臺灣習俗》	相似：—		0個

附錄 3.3　《臺灣慣習記事》與《臺灣風俗誌》纏足記載內容對照

纏足	
《臺灣慣習記事》（1905 年 9 月 13 日） 第五卷第九號〈漢族婦人の纏足〉， 頁 29–33	《臺灣風俗誌》（1921） 第二集第六章〈臺灣人の纏足其他〉， 頁 109–114
支那に於ける漢族の女子の特徴たる纏足の起源に就いては、史的記録の確かに徴すべきもの少なく、且つ支那上代の俗を寫せる繪畫を見るも、古来如斯の風ありしことを考證すべき資料に乏し、降りて宋代の張邦基が墨莊漫録に『婦人之纏足、起於近世、前世書傳、皆無所自』と曰へるは、事實に近き説なるべし、道山清話によるに	支那に於ける漢族の女子の特徴たる纏足の起源に就いては、史的記録の確かに徴すべきもの少なく、且つ支那上代の俗を寫せる繪畫を見るも、古来如斯の風ありしことを考證すべき資料に乏し、降りて宋代の張邦基が墨莊漫録に『婦人之纏足、起於近世、前世書傳、皆無所自』と曰へるは事實に近き説なるべし、道山清話によるに
李後主宮嬪窅娘、纖麗善舞、後主作金蓮、高六尺、作品色瑞蓮、令窅娘以帛纏足、令纖小、作新月狀、著素襪、於蓮中回旋、有凌雲態、齊鎬詩云、蓮中花更好、雲裏月常新、因窅娘作也と見え、南史によるに、	李後主宮嬪窅娘、纖麗善舞、後主作金蓮、高六尺、作品色瑞蓮、令窅娘以帛纏足、令纖小、作新月狀、著素襪、於蓮中回旋、有凌雲態、齊鎬詩云、蓮中花更好、雲裏月常新、因窅娘作也
… (中略) …	と見え、南史によるに … (中略) …
舊記を案ずるに、満清の支那の中原を一統するや、康熙三年、厳令を布き、同元年以後所生の女子の纏足を禁止し、若し其の女の父にして違禁する者は、文武官は吏部兵部に交し、人民は刑部に交し、笞杖流等の重刑に處し、併せて地方官に失察の責を負はしむることゝなせしが、如何せん積習の成性は、此の厳令酷刑の克く禁止する所に非ず、次で七年、禮部の題請により、之を廃止するの止むなきに至りなり、啻に政府の当局者のみならず、心あるの志士、夙に此の弊俗の矯正に力を盡し、其の纏足の風を嘲りて、	舊記を案ずるに、満清の支那の中原を一統するや、康熙三年厳令を布き、同元年以後所生の女子の纏足を禁止し、若し其の女の父にして違禁する者は、文武官は吏部兵部に交し、笞杖流等の重刑に處し、併せて地方官に失察の責を負はしむることゝなせしが、如何せん積習の成性は此の厳令酷刑の克く禁止する所に非ず、次で七年禮部の題請により、之を廃止するの止むなきに至りなり、啻に政府の当局者のみならず、心あるの志士は夙に此の弊俗の矯正に力を盡し、其の纏足の風を嘲りて曰く
裹足原來自古無。觀音大士赤隻趺。不知裹足從何起。起自人間賤丈夫。	裹足原來自古無。觀音大士赤隻趺。不知裹足從何起。起自人間賤丈夫。
と諷せしも、流俗の渦潮は此の嘲諷を波却し、阿母相憐一束纏。為教貼地作金蓮。弓痕窄々新花樣。知是初三月上弦。	と諷せしも、流俗の渦潮は此の嘲諷を波却し阿母相憐一束纏。為教貼地作金蓮。弓痕窄々新花樣。知是初三月上弦。
と歌はしめつゝあること是非なければ、	と歌はしめつゝあること是非なき次第なり

纏足

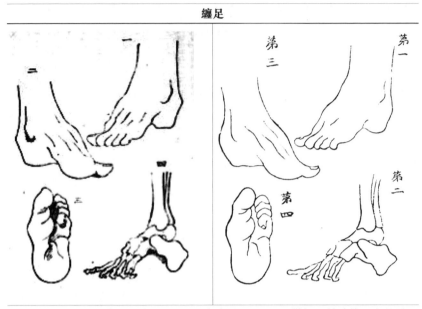

備註：(1)灰色網底為相異處；(2)中略處幾乎相同；(3)僅標點符號等些微差異。

第4章

譯者與他者：
以佐藤春夫的臺閩紀行為例

一、前言

佐藤春夫於1963年在〈詩文半世紀〉中回顧其臺閩之旅，曾抒發感言：「彼時之夏，至感幸福」。[1] 而此行最不可或缺的助力，就是為他提供了在地知識與人脈的譯者，包括為他規劃行程並提供臺灣與原住民背景知識及人脈的森丑之助、一路隨行翻譯的臺中州通譯A君（許文葵），以及伴隨佐藤自高雄抵達廈門的自閩來臺青年鄭君（鄭享綬）。而他們的身影與言行舉動，都在佐藤的臺閩紀行中留下了深刻的投影。

從佐藤春夫的臺閩紀行作品〈殖民地之旅〉與《南方紀行》可知，譯者可以說是佐藤觀看當地的視窗，而佐藤自己反而成為譯者言論與行動的忠實記錄者。而森丑之助對於佐藤春夫的影響，更可從他在旅遊途中，隨身攜帶並時時翻閱，森丑之助所著的《臺灣蕃族志》第一卷，可知他對森丑之助所具備的臺灣知識是極為信服的。而佐藤對臺書寫的寫實筆法，正如藤井省三所指，[2] 作品中相當程度地反映出佐藤春夫對於臺灣受殖民統治的同情。然而，選擇接納一路陪同的譯者所帶來的觀察視

---

1 原文為「全く幸福な一夏であった。」引自佐藤春夫：〈詩文半世紀〉，《定本佐藤春夫全集》第18卷，頁108。
2 藤井省三：〈植民地臺湾へのまなざし──佐藤春夫の「女誡扇綺譚」をめぐって〉，日本文学協会（編）：《日本文学》第42卷第1號（1993年1月），頁19–31。

角與內涵，並形構為異國書寫的組成與內容；除了歸因於佐藤春夫的對臺同情之外，對於影響作家的譯者，是否也是理應探究的一環？

本章將針對譯者、作者乃至雙方背後的社會與文化等脈絡，進行多角度的探索，以探究百年前日臺閩三地曾經碰撞出的文化火花。盼藉此一難得的案例，印證並深化佐藤春夫的臺閩紀行研究，以歸納分析譯者及其譯事活動在文學與文化事件中的角色功能。

二、臺閩紀行的作者與譯者

佐藤春夫的臺閩紀行裡，直接透露取材背景與消息來源等線索的陳述可說俯拾皆是。而消息來源中最為多見的，就是旅途中的嚮導兼譯者。為便於參閱，據黃美慧的考察內容，[3] 並依出版日期先後製成表4.1。

表4.1 佐藤春夫臺閩紀行中的取材記述

出版日期	作品題目	取材地點	消息來源
1921.03	星（陳三五娘）	漳州	漳州 [同行通譯徐朝帆] 所言
1921.09	章美雪女士之墓	集美	嚮導兼通譯－鄭
1921.11	廈門印象	廈門	嚮導兼通譯－鄭
1921.11	漳州	漳州	[鄭] 及廈門旭瀛書院教師徐朝帆、余錦華及軍醫許連城[4]

3　黃美慧：〈佐藤春夫與臺灣中國——大正九年的臺福之旅〉，《東海學報》33卷（1992），頁167–184。

4　筆者按：通譯鄭君並未隨行至漳州，但以書面方式提供在地訊息給佐藤。據河野龍也自徐朝帆長子世雄先生取得一手材料得知其生卒年外，並依《臺灣總督府國語學校一覽》查證，徐朝帆於大正2年（1913）10月取得公學校農業教員資格，余錦華則大正6年3月公學校師範部乙科畢業。兩人都在大正12年6月任旭瀛書院訓導。而許連成則是明治39年畢業於臺灣總督府醫學專門學校，在漳州南門外大路頭開設宏仁醫院。參『南閩事情』大正8年6月，臺灣總督官房調查課，頁191。三位都確有其人。詳見河野龍也：〈佐藤春夫『南方紀行』の中國近代（四）——筆談が生んだ「誤解」〉，《実践国文学》第91卷（2017年3月），頁54–74。

出版日期	作品題目	取材地點	消息來源
1923.08	鷹爪花	鳳山／尼姑庵	嚮導－陳[5]
1923.10	魔鳥	能高山／霧社	警察翻譯搬運行李工人所言
1925.03	霧社	霧社	M氏（森丑之助）
1925.05	女誡扇綺譚	臺南／安平港	嚮導－A
1928.01	日章旗下	臺灣南部	來自任職官府的日本青年聽聞[6]
1932.09–1932.11	殖民地之旅	埔里／鹿港／豐原／霧峰	隨行通譯－A君
1937/08	社寮島旅情記	基隆／和平島	H氏（中學同窗，東熙市）

備註：上表右欄「消息來源」[ ] 中所載內容引自佐藤春夫原作，( )則為筆者之註記。

本節擬針對佐藤春夫的文學特質及其來臺背景，以及對其臺閩書寫提供最多線索且在作品中被刻劃最深的三位譯者，探究佐藤春夫的臺閩紀行中，作者與譯者所扮演的角色功能。

1. 佐藤春夫（1892–1964）

佐藤春夫是日本現代知名詩人及小説家，和歌山縣新宮市人。父祖兩代皆行醫，母親出身當地望族。據其自撰年譜，[7] 12歲時立志成為文學家。1910年當地中學畢業後，即前往東京師事知名小説家生田長江，並加入與謝野寬夫妻主持的新詩社——東京詩社。同年，考入東京的慶應義塾大學文學部預科，曾受教於初任該校教職、甫自法國歸來的新派作家永井荷風，但因曠課過多且身心虛弱而於1913年退學。

5　筆者按：作品中有兩位陳先生，一是接待佐藤的鳳山米商，另一則是敘述該故事的富人賓客；後者即陳聰楷（1892–？）。據島田謹二，聽聞陳氏為東熙市出資開業，身分為「前高雄州岡山郡左營庄長」。島田謹二：〈佐藤春夫氏の『女誡扇綺譚』〉，《臺灣時報》（1939年9月號），收《華麗島文学志——日本詩人の台湾体験》（東京：明治書院，1995），頁353。

6　筆者按：文中敘事者自稱來臺前後經歷及其山地知識等，皆與森丑之助完全吻合。

7　佐藤春夫：〈自筆年譜〉，《定本佐藤春夫全集》第35卷，頁15。初出《現代日本文學全集29：里見弴・佐藤春夫集》（東京：改造社，1927）。

　　1919年，他集結1917至1919年之間的作品，由新潮社刊行定本《田園的憂鬱》，這是其初試啼聲之作。同年12月，天佑社出版其短篇集《美しき町》（美麗街市）；1921年1月則由春陽堂推出《佐藤春夫選集》。從以上出版社分別為他集結印行作品看來，1920年來臺之前，他已是嶄露頭角的文壇新人了。

　　1916年佐藤春夫結識受到永井荷風賞識的文壇新銳谷崎潤一郎並成為好友，1918年獲谷崎推舉而進入文壇。然而數年後他卻捲入谷崎的婚姻，愛上了谷崎的妻子石川千代。1925年他曾將此三角戀情寫成長篇小說《この三つのもの》（這三個人）。1926年谷崎自認與賢妻良母型的千代難以契合，同時佐藤也歷經結婚與離婚的人生低潮，谷崎終與佐藤化解前嫌，於1930年8月寫下休書給千代，讓她帶著女兒與房子和佐藤春夫結婚，三人聯名的離婚結婚書成為轟動一時的「讓妻事件」。

　　佐藤春夫來到臺灣之前，正是與千代夫人情感糾葛熾烈之際。1920年2月自陳「陷入極度神經衰弱」，[8] 而返回故鄉新宮。當時，他的中學同學東熙市（1893–1945）正好為興建醫院而返鄉調度資金。[9] 經老同學一再鼓吹，於是決定臺灣之行。1920年是他寫作空白的一年，而訪臺之後的隔年（1921），一年之內就持續完成了10篇臺閩兩地的遊記與傳說等作品。[10] 佐藤春夫也因而成為殖民時期第一位以臺灣為題材，並獲得廣

8　同年自筆「此年，幾無作品。」參佐藤春夫：〈自筆年譜〉，頁17。

9　東熙市是日本三重縣人，1914年11月畢業於東京齒學專門學校，隨即赴臺於打狗齒療院工作。1918年在打狗開設「東齒科醫院」。日後開業的地點擴及臺南、廈門、麻六甲，亦曾至上海執業。佐藤春夫稱其「酒量佳且豪放磊落，是古道熱腸的好漢，頗具語言天分，工作嚴謹，努力過人。」引自河野龍也：〈佐藤春夫『南方紀行』の中國近代（三）──東熙市と鄭享綬〉，《實踐国文学》第84卷（2013年10月），頁50–67。另參佐藤春夫：〈觀潮樓附近〉，《定本佐藤春夫全集》第12卷，頁312。1910年9月佐藤就讀慶應大學時，曾於東京本鄉區湯島新花町與東熙市同租一屋。參〈年譜‧著作年表（明治四三年）〉，《定本佐藤春夫全集》別卷1，頁272。

10　《南方紀行》出版於1922年4月20日，故可推知6篇短篇應是1921年底即已完稿。再加上〈黃五娘〉（1921年1月）、〈星〉（1921年3月）、〈日月潭に遊ぶ記〉（1921年7月）、〈蝗の大旅行〉（1921年9月）。另詳〈年譜‧著作年表（大正10年）〉，《定本佐藤春夫全集》別卷1，頁285–286。

大迴響的日本作家。[11] 可以說，此行不但是佐藤生命中的第一次境外遠行，對於佐藤春夫的文學與人生而言，此行更是他開拓文學與人生新天地的探索之旅。

2. 森丑之助（1877–1926）

根據楊南郡製作的年譜，[12] 森丑之助生於京都，長於九州，曾在長崎市「長崎商業學校」念過一年級（肄業），在校時學過中國南方官話。18歲時以中文通譯身分前往遼東半島服役，同年9月改以陸軍通譯身分申請來臺。森氏來臺後足跡行遍全臺蕃地。三年後已能操排灣、阿眉、布農、泰雅等族蕃語，並受民政部警察本署委託編寫教本，陸續出版。[13]

1900年1月至9月，森氏全程陪同奉派來臺的人類學者鳥居龍藏（1870–1953），擔任「地理嚮導兼土語與蕃語譯員，同時參與調查工作。」[14]此後，至少16次橫跨中央山脈進行民族學誌記錄、地理調查、服飾圖譜製作、植物採集調查等工作，留下大批田野調查紀錄。由於紀錄與圖繪皆備極詳盡，成為對原住民深入而系統化的學術成果。[15]

1902年起，森氏的學術文章、圖譜陸續發表於學術期刊，並散見於報章雜誌共達114篇。[16] 1909年，由臺灣總督府出版《二十萬分之一北蕃圖》。1912年，為三省堂《日本百科大辭典》撰寫第六卷「臺灣蕃族」項，共7,500字、照片16張。1915年，出版《臺灣蕃族圖譜》第1、2卷。1917年出版《臺灣蕃族志》第一卷「泰雅族篇」。

11 島田謹二：〈臺灣に取材せる寫生文作家〉，《臺灣時報》（1939年7月號）；收《華麗島文学志——日本詩人の台湾体験》，頁254–300

12 〈森丑之助年譜〉，楊南郡（譯註），森丑之助（原著）：《生蕃行腳》，頁601–638。

13 1899年森丑之助為民政部警察本署編寫《排灣蕃語集》與《阿眉蕃語集》，翌年完成《布農蕃語集》。前兩書於1909年由蕃務本署以小冊子形式發行，現存蕃語集多以其著作為底本。

14 森丑之助的〈生蕃行腳〉原載《臺灣時報》大正13年（1924）4至11月。中譯文引自楊南郡（譯註），森丑之助（原著）：《生蕃行腳》，頁180。

15 楊南郡（譯註），森丑之助（原著）：《生蕃行腳》，頁51。

16 114篇的統計是楊南郡考察所得，但未包含已成書的文章及對他的報導。森氏著作與論文目錄詳見楊南郡（譯註），森丑之助（原著）：《生蕃行腳》，頁639–662。

　　森丑之助在臺灣30年，從完全不諳蕃語，到成為能操持數種蕃語的通譯，進而編寫蕃語教材，持續發表著作。再透過長期投入田野工作，深入蕃地取得精確的一手資料，終成「臺灣生蕃研究第一人」。[17]

　　然而，1923年日本遭逢關東大地震，原定各出版20卷的《臺灣蕃族圖譜》與《臺灣蕃族志》原稿與資料全數化為灰燼。其後，森氏因推動「蕃人樂園」計劃受挫而抑鬱失落。1926年7月3日，登上基隆駛往神戶的「笠戶丸」擬歸門司，卻於翌日自船上投海自盡，時年49歲。接獲森氏之女電文通知的佐藤春夫於1926年8月10日致父親函中透露其心情：「思及多年交誼，悲嘆至極！」[18]

　　1920年夏，森丑之助雖未一路隨行，但對佐藤春夫的臺閩之旅影響至深。[19]據佐藤春夫1936年〈かの一夏の記〉的回顧，他從7月6日與東熙市抵達基隆港後，就直奔森氏任職的臺灣總督府博物館，請教如何規劃此行的旅程。森丑之助在總督府內雖未居要職卻頗具分量，故藉其斡旋之力，佐藤一路受到彷如總督府貴賓的禮遇，且得以遍遊島上所有名勝古蹟。[20]

　　有關兩人的私誼，根據兩者的對照年譜可知，佐藤春夫離臺前曾應邀在森丑之助家中盤桓近半月。[21]又據《定本佐藤春夫全集》(1898–2001)第19卷及《佐藤春夫宛森丑之助書簡》，1926年8月10日致其父函中提及1926年5月森丑之助曾往佐藤春夫東京自宅拜訪，致使佐藤得知森氏

---

17 引自1935年遺孀森龍子為亡夫所撰的300字略傳，參楊南郡(譯註)，森丑之助(原著)：《生蕃行腳》，頁636–637。

18 據佐藤春夫1926年8月10日致父親書簡，參新宮市立佐藤春夫紀念館(編)：《佐藤春夫宛森丑之助書簡》，頁29。

19 森氏曾於1920年7月17日寫信給佐藤，提到「因近日腳部神經持續疼痛致無法隨行，深感遺憾。」引自新宮市立佐藤春夫紀念館(編)：《佐藤春夫宛森丑之助書簡》，頁5。

20 佐藤春夫在〈詩文半世紀〉中提到，森氏深受蕃族敬重，且總督府裡有熟人，故訪臺行程悉由森氏安排並委其上司代為疏通。參佐藤春夫：《定本佐藤春夫全集》第18卷，頁108。

21 〈佐藤春夫‧森丑之助年譜〉1920年森丑之助欄，參新宮市立佐藤春夫紀念館(編)：《佐藤春夫宛森丑之助書簡》，頁50。

死訊時尤感錯愕悲痛。[22] 此外，據佐藤春夫1936年〈殘雪日記〉（定本第21卷）中的敘述，森氏逝後其女偕夫婿為整理森氏遺稿而數度前往佐藤春夫家拜訪。文中稱森氏為「手無寸鐵，卻在蕃地來去自如，是蕃人心目中的日本頭目」，自己「佩服丙牛先生為人，故樂聞其言」。[23]

從以上出自佐藤春夫的文章與私函，可知森丑之助的人格特質及兩人之間的信賴關係。若能進一步由佐藤的作品探索，更可理解森氏在佐藤心目中的形象與作用。

3. 許文葵（1900–1968）

根據臺灣新民報社編輯的《臺灣人士鑑》（1934），「許媽葵（又稱文葵、鵑魂）明治33年1月9日生於鹿港。少修漢學，後入臺中中學校（即臺中一中），並為首屆畢業生。畢業後即任臺中州書記及通譯。」文中且稱他「頭腦明晰」。[24]

許氏於1920年佐藤春夫訪臺時擔任隨行翻譯，因而被寫入1932年出版的〈殖民地之旅〉，成為其終生為人樂道的亮麗事蹟。據曾經親訪許文葵的池田敏雄在〈鹿港遊記〉與〈亡友記〉中的敘述，[25] 許氏即〈殖民地之旅〉中的「臺灣通譯A君」。而據河原功從鹿港戶政事務所調查得知，[26] 許氏歿於1968年11月。從以上日臺學者專家的延續性探索與記載可知，許文葵在佐藤春夫的研究系譜中，始終受到一定程度的關注。[27]

22　參見〈イロ・ロオマンのこと〉，佐藤春夫：《定本佐藤春夫全集》第19卷，解題。及佐藤春夫：《定本佐藤春夫全集》第36卷，頁85。另詳笠原政治：〈佐藤春夫が描いた森丑之助〉，頁29。

23　佐藤春夫：〈殘雪日記〉，《定本佐藤春夫全集》第21卷，頁153–156。又，「丙牛」為森氏雅號。

24　參臺灣新民報社調查部（編）：《臺灣人士鑑》，頁41。該書是臺灣新民報為日刊發行一週年而編，「發刊之辭」指出其判別標準是針對具信望之重要人士，不論其階級、貧富，以對臺灣社會意義為指標，經嚴選後收錄之。

25　池田敏雄：〈鹿港遊記〉，頁92–104。又參池田敏雄：〈亡友記〉，頁119–139。

26　河原功：〈佐藤春夫「植民地の旅」の真相〉，頁3–23。

27　關於許文葵研究的重要前人文獻及許氏生平與作中角色等，詳見邱若山：〈佐藤春夫「殖民地の旅」をめぐって〉，《佐藤春夫台灣関係作品研究》；《日本学と台湾学》創刊號（2002年7月），頁129–149。

　　據陳艷紅調查，[28] 許文葵1917年臺中中學畢業後即進入臺中州廳擔任僱員，並兼州知事通譯。由於雅好詩文，1921年起持續加入「大治吟社」等詩社，1933年更創立「淬勵吟社」。1942年曾經營當鋪「鹿門莊」，但亦充作文人沙龍集會之用。1945年任臺中一中國文教師，但因僅諳日臺語致不符所需，1955年即被迫退休。[29] 其鹿港同鄉洪炎秋 (1978)〈佐藤春夫筆下的鹿港〉、[30] 林莊生《懷樹又懷人》第九章〈許文葵先生〉裡，都提到許氏晚年生活拮据的景象。

　　許文葵於弱冠之齡即受州知事指派為佐藤春夫擔任陪同秘書兼通譯，可見胸有點墨。且1934年即列名於《臺灣人士鑑》，可說頗受同時代人器重。洪炎秋在〈佐藤春夫筆下的鹿港〉附註裡提到，[31] 許文葵「年輕時候，才氣煥發，能說善道，假期常從先父學詩文，好跟日本人抬槓，為本省人吐氣。」由此可知，許氏頗具才情、雅好詩文，且個性方正。

　　陳艷紅研究曾指，[32] 許文葵除了1920年伴隨佐藤春夫同遊之外，其後還擔任過不少日本文化人士的通譯兼嚮導。如畫家立石鐵臣 (1905–1980)、法政學者中村哲 (1912–2003)、民俗研究者池田敏雄 (1916–1981)等。[33] 由此可知，許文葵是作家、畫家、學者、民俗研究者等想要尋訪的在地文化人。尤其，長期居住臺北的民俗研究者池田敏雄更是數度造訪，[34] 可見許氏的文才及在地知識與見解等頗受學者專家信賴。

28　陳艷紅：〈日本文化人の目に映った鹿港の半世紀 (1920–1976)〉，2005年9月10日臺灣大學舉辦之「天理臺灣學會第15回研究大會」，《臺灣大會記念演講及研究發表論文報告集》B6-3場，未出版，無頁碼。

29　據林莊生追憶，由於許文葵只能以臺語授課，在學校地位逐年下降。由訓導主任降為勞動服務組組長，後再降至初中班導師；授課也從國文，改為公民。參林莊生：《懷樹又懷人——我的父親莊垂勝、他的朋友及那個時代》，頁162。

30　洪炎秋 (1899–1980) 在〈殖民地之旅〉中也受到記載；當時恰逢許文葵與佐藤春夫在鹿港街上與他不期而遇，乃請洪邀其父親 (著名詩人洪棄生) 與佐藤會面卻未獲首肯。見洪炎秋：〈佐藤春夫筆下的鹿港〉，頁294–301。

31　洪炎秋：〈佐藤春夫筆下的鹿港〉，頁301。

32　陳艷紅：〈日本文化人の目に映った鹿港の半世紀 (1920–1976)〉。

33　參見池田敏雄：〈鹿港遊記〉，頁92；本書第一章〈臺灣日治時期的譯者群像〉。

34　據〈亡友記〉，數度造訪鹿港的池田敏雄，於許文葵逝後回到許氏當年開設的「鹿門居」時，但見舊址已成廢墟，門前竟成麵攤與水果攤販聚集之處，感懷至深。參池田敏雄：〈亡友記〉，頁126。

4. 鄭（享綬）

根據河野龍也〈佐藤春夫『南方紀行』の中国近代（三）——東熙市と鄭享綬〉援引廈門地方史料與日本外務省史料，以及後續對於東熙市家族的口述訪談等綿密的考察，[35] 終於揭露了佐藤春夫臺閩紀行中的謎樣人物——「鄭」（鄭享綬）的姓名與經歷。原來，這位出身廈門的鄭君曾在鼓浪嶼的尋源中學就讀，[36] 和《南方紀行》中提及的養元小學校長周坤元（?–1941）有同窗之誼。[37] 閩地遊蹤所到之處，大都與鄭君的在地人脈密切相關。可以説，沒有鄭享綬這號人物，佐藤春夫大概也不會到該處遊歷了。

其實，不僅佐藤春夫到福建需要鄭君的協助，據河野龍也的研究，就連東熙市也不例外。1923年8月東氏前往位於鼓浪嶼的廈門博愛會醫院赴任，擔任該院新設的齒科副醫長。東氏時年33歲，以臺灣總督府警務局衛生課技手身分赴閩。河野根據《大正拾參年度廈門博愛会事業成績報告書》職員錄發現鄭享綬以「齒科傭」的身分，[38] 於東熙市就任後三個月——1923年11月，再次成為東熙市的手下。又據河野編製的〈東熙市年譜〉，鄭君的就職正是出於東氏的主動安排。[39]

此後，東氏在廈門博愛會醫院持續工作6年。1930年1月至1932年底，東氏在鼓浪嶼東部的洋墓口開業三年。但由於排日運動日熾，東氏

35　參見河野龍也：〈佐藤春夫、臺湾で居候になる—インタビュー・東熙市一家の記憶から〉，《実践女子大学文芸資料研究所年報》第33號（2014年3月），頁278–301。

36　1881年基督教美國歸正教公會和英國長老會聯合創辦「尋源書院」，校址在鼓浪嶼山仔頂。該校以英語授課，林語堂即其傑出校友。1914年改名「尋源中學」，1925年遷往漳州。

37　據河野龍也調查，周坤元為福建思明縣人，鼓浪嶼尋源中學畢業後任養元小學校長。1922–1925年赴美留學並獲教育碩士。1929至1933年任尋源中學校長。抗戰後轉往仰光、新加坡、吉隆坡等華僑中學任教，1941年病逝於吉隆坡近郊的文良港。參見河野龍也：〈佐藤春夫『南方紀行』の中国近代（四）——筆談が生んだ「誤解」〉，頁54–74。

38　轉引自河野龍也：〈佐藤春夫『南方紀行』の中国近代（三）——東熙市と鄭享綬〉，註16。「大正拾叁年度廈門博愛会事業成績報告書」B05015217700（第221画像目），補助（病院、学会、民　、学校）/補助関係雑件第二卷（H.4.0）外務省外交史料館，頁65。

39　據河野龍也製作之〈東熙市年譜〉，詳見中國人民政治協商會議福建省廈門市委員會文史資料研究委員會（編）：《廈門文史資料》第9輯（1985），頁280–284。

離閩前往香港謀求發展。而鄭享綏也早在1928年辭職，1931年於思明南路經營「鄭享綏牙科」，1932年遷往廈門市中心的中山路14號。據河野的考察，鄭享綏曾於1933年10月在集美學校出版的《初等教育界》中發表〈兒童與牙齒〉一文。[40] 該文主旨為呼籲重視兒童齲齒率盛行及其對國民健康之戕害，可見鄭的齒科專業發展有一定的社會能見度。

對於《南方紀行》中的鄭君，[41] 佐藤僅以「鄭」稱之，〈廈門印象〉裡的記述是：「為我帶路並同行的人，是在這個港口——打狗開設齒科診所的中學時代舊友H君的學徒鄭。這年輕人隨其姊與姊夫生活於打狗，是廈門出生且在廈門中學畢業的男子。」此外，該文也提到當時「鄭」在廈門並無親人，年約24至25歲（依周坤元樣貌推算）。據河野龍也的後續調查，[42] 推估鄭享綏1917年5月8日至12日曾以尋源中學選手身分，前往東京芝浦舉行的遠東運動會，在440與880碼田徑項中出賽。可見，鄭的體魄強健，且在短跑上表現出色。而鄭的來臺，也可據此推斷應為出賽之後。

河野根據丘廑兢的自述，[43] 發現鄭享綏與周坤元曾於1916年2月參與學生志願軍並加入「廈門起義」計劃，密謀在廈門進行反政府行動。學生軍的任務是以癱瘓電話公司、電燈公司、中國銀行等為目標。可見，鄭周兩人都是滿腔熱血的愛國青年，願為社會與政治理想冒險犯難。然而，當年的起義計劃卻因事機不密，只好宣布緩期，以致功敗垂成。

---

40 參河野龍也：〈佐藤春夫『南方紀行』の中国近代（四）——筆談が生んだ「誤解」〉，頁54–74。鄭的原文轉引自河野一文的註35。鄭享綏：〈兒童與牙齒〉，《初等教育界》（集美初等教育社，1933），頁30–33。

41 《南方紀行》中的〈鷺江月明〉裡，佐藤曾一度直呼過「鄭君！」，故擬依此援引之以利行文。

42 河野龍也參考的資料包括尋源書院年報，和廈門耆老洪卜仁先生的筆記（剪報於文革時逸失）研判（同稿，頁77）。

43 丘廑兢：〈閩南倒袁運動記〉，中國人民政治協商會議福建省廈門市委員會文史資料研究委員會（編）：《廈門文史資料》第9輯（1985），頁1–25。據河野龍也，原件姓名雖載為「鄭享綏」，但該筆資料與周坤元等尋源（原件印為「原」）中學學生共六名同列其中，指該批學生曾參與該次革命。故姓名與校名之誤，可能出於抄錄或誤植之故。參河野龍也：〈佐藤春夫『南方紀行』の中国近代（三）——東煕市と鄭享綏〉，頁63–67。

《南方紀行》裡鄭君到廈門的第一天，就立即前往鼓浪嶼見這位擔任養元小學校長的老同學，而周（佐藤春夫僅稱他為「周」）也在隔天，特地從鼓浪嶼到廈門探訪佐藤。可見，鄭周兩人不僅關係密切，且兩者見面之前，似乎都有些啟人疑竇的「情節」出現，如鄭君一到廈門就神秘失蹤，以致引起佐藤的臆測。又，鄭君既然和周談妥要帶佐藤借住學校，周何以要先來跟佐藤見面？但從兩人曾經加入志願軍的身分背景，且當年革命黨人以鼓浪嶼為集結中心的地緣意義來看，[44] 前述行動的合理解釋應是兩人為確保自身安全而做的防禦措施。

此外，《南方紀行》的各篇記述中，鄭君對於當地的回憶，正好都落在四五年前。亦即，當年鄭周兩人投入起義行動的時候。例如，鄭君回憶友人未婚妻章美雪落水身亡的時間說道：「大概**有四五年了**」；而經佐藤比對墓碑上的卒年，發現身故時正是五年前的夏天。又如，文中對於集美學校的介紹是：「這個小漁村從**四五年前**，突然在廈門地方成了出名的地點。」此外，兩人聯袂訪問林季商宅邸時，鄭君提到「**大約四年前**，就在這宅邸旁的行道樹裡發生過命案。」

從以上三例看來，鄭君對於廈門的記憶似乎多停留在四五年前，致使佐藤文中也未曾提到近兩三年發生的事情。依此或可推斷鄭享綬因為反袁（世凱）而投身革命活動，而致四年半前即避免露面，進而前往臺灣投靠姊夫「避風頭」。1920年夏天陪同佐藤春夫的旅程，很可能是1916年2月廈門起義失敗後，遠走臺灣以來的首度歸鄉之旅。若是如此，也就可以合理解釋鄭君何以一下船就丟下佐藤不管，甚至第一晚就夜不歸營地奔向過去最熟知的鼓浪嶼了。

然而，不同於森丑之助與許文葵受到的學界關注，在河野龍也之前，幾乎未有任何前人文獻留意過「鄭」的生平與事蹟。迄今對於鄭君的描述主要集中於《南方紀行》裡的記述；包括他的廈門出身背景、使用語言、旅途中的態度等。不過，對於佐藤春夫臺閩兩地的書寫，與譯

---

44 據丘崙崧，鼓浪嶼為萬國公地，中國官廳不得在此逮捕和引渡黨人，故「鼓浪嶼為革命黨人集結中心，成為半公開的秘密」。參丘崙崧：〈閩南倒袁運動記〉，頁22。

者及當地人脈與情勢的影響關係，還是頗受學者注目的課題。從佐藤春夫的角度，歸納他對譯者的感受與書寫角度的研究如下：

首先，黃美慧在〈佐藤春夫與臺灣中國 —— 大正九年的臺福之旅〉中，[45]指陳這位鄭君的行事作風：「隔天傍晚，鄭總算回到了旅館，但他只顧著跟朋友聯絡而不太理會佐藤春夫。……完全漠視佐藤春夫的存在，盡用自己的語言聊他們自己的事。」同時也認為：「嚮導不親切」，以及福建反日意識強烈，同行者力促佐藤須說英語等，導致他為語言不通、譯者不佳、人脈不足、社會不友善而吃了不少苦頭。

而邱雅芳《南方作為帝國慾望：日治時期日人作家的臺灣書寫》則指佐藤的臺閩作品中，[46]「出現在中國的「鄭」有許多負面書寫，臺灣場景下的「鄭」則投以溫情的眼光。」該文推論：「中日關係日趨緊張，因而讓佐藤對「鄭」這位人物有些敏感？」。

其實，前述譯者在作品中的人物角色，都在佐藤春夫筆下刻劃得有血有肉讓人印象鮮明，也成為作品中最具貫穿力量的人物。透過這趟臺閩之旅的書寫，佐藤深入地描繪每一位譯者的個性與形象，並企圖讓每位譯者帶來的故事與當地歷史與社會連結，形成作品的構圖及敘事脈絡。如今重新審視這百年前的臺閩敘事，因其真實而有了格外厚重的歷史感。究竟，當年參與創作過程的譯者，曾為作者帶來什麼樣的視角與體驗？或者，譯者又為作者帶來了什麼樣的限制與感受？

從此一觀點思考，臺閩的正負面經驗在佐藤異國文學的形塑過程中，似乎各有其深刻的意義。而放眼異國行旅的文學創作，出於誤解與偏見所激發的「再生產」者不在少數；來自正解與同情所醞釀的創作亦不無偏移。以作家與譯者力量的相互作用為經緯，藉由佐藤春夫對於臺閩兩地人事的精細書寫，盼能探索受到語言與環境限制的異國旅遊作家，進行再行生產時的共同課題。

---

45 黃美慧：〈佐藤春夫與臺灣中國 —— 大正九年的臺福之旅〉，頁 177–180。
46 參邱雅芳：《南方作為帝國慾望：日治時期日人作家的臺灣書寫》（國立政治大學中國文學研究所博士論文，2009），頁 130。

三、臺閩書寫中的譯者角色

綜觀佐藤春夫的臺閩紀行系列作品，作者採取忠實呈現當地人文與現況的原則與筆法，可說是十分突出的特質，甚至被稱為「博物館學的觀看」。[47] 而譯者在作品的形成上所扮演的角色，更是其中促成並形成敘事的關鍵人物。作品中的譯者主要有以下三類作用與意義：

第一類：規劃者。如森丑之助對作品形成之前的路途規劃，並提供主題內容等。而鄭享綏也在佐藤春夫赴漳州之前，為他提供了書面行程規劃。

第二類：作中人。如許文葵與鄭君在作品裡以旅途嚮導的身分成為作中人物；兩者都直接在作品中陳述其在地知識與觀點，且都貢獻在地人脈並成為作中人物與主題內容（如〈殖民地之旅〉、〈章美雪女士之墓〉）等。

第三類：隱現者。譯者隱身於作品背後，反由作者充當譯者「代言人」角色，採取第一人稱敘事的筆法。如，森丑之助隱身於〈日章旗之下〉。或由譯者提供題材內容，而作者加以概述如鄭君在〈漳州〉中同時扮演隱身與顯身的角色功能。

1. 促成作品的譯者

有關佐藤春夫與森丑之助的研究，主要有笠原政治的〈佐藤春夫が描いた森丑之助〉（佐藤春夫筆下的森丑之助）以及收入這篇文章的《佐藤春夫宛森丑之助書簡》。這本紀念集收入佐藤家藏10封與臺閩遊歷相關的書簡，並交由其出生地「新宮市立佐藤春夫紀念館」出版，史料意義尤其重大。

這本紀念集的刊行序言，有段館長疋田真臣引述佐藤春夫1936年〈かの一夏の記〉（彼夏之記）的記載：[48]

47　同上，頁91。
48　佐藤春夫：〈かの一夏の記〉，《霧社》（東京：昭森社，1936）。

停留於打狗期間，臺北的丙牛先生再三惠予信函，要我於最短期間內務必遍行臺灣值得一遊之處，其言懇切，溢於言表。彼時全心盡力行走，先生來函亦保存至今。遊歷順次與日程函中皆明確記載，此乃力求遵行森先生之規劃，未予多加更動之故也。

由這段出自佐藤春夫筆下的證言，且受到佐藤春夫紀念館館長的慎重援引，可知佐藤春夫雖曾請教過森氏規劃旅遊，但森丑之助也是懇切盼望能藉佐藤之筆，對日本本土傳達臺灣的情況。而佐藤春夫的臺閩紀行中，依其書寫題材可分以下數類：

1. 民間傳說：描述媽祖傳說的〈社寮島旅情記〉、〈天上聖母〉以及在漳州宏仁醫院從隨行的徐朝帆聽聞〈陳三五娘〉與〈星〉的故事。
2. 地方逸聞：以安平港見聞加上A君敘述的林家故事——〈女誡扇綺譚〉及記述鼓浪嶼鄭君友人黃禎良未婚妻張美雪的故事與墓地景象——〈章美雪女士之墓〉。[49]
3. 文化巡訪：第一人稱自敘見聞的〈殖民地之旅〉及遊歷福建所見所聞的〈廈門印象〉、〈集美學校〉、〈漳州〉等作品。
4. 原住民敘事：〈魔鳥〉、〈霧社〉、〈旅人〉、〈日月潭遊記〉等。

顯然，臺閩兩地紀行中最顯著的主題差異在於「原住民故事」。根據森丑之助為佐藤春夫擬定的日程可知，從9月9日抵奮起湖開始，直到9月18日離開埔里社為止，其行蹤涵蓋阿里山、日月潭、埔里、霧社、能高山等都屬蕃地範圍。然而相對於短短的九天期間，蕃地相關的作品數量與分量是十分可觀的。計有：〈日月潭遊記〉、〈鷹爪花〉、〈魔鳥〉、〈旅人〉、〈霧社〉、〈日章旗下〉、〈蕃童〉、〈生蕃之子〉(後改名〈排灣之子〉)、〈阿里山木輓歌〉等。若非森丑之助的引介，對於初遊臺灣的佐藤春夫而言，以原住民地區與風物為對象的書寫非但難以醞釀成篇，恐怕也是短時間內難以企及的題材吧。

---

49 參見河野龍也：〈佐藤春夫『南方紀行』の中国近代(四)——筆談が生んだ「誤解」〉，頁54–74，張美雪墓碑圖文。

2. 作中人物的譯者

〈殖民地之旅〉中扮演嚮導與秘書角色的A君，在作品中是位性格突出、角色鮮活的人物。作中對於他的性格描述包括：直言批評當局將「胡蘆屯」的地名改為「豐原」，恐將導致當地民眾產生受征服的挫敗感。又，對於那些要求林獻堂排解糾紛的鄉民，願意聽從林氏的指示時，直言：「老實的鄉下地方還真好」（さすがに平和な田舍らしくていい），[50]讓佐藤覺得此話顯得多餘，因而記上一筆。顯然，佐藤眼中的A君有著好發議論的性格，因而出現不少逾越譯者或嚮導角色的行為舉動。

尤其，作品中的A君不完全是聽命於佐藤春夫的跟隨者，有時他還是某些行動的引發者。例如，當佐藤有意訪問鹿港詩人洪棄生未果後，[51]A君隔日將自藏的洪氏詩集贈予佐藤。[52]該詩集果然受到佐藤高度評價與珍視，並引述成為《南方紀行》的卷首詩，[53]其分量可見一斑。而另一方面，作品中的佐藤春夫有時卻又成為不得不配合A君的訪客。例如，在去豐原的車上，佐藤本想細細玩味洪棄生詩集或是仔細瀏覽車外的沃土風光，但因A君的滔滔宏論，最後只能作罷。不過，大體上佐藤還是接受了A君的看法，並精細生動地寫進作品。

至於閩地旅途中的鄭君，在涵蓋6篇文章的《南方紀行》裡，[54]大都扮演穿針引線的重要角色。無論佐藤所到之處、所見人物，大致不出鄭君的交友圈。例如，前往鼓浪嶼的養元小學並住宿職員室，以及前往漳州遇見的中學英語教師朱雨亭，都是透過鄭享綬的中學同學周坤元的人

50　詳見佐藤春夫：〈殖民地の旅〉，頁93。

51　洪棄生（1867–1930）原名洪攀桂，字月樵。因臺灣割讓而改名棄生，埋首讀書作詩，不問世事。

52　《寄鶴齋詩矕》1917年付梓，是六十卷詩文全集的精選集，共四冊。參蘇薌雨、葉榮鐘、洪炎秋（合著）：《三友集》，頁309–313。佐藤於文中提到，此書製作質樸、內容珍奇，深受「魅惑」，日後長期珍藏於書齋列為座右。

53　〈南方紀行〉卷首詩抄錄如右：「羨君兩袖 新詩本 湖色濤生 又酒痕　洪棄生」。

54　1922年由東京新潮社發行的《南方紀行：廈門採訪冊》包含六篇作品：〈廈門の印象〉、〈集美學校〉、〈漳州〉、〈章美雪女士之墓〉、〈鷺江の月明〉、〈朱雨亭のこと、その他〉。參佐藤春夫：《南方紀行：廈門採訪冊》（東京：新潮社，1922）。

脈。又如，〈集美學校〉裡遇見的校醫兼「支那文學講師的詩人」──陳
鏡衡，[55] 他曾任尋源中學教師；據河野龍也的考察，應該是教過鄭君的
人物。此外，透過鄭君在集美學校任教的幾位老同學，佐藤得以恣意地
在該校走動及用餐等。

而另一方面，也有些看似佐藤在臺灣的人脈所促成的遊歷。例如，
透過新高銀行廈門支店長林木土為佐藤設宴，結識漳州軍參謀長林季商
長子林正熊。經鄭君尾隨林正熊夜遊歸來後，力薦並安排佐藤與林正熊
等人泛舟鷺江，是夜數度尋訪歌妓十分盡興。因此，鷺江夜遊的體驗，
若非鄭君的積極推薦與安排，恐怕未必能夠實現。

林季商（1878–1925，號祖密）出身臺中霧峰林家，臺灣日治後即返
閩定居。[56] 他從1915年加入孫中山先生號召的「中華革命黨」，力反袁
世凱之篡國殃民。1916年4月「閩南護國軍」建立後，更多次在其鼓浪嶼
寓所召集漳泉革命志士聚會，商討如何剷除軍閥在閩勢力，並捐資數十
萬元以充軍餉。[57] 從其背景經歷看來，與鄭享綬加入1916年2月2日廈
門起義的革命背景對照起來，兩者在時間的重疊上，讓人不禁產生瓜葛
牽連的隱約聯想。

而另一方面，若就文本意義而言，假使臺閩書寫中抽掉了A君與鄭
君的話，大概根本難以成篇。亦即，佐藤春夫的寫作對象針對的是臺灣
或閩地的人與事，而他的書寫內涵正是透過譯者的在地人脈與在地知識
而形塑的。文中的譯者一方面成為佐藤觀看當地的主要窗口，而佐藤春
夫身為觀看者所持的感受與論述，與文中的譯者彷彿鏡中人似的，彼此
形成鮮明的身影對照。

---

55 據陳嘉庚年譜，1918年3月，與其弟陳敬賢合力開辦集美學校師範、中學兩部。見
　　http://www.jmxwh.com/ChenJiaGeng/Chronicle.html。
56 據許雪姬教授考證，乙未割臺後，林季商與其父林朝棟回到廈門，在臺產業由四子林
　　子佩在臺管理，但不久林子佩即染病亡故，三子林季商、五子林瑞騰於1898年回臺入
　　籍，後於1913年取得中華民國國籍，1915年喪失日本國籍。參許雪姬：《林正亨的生
　　與死》（南投：臺灣省文獻會，2001），頁5–9。
57 參何丙仲：〈獻身閩南民主革命的臺胞林祖密傳略〉，《鼓浪嶼文史資料》上冊（廈門：鼓
　　浪嶼申報世界文化遺產系列叢書編委會，2010），頁67。

3. 作中隱身的譯者

1928年刊行的〈日章旗之下〉，佐藤春夫化身為記者與文人，敘事者則為「任職政府機構的日本人」。故事中的主角是一對自幼浪跡海外的夫妻——松原，他們將非洲帶來的花種帶到日本國旗下的臺灣，但後來除了牽牛花之外，無一育種成功。不過，來臺不到一年，夫妻倆就在蕃地遭殺害。文中的敘事者細述山胞出草的知識，並依此推斷該事件並非蕃族所為。

從以上種種跡象看來，佐藤春夫雖未直接點名森氏，但從故事敘述者自稱來臺前擔任陸軍南京官話通譯官，以及與蕃地頭目產生交情的由來，乃至東海岸地方官對土地利益不能放手讓予松原等暗批之詞，由佐藤春夫可能的消息來源推測，與森氏的關聯性可說不作他想。尤其，對照森氏1913年披露於《東洋時報》的〈生蕃の首狩に対する感念と其慣習〉（生蕃獵首觀念及其慣習）等數十篇研究調查成果可知，[58] 當時任職於殖民政府機構的日本人，對於生蕃習俗文化能有如此透徹的知識洞見，大概無人能出森氏之右。

據森丑之助的研究，生蕃的獵首是拿自己性命賭上的信仰，若非出於上天允許的正氣，自己必亡於此。[59] 故獵首前必先占卜問神、齋戒沐浴，獲上天應允後始結隊出發，此乃維持其生蕃魂的社會行動。而獵得的首級必祭於頭骨架上，供以酒、肉、粟餅、蕃薯，並永遠迎入其社。因此，生蕃絕不任意殺害第三者，亦不會凌辱死者或竊取財物。由於〈日章旗之下〉的松原夫妻死狀甚慘且身首異處，行李箱亦遭人撬開。眾人皆指山胞所為，但敘述者一見現場景況，即指生蕃取得首級必用以祭祀，棄置路旁絕非生蕃之行事。此一深入精闢的見解，若無森氏的研究結論支持，佐藤何以有此能耐並寫入作品？

58　森丑之助：〈生蕃の首狩に対する感念と其慣習〉，《東洋時報》 第183號（1913年12月），頁25–35。

59　同上。

　　此外，從佐藤春夫訪臺作品的內容與敘事觀點看，森氏的影子更是呼之欲出。例如，1923年出版的〈魔鳥〉即是參照《臺灣蕃族志》而寫成的傳說。又如1925年的〈霧社〉，佐藤不但將他化名為M氏，甚至直言旅途中隨身攜帶《臺灣蕃族志》，並指明文中的M氏即是森丑之助（文中稱「森丙牛」）。[60]

　　綜觀臺閩兩地的書寫，可知佐藤對於遊歷的路線、旅次的經緯、與譯者及在地人士的互動等，大都以鉅細靡遺的方式記述其親身見聞。然而，沿著敘事的梗概，佐藤春夫自行注入最多的書寫，就是自然風貌的細膩描摩，以及對於當地歷史人文的精細記述。例如，《南方紀行》中的〈鷺江月明〉與〈漳州〉，書寫鷺江夜景固然可出自佐藤的細微觀察與心領神會，但陳炯明的「援閩護法粵軍」在1918至1920年間在漳州的治理事蹟乃至其行事為人等，恐非佐藤專精所在。尤其，從佐藤旅行閩地之際，對於福建在地情況了解有限的種種敘事看來，顯然如此精闢的時局情勢以及漳州的陳炯明、安海的許督蓮等人物事蹟的描述，應該背後另有高人指點方為合理。

　　而曾經投身反袁學生志願軍的鄭君，對於前述事蹟有一定程度的關注與了解，是非常合理的事情。因此，提前返臺而致無法陪同佐藤前往的鄭君，文中提到鄭君已將對漳州所知之事記載在佐藤的筆記裡。結果，鄭君的筆記內容比起實際帶路的兩位臺籍日本小學老師——徐朝帆（1889–1941）、余錦華（1898–？）都要高明許多。由此可見，鄭君雖未現身，但在〈漳州〉裡的分量卻不宜輕忽。

　　這篇《南方紀行》中篇幅頗長的遊記裡，[61]陳炯明政績與軼事的敘事就佔去了四分之一篇幅。可見佐藤對於陳炯明的興趣極高，如〈漳州〉自敘：「今日不去（漳州），恐終生無緣，故不遲疑，匆匆起床，匆匆出門。——抵達廈門以來，處處聽聞漳州之事，乃思見識陳炯明在漳州有

60　磯村美保子指出，森丑之助為本名，筆名則依其需要有不同。計有：森丙牛、はに牛、熄火山人、曾遊生、劍潭子等。參見磯村美保子：〈佐藤春夫「魔鳥」と臺灣原住民——再周辺化されたものたち〉，頁55–66。

61　〈漳州〉的篇幅是〈廈門の印象〉、〈集美學校〉、〈鷺江の月明〉的兩倍。

何行事作為。」開始書寫陳炯明其人其事時，佐藤不禁又一次提到：「抵
達廈門以來，雖無意聽聞，但卻處處有人傳述於我，故綜合傳聞敘之。」

　　其實，前往漳州對於佐藤而言，可是大費周章的安排。首先，他必
須克服鄭君無法陪同的語言障礙。其次，為此行程需延後三日，且需繞
道基隆返回高雄。然而，文中稱：「即便如此，還是想看看漳州，而
且，也有人勸我該去看看。」接著又稱，與鄭別後「這四五天裡，前往這
個陌生的異鄉路上，我就得孤伶伶地被扔了下來。」可見，漳州之行絕
非興之所至的漫遊，而應是有明確目的文化探訪之旅。

　　〈漳州〉裡的鄭君，雖然未曾現身於漳州，但透過佐藤春夫的敘事，
間接成為提供〈漳州〉作品內容的隱身發言者，而作者則成為作品中顯
身的行動者。而〈日章旗之下〉裡，森丑之助的姓名雖未見諸於作品。
但他對於當局的批判以及蕃地知識與判斷等，卻由作者借作中人之口而
直率地呈現。

　　透過佐藤春夫之筆，無論前往閩地中原本陌生的漳州，探索陳炯明
在當地的文治武功，以形成〈漳州〉的主題敘事；或如森丑之助對於臺
灣原住民的理解與見解，最終形成佐藤臺灣書寫的內涵與意識，並成為
其蕃地文學的血脈。似乎作者與譯者之間，建構起互為依存的共同創
作。即使在地的敘事者隱身於作品背後時，從作品的主題性（以蕃地或
臺閩傳說為主體架構）、人物的主體性（以當地人物為作品主體）、敘事
的主觀性（以當地人觀點陳述）等，仍足以洞察在地者發出的強烈心聲，
並體現在地生活者的視角與視域。

四、他者與譯者

　　透過當地譯者所提供的在地人脈與在地知識，佐藤春夫以職業作家
的思維及其敏銳覺察，在行旅中一路進行有計劃的採集和縝密的記錄，[62]

62　根據〈集美學校〉中的記述，佐藤一路上筆記不離身地記錄之外，前往福建時甚至要求
　　鄭君為他確認記載的正確性，以避免日期或事件的記載有所混淆。

並據其題材與行旅過程加以剪裁修整。本節的重點就是辨明哪些是佐藤將在地生活的譯者抽離的部分，而哪些又是作者加以作品化的成分。

1. 異國的詮釋者與在地的生活者

〈殖民地之旅〉的遊歷雖發生於1920年，而文章的問世卻是1932年。到了1936年版的《霧社》書中收入〈殖民地之旅〉時，作者在文後還另外加上了兩行「作者附記」，表示「本文虛實參半，盼勿累及作中人」。[63] 相隔達12年的問世且是該系列作品最後一篇的最後一段，佐藤終於在16年後披露自己對於作中人物處理時的顧慮。可見，對於作中人物稱呼有所隱諱、乃至存稿遲遲不發等，無疑都是出於作者的刻意安排。

首先，有關姓氏的記載與指稱方式，《南方紀行》中部分人物以真實姓名完整呈現，而〈殖民地之旅〉的人物則多以符號代稱或改頭換面，以避免披露其真實姓名。例如，H氏（東熙市）、M氏（森丑之助）、A君（許文葵）、林熊徵（林獻堂）等。其中，明顯出自作者刻意安排的手法，就是首次提到A君時文中稱為「某」，接著再用括號並加說明：（其姓氏雖然記得，但在此姑且稱他A吧）。同樣的處理方式，也出現在1936年對於「鄭」的描述。可見，佐藤春夫對於臺閩所見所聞的事實與在地生活的情態都想極力保留，但卻又顧忌人物真實身分的曝光。

其中特別耐人尋味的是，作者想要遮蔽的往往僅是人物的姓名及部分身分而已。對於作中人物的性格與行為，反而大都據實紀錄，以毫不保留的方式忠實呈現。其中，最典型的例子就是身分與姓名揭露最少，但隱私卻曝光最多的鄭君。

佐藤春夫於1959年10月刊行的〈暑かった旅の思ひ出〉中揭露了鄭君當年在打狗帶他去私娼寮，[64] 甚至還目睹了鄭君買春的一幕。事後，佐藤

---

63 據1936年昭森社出版之《霧社》，該書收入各篇依序為：〈日章旗の下に〉、〈女誡扇綺譚〉、〈旅びと〉、〈霧社〉、〈殖民地の旅〉、〈かの一夏の記：とぢめがきに代てへ〉。參佐藤春夫：《霧社》（東京：昭森社，1936），頁128。

64 參佐藤春夫：〈羈旅つれづれ草〉，《定本佐藤春夫全集》第27卷，頁277–282。

答應鄭君的央求，在其師父東熙市面前保守秘密。兩人因此事而變得關係親近起來，而佐藤後來也受了鄭君慫恿，決定前往其福建故鄉一遊。

佐藤何以認為鄭君買春的一幕曝光無妨，但身分與姓名卻不可揭露呢？

與此類似的還有鄭君的古怪陳姓友人，鄭君說他窩在廈門的私娼窟裡吸食鴉片。對於這類二手傳播，佐藤還是寫進了作品，似乎並不認為需要隱諱。

除此之外，1936年7月收入《霧社》的〈かの一夏の記〉裡也提到了鄭君。佐藤說他是「H的弟子，任技工助手的『某』本島人，常把我叫到家裡喝杏仁湯」，或是「佯稱帶我遊覽，但卻把我帶到附近的花街柳巷去」。與1959年的回顧文章相比，兩者歲月差距達20多年。但對於鄭君的真實姓名與身分，還是保持一定的距離，並未加以揭露。甚至，還佯稱「鄭」為「某本島人」，顯然這也是刻意的遮蔽企圖。但就佐藤對於鄭君個人的印象與紀錄而言，除了身分姓名以外，都是首尾一貫的筆法。

若從佐藤與鄭君在臺灣時朝夕相處且有私交的背景看來，或許此舉是佐藤刻意為鄭享綬所做的「掩護」，以避免其學生時代的反政府活動曝光。其實，佐藤的「用心」似乎還不僅此一椿。《南方紀行》稱鄭君在臺灣投靠姊夫，但40年後的〈暑かった旅の思ひ出〉，卻說鄭的表妹（堂妹？）是牙醫之妻。相對於佐藤春夫對於鄭享綬其他行事記載的一致性看來，作者對於鄭君真實身分的隱匿，乃至對周坤元的全名加以遮蔽，恐非偶然所致。

其實，佐藤對於鄭君的刻意隱蔽，早已引起前人研究的興趣。如，邱雅芳《南方作為帝國慾望：日治時期日人作家的臺灣書寫》提出，[65] 1922年《南方紀行》與1959年〈暑かった旅の思ひ出〉都曾清楚記述鄭君的背景，但1936年〈かの一夏の記〉裡，佐藤「卻刻意模糊鄭氏的出現與

65　邱雅芳：《南方作為帝國慾望：日治時期日人作家的臺灣書寫》，頁130。

身分」。[66] 此外，1937年的雜感〈廈門のはなし〉中「提到粵系軍事將領陳炯明的事蹟，但對於嚮導鄭君卻隻字未提」。[67] 邱文指其原因為中日之間關係緊張，導致佐藤避而不談。[68] 但若考慮鄭君的革命「案底」因素，佐藤不想連累鄭君可能才是實情。

2. 異國的書寫者與在地的傳述者

若就佐藤春夫在臺閩兩地書寫的敘事內容與表現方式觀察，大抵可分為兩類。第一類是以佐藤親身經歷為主幹的旅遊紀行，第二類則是透過當地人的傳述而聽聞的故事、逸聞、敘事等。

兩者都是透過譯者與嚮導、乃至旅遊途中結識的當地人而採集，但紀行則是將作者親身體驗的見聞，以及作者與在地民眾的互動過程和當下感受，以真實的敘事加以保留。因此，提供消息與訊息內容者，往往與作者同樣進入作品，成為作中人物。而故事傳聞的消息來源則多半來自譯者或當地人，在作者既已掌握故事的敘事內涵下，再透過相關文獻等加以驗證或充實，進而形塑為故事、逸聞、敘事等作品。此類作品的意義是透過故事與傳聞的追本溯源，探索當地民眾生活中的文化與歷史根源。

然而，兩類作品中共同的關鍵人物都是譯者。來自異國的作家若沒有一個能説好當地故事的人，讓作者體會到當地的民情風習與深刻的人我差異時，旅遊中的書寫也就無緣產生。佐藤春夫的臺閩紀行，正是透過作者與在地譯者之間的共同行動與思想交鋒，才能呈現異國文化交會時的深度刻痕，並形成作品中令人玩味深思的文化底蘊。

66　佐藤春夫不挑明鄭的身分，而説他是「H的弟子，是擔任技工助手的某本島人」。參見佐藤春夫：〈かの一夏の記〉，《定本佐藤春夫全集》第21卷，頁226。

67　筆者按：〈廈門のはなし〉中提到當日鄭君並未隨行至漳州，嚮導是廈門的日本小學老師徐朝帆、余錫華。參佐藤春夫：〈廈門のはなし〉，《定本佐藤春夫全集》第21卷，頁411。而據〈朱雨亭のこと、その他〉記載，徐余兩人皆臺灣出身，但與佐藤並不合拍，日語也不夠好，通譯時又心不在焉，難以達意。後文收錄於《南方紀行》，頁193–194。

68　邱雅芳：《南方作為帝國慾望：日治時期日人作家的臺灣書寫》，頁130。

　　就以佐藤春夫的閩地旅遊經驗為例，佐藤初見的廈門形象堪稱破敗淺陋(作中稱為「貧弱」)，而見聞的又盡是煙館、私娼、骯髒的環境。所遇見的人物，有的行徑古怪，有的詞不達意。同時，在初到廈門之際，與他同行的鄭君也似乎是個十分失格的嚮導與通譯。

　　因為鄭君一回到福建，似乎就忘了自己當初曾經慫恿佐藤春夫來閩遊玩，落地之後既未扮演通譯或嚮導的角色。甚至有事離開前，非但未告知佐藤，還將佐藤託付給完全不適任(日語極差)且又靠不住(只顧吸鴉片)的「陳」，令人對於佐藤的無助深感同情。

　　與在臺旅遊比較對照時，初抵閩地的鄭君確實讓佐藤春夫飽嚐語言不通之苦。但隨著旅途的進展，鄭君後來的表現也就「漸入佳境」，稱職地發揮了嚮導與通譯的角色功能。然而，佐藤對於鄭君在《南方紀行》中的人物角色，並未因其譯者角色的逐漸改善，而淡化筆下初入廈門的文化衝擊與負面印象。

　　可見，臺閩紀行是作者對於旅遊地的現實生活及其旅途中當下感受的真實書寫，並無加以粉飾的意圖。同時，作者對於旅遊中的時間刻度，也保持著追求精確的執著。因此，對於旅途中發生事情的前後順序與起因結果、乃至參與者的感受等，作者也都顯現不回頭修改或是不刻意模糊記憶的書寫方針。同樣地，臺灣的〈殖民地之旅〉中，佐藤春夫對於譯者或自己與他人互動時，也都是以呈現過程事實、記錄當下感受、對比今昔變化等，為其重要的書寫原則。

　　而閩地之旅中，由於缺乏適任的譯者，再加上佐藤與譯者雙方皆以非母語(英語)溝通，以致文化與歷史根源豐富的故事與傳說不易表達傳述。此外，更不如在臺期間有森丑之助的蕃地專家知識與行政資源等助力，造成閩地《南方紀行》中有關文化歷史追溯的故事傳說，僅有一篇取材自陳三五娘的〈星〉。而這篇作品其實也是漳州旅途中的聽聞轉化而成的。

　　佐藤春夫在臺旅行之際，借重森丑之助的專業見解與社會觀察，融入傳說故事的主題內涵，再藉由他人之口重新形塑為書寫的敘事，大大

豐富了佐藤臺灣系列作品的內涵與數量。而臺閩紀行對照之下，故事傳說等在地生活與文化根源作品的薄弱，和在地譯者的認知不足顯然是互為因果的。反之，環繞在譯者關切的議題上（如陳炯明、林季商等援閩護法粵軍在漳州的事蹟），就直接帶動了作者的走訪，乃至形塑了佐藤筆下的內容描述。

五、結語

臺閩紀行系列作品中，出版於1922年4月的中篇小説〈朱雨亭のこと、その他〉（朱雨亭其人與他事），敘述了佐藤春夫離開福建一年後的回顧與感懷，尤其值得關注。而最重要的是，佐藤透露了自己何以著手紀行寫作的緣由。

佐藤春夫在進入正題之前，先以近四分之一篇幅坦言展開臺閩紀行寫作時的情緒與態度，是「抱持自暴自棄的心態而揮筆成章，並藉此忘掉今天要過的日子」。佐藤企圖以旅遊療傷，並以大量的異國書寫讓現實裡的傷心時刻在奮筆疾書中消融。雖然，「只要回憶的思緒稍有縫隙、筆尖稍有滯澀，……就會回到今天（的時刻）。」因此，「為了極力忘掉現實，也不管文章的先後脈絡，拼死命地埋頭苦寫。」

該文主角朱雨亭是養元小學校長周坤元介紹的漳州中學英語教師，文中描述佐藤與朱雨亭數度失之交臂的邂逅，以及失而復得的巧遇，見面後竟難暢所欲言（彼此英語口音濃重，造成溝通障礙），最終竟在錯愕中驟別（朱君因巨浪突襲，未能與佐藤等人登上蒸汽船，故於驚愕中別離）。離閩後佐藤遍尋不著朱氏名片，情急之下打開塵封多日、平時絕不輕開啟的箱子。由於箱裡充滿往日書信與旅途照片等，佐藤甚至不允許自己開箱觀看。然而遍查箱中物仍不得要領之際，箱裡塵封許久的回憶——佐藤與朱的離別情景——竟又歷歷在目，於是佐藤合上兩片可自動上鎖的木箱，一時也打不開了。而就在此刻，時光的羽翼似從頭頂掠過，他的心頭不再沉重！

就這段內容看來，閩地的紀行書寫似乎為佐藤的文學與人生帶來了一體兩面的重生。臺閩遊歷與奮力書寫的過程，標誌著佐藤春夫行走在異國他鄉的軌跡。而失去了通譯鄭君同行的佐藤，無論與朱雨亭的難以溝通，或與兩位隨行小學老師的了無交集，似也反映了佐藤與當地之間處於訊息間歇持續的情境。而最後與朱雨亭錯愕的驟別，則顯現異國遊歷與人生旅途交集的戛然終止。

可以説，臺閩遊歷的實踐與寫作固然出於佐藤與過往揮別的意圖，而投入異國的書寫更需要在地資訊的提供。佐藤為了讓自己得以在奮筆疾書中忘卻心頭糾結的苦惱，旅行中的親身經歷與途中的聽聞筆記，成為他源源不斷的創作泉源。反之，旅途中暫時失去譯者同行的漳州、譯者不告而別的廈門苦澀經驗，乃至最後與朱雨亭的驟別及箱子的隱喻，都與譯者的意象緊密連結。

日本國內對於佐藤春夫臺閩紀行文學的評價，早期有橋爪健的評論及島田謹二的作品分析，[69] 他們都將此系列作品視為「內地文人異國情調與今昔風貌交織的外地紀行文學」，且長期形成定見。直到藤井省三提出佐藤的書寫是出於對臺灣受殖民統治的同情。[70] 迄今，藤井的論述已成主流。然而，藤井的對臺同情論並未指出產生同情的緣由以及在地訊息的提供源頭等面向。

在佐藤臺閩紀行作品的重新評價上，本文試從作者與譯者的互動、作者對於譯者的書寫，以及作品內外的譯者角色功能探究等，以回溯佐藤紀行的創作過程，並透過對於譯者與譯事活動的梳理，展開與文本內容的對照與剖析。至於臺灣民間故事與傳聞逸事等佐藤文學作品，若以譯者與作者為研究視角，可望梳理出更豐富的細節和兩者間的交集。

69　橋爪健曾形容佐藤春夫的臺閩紀行文學為「異國情調與今昔風貌交織」。參橋爪健：〈舊さの中の新しさ　五月創作評の七〉，《読売新聞》朝刊（1925年5月7日）。島田謹二曾指佐藤的書寫為「內地文人的臺灣紀行」，參島田謹二：〈臺灣に取材せる写生文作家〉，《臺灣時報》（1939年7月號）；收《華麗島文学志──日本詩人の台湾体験》，頁254–300。

70　參藤井省三：〈植民地臺湾へのまなざし──佐藤春夫の「女誡扇綺譚」をめぐって〉。

第5章

譯者的角色與知識生產：
以臺灣日治時期法院通譯小野西洲為例*

一、前言

　　本章以日治時期一位著述極豐且主題多元的法院通譯——小野西洲（小野真盛，1884–1965）為考察對象，分析其生平活動中譯者身分的形成，並透過其系列著述中的書寫視角與主題詮釋，探索其知識生產途徑及屬性特徵，以此對小野的譯者角色提出精細的描述，並與 Delisle 及 Woodsworth 在 *Translators through History* 所提出的譯者主要貢獻加以對應。亦即，從譯者的語言與文學創造、知識與文化價值的傳播、乃至譯者權力或主體性的介入等，從而探究譯者角色及其知識生產之間的關係。

　　小野真盛（筆名西洲）在日治時期的著述活動可說觸角廣泛且又歷時長遠，他從1899年16歲來臺擔任臺北地方法院檢察局僱員，兩年後即正式任職法院通譯直到1945年日治結束為止。這四十餘年之間，除

---

*　本文為2011年度日本住友財團「亞洲各國日本關連研究獎助」研究計劃（2012年4月1
　日–2013年3月31日）「日本統治下の台湾における法院通訳の知識生產活動：小野西
　洲を中心に」（日治下臺灣法院通譯的知識生產活動：以小野西洲為例）之研究成果。
　謹此致謝！

了1919至1932年離開法院擔任日華合資的華南銀行文書與通譯之外，[1]
生涯中的主要工作是擔任法院通譯。但無論擔任公職與否，著述活動從
未間斷，因而產出數量與類別都十分可觀。包括漢詩、漢文、小説創
作、散文隨筆、時事評論、文學評論、小説翻譯、臺語教材、編輯記
事、[2]臺語和譯、日語臺譯等文體風格迥異的作品。[3]出版形式與數量計
有：譯書4本，[4]日文751篇、漢文441篇、漢譯文104篇，漢詩220首
（10首重刊），共1,520項。

而在龐大的著述活動中，也湧現大量的翻譯作品。語言組合與屬性
特質涵蓋日本通俗讀物漢譯（《通俗大日本史》、《佳人奇遇》）、臺語和
譯（〈楊貴妃の生涯〉、《臺語和譯修養講話》）、漢詩文和譯、及日語臺
譯（《教育勅語御意義》）等。此外，甚至有臺語小説〈戀の羅福星〉等數
篇，具有文體與語言上實驗創新意義的雙語並用之作。

對應於前述 *Translators through History* 對於譯者活動的分類，可以察
知小野西洲在臺語標記、文體風格、文學創作等方面的開展創造，以及
透過大量著述傳播新知與文化價值，同時也在翻譯測驗、[5]期刊編纂、乃

1　據小野西洲〈自叙漫言〉：「我於大正八年華南銀行創立之際轉職該行。華銀為日華合資
　　機構「日支合辦組織」，無論主要董監或股東，多屬華南或南洋一帶華人領袖，故往來
　　文書乃至股東會文件等皆須以漢文書寫。加以總理為林熊徵氏，從而亦需通譯，而物
　　色能書時文者，乃受臺日漢文主筆尾崎先生之薦而入行。」（筆者自譯）小野除受《臺灣
　　日日新報》主筆尾崎秀真推薦，且其漢文書寫能力亦受時任臺灣銀行副總裁（頭取）中川
　　小十郎賞識（後於1920年8月升任頭取）。詳小野西洲：〈自叙漫言〉，《語苑》第28卷12
　　號（1935年12月），頁81–88。引述參見頁85–56。
2　《語苑》（1909–1941）由設於高等法院的「臺灣語通信研究會」發行，屬全臺警察與地方
　　法院通譯等訂閱或投稿的內部刊物。小野西洲於1934年11月起任《語苑》主編，直至
　　1940年10月該刊結束。
3　「臺語和譯、日語臺譯」的臺語，為當時臺人習用之臺語，但以日文片假名加註語音書
　　寫成文。
4　本章第三節僅提出三本譯作深入探討，另一則為語學教材《虎の卷》，收於《語苑》更名
　　後的《警察語學講習資料》，並非單行本。
5　據《臺灣總督府公文類纂》及職員錄記載，小野於1934年底至1944年擔任「警察及刑務
　　所職員語學試驗」甲種語學試驗委員。但據〈新年始筆〉，他自稱於該年一月受命為總督
　　府甲種語學試驗委員，可見兩者應屬同一件事。參小野西洲：〈新年始筆〉，《語苑》第
　　28卷1號（1935年1月），頁106–109。

圖 5.1　小野西洲（時年 49 歲）

至各類譯作中顯現其意志的介入與權力的操控等，這些知識生產都與譯
者的角色與作用十分吻合。

　　本研究盼能透過對於小野西洲著述的探索，從其日、臺語交錯的跨
語文與跨文化知識生產，梳理並描述其譯者角色的屬性特質。此外，亦
藉由深入語文著作與敘事觀點的詮釋分析，提出精細且具條理化意義的
譯者形象描述。

1. 前人研究評述

　　迄今關於小野西洲的研究，主要集中在日治時期圖書報刊數位典藏
系統在 2008 年開放檢索之後，再搭配 2004 年以來總督府公文類纂與職
員錄等公文書的線上使用，有關小野日治時期法院通譯與語文著述等研
究，終於有了撥雲見日的變化。

在數位典藏開放之前，最早的小野研究是李尚霖的一橋大學博士論文《漢字、台湾語、そして台湾話文──植民地台湾における台湾話文運動に対する再考察》。[6] 該研究在探索日治時期臺灣話的口語與書寫問題之際，大量運用1909至1941年間臺北高等法院內部發行的語言學習雜誌《語苑》詳加考察之外，並藉此印證小野所提倡的──臺語學習應與漢文並行並重的主張。此外，對小野在臺語小說的創新與書寫風格上，亦有詳細的考察與闡釋。

同時，該文亦指小野曾於1929年提出臺語白話的表音標記及援用漢字的表意標記（類似日語所用的音讀與訓讀標記方式），並在《語苑》上充分實踐。[7] 由此可知，小野西洲對於臺語的口語標記與書寫方式，是有具體想法且貫徹力行的。同時，該文也對小野的臺語學習方法與歷程，透過對《語苑》的梳理，指出小野對臺語學習研究的知行合一理念。而通過該項研究，對於小野西洲的人物屬性及臺語文標記的理念與創新，至此獲得了明確的印證。同時，由於《語苑》的曝光，也大為提升了小野西洲的能見度。

而在小野西洲的法院通譯身分及其語文著作方面，岡本真希子〈日本統治時代台湾の法院における『通訳』たち──台湾総督府公文類纂人事関係書類から見る台湾人／内地人『通訳』〉[8] 運用總督府公文類纂、總督府職員錄及《語苑》等，對於小野的生平與語文產出等提出評價。作者將小野定位為「實務型下層官僚」，並認為小野在以臺語教材為主體的《語苑》中，其隨筆與評論文章顯得格外耀眼。雖然小野僅是該文對於六

6　參李尚霖：〈漢字、台湾語、そして台湾話文──植民地台湾における台湾話文運動に対する再考察〉，《ことばと社会》第9號（2005年12月），頁176–200。該文與博士論文同題，為其第一章。博論中每章皆涉及小野研究，可說是小野研究的首開先河之作。參李尚霖：〈漢字、台湾語、そして台湾話文──植民地台湾における台湾話文運動にする再考察〉（一橋大學言語社會科博士論文，2006）。

7　小野西洲：〈用字と口語文体の創定に就いて〉，《語苑》22卷3號（1929年3月），頁2–4。

8　岡本真希子：〈日本統治時代台湾の法院における『通訳』たち──台湾総督府公文類纂人事関係書類から見る台湾人／地人『通訳』〉，頁153–174。

位日臺籍法院通譯探究的一環，但在小野西洲的法院通譯身分及文章評價上，該文具有相當的指標意義。

其後，潘為欣〈通譯經驗的轉化 —— 小野西洲土語小說〈羅福星之戀〉創作〉[9] 顯現臺灣文學研究者對於小野書寫臺語小說創作的關注，尤其值得注意的是研究視角對準小野的通譯身分與創作之間的關係。同時，也指出小野在1914年即以日人身分開創了臺語小說的先河。文中除針對事件與人物等背景進行深入探索之外，對於小野的漢詩文素養形成及其文體與翻譯觀等，也都有相當篇幅的著墨。該文可說是對小野西洲臺語小說創作與譯者觀點的針對性研究。

該文後收入潘為欣碩士論文《日治時期臺語白話書寫與文字拼音系統關係之研究 —— 以〈語苑〉、〈臺灣府城教會報〉為中心》第二章第二節〈日人臺語小說創作的實踐 —— 小野真盛〈戀の羅福星〉〉。[10] 而在第二章第一節中，則透過小野刊於《語苑》的回顧文章，顯示他曾經親身參與警察臺語培訓的過程，並見證了1928年幾乎全臺警察訂閱《語苑》的榮景。本研究明確地指出小野在法院通譯之外的警察臺語文培訓的角色及分量，[11] 也透過《語苑》梳理了小野在該刊的關鍵地位與歷史位置。

2010年，黃馨儀的一橋大學博士論文〈台湾語表記論と殖民地台湾 —— 教会ローマ字と漢字から見る〉，[12] 在探究日治時期臺語語音標記的主題之外，對於小野西洲的語文著述與交友等都有相當的著墨。尤

9　潘為欣：〈通譯經驗的轉化 —— 小野西洲土語小說〈羅福星之戀〉創作〉，國立臺北教育大學臺灣文化研究所(主編)：《第六屆臺灣文學研究生學術論文研討會論文集》(臺南：國立臺灣文學館，2009)。另參潘為欣：《日治時期臺語白話書寫與文字拼音系統關係之研究——以〈語苑〉、〈臺灣府城教會報〉為中心》(國立臺北教育大學臺灣文化研究所碩士論文，2011)。

10　潘為欣：《日治時期臺語白話書寫與文字拼音系統關係之研究——以《語苑》、《臺灣府城教會報》為中心》，頁27–37。

11　小野西洲從1938年11月受當局託付，在《語苑》上連載〈警察用語大集〉達三年之久。期滿後該刊即於1941年11月改名為《警察語學講習資料》，亦由小野主編到1944年停刊為止。

12　參黃馨儀：《台湾語表記論と植民地台湾 —— 教会ローマ字と漢字から見る》(一橋大學言語社會科博士論文，2010)。

其，對於小野習得臺語的過程，透過《語苑》所刊載的小野自述，提出更為深入的經緯與細節說明。甚至，透過小野的追憶文章，對於同時代其他具影響力的臺語精通者（含法院通譯）的生平與著述活動等，也取得了有力的佐證。

　　然而，相對於小野西洲高達千餘篇的知識生產而言，以上對於小野的研究可說初啟開端而已。但就前人文獻的時序看來，已有逐年增加產出的態勢。[13] 可見，小野西洲在臺灣語言、文學、歷史等研究面向上，雖然為數不多，但確已開始受到頗有意識的重視與探究。

　　而本章的研究視角則將以小野的譯者角色為重心，探究他的生平經歷及其譯者身分形成的關係，並針對其一生龐大的著述活動與知識生產，分類並梳理其中的主題與問題意識。進而對其譯者言論與角色功能，提出人物形象的描述。

2. 研究資料來源

　　本節將針對小野西洲來臺後的語文學習與職業經歷及其語文著述等面向，對其多重身分與多元的角色功能等進行分析。除參考日治時期《臺灣總督府公文類纂》、《臺灣總督府職員錄》及日本國立公文書館之《公文類聚》等史料之外，另以當時報導或描述通譯活動文章及語學教材等報章期刊為佐證，如《語苑》、《臺灣日日新報》等。此外，對於小野的語文著述與編輯活動等，則藉由其生平自述、回憶追悼、人事履歷、家屬訪談、通譯考題、前人文獻，乃至同時代人物對小野的側寫、及其著作的後續引述或再行生產等，對其通譯角色身分及其翻譯工作目的等提出確切的考察。詳參表5.1：

13　另詳岡本真希子：〈日本統治時期臺灣的法院通譯與《語苑》〉，2012 LTTC International Conference，2012年4月29日，分組論文第13篇。岡本真希子：〈日本統治前半期台湾の官僚組織における通訳育成と雑誌『語苑』── 1910–1920年代に中心に〉，頁103–144。岡本真希子：〈「国語」普及政策下台湾の官僚組織における通訳育成と雑誌『語苑』── 1930–1940年代を中心に〉，頁73–111。

表5.1 小野西洲研究資料來源及分類

資料類別	資料來源	佐證人物或事證
人物自述	• 小野西洲：〈耶馬溪の懷舊〉，《臺灣日日新報》1927年8月19日	小野西洲生平
	• 小野西洲：〈臺灣語學界追懷錄〉，《語苑》1931年2月，卷24–2	1920年9月往上海福州廈門調查排日實情
	• 小野西洲：〈自叙漫言〉，《語苑》1935年12月，卷28–12	曾居大稻埕中北街「萬發隆」店家二樓（頁82）[14]
	• 小野西洲：〈秋窗隨筆〉，《語苑》1938年10月，卷31–10	
人事履歷	• 總督府公文類纂、總督府職員錄、國立公文書館公文類纂等	小野西洲
戶謄碑記	• 小野西洲戶籍謄本（1908–1928）、小野西洲墓碑銘文	小野西洲
口述訪談	• 2013年2月25日伊原大策教授電話訪談小野家族	小野西洲照片、親筆履歷、小野家屬口述與答問
	• 2015年7月3日筆者於京都訪談小野道光夫妻及小野長女淑子女士	
日治史料	• 臺灣總督府警務局編：《臺灣總督府警察沿革誌》（臺北：臺灣總督府警務局，1942）	警察編制法令（第一編）、羅福星事件（第二編）
書籍評介	• 小野西洲：〈漫言漫錄〉，《語苑》1929年2月，卷22–2	工具書推薦：《臺語訓話要範》、《臺語國語修養講話》、《教育勅語御意義》
	• 顏笏山，劉增銓（譯）：〈小野氏著「臺語訓話要範」讀後の談〉，《語苑》1935年10月	
	• 小野西洲：〈臺語國語「修養講話」の取材に就いて〉，《語苑》1936年7月	
	• 小野西洲：〈教育勅語御意義臺灣語謹譯書に就て〉，《語苑》1940年2月	
人物記述	• 小野西洲：〈臺灣語學界追懷錄〉1–3，《語苑》1927年2、3、6月，卷20–2、3、6	與同行、前輩等交誼、中間小二郎、次女寧子、小野漢詩文／語學學習背景
	• 小野西洲：〈臺灣語學界追懷錄〉，《語苑》1929年5月，卷22–5；1931年2月，卷24–2	
	• 小野西洲：〈臺灣語學界回顧錄〉，《語苑》1929年6月，卷22–6	
	• 小野西洲：〈語苑を育てて〉，《語苑》1932年8月，卷25–8	
	• 小野西洲：〈嗚呼岩崎敬太郎君〉，《語苑》1934年7月，卷27–7	
	• 小野西洲：〈綠蔭漫言〉，《語苑》1936年5月，卷29–5	

14　此處所地址是「中北街44番戶」。據〈臺北萬發隆書信〉，《長崎泰益號文書》（T1001_02_09_045），中研院臺史所檔案館數位典藏。

資料類別	資料來源	佐證人物或事證
翻譯評論	• 小野西洲：〈翻譯の難〉，《語苑》1924年9月，卷17–09	通譯或翻譯實例評論
	• 小野西洲：〈翻譯の研究〉，《語苑》1925年2、5月，卷18–2、5；28–6	1935年6月14日第8回府評議會
	• 小野西洲：〈翻譯の研究〉，《語苑》1935年6月，卷28–6	臺日語及日漢文互譯稿
人物側寫	• 步西洲詞兄遊劍潭瑤韻	葉清耀，1911年4月28日
	• 蒙小野西洲芸弟餞行酒肆送別長亭賦此言謝	黃家賓，1911年9月15日
前人文獻	• 許雪姬（2006）〈日治時期臺灣的通譯〉	各級法院通譯編制
	• 李尚霖（2005、2006）、岡本真希子（2008、2012、2013）	小野西洲生平
	• 黃馨儀（2010）、潘為欣（2009、2011）	臺語小說〈戀の羅福星〉

備註：完整書目資料，請詳本章腳注及附錄。
資料來源：筆者自行整理。

二、譯者身分的形成

如前人文獻所指，小野西洲在日治時期的臺語文著述與教學傳播上，確是一位有分量且有貢獻的人物。然而作為一位譯者的角色定位，值得注意的是，他曾透過自述文章明確地表達以通譯為志業的決心與熱忱。[15] 因此，從譯者角色探索小野的譯者身分形成，可以說是通往小野研究上必要的視角與途徑。

1. 小野西洲生平與經歷

迄今有關小野西洲的生平及來臺後的求學、職歷、臺語文觀點、貢獻與評價等，前述前人文獻皆各有概述。但對於小野的生平活動及各類著述，尚未有完整的分類與梳理。本節將根據表5.1的史料及文獻資料，對小野的生平、學習方式、工作經歷、職級俸給、語文著述等提出以下表5.2的詳細記載，以初步探究其譯者身分的形成途徑及特質。

---

15 據小野西洲自敘，他在強烈希望成為通譯的驅使下，白天緊盯周遭的臺灣人凡事必問必聽，晚間則挑燈複習當日所學漢文並背誦詞語，甚至一天僅睡2至3小時。參小野西洲：〈自叙漫言〉，頁83。

表5.2　小野西洲簡歷

年份	日期	簡歷	出處
1884	10.02	小野真盛（筆名/號為西洲），原籍為大分縣宇佐郡津房村大字六郎丸312	《公文類纂》
	–	出生地為距耶馬溪羅漢寺三里外之東谷村	〈耶馬溪の懷舊〉，《日日新報》1927年8月18日
	–	出生於中津町東谷村2825，為豐後岡藩（竹田）家臣之後裔	小野眞盛自筆原稿〈墓參の記〉
	–	曾就讀中津高等小學校分教所	同上
	–	其後遷至津房村大字六郎丸，於私塾學習日本外史與四書	同上
1899	12.22	明治三十二年隨檢察官長尾立維孝來臺	《語苑》1935–12
	–	於稻江義塾師從兼松礒熊及臺灣牧師等，學臺語一年以上	《語苑》1927–3/1936–5
1900	01.17	受僱於法院檢察局，月俸18円	《公文類纂》
	04.23	月俸20円	《公文類纂》
	12.21	戮力從公，獲慰勞金15円	《公文類纂》
1901	03.31	受僱於臺北地方法院檢察局，月俸22円	《公文類纂》
	04.05	受僱於臺北地方法院檢察局，月俸22円	《公文類纂》
	12.21	戮力從公，獲獎金21円	《公文類纂》
1902	03.22	月俸24円	《公文類纂》
	12.22	戮力從公，獲獎金23円	《公文類纂》
1903	09.30	月俸27円	《公文類纂》
	10.12	任臺灣總督府法院通譯，8級俸，補臺中地方法院檢察局通譯	《公文類纂》
	10.19	兼補臺北地方法院檢察局通譯，兼補臺中地方法院通譯	《公文類纂》
1903	10.21	任臺灣總督府法院通譯	《公文類纂》
	12.22	戮力從公，獲獎金31円	《公文類纂》
1904	03.16	補臺北地方法院檢察局通譯，20歲	《公文類纂》
	03.26	補臺北地方法院檢察局通譯	《公文類纂》
	11.14	7級俸。戮力從公，獲獎金25円，自請離職（奉召入伍返日）。任職滿一年以上退職，獲月俸半年	《公文類纂》

年份	日期	簡歷	出處
	–	因受徵召入營，進入小倉聯隊。在小倉營隊一年半。(〈自叙漫言〉，頁83)	《語苑》28–12
	12.01	奉召入伍，編入步兵第14聯隊補充大隊，從事戰役相關任務	《公文類纂》
1905	08.20	上等兵 (在官年數及恩給年額計算書)	《公文類纂》
	08.21	受命為陸軍步兵一等兵 (日本舊稱一等卒)，後受命為陸軍步兵上等兵	《公文類纂》
	10.16	10月16日回復和平，12月8日復員令下，解甲歸田，12月10日復員完結	《公文類纂》
1906	04.01	因明治37至38年之戰功，獲獎金50円；依明治37至38年之從軍記章條例，經陸軍大臣奏請，於明治39年3月31日獲勅定從軍記章	《公文類纂》
	04.05	加入臺灣守備步兵第6大隊，自門司港出航	《公文類纂》
	04.10	抵達安平港	《公文類纂》
1907	10.09	交接臺灣守備職，離開任職地	《公文類纂》
	10.15	自花蓮港出航 (參《在官年數及恩給年額計算書》與《履歷書》)	《公文類纂》
	10.23	交接臺灣守備職，花蓮港出航 (高等法院人事管理記錄)	《公文類纂》
	10.24	抵達長崎港，編入步兵第14聯隊留守第2中隊	《公文類纂》
	11.20	獲頒模範證書、陸軍下士適任 (職級) 證書；退役	《公文類纂》
	11.21	任臺灣總督府法院通譯，7級俸，補臺南地方法院檢察局通譯 (至1910)	《公文類纂》《職員錄》
	11.26	抵臺擔任臺灣總督府法院通譯，12月1日編為預備役	《公文類纂》
	12.19	臺灣總督府認可法院通譯後備陸軍步兵上等兵小野真盛免召	《公文書館》
1908	12.21	戮力從公，獲獎金36円	《公文類纂》
1909	09.30	6級俸，12月21日戮力從公，獲獎金48円	《公文類纂》
1910	03.26	依俸給令修法，自動晉級為43円	《公文類纂》
	04.01	俸給令修法月俸43円，12月21日戮力從公，獎金50円	《公文類纂》
1911	02.20	補覆審法院檢察局通譯 (至1919) 兼臺北地方法院檢察局通譯 (至1918)，3月31日6級俸，12月21日戮力從公，獲獎金53円	《公文類纂》
1912	12.21	戮力從公，獲獎金90円	《公文類纂》

年份	日期	簡歷	出處
1913	01.10	受命為通譯兼掌者詮衡（選考）委員	《公文類纂》
	03	與津房村出身的表妹結婚並入籍。（據小野家族口述）	小野家口述
	09.30	5級俸，12月21日戮力從公，獲獎金93円	《公文類纂》
1914	01.29	兼補臺灣總督府臨時法院通譯（《履歷書》）（30歲）	《公文類纂》
	01.31	兼補臺灣總督府臨時法院通譯（《高等法院人事管理記 》）	《公文類纂》
1914	03.03	因臨時法院廢止，臨時法院通譯廢職（《履歷書》）	《公文類纂》
	03.05	因臨時法院廢止，臨時法院通譯廢職（高等法院人事管理記 ）	《公文類纂》
1914	03.31	因本島陰謀事件有功，獎金25円（此即羅福星案）；12月21日戮力從公，獲獎金95円	《公文類纂》
	04	與妻協議離婚	小野家口述
1915	11.10	依大正4年勅令第154號，獲頒大禮記念章（116,799號）	《公文類纂》
	12.21	戮力從公，獲獎金95円	《公文類纂》
1916	12.21	戮力從公，獲獎金93円	《公文類纂》
1917	12.21	戮力從公，獲獎金95円	《公文類纂》
1918	03.31	4級俸，12月21日戮力從公，獎金125円	《公文類纂》
	10	與大分縣佐伯藩出身的タヅ再婚（據小野家族口述）	小野家族口述
1919	03	長女淑子誕生	小野家屬訪談
	05.01	解兼臺北地方法院檢察局通譯	《公文類纂》
	05.02	3級俸，戮力從公，獎金200円，（因病不勝負荷）自請離職。受華南銀行囑託（約聘）事務，月津貼65円（《語苑》28–12）。受臺灣銀行囑託，津貼50円	《公文類纂》，《語苑》28–12，1935年12月
	05.02	受華南銀行囑託秘書及股票翻譯事務	《S.21履歷書》[16]
	05.02	受臺灣銀行囑託調查事務	《S.21履歷書》
	06.01	受臺灣銀行命出差汕頭、廈門、福州	《公文類纂》
	07.01	獲恩給證書，年額361円	《公文類纂》
1920	01.01	月俸金91円（華南銀行）	《公文類纂》
	07.01	月俸金100円（華南銀行）	《公文類纂》

---

16 「S.21履歷書」為小野長子道光先生2015年7月惠贈筆者，小野西洲昭和21年（1946年）親筆之履歷書。

年份	日期	簡歷	出處
	07.01	獲恩給證書,調整為年額491円(恩給局)	**《S.21履歷書》**
	08.09	獲文官恩給證書,調整為年額491円	《公文類纂》
	09.01	受臺灣銀行命出差上海、福州、廈門	《公文類纂》
1921	02.09	受命為華南銀行書記,月俸60円;任職華南銀行文書課	《公文類纂》
1922	01.01	月俸金64円(華南銀行)	《公文類纂》
	08	次女寧子誕生(據戶牒)	小野家口述
1923	01.01	月俸金68円(華南銀行)	《公文類纂》
1924	01.01	月俸金73円(華南銀行)(40歲)	《公文類纂》
	10.10	受警察官司獄官練習所囑託(約聘)為講師	《公文類纂》
	10.10	受臺灣銀行囑託為漢文、支那時文[17]及福建語講師	《S.21履歷書》
1925	01.01	月俸金78円(華南銀行)	《公文類纂》
	03.31	解除警察官司獄官練習所囑託	《公文類纂》
	06.30	解除臺灣銀行臺灣語講師囑託	《公文類纂》
	08.20	受警察官司獄官練習所囑託為講師,一小時津貼1円50錢(至1932)	《公文類纂》《職員錄》
1926	01.01	月俸金84円(華南銀行)	《公文類纂》
1927	01.01	月俸金91円(華南銀行)	《公文類纂》
1927	08.30– 31	瀨戶內海、大阪	《日日新報》
1928	07.31	本月起津貼42円(警察官司獄官練習所)	《公文類纂》
1929	01.01	月俸金100円(華南銀行)	《公文類纂》
1930	01.01	月俸金107円(華南銀行)	《公文類纂》
1932	09.13	搭船赴日20天,往熊本、大分、四國、京都、東京旅行,10月1日返臺	《語苑》25–9, 25–10
1932	10.11	得免任職華南銀行書記(《語苑》25–10)任臺灣總督府法院通譯,四級俸;補高等法院檢察局通譯兼臺北地方法院檢察局通譯(至1934)	《公文類纂》、《語苑》25–10,1932、《職員錄》
	12.15	戮力從公,獲獎金66円	《公文類纂》
1933	01	長男道光誕生	小野家口述
1933	02.06	受臺灣總督府命為第2回長期地方改良講習會講師	《公文類纂》

17 所謂「支那時文」即當時通行的接近口語體漢文。

年份	日期	簡歷	出處
	03.31	任第2回長期地方改良講習會講師有功，獲慰勞金210円	《公文類纂》
	12.15	戮力從公，獲獎金240円	《公文類纂》
1934	12.10	解除華南銀行及臺灣銀行囑託	**《S.21履歷書》**
1934	12.10	任高等法院通譯高等官（內閣）	**《S.21履歷書》**
1934	12.28	警察及刑務所職員語學試驗委員（50歲）	《公文類纂》
1935	01.12	臺灣總督府警察及刑務所職員語學試驗甲種委員（至1944）	《職員錄》
	06.12	各種委員會、臺灣總督府評議會通譯（至1944）	《職員錄》
1940	07.13	敘勳六等授寶章（賞勳局）	**《S.21履歷書》**
1940	08.02	敘正六位（宮內賞）	**《S.21履歷書》**
1943	06.30	敘高等官四等（內閣）	**《S.21履歷書》**
1945	06.30	三級俸下賜（宮內省）	**《S.21履歷書》**
1945	至5月	12年間持續擔任臺灣總督府警察語學試驗甲種委員（至5月）	**《S.21履歷書》**
同上		臺灣憲兵語學試驗委員	**《S.21履歷書》**
		37年間持續擔任警察講習資料雜誌主幹	**《S.21履歷書》**
		30年間持續受囑託擔任《臺灣日日新報》、《臺南新報》、《昭和新報》、《臺灣時報》等各新聞之日文及漢文編輯	**《S.21履歷書》**
1945	10	法院、高等法院通譯（至1945，62歲）	《行政官名簿》[18]
1946	03	返日（昭和29年3月7日小野眞盛寄給澀江昇之書信）	《台湾特高警察物語》，頁161
1965	12.12	81歲過世，葬於東京八王子	墓碑銘文

資料來源：筆者自行整理；2017年獲小野家惠贈相關資料後再行修訂；灰底表示重要年份。

18　1935至1944年小野出任高等法院通譯（同時晉升為高等官）及臺灣總督府評議會通譯時，已達日治時期總督府通譯之最高位階。《行政長官名簿》乃戰後日本所出之手寫油印稿，僅錄臺灣總督府高等官之職等與俸級。見於東京新宿「臺灣協會」圖書室。

　　小野西洲自16歲來臺，日治結束時已屆60歲。1899年追隨故鄉津房村（現大分縣宇佐市）聞人覆審法院檢察官長尾立維孝（1860–1927）來臺，[19] 即進入檢察局擔任僱員，並以法院高等官通譯鉅鹿赫太郎（1860–1933）為榜樣，[20] 立志成為通譯。1899年底，[21] 進入從軍記者兼松礒熊（1866–?）設立的日臺語學——稻江義塾，[22] 就讀期間約一年多。其後，就以寄居臺灣人家中的方式，[23] 實戰與自學並進，自稱：「筆記從不離手，有聞必錄，追根究底。」為了學好臺語，他曾在臺灣人家住了13年之久。[24] 換言之，日治期間在臺44年，約有三分之一時光皆與臺人朝夕相處。

---

19 參《臺灣總督府公文類纂》1913冊18號「尾立維孝恩給下賜上申及同證書送付」及2480冊15號府番號officials秘805頁次206備註第5卷永久保存。卒年參『官報』第146號、昭和2年6月25日。

20 鉅鹿赫太郎，1894至1895年任陸軍通譯，1896年任神戶地方裁判所書記，1896年任總督府製藥所通譯事務囑託，1897年任總督府民政局事務囑託，1898年任總督府法院通譯，1904至1910年任總督府翻譯官，其中1906至1910年為總督府法院通譯兼總督府翻譯官。參《臺灣總督府公文類纂》113冊63號，200–222，1772–1773等。據富田哲，鉅鹿是當時總督府地位與薪給最高的七位翻譯官之一。富田哲：《植民地統治下での通訳・翻訳——世紀転換期臺湾と東アジア》，頁154–164。關於鉅鹿赫太郎（1860–1933）之生卒年，引自宮田安：《唐通事家系論攷》（長崎：長崎文獻社，1979），頁994。鉅鹿赫太郎是長崎唐通事第九代傳人，初代魏之琰1672年自福建福州府福清縣移居日本長崎從事貿易，1679年改姓為鉅鹿，疑取自祖籍河北鉅鹿。詳參宮田安：《唐通事家系論攷》，頁962–975。

21 小野西洲：〈綠蔭漫言〉，《語苑》第29卷5號（1936年5月），頁89。

22 兼松礒熊（又稱礒熊）為熊本縣士族，曾於1895出版《臺灣語發音學》（稻江義塾藏，二版/復刻版，東京：不二出版，1995）。而臺北「日臺語學校」則成立於1896年6月，1899年7月7日改名「稻江義塾」，規模全臺第一。參《臺灣總督府公文類纂》328冊29號「私立稻江義塾設立ノ儀兼松礒松へ認可セシ旨臺北縣報告」。該校1903年4月之後規模縮減。詳見黃馨儀：《台湾語表記論と植民地台湾——教会ローマ字と漢字から見る》。關於「稻江義塾」之名稱，日治初期在建昌街（今貴德街）已有同名之學校，1895年9月，兼松礒熊創設「日臺語學研究會」，設英語、土語（即指台語）科；1896年改稱「日臺語學校」，本校位於枋隙後街（今迪化街三段一帶），千秋街（今貴德街之南京西路至長安西路段）設有分校；1897年，移轉至千秋街；1898年，再移轉至建昌街二丁目（今貴德街36巷至南京西路段），並於該年依總督府私立學校規則，改稱「稻江義塾」，當時學生有八、九十名。參見莊永明：〈「日本怪傑」稻垣藤兵衛與稻江義塾、人類之家〉，http://jaungyoungming-club.blogspot.com/2015/01/blog-post.html。

23 小野寄居過的臺灣人家皆屬名門，如林烈堂（臺中）等。參小野西洲：〈自敘漫言〉，頁82。

24 西洲生：〈偶感漫筆〉，《警察語學講習資料》第35卷6號（1942年6月），頁54。

　　據其自述，他未滿20歲時就住進大稻埕臺灣人家中「同居同食」，甚至鼠疫爆發之際，其寄居處已有六人死於鼠疫，但為求實地練習依然固守該處，終致身染鼠疫。[25] 對此，他以不惜捨身就學形容自己，且經此大難不死，日後凡事皆以必死之心迎戰，無所畏懼。由此可知，他成為通譯的自我選擇十分明確，貫徹的心志更是堅定。

　　在其職業生涯中，他曾從事法院通譯 (1903–1919；1932–1944)，中途轉為華南銀行文書兼口筆譯 (1919–1932)，[26] 究竟何者為重？對此，他自陳法院通譯是其「原本的志望」，而前往華銀則因其漢文書寫能力受到臺灣銀行總裁中川小十郎賞識，勉勵他藉此報效國家，並在日華經濟合作架構下擴大其國際視野與活動力。對此，小野也自認在行13年間，對時文 (白話漢文) 寫作無一日懈怠，其成效且高於法院時期數倍。

　　小野歷經艱苦自學歷程之後，在其職業選擇上，可說從未離開過譯者角色。尤其，在他重返法院之後，能夠長期擔任警察通譯考試委員與總督府評議會通譯，可知通譯水平極高。據其子接受訪談時表示，日治結束後他仍願定居臺灣，但政治情勢丕變，只得匆促返日。[27] 最後終老於九州宮崎縣 (葬於東京)，享年81歲。

2. 小野西洲的著述活動

　　小野西洲一生著述產能驚人，不但主題內容多元，且在語種、文體、翻譯等文本屬性上不斷推陳出新。本節將以較具代表性及其大宗者，做一總體概述。個別文本之深入探究，則移至下一節中詳述。以

25　小野西洲：〈自敘漫言〉，頁83。

26　因該行總理為林熊徵故需通譯。引自小野西洲：〈自敘漫言〉，頁85–86。

27　筆者2013年1月曾往訪小野西洲位於津房村故居，實地探查其舊居並訪問相關人士。當日即與當地鄉土史家小野正雄、大坪欣一先生及其親屬後人村上敬子女士、尾立維孝外曾孫安部平吾先生等進行座談及資料考證交流。返臺數日後又蒙小野正雄先生等賜告，尋得小野父親在津房村之墓碑。本次田野調查幸得津房小學校長羽下尚道先生熱心斡旋並舉辦座談會，且邀當地「大分合同新聞」與會並報導 (參見2013年2月1日《大分合同新聞》)。因該報之披露，2013年2月25日獲小野家來電聯繫，終於得知小野西洲後半生經歷，並進而取得其東京墓碑文字及照片。感謝有此機緣並致最深之謝意！

下，就小野披露於當時臺灣第一大報 ——《臺灣日日新報》的日文稿，以及刊登在《語苑》的主題內容，依報紙及期刊書籍等出版性質，分別整理如表5.3。

表5.3 小野西洲報紙與期刊日文稿類別及年次分布

類別	《臺灣日日新報》		《語苑》		小計
	主要刊行年份	次數	主要刊行年份	次數	
交友	1930	6	/	0	6
風俗	1923、1927、1939	25	/	0	25
俳句	1923	1	/	0	1
書評	1916	1	/	0	1
感懷	1915、1918	22	/	0	22
遊記	1915、1918、1923、1927、1932	32	/	0	32
語學	1913、1924、1928	15	/	0	15
	(102)				**(102)**
臺語小説	/	0	1914、1915、1935	3	3
考題	/	0	**1914–1918、1928–1930、**1933、**1935–1936**	17	17
政治	/	0	1917、1935、**1937–1938**	14	14
教材（臺日對譯/譯作）	/	0	**1909–1912、1914–1918、1924–1940**	349	349
	(383)				**(383)**
人物	1916、1929	5	1927、1929、19**31–19**34	9	14
時事	1923、1925	17	**1914–1915、1926、**1928、**1935–1938**	12	29
評論	1921、1924、1926	13	1914、**1915、1917、1922、1925、1928–1931、1934–1936**	33	46
隨筆	1914、1915、**1927–1930、1934**	29	1912、**1914–1918、**1925、**1927–1930、1932–1940**	138	167
	(64)			**(192)**	**(256)**
總計	**166**			**575**	**741**

資料來源：筆者自行整理。灰底表小計數據，粗體字為出版高峰期。

按創作主題類別觀察，小野的寫作方向大致有以下兩個主軸。其一，抒情敘懷的隨筆，大都登載在《語苑》上（另約三成刊於《臺灣日日新報》），一篇文章往往由數段內容未必相關的筆記式隨筆組成。如〈榕窗漫言〉、〈榕窗隨筆〉、〈隨筆放言〉、〈自敘漫言〉、〈漫言漫錄〉、〈草庵漫筆〉、〈綠蔭漫筆〉、〈客窗漫筆〉等專欄文章皆屬之。內容包含自述、評介、見聞、人物、以及對投稿人的補充說明等。這些小品文章，對於了解當時法院或警察通譯的人物動態及人際網絡等，提供了有力的佐證。

其次，則屬對時事、政治、人物、文學、戲曲、語文、翻譯、書籍等提出看法的評論文章。這類文章的數量高達375篇，[28] 可見小野是個觀察敏銳且長於議論的人。而且，抱持讀書人「家事、國事、天下事，事事關心」的態度，且有不吐不快的熱情，才能源源不斷地寫出大量作品。441篇漢文文章見刊於1908至1930年之間，其中1915至1919年間且又推出104篇漢文譯作。而1919年，正是他轉入華南銀行工作的時期，也是他開始減少漢文生產的時候。

而在1908至1919年之間，他披露了220首漢詩。主題涵蓋前述隨筆與評論的範圍，其中抒情感懷之作約佔半數。從漢詩的主題對照其各類文章，既可補充背景訊息，且有佐證之功。此外，對於小野的交友，也可在詩作中找到具體的對象，值得循線追索。

至於數量最多的類別，則是高達349篇的日臺語對譯教材，都是針對警察培訓或通譯考試而編撰的。其次，則是嘉言語錄類的翻譯；有臺語和譯，也有和語臺譯。能夠從事這類跨文化生產的雙向筆譯，甚至包含天皇「教育勅語」的臺譯，可見其功力不凡，且受高度器重。再其次，則是關於日本歷史、文化等譯著。這類作品似與警察兼掌者通譯考試有關，反映了他在警察培訓過程中的角色地位。

此外，另有一類是介乎翻譯與創作的作品，即是臺語小說。他以頗富語言實驗意味的手法，透過日文敘事和臺語口白的方式進行雙語書

28　扣除表5.3中的「考題」與「教材」（366筆）後，總計375篇日文稿。

寫。而臺語口白的格式,則以臺語在上,日文在下的方式,採取雙語並
行的書寫體裁。他的臺語小説自1914年的〈戀の羅福星〉開始初試啼
聲,後來又陸續披露了〈金手環〉(1916)、〈至誠!!!醇化の力〉(1935)
等作品。[29] 這類作品的數量雖然不多,但其中顯現的語文觀與實踐意識
甚強,反映了他對臺語藝術化的投入與用心。

　　相對於以日本讀者為對象的臺語小説創作之外,他還推出了為臺灣
讀者而寫的臺語翻譯小説。例如,將中國小説〈怪女幽蘭〉(1917)譯為
臺語,或將日本暢銷小説《佳人之奇遇》(1918)等譯為漢語或臺語。這
類作品的問世年代(1914–1918),正好處於他個人漢文寫作的高峰時期
(1911–1919),且其文體風格與主題內容頗有才子佳人小説的風情,與
小野西洲偏好漢詩文的趣味十分相符。

　　從知識生產的意義而言,他的抒情作品中充滿著臺灣情調,描寫的
也都是以臺灣為舞臺的人與事。而其評論文章則有從臺灣看天下,以及
一介書生的社會關懷。而日臺雙語教材,則反映他身為法院與警察通譯
教官的角色與觀點。至於臺語小説的創作與譯作,則顯現了他的臺語文
觀點以及優化並推廣臺語的用心。

三、小野西洲的譯者角色

　　如前節所述,小野西洲之所以成為譯者,是出於強烈的自我選擇。
正因如此,他對於如何做一位稱職的通譯,也有比較明確的論述。首
先,從他所設定的通譯標準,可探究其譯事觀。1935年12月他在〈自叙
漫言〉中指出,[30] 日人在臺任通譯者之必要條件應如下:

29　參草庵:〈戀の羅福星〉,《語苑》第7卷3號(1914年3月),頁36–56。西洲:〈首物語〉,
　　《語苑》第8卷12號(1915年12月),頁38–58。草庵:〈金手環〉,《語苑》第9卷11號
　　(1916年11月),頁51–62。小野西洲:〈至誠!!!醇化の力〉,《語苑》第28卷7號
　　(1935年7月),頁62–84。

30　小野西洲:〈自叙漫言〉,頁86–87。

1. 對於任何情況，皆能隨心所欲地適切表達。
2. 能將他人所言，完整地傳達無誤。
3. 能精準聽取臺灣各階層男女老幼所言。
4. 能透過各類漢文正確理解對方意之所趨。
5. 須能書寫時文（白話漢文）。
6. 精通臺灣事情（現勢風俗）。

而在漢學閱讀素養方面，他曾在 1932 年 9 月號《語苑》〈隨筆放言〉指出，譯官除口語通譯之外，亦須書面翻譯，故應通讀四書、（唐宋）八大家文、現代支那時文。

以他當時身為總督府評議會與高等法院通譯的地位，開出以上六項條件，可以看出他心目中的適任通譯，應具備高水平的聽說讀寫技能（1–4項）之外，還要加上書寫特殊文體的能力（5）以及高度跨文化素養（6）。由於該條件是針對日人而設，故可推想也是出自他的自我要求水平。

除此之外，1924 年任職華南銀行時，他曾撰文提到口譯的難為之處：[31]

1. 須及時反應，脫口而出。
2. 須萬事皆通，與講者智慧見識一致。
3. 須達直接對話的效果。

而筆譯最難之處，他認為莫過於能「讀之如原文讀者所感受」。此一觀點與西方譯論先驅 Eugene Nida 的「功能等值」（functional equivalence）等論述如出一轍，[32] 且又早出數十年。可見，他對於口筆譯工作的觀察是敏銳而多面向的。亦即，不僅要求譯者應達一定的語文與知識水平，同時，也十分重視話語環境中講者的話語與知識內涵是否有效傳達，以及接收訊息的聽者與讀者的感受，是否等同於接收源語（文）者。

31　小野西洲：〈翻譯の難〉，《語苑》第 17 卷 9 號（1924 年 9 月），頁 45–48。
32　Jan de Waard and Eugene A. Nida, *From One Language to Another, Functional Equivalence in Bible Translation* (Nashville, Camden, New York: Thomas Nelson Publishers, 1986), p. 36. Eugene A. Nida, "The Nature of Dynamic Equivalence in Translation," *Babel*, Vol. XXIII, pp. 99–103.

其次，談到譯者對於譯事的態度。1932年11月他在《語苑》〈隨筆放言〉中有一段非常感性的「告白」。當時，他從銀行回任法院通譯不久，為了做好每一天的口譯，每天早晨都向上天祈禱，好讓他能夠在「技不如人意，雖已盡人事，但猶有不足」之下，求神明給予加持。此時，正好聽聞其臺北地方法院同事——廣東話通譯官元未，竟與他不約而同，每朝必祈求上天護持，盼能達成完善之通譯。小野聞此「不禁竊喜，但又恐世間賢者笑言吾等何其愚昧。」[33]其敬業樂業且充滿赤子之忱的情懷，令人深感動容。

1942年6月他在《語苑》改名後的《警察語學講習資料》上，[34]提到對於譯前準備的看法與要求時，以下這段話頗能反映其念茲在茲的工作態度。

> 無論學業與事業，皆須終生貫徹不可懈怠研究之功。最後再進一言，貫徹一生乃為大準備，事前所為即為小準備，準備之前宜審慎檢討，查察前因後果，往良知之所之善盡準備之功。

另外，談到翻譯的高下優劣。即使當時他已任職銀行，對於街頭隨處可見的雙語告示，仍見其不吐不快的譯者本色。例如，1925–1928年他在《語苑》上提出三篇題為〈翻譯の研究〉的評論文章。其中兩篇是針對州警務部的瘧疾預防宣導及臺北自動車營業組合（汽車商業同業公會）行人交通安全等文宣，提出針砭並附上自己的譯文做為範例。[35]而另一篇則主動以自己受州保安課委託的交通安全、居家消防等譯作為例，提出自譯自評。[36]

由此可見，小野對於翻譯可說熱情澎湃，即使是街頭飄舞的翻譯作品，也毫不鬆懈自己的譯者「天職」。[37]而對於以上三篇譯評的主要見解，可歸納如下：

---

33 西洲：〈隨筆放言〉，《語苑》第25卷11號（1932年11月），頁73–74。

34 西洲生：〈偶感漫筆〉，《警察語學講習資料》，1942年6月，頁53–54。

35 小野西洲：〈翻譯の研究〉，《語苑》第18卷2號（1925年2月），頁67–72；小野西洲：〈翻譯の研究〉，《語苑》第21卷2號（1928年2月），頁73–76。

36 小野西洲：〈翻譯の研究〉，《語苑》第18卷2號（1925年2月），頁68–70。

37 小野西洲：〈翻譯の研究〉，《語苑》第21卷2號（1928年2月），頁73。

1. 翻譯要訣在於不可拘泥原文，亦不得失其本意。[38]
2. 譯文應講求精鍊字句，聲調切合，文意暢達。[39]
3. 譯文應配合翻譯目的，若為宣傳，婦女孩童皆朗朗上口者，方能自主踐行。[40]
4. 譯文應符合文體規範，切莫日漢混雜，徒招識者之譏。[41]
5. 譯文宜多用四字句，以求平仄均衡，句調考究，造句工整。[42]

　　從以上譯評準則即可看出，小野受到漢詩的影響極為深刻；凡是他評為佳作者，幾乎都是符合聲韻要求，且以四字排列為主的文句。其實，在商業廣告文宣等翻譯上，口語的表達方式並不失其活潑響亮（詳表5.4內文底線處），卻不免遭致小野的酷評。例如，下表中第二句就遭他評為：「句調不佳，文意不順，乃時文之拙中之拙。」[43]且引以下「拙文」與小野範文加以對照：[44]

表5.4　小野西洲的譯評：拙文與範文

	拙文	範文
1	投些微之本，穩獲莫大之利， 捨此債券外，敢云舉世未有。	購款雖少，獲利甚大， 捨此以外，他項不及。
2	此回籤數及金額增加數倍， 還母期限亦大短縮。 <u>僅投十元之本，得獲三千元利。</u> 大利穩妥，人必趨之，額少籤多， 得籤容易。	此回得獎及獎金，增多數倍。 攤還母款，期限亦比前較短。 <u>僅出十元之本，可獲三千圓之利。</u> 投資穩妥，機會莫失，本少利多， 得獎容易。

資料來源：筆者自行整理。

38　小野西洲：〈翻譯の研究〉，《語苑》第18卷5號（1925年5月），頁68。
39　同上。
40　同上，頁69–70。
41　小野西洲：〈翻譯の研究〉，《語苑》第18卷2號（1925年2月），頁69–70。
42　小野西洲：〈翻譯の研究〉，《語苑》第21卷2號（1928年2月），頁75。
43　小野西洲：〈翻譯の難〉，《語苑》第17卷9號（1924年9月），頁45–48。
44　同上，頁46–47。

顯然，小野眼中的拙劣之文，主要是依文體風格而評斷，翻譯內容反居其次。對於前句，他認為創意不足，雖已注意文字「排列、字數、巨細、著色等，但語句仍未達精鍊，故改正之。」至於下句，不滿意的語句計有五類，理由如下：

1. 時文不宜之詞。如，「增加、籤、額」。

2. 造句不夠工整。如，「還母、十元本」。

3. 沿用日文詞句。如，「大短縮」。

4. 避免同詞重複。如，「僅投」改「僅出」，是為避開下句「投資」之「投」。

5. 遣詞用字不當。如，「得籤」乃「得獎」，「額少籤多」改「本少利多」；「人必趨之」，失之乏味，故依其前後文脈改為「機會莫失」。

從小野西洲來臺後從事寫作的數量看來，他應該是日人中的第一人。對於寫作的習慣與熱忱，從他在1932年9月13日至10月1日的短暫回國旅途，無論置身舟車皆不改其樂地書寫不輟，[45] 即可理解他的翻譯與寫作活動，其實是一體兩面的。因而，對於翻譯的文體規範，才有近乎詩文水平的苛求。同時，這也讓我們看到他對於書寫的熱愛且又嚴謹的態度。

四、小野西洲的知識生產

本節將針對小野西洲的漢詩文、臺語小說創作、翻譯書籍，做一俯覽式的掃瞄，俾從眾多文章中梳理其知識生產的內涵、輪廓，並記述其生產順序與路徑。

---

45 小野西洲：〈隨筆放言〉，《語苑》第25卷9號（1932年9月），頁74–76。

1. 漢詩（1908–1919）

漢詩是小野西洲來臺初期的主要書寫形式，總計披露220首，去除重複刊登則為210首。幾乎全數投稿於《臺灣日日新報》的專欄；如「詞林」、「藝苑」、「南瀛詞壇」等。主要內容可分六類，依數量可排序為：感懷（81）、交友（29）、寫景（32）、記事（42）、謳歌（14）、評論（22）。依其生產之年次序列與類別，詳表5.5：

表5.5 小野西洲1908至1919年漢詩類別及年次分布

類／年	1908	1909	1910	1911	1912	1913	1914	1915	1916	1917	1918	1919	小計
感懷	–	–	4	46	11	9	–	7	–	1	2	1	**81**
交友	–	–	–	4	8	2	5	9	–	–	–	1	**29**
寫景	1	–	–	17	3	–	3	4	–	2	–	2	**32**
記事	–	4	4	6	5	–	1	–	1	21	–	–	**42**
謳歌	1	–	4	2	4	1	1	–	–	–	1	–	**14**
評論	–	–	–	2	2	–	–	6	–	–	12	–	**22**
小計	**2**	**4**	**12**	**77**	**33**	**12**	**10**	**26**	**1**	**24**	**15**	**4**	**220**

資料來源：筆者自行整理。灰底表示重要類別，粗體字為出版高峰量。

依上表可知，小野的漢詩寫作盛產時期是1911至1912年，最高峰則為1911年，共完成77首。該年最多的主題是感懷（46）、寫景（17），其次則為記事（6）、交友（4）。而漢詩量次多的則是1912年，較為突出的主題則是感懷（11）與交友（8）。

對照小野的自敘，[46]他在軍隊除役後的隔天，即在臺南法院檢察局復職擔任通譯。同時追隨全臺第一的詩人趙雲石（南社創社副社長暨第二任社長）朝夕學習漢詩，並勵行每日一詩文。而1911年初正是他從臺南遷居臺北之時，揮別在臺南的詩友，使得他詩興大發，詩作不輟。從他的漢詩以及詩友與他的唱和中，可望循線梳理他與臺灣文人與詩社的往來情況。

---

46 小野西洲：〈自敘漫言〉，頁84。

2. 漢文創作（1908–1930）與漢文翻譯（1915–1919）

漢文是小野西洲來臺接續漢詩之後的主要寫作文類，八成投稿於《臺灣日日新報》，兩成投於《臺灣時報》。其中，有八成是漢文創作計427篇，另有104篇是日文譯為漢文的譯作。主要內容有四類，依數量可排序為：評論（297）、時事（59）、隨筆（42）、人物（29）。而依生產年次序列與類別，詳如表5.6。

小野西洲的漢文與漢詩之間的生產消長，似乎呈現互補分布的情況。漢文以1915至1918年的產出最為集中，可見刻意致力於此，四年之間完成了300篇以上的漢文。但隨著1919年轉入華銀之後，漢文作品就不再連續產出且顯著減少了。

據小野自述，[47] 早在20幾歲時，他就將櫻井忠溫的〈肉彈〉全數漢譯並連載於《臺南新報》。[48] 而東海散士的《佳人之奇遇》漢譯，則多賴其漢文老師邱及梯的斧正。該稿經二十載依舊善加保存，並期許不負師恩，可見小野對於漢文寫作用心極深。

以漢詩文練筆之說若可成立，是因為幾乎就在同一時期，小野陸續推出了不少從日文譯為漢文的譯作。總數達108篇。此外，從1914至1935年之間，另有臺譯日與日譯臺、漢譯日等譯作，共13篇。而總數達122篇的譯作，依其語言組合及年次分布等整理如表5.7。

從語言組合觀察，小野譯入母語的臺譯日，遠多於日譯臺。然而，在日漢文之間，譯入非母語的日譯漢則完全是一邊倒的態勢（108：1）。或許，就明治時期日本讀書人的語文素養而言，漢文原就不應視為外語。

47　小野西洲：〈自敘漫言〉，頁85。
48　本次調查尚未尋獲該批文稿，故小野文章總數可能超過1,520筆。

表5.6　小野西洲1908至1930年漢文類別及年次分布

類	1908	1911	1912	1913	1914	1915	1916	1917	1918	1919	1920/1921	1922	1924	1927	1930	小計
評論	4	6	22	7	8	13	**38**	53	**68**	27	0/1	10	12	25	3	**297**
隨筆	–	1	–	2	–	10	12	4	12	1	–	–	–	–	–	42
時事	–	–	–	–	3	3	2	51	–	–	–	–	–	–	–	59
人物	–	–	–	–	–	–	–	28	1	–	–	–	–	–	–	29
小計	–	–	–	–	–	26	**52**	**136**	**81**	28	–	–	–	–	–	**323**
譯作	–	–	–	–	–	**50**	–	7	**45**	2	1	10	12	25	–	**104**
總計	4	7	22	9	11	102	104	279	207	58	1	10	12	25	3	854

資料來源：筆者自行整理。灰底表重要類別，粗體字為為出版高峰量。

表5.7 小野西洲1914至1935年譯作類別及年次分布

語言	1914	1915	1917	1918	1919	1929	1934	1935	小計
日譯臺	1	1-傳門	1	0	0	0	0	0	**3**
臺譯日	0	1-首物語	0	0	0	1-楊貴妃	7	1-猿の説	**10**
漢譯日	1	0	0	0	0	0	0		**1**
日譯漢	0	52	7	46	2	0	0	1	**108**
小計	2	54	8	46	2	1	7	2	**122**
主題	十思疏	小説/論支那將來	政治/基督教叢談	–	傳記	評論	風俗	–
	羅福星	單篇/支那元首論	單篇/演説 單篇/世界大戰	佳人奇遇[49]	單篇/政經	–	–	–	–
刊物	《語苑》	《語苑》、《臺灣日日新報》	《臺灣時報》、《臺灣日日新報》	《臺灣時報》	《語苑》	《語苑》	《語苑》	–

資料來源：筆者自行整理。灰底表示重要類別，粗體字為出版總量。

　　至於，譯作的主題與分布。1915年4月24日起幾乎每天見報，連載三個月（7月22日止），共計51篇〈論支那將來〉的政局評論，是他初試啼聲的譯作。但顯然並非自行投稿，而是報社規劃的專欄性質。此後，1917至1918年間47篇〈基督教叢談〉，[50] 看來也是一個事先規劃的系列文章。從1917年12月至1918年10月期間，約以每週一篇的頻率在《臺灣日日新報》連載，且各篇皆冠以序號。而1934年的7篇臺譯日作品則披露於他所主編的《語苑》，故能在9至11月間連續登場，並在9月與11月號各刊載3篇。而1915至1918年的大量漢文作品，則與他日後獲得《臺

---

49 〈佳人奇遇〉為小野西洲之譯文篇名。日文原書題為《佳人之奇遇》。
50 從《臺灣日日新報》等現有資料庫看，基督教叢談系列的連載編號由1到40之後，又由1到7再編號一次。由於迄今尚未尋獲第2篇，因而筆者語料庫內僅46筆，但理論上應為47篇。

灣日日新報》漢文主筆尾崎秀真賞識，[51] 而將他推薦給1919年新設的華南銀行，或許不無關係。

由於在漢詩文上長達十年的投入，以及數百筆詩文持續積累的深厚功底，終於讓他十年磨成一劍，造就了他後半生令人驚異的語文生產能量並展現豐富多元的內涵。整體而言，小野西洲的譯作分量較多的是著書出版，故以上散見於報章的譯作，若與他的漢文與臺文書寫對照比較，或許更能印證他在語文上的探索與嘗試歷程。

3. 言情小説 ——〈戀の羅福星〉(1914)

關於小野西洲的臺語小説〈戀の羅福星〉，如第一節所述，已有不少前人文獻論及。而本節提出討論的著眼點，在於小説作者草庵 (小野寫作漢詩的常用筆名) 與法院通譯小野真盛之間的角色位置及其衝突。

〈戀の羅福星〉登載於1914年3月出刊的《語苑》。然而，就在該文最後，竟由作者加上一段「附記」自陳：「本稿為苗栗臨時法院公判庭中羅東亞之全部陳述，筆者聽其臨刑前所感及其情人罔市 (本名張氏佑) 聞其死訊之情懷，本擬盡付於文以終其章。惟本刊篇幅有限，且續載於次刊亦未獲允，故雖有憾亦不得已就此擱筆，盼讀者諒察。」[52] (頁56) 這段話代表了結束小説作者身分時，譯者小野的角色在此顯現，並對讀者披露故事的真實性以及自己在該事件中的位置。

經史料查證，[53] 羅福星(1886–1914)確為真人真事。他是出生於印尼的華僑，1903至1906年曾隨父來臺並就讀苗栗公學校。後回祖籍廣東任小學教師，並加入中國同盟會參與黃花崗之役。1912年返臺加入抗日運動時，因遭檢舉而受刑。

51 尾崎秀真 (字白水、號古村)，1901年任《臺灣日日新報》記者兼漢文版主筆。1922年4月自該報退職，轉任臺灣總督府史料編纂委員會編纂委員。尾崎在臺達四十餘年，文化影響力極大。

52 草庵：〈戀の羅福星〉，《語苑》第7卷3號 (1914年3月)，頁36–56。〈附記〉見頁56。

53 參1914年3月20日《臺法月報》第8卷第3號〈臨時法院の判決〉，頁27–31。

若從現代專業的法庭口譯角度審視小野西洲的自述與小說刊行的時間和內容，定會覺得震驚而又不可思議！該文雖以「草庵」加上「戲作」兩字為化名，但該刊卻是法院內設「臺灣語研究會」刊行的具影響力期刊。其創作動機難解之處如下：

首先，法庭口譯怎可將判刑不過數日的案中主角，透過口譯工作之便而將之故事化，且進而公諸於世？其次，身為法院通譯的公務員身分，何以竟在小說中，將原本與當局敵對的思想犯，寫成才子佳人情節中的英雄人物？第三，小說完成後，何以再加上〈附記〉，自曝該案通譯之身分，且不稍掩其同情之心？這些問題在〈附記〉中唯一透露的曙光，即是小野事前似與編輯溝通過，能否續刊以竟其功，但事與願違。可見，小野對於完整記錄此事是有相當意識與意願的。而此時的法院通譯小野得以從另一角度書寫甫遭判刑的抗日分子，若無當局應允甚至鼓勵，是難以想像的脫序行徑。[54] 而官方默許小野的書寫，也可能是為了緩解抗日分子的不滿而授意的。

此外，該文在標題與前言裡，對於寫作動機透露了幾許玄機。雖無法稍解主題動機之謎，但或可視為其寫作動機的相關因素。

1. 本文完整標題應為〈土語小說戀の羅福星〉。可見，創作動機可能是為了臺語小說的書寫。

2. 前言中自認該文在角色與行文上或許不如前人，[55] 但略勝前人之處在於文中會話的雙語對譯，是作者煞費苦心的成果。盼有助讀者之實地應用。可見，以臺語寫出生動的對白，確是小野的書寫目的之一。

---

54 據小野西洲自敘，當時接受他文章的正是《語苑》首任主編川合真永。詳小野西洲：〈語苑を育てて〉，《語苑》第25卷8號（1932年8月），頁4。

55 其前言稱：據聞十年前（1904）臺灣土語界赫赫文士風山堂渡邊君，曾於語學月刊誌披露土語小說〈含笑花〉，其角色奇拔、敘事流暢、會話高妙，確為凌駕專業之作，頗受讀者喜愛。參草庵：〈戀の羅福星〉，頁36。

3. 自十年前「含笑花」問世以來，尚未有臺語小説刊行，故雖非小説家之筆，仍不揣淺陋，願東施效顰，以饗讀者。

然而，這類以臺語書寫的小説或譯作，佔小野作品的比重可説微乎其微（小説、譯作各三篇），且大都是早期的作品（1914–1915、1916、1917、1935）。平心而論，小野的小説並不高明，正如他自己坦言，無論故事結構、敍事張力、角色形塑等皆非上乘之作。[56] 但從小野數度嘗試臺語小説的創作與翻譯，且皆試圖以角色對白為主體，又多根據自己所熟悉的故事情節與角色內涵，似可視為他在摸索以漢文書寫臺語的可行性，並考量日常實用性的某種語文實驗行動。

4. 警官教材 ——《臺語訓話要範》（1935）

小野的翻譯著述主要刊行於日治後期，與大量教材著作最有關係且充分反映其「警察官司獄官訓練所」講師（1924–1944）及「甲種語學試驗」考試委員（1935–？）角色的，[57] 即是本節所要探討的《警察官對民眾臺語訓話要範》。

首先，針對該書的章節結構與目次內容，了解本書所顯現的日治時期警民之間短兵相接的議題為何。其次，從當局治理的角度觀之，警察所要規範的內容以及規訓的基準，都可在書中獲知其中端倪。從以下的次目數量與內容多寡等，皆可據以掌握警察規訓的重點所在（詳表5.8）。

---

56 潘為欣：〈通譯經驗的轉化 ——小野西洲土語小説〈羅福星之戀〉創作〉。另參潘為欣：《日治時期臺語白話書寫與文字拼音系統關係之研究 ——以《語苑》、《臺灣府城教會報》為中心》。

57 1898年為獎勵日籍文官、警察、巡查、獄官等學習土語而設之通譯檢定考試，及格者得支領兼職通譯津貼。1901年6月，改定初試為乙種，複試為甲種，並擴大受試者涵蓋臺籍人員，但皆須每年受試通過才得繼續支領津貼。參《臺灣總督府警察沿革誌》第5卷第4章，頁915–921。又據小野西洲，他於該年1月受命為總督府甲種語學試驗委員。參小野西洲：〈新年始筆〉，頁109。

表5.8《警察官對民眾臺語訓話要範》目次與章節結構

各編名稱	次目內容	次目數
第一編 警察職務(定義原則)	警察行政、司法/行政警察	10
第二編 **餐飲**業者(指導原則)	臨檢、賭博、清潔、火燭、私娼	10
第三編 一般**交通**(指導原則)	交通警察、交通道德/規則/指揮	5
第四編 一般衛生(指導原則)	注意事項、防治瘧疾/病媒/傳染病	6
第五編 **保甲會議**(指導原則)	失物、違警、借宿、兒童、保存現場、防火、修路	15
第六編 壯丁團員(指導原則)	訓示、警察精神、重大任務、注意事項	4
第七編 **理髮**業者(定義原則)	公共衛生、所謂理髮衛生、理髮師之敬稱	3
第八編 思想取締(指導原則)	思想問題、言論自由、過激思想、鼓吹純美思想	4
第九編 釋放保護(指導原則)	前科累犯之緣由、以同情之心用之	2
第十編 吸食鴉片(指導原則)	吸食特許、理解溫情主義	2
第十一編 雜項(定義原則)	警察與民眾、辯論、處世、致詞、一視同仁、內地延長主義、自治精神、國體、國民性	13
第十二編 **修養**講話(指導原則)	開朗、聽勸、真心、流芳、謙遜、寬宏、後半生、志堅、有容乃大、晚年為重、行事如鷹如虎、教子重才德、流芳萬古、勿誇己功、養心真法、邁向正義、讓人三分、先想後果、放下小我、有始有終	20
總計		**84**

資料來源：筆者自行整理。灰底表次目較多的章節。

　　從表5.8中「次目」達十項以上者(詳網底)，大都是體現警察的職務定義及其中心思想。其次則屬業務比重較高者，如保甲會議、餐飲管理等。從次目內容看來，當時對警察的道德修養與愛國教育定是十分嚴格。而警察對民眾的生活介入幾乎可說無微不至、無孔不入。大至對吸食鴉片者的理解溫情主義，小至對餐飲與理髮業者的叮嚀指導，甚至對兒童的照顧等；舉凡講解道理乃至具體指導等細節，幾無一遺漏。

　　這樣一本讓警察可在警務第一線活學活用的日臺雙語對譯教材，除了對於當時警察發揮訓話或訓誡時的教戰手冊功能之外，對於想要探究日治時期警民互動及警務現場情境與語境者，更是絕佳的佐證資料。

根據《語苑》1935年11月號披露的14位專家意見，[58] 其中一位《臺灣新民報》記者吳萬成指出該書第一版約兩千本，發行僅一個月即將售罄，可見頗受好評。此外，總督府評議會通譯劉增銓，亦稱該書是模範口語文，文白互換暢達。評語大都認為該書語言自然流暢、造句巧妙，且又實用恰當。

而小野所譯的臺語，可説用詞言簡意賅，文白均衡恰當。適合耳聽口説，句長適中，非常符合他所主張的活學活用原則。[59] 從其編寫警察演講與訓話內容看來，可知該書讀者應為高階警官。而能以警察業務為主題內容編寫雙語教材，説明他在警官語言培訓的經歷，是他職業生涯中極具分量的一部分。他不但在擔任華南銀行文書期間，於1924年即任警察官司獄官練習所講師，甚至1941年《語苑》停刊後改名為《警察語學講習資料》時，更是唯一留任主編的法院通譯。其實，該刊自1938年11月起登載的警察用語教材，即悉由警務當局提供。[60] 此外，據1945年9月14日林獻堂日記的記載，[61] 他在日本宣布投降後，曾帶領林獻堂等人，進入監獄探視多名政治犯。可見，小野在法院通譯與警務之間的角色關係顯然不同於其他法院通譯。

5.《臺語和譯修養講話》(1936)

本書未分章節，共計150則嘉言金句。其成書宗旨是：「為期強化臺語力之島內警察官及意圖增進國語力之本島諸君之講話練習教材，故

---

58 鈴木清一郎等〈「臺語訓話要範」に對する識者の批判〉，《語苑》第28卷11號(1935年11月)，頁80–90。吳萬成評語，頁82–84。劉增銓評語，頁84–86。

59 小野西洲主張，學識的價值不在於讀書的分量，而在於運用嫻熟與否。實地運用才是學問的練習場。參小野西洲：〈新年始筆〉，頁107。

60 據小野西洲，自1938年11月起連續三年由警務部提供各郡署警察所需各面向之實務用語，逐號刊載於該刊。參小野西洲：〈警察用語に就て〉，《語苑》第31卷11號(1938年11月)，頁5–6。此外，〈語苑終刊に際して〉也有接受警察當局要求，將「經濟、外事、高等、衛生、保安、刑事」六部分分三年譯載完畢等記載。參〈語苑終刊に際して〉，《語苑》第34卷10號(1941年10月)，頁1–2。

61 《灌園先生日記》1945年9月14日記載：「三時小野西洲來迎余及許丙到監獄，對吳海水、陳江山外三十二名將釋放之政治犯略微安慰，勸其勿以怨報怨也。」

採宗演師所釋之菜根譚而作。菜根譚乃精通儒佛道之明代鴻儒洪自誠所著，所言句句皆動人心。誠修養書中之王。而原著解説之宗演師乃近代高僧，其解妙趣無窮。兩書令人百讀不厭。」(引作者序，筆者自譯)

此外，在語言能力的養成方面，該書序文指：「欲求<u>講話精進</u>，莫如<u>誦讀口語名言</u>。(略) 故以<u>通俗平明</u>之<u>國臺語</u>闡述，以資講話練習者誦讀之便。」此外，「本書乃針對特定語學研究者而寫，除應多加誦讀口語名言外，也為<u>裨益世道人心</u>而編寫。」此一書寫目的 (參見底線處) 與前節《警察官對民眾臺語訓話要範》的修養講話，頗有相互呼應的意涵。

該書書序由尾崎秀真所撰，尾崎就是1919年推薦小野給華銀的關鍵人士。時任臺灣總督府史料編纂委員會編纂，並於1935年出版《臺灣文化史説》，是位真正的知臺人士，且具文化影響力。尾崎在序中稱小野：「學識文藻豐富、語言婉轉自在，譯著彷如脱胎換骨，妙趣猶在原文之上。」這段話把譯者的位階提到了與原著作者洪自誠、日文解説老僧宗演師，三人並駕齊驅的程度，稱他們為「三人行，必有我師」。

至於小野何以會選擇這樣的議題翻譯成日語？他所設定的讀者想必是在臺日本官員等，由於工作需要多加了解臺人心中價值觀的人士。關於這點，若參閱表5.8第十二編〈修養講話〉，即可知警官在其人格修養上的要求為：「開朗，聽勸，真心，流芳，謙遜，寬宏，後半生，志堅……」等。可見，若要相對理解傳統臺人沿襲的人格與修為時，從影響人心深遠的大師嘉言金句之中，必可獲知日臺之間可以互相借鏡及合作之處。

而本書亦鼓勵讀者多加誦讀，以求講話精進。可見，除了讓日本讀者理解臺人之傳統價值判斷與善惡基準之外，更鼓勵日人與臺人就雙方內在修養與精神層面，透過口語交談等方式進一步多加交流。

6. 日語臺譯──《教育勅語御意義》(1940)

本書是唯一未以筆名而以真名小野真盛出版發行的譯著。由於主題是天皇對於國民教育的詮釋與訓勉，故極可能是上級指派的工作，而非

譯者主動提出的知識生產。尤其，當時中日戰情緊繃，紙張供應不易，但該書發行之前就已接受預約，可見政策性頗強。

日治時期開始推展皇民化運動是在1937年中日戰爭爆發後，配合日本國內「國民精神總動員」而展開的。到了1940年更進一步要求臺人更改姓名且使用日語。據小野1939年10月在《語苑》上對於國體教育的詮釋，[62] 或有助解讀他翻譯此書的基本思維。

1.　對於學生以外的臺人，在全臺廣設講壇由「國體明徵講師」每晚以臺語演講，力求於最短期間令全島民達成皇民化精神之最高效果。

2.　所謂「東亞新秩序建設」之基調在於「相互敬愛」。故內地人全體皆須潔身自肅，為本島人展現其皇民模範。無論婦孺職工皆須以身作則，以令島民由衷敬愛並心嚮往之。

基於前述想法，小野對於將這本原來做為天皇教化國民的最高指示，以誠摯敬謹之心譯為臺語，並對在臺發揚日本國體教育充滿榮譽感，是可以想像的。據該書出版後小野自述，[63] 該書日文部分經臺北第二高等女學校國語及歷史科教師周延的校正，以及小野師事的臺灣碩儒謝汝銓（雪漁）給予嚴密的校訂。而他自己則「以此做為最終事業，每朝齋戒，竭誠盡力，謹譯此書」。

針對以上小野龐大的知識生產結果看來，可就其年次序列、主題範疇、知識內涵等，描述其知識生產的路徑及主要特徵。

以年次序列而言，從220首以表露個人感懷為主的漢詩（1908–1919）擴展到以時事、政治、評論為主的漢文（1908–1930）427篇，而104篇政論性質的漢文譯作（1915–1919）則在兩者之間顯現其過渡性位置及意義。尤其，從104篇日文漢譯圍繞政治評論的主題，似也說明了他透過

62　小野真盛：〈隨感隨錄〉，《語苑》第32卷10號（1939年10月），頁71–73。

63　小野真盛：〈教育勅語御意義臺灣語謹譯書に就て〉，《語苑》第33卷2號（1940年2月），頁1–4。

漢詩建立的人脈，以及持續產出漢文評論文章所建立的評價，使得他的譯作獲得在官方第一大報連載的良機。

1919年進入華南銀行之後，他在報紙與期刊上沈寂將近五年，直到1924年起開始再度活躍，當時的寫作主題主要是評論與教材，此時他正好開始擔任警察官司獄官練習所講師。因此，若説評論文章是延續漢文書寫的主題，語言教材則是展開警察培訓工作後的新領域。這批文稿從1924年起就持續寫作不輟，直到1943年獨撐大局至《語苑》與《警察語學講習資料》停刊為止。

然而，自重返法院的1932年直到日治結束的13年之間，《語苑》由於前輩通譯陸續凋零，最後由相對較為年輕且又資深的小野獨自主持編務。他的編輯風格是為確保讀者得以實用，來稿若有不妥之處無不介入改正。[64] 因而，無論語學教材、考題解答、翻譯評析等稿量一路有增無已。

此外，散文隨筆性質等兩百多篇文章 (詳表5.3)。早期多見於《臺灣日日新報》，後期則披露於《語苑》，包含感懷、人物、遊記等。這些作品中不但充分反映他的思想、為人、社會意識、語文意識，乃至對生命故事的回顧、人生的價值判斷、對友朋的評價等，都有著熱情坦率的直言，可説是紀錄日治期間深入日臺民眾生活與文人記事的珍貴文本。尤其這些文章所述內容，經與他人所記或小野本人所記他事之間，從未出現前後不一的落差，可見其真實性頗高。

針對以上所述小野西洲著述的主要內容及特徵，以表列方式可梳理如下。為期明確反映其生產序列，下表將產出數量極少致不足以代表該年度產出者剔除後，再依循主要的媒體路徑，整理其知識生產軌跡如下 (詳表5.9)：

---

64 小野西洲：〈新年始筆〉，頁109。

表5.9　小野西洲知識生產之路徑、輪廓、及其內涵

年次序列	1908–1919	1915–1919	1911–1927	1924–1940	1925–1940	1935–1936、1940
主題文類	漢詩	漢文譯作	漢文創作	語學教材	散文隨筆	雙語對譯
知識內涵	個人感懷	時政評論	各類評論	警察通譯	感言紀錄	訓話嘉言
報章媒體	《日日新報》	《日日新報》	《臺灣時報》、《日日新報》	《語苑》	《日日新報》、《語苑》	專書出版
文稿數量	220	104	420	319	126	4

資料來源：筆者自行整理。

五、結語：從知識生產看譯者角色

　　從小野西洲的知識生產觀察其譯者角色，可知他由創作者跨入翻譯者領域之際，兩者的關係是互為表裡的。尤其，配合其譯評與同儕議論等觀之，可知漢詩文格律之對比、排列、精鍊、韻腳等文體風格，深刻地影響了他的翻譯觀及審美標準。

　　此外，從其警察語文著述及警察語學教材的大量生產，可知譯者角色背後的官方贊助人扮演了重要的推手作用且持續影響其一生。尤其警察培訓講師、教材編寫者、通譯考官、乃至皇民化運動的落實者等角色功能，無一不是透過通譯角色才得以達成的。

　　同時，在口語表達上，由於警用教材與通譯考試等注重日常溝通乃至公眾演講致詞等實用且廣泛的語體風格，使他的詞語選擇與風格創造透過報章媒體長期且大量地擴散，再加上考試及格後得以支領年度津貼等誘因，他的口語與書寫風格對於基層警察，勢必產生頗具滲透力的影響作用。[65]

65　據小野西洲1932至1933年間記述，當時全臺幾乎所有官廳皆以該刊為語學講習教材，發行量達4,000本。參小野西洲：〈語苑を育てて〉，頁4。及小野西洲：〈非常時に際會し全島官公吏諸賢の本島語學習を望む〉，《語苑》1933年2月號，頁3。以1933年全臺警察共8,058人計，約每兩位警察就有一人是該刊讀者，故其影響與滲透力可說遍及全臺。參《臺灣省五十一年來統計提要》，「警察機關及消防大隊概況」，表516。各年度統計參見http://twstudy.iis.sinica.edu.tw/twstatistic5 0/police.htm。

然而，在藝術創造層面上，透過臺語小説的創作，他以角色對白為主體，並根據自己所熟悉的故事情節與角色內涵，摸索以漢文書寫臺語的可行性，同時亦考量其日常實用性。從他的臺語小説往往與漢詩文結合，即可感受到他對臺語語體風格的美化與藝術化的企圖心。而另一方面，他又極度強調臺語在日常生活上的實用性，故在展現臺語文的美感以外，也不忘臺語緊貼生活的庶民特質。

而對照 Delisle 與 Woodsworth 在 *Translators through History* 中指出的譯者角色功能（創造、傳播、操控），可將小野的譯者角色依其時序及知識生產特徵綜述如下：

1. 語言與文學創造
   * 以漢文書寫臺語並以漢詩的文體風格，表現小説敘事與人物對白。
2. 知識與文化價值的傳播
   * 傳遞日臺文人的語文傳統與處世修養。
   * 傳遞世界時勢、政體變化等新視野與現代觀。
3. 權力與譯者的主體性
   * 法院通譯角色與小説人物書寫間的角色衝突猶存。
   * 接受警務系統委任之語學教材並擔任通譯考試委員。
   * 視擔任天皇教育勅語之臺語譯書為其生涯最終任務。

本章藉由小野西洲年譜的編製，及其在臺期間知識生產的梳理，大致釐清了小野在臺譯事活動的屬性與規模。而小野西洲的知識生產與譯事活動，對於日治時期法院通譯群體的探究，正如一盞指引的明燈。尤其，透過小野的隨筆、《語苑》編輯紀要等，可望進一步探索其他法院通譯的譯事活動，乃至檢驗特定人物與事件的脈絡。

附錄5.1 小野西洲漢詩例(1910–1915)

編號	年份	刊名	題名	內文	類別
1	1910	《藝苑》	紀元節	神武開天又一年。萬旗紅裡醉春筵。 新高山上瞳瞳日。光燿皇圖象萬千。	謳歌
2	1911	《藝苑》	遊艋津櫻園有感	非雲非雪又非霞。濃白淡紅認是花。 也似英雄能本色。風流韻更美人睰。 芳園五畝靚春霞。千樹山櫻萬朵花。 滿地落英閒不管。有人裍坐話桑麻。	寫景
3	1911	《藝苑》	立秋夜赴網溪楊潤波君納涼會華筵即景 賦此敬呈令兄嘯霞君藉申悃謝	細雨清風催客來。迎涼月下綺筵開。 網溪別墅群仙會。慚愧儂非太白才。 半月連邊啟盛筵。舉杯翹首嘯青天。 天公劇與人間樂。灑雨簀口韻欲仙。 清沁詩脾水一塘。空庭新霽月光涼。 蘭亭會趁諸王後。多謝元方與季方。	記事
4	1911	《藝苑》	病夜有懷	藥煙輕颺到三更。一枕悠悠萬縷情。 夜永不眠闌倚檻。愁看寒月思卿卿。	感懷
5	1912	《詞林》	哭日野君	故人騎鶴去。仙島憶同遊。 春醉嵌城月。宵吟淡水舟。 十年如一日。偶別竟千秋。 淚灑新高岳。涔涔逐水流。	交友
6	1915	《南瀛詞壇》	詠史 (宋敗於泓)	襄公意氣逸天際。畢竟假仁成業難。 矜老恤傷遺笑柄。格非直諫負忠肝。 三口績敗湘雲怨。五月星沉泓水寒。 惟有團團鹿上月。空懸老樹弔玄冠。	評論

附錄5.2 小野西洲漢文例

雜記一則〈女子理想〉 小野 西洲

梅花盛於最寒。受霜雪之凌厲。潔白標護之花開焉。是花也。占領春光。二十四番中冠羣芳之首。其蓓蕾獨先開放者也。世之爲女子者。著想則無他媲。其理想亦曰寒中梅而巳。何則。梅之耐事傲霜。女子之操心潔白似之。女子乎。誠能守此苦節。以處夫困頓。吾知其永貞吉。自有不媿爲人妻。爲人母者。雖彼矢心氷雪。箸節極篤。其比擬亦難是之。梅之氣味郁馥。女子之節烈芬芳又似意耳。若夫蔓柳腰之見嫉。羨蓉臉之取容。妄想無用。女子善懷。尚其懷之。

1911年7月6日雜記一則〈女子理想〉

附錄5.3　小野西洲譯作例

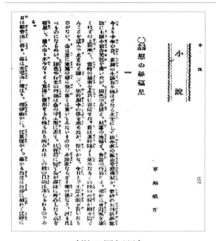

〈戀の羅福星〉

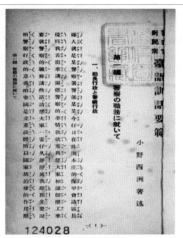

《警察官對民眾臺語訓話要範》

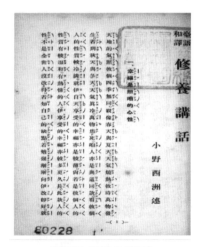

《臺語和譯修養講話》

《教育勅語御意義》

附錄5.4　小野西洲筆名與寫作主題內容一覽

文體	作者筆名	作品名	出版時期	刊物名稱一覽
漢詩	小野西洲	刑官	1910	《臺灣日日新報》
漢詩	小野西洲	艋津江畔觀櫻花記	1911	《臺灣日日新報》
漢詩	小野西洲	次三惜先生送屯山君瑤韻	1915	《臺灣日日新報》
漢詩	草庵	端硯銘 (共計20首)	1917	《臺灣時報》
譯作	草庵	基督教叢談 (共計42篇)	1917–1918	《臺灣日日新報》
隨筆	草庵	草庵漫筆 (共計29篇)	1914–1934	《臺灣日日新報》
小説	草庵	戀の羅福星	1914	《臺灣日日新報》
翻譯	小野西洲	佳人奇遇 (共計4篇)	1918	《臺灣時報》
評論	西洲生	李の態度	1921	《臺灣日日新報》
評論	西洲生	成功の祕訣 (二) 機會を捉へよ	1924	《臺灣日日新報》
遊記	西洲生	『内地遊記』を讀む (一) – (七)	1923	《臺灣日日新報》
隨筆	西洲生	耶馬溪の懷舊	1927	《臺灣日日新報》
記事	西洲	編輯餘錄	1929.07	《語苑》
語學	西洲	學説 古典上より見たる臺灣語の語源に就いて	1929.10	《語苑》
語學	西洲	警察官乙種筆記試驗 問題と答案	1929.12	《語苑》
書評	小野真盛	臺灣語の手引書	1935	《臺灣日日新報》
書評	小野真盛	臺灣語修養講話を發行	1936	《臺灣日日新報》
時事評論	小野真盛	下ノ關媾和談判真相と三國武力干涉の經緯 (一) – (八)	1939–1940	《臺法月報》
時事評論	小野真盛	姉齒先生の逸話	1942	《臺法月報》

第6章

臺灣日治時期法院通譯的群體位置：
以《語苑》為範疇

一、前言

　　臺灣日治時期最重要且語文專業性最強的口譯群體，莫過於法院通譯。而這批通譯從當局對他們的個別需求，到調動其專業能力與群體力量，乃至他們在體制的運作下集結力量而發揮群體影響力，其過程是班班可考的。然而，這群人物在臺灣日治歷史中迄今卻未曾受到應有的關注。[1]

　　本章擬透過日治時期高等法院長期刊行的語學月刊——《語苑》的歷任主編，[2] 從他們的譯者身分形成、角色變換、屬性特質，以及他們藉由《語苑》而形成的譯者群體屬性及其影響作用，乃至他們的社會與文化位置等，對於該譯者群體進行精細的描述與屬性分析。盼能透過這本發行33年未曾間斷且屬性定位明確的語學刊物，探究出任其主編的資深法院通譯，在殖民統治的時空脈絡下，所共同建構的群體屬性及社會文化意義。

1　2011年春，筆者曾詢問第一位以日治通譯為對象進行研究的許雪姬教授，何以會做該項研究。她答以「這批通譯太多了，多到無法不去注意他們！」可見，通譯在日治時期人數眾多，史料與資料上亦處處可見。

2　從1908年1月至1944年5月，有記錄但未留存之《語苑》合計406號。若再加上1941年10月更名為《警察語學講習資料》期間併計即為31號。但後者未見正式結束刊行啟事，似乎尚有若干逸失。

二、關於《語苑》

2006年以來，日治時期期刊與圖書檢索系統已有300多種期刊開放查詢，是以法院發行的《語苑》(1909–1941)、《臺法月報》(1905–1943)、[3]警察機構定期刊行的《臺灣警察協會雜誌》(1917–1930)，[4]以及當時第一大報《臺灣日日新報》等數量龐大、類別龐雜的刊物內容，[5]完整取得的程度皆甚高。

《語苑》的創立乃至歷任主編，概由法院資深通譯一手包辦，然而讀者卻以全臺警察為主要對象。1928年4月該刊會告提到，當時警察幾乎全數入會以訂閱《語苑》，故其影響與滲透力可說遍及全臺。而在《語苑》編輯委員方面，據岡本真希子的研究，[6]1909年5月全臺法院通譯經比對職員錄確認後總計27名，其中擔任《語苑》編輯委員者即達22名。可見，該刊在研究法院通譯上極具代表性。

本章將針對該刊主編與長期擔任編輯委員等核心成員，透過他們的書寫與譯事活動等相關論述，深入探究這群日籍通譯的譯者身分及譯者角色功能。事實上，這幾位通譯的角色身分中多數都兼有警察與法院通譯兩種角色。而日治殖民時期通譯人數最多、且長期領有津貼的職種，即屬為數達數千名之多的警察。

過去，從日治時期殖民者遺留的史料與日本帝國史觀中，我們不易找出一個介於殖民與被殖民者之間的觀察角度。然而，透過擔任日臺人橋樑的譯者活動、著述、對臺闡釋等書寫，似乎頗有機會為我們打開一扇通往其中的門戶。

3　《臺法月報》是臺灣總督府高等法院介紹法令與判決的刊物。
4　《臺灣警察協會雜誌》1930年後更名為《臺灣警察時報》。
5　《臺灣日日新報》對於主要通譯的喪葬（如神吉信次郎1935年1月24日之喪禮）等重要行事記載，頗有佐證之效。
6　岡本真希子：〈日本統治前半期台湾の官僚組織における通訳育成と雑誌『語苑』——1910–1920年代を中心に〉頁103–144。

三、《語苑》的社會與文化位置

據《語苑》最後一任主編小野西洲1933年記述，當時全臺幾乎所有官廳皆以該刊為語學講習教材，發行量近4,000本。以1933年全臺警察共8,058人計，大約每兩位警察就有一人是該刊讀者，[7]其影響力可説遍及全臺各角落。本節將以《語苑》封底刊載的會則內容、編輯組成、贊助員背景等，探究該刊的社會與文化屬性。

該刊創刊之際是以任職司法單位的語學專家為主體，由僅38名會員組成「臺灣語通信研究會」。[8]該會成立是為了統一民刑法庭的法律用詞，並調查各地方言、風習、商場慣例等，將其研究成果蒐集謄寫後印刷分送會員，可説是頗具同仁色彩的專業團體。法院通譯幾乎完全掌握了該刊的刊行方針與編輯事務。而該刊會則第二條亦明訂：「本會事務所置於高等法院通譯室」。事實上，從該刊創始到停刊為止，事務所始終未曾更動。

然而，該刊的發展壯大，乃至影響力遍及全臺警界與基層文官，背後最重要的推手當屬「通譯兼掌制度」。該制度從1898年5月即公布通譯考試的主管機構、適用對象、執行方式等施行細則，[9]並於同年9月設置「詮衡委員」(考試委員)。而這批考試委員多數正是《語苑》的編輯委員或主事(主編)。

7　據小野西洲1933年2月指出，約1925年起，該刊登載之警察官語學講習資料，即為島內各警察署警察課每週教材，故1933年時「除4–5所外之官廳皆以本誌為教材」。參小野西洲：〈非常時に際會し全島官公吏諸賢の本島語學習を望む〉。又據《臺灣省五十一年來統計提要》，1933年全臺警察為8,058人。

8　據該刊第三任主編中間小二郎在主事退任當期撰文指，創刊成員組成「臺灣語通信研究會」時僅38名會員。參中間小二郎：〈主事退任に際し〉，《語苑》第22卷5號(1929年5月)。

9　1898年4月，臺灣總督府發佈「總督府判任文官及巡查、看守通譯兼任者特別津貼給予之件」，針對基層文官及警察、監獄看守等給予兼掌口譯者職務津貼，以鼓勵基層公務員提升語言能力以利溝通。5月即頒佈「總督府文官及巡查、看守土語通譯兼掌者詮衡規程」及其注意事項。

　　隨著通譯兼掌制度的展開，基層文官或警察為了取得通譯津貼，因而必須年年應試，才能持續領取津貼。而《語苑》所刊載的語學教材與通譯考試解答等，也就成了最具針對性的應試參考書。為回應警界的頻頻要求，該刊遂於1909年1月開始擴大發行，並將讀者分為每月會費20錢的「普通會員」及月會費30錢的「贊助會員」。[10]

　　從1922年1月號封底揭示約50位贊助員名單可知，贊助員多屬各地法院院長、檢察官或是律師等，除清一色為日本人之外，具官職的姓名也都冠上職稱，可見該刊讀者亦含濃厚的官方色彩。反之，從同一刊號的47位編輯委員名單中，可見到15位臺籍委員。即使溯及現存最早的封底記載—— 1909年9月號，37位編輯委員中亦含10位臺籍委員。由此可知，編輯委員是該刊功能性與事務性的推手，尤其草創時期若非日臺人攜手合作，不易在語文上達到完備的程度。

　　《語苑》勢力的崛起，主要發生於1920年代。然而，從1925年3月以來的贊助員名單看來，人數較1922年反而降至半數（28人）。其中顯著減少的就是以個人名義贊助的律師，唯一的個人贊助員名為「有泉朝次郎」。[11] 其實，他是殖民初期即來臺擔任通譯的資深譯者，據此看來他離臺後依然訂閱該刊。

　　從贊助會員的名單變化上看來，1925年1月號「臺灣語通信研究會會則」顯示，贊助員會費每月會費調升為50錢，普通會員則維持1920年4月以來的25錢。相較於普通會員，贊助會員的會費調升幅度頗高，故個人贊助會員有可能自此轉為普通會員。

　　而另一方面，過去未曾出現的警察單位則從1925年3月開始，一口氣出現8位來自中央與各地方的警察機構贊助員。[12] 由此看來，1925年

10　根據會則，1920年4月起，個人會員入會時，原需繳交3個月會費的門檻，一舉提升為6個月。會費也從20錢調升為25錢。

11　有泉朝次郎，生於1871年，1895年來臺任陸軍、憲兵隊本部通譯。1904年9月至1915年2月擔任臺灣總督府翻譯官。

12　這八位警察首長分別代表基隆、臺南、臺中州、北警察署、臺北刑務所、臺南廳、臺東廳、花蓮港廳。

1月應是《語苑》內容屬性上發生質變，以及刊物發行量變的重要轉折點。而1925年1月，正是該刊第三任主編中間小二郎接手的時候。此時，該刊的營運組成也同時出現重大的變化。

在會務組織上，發行該刊的「臺灣語通信研究會」由原先的顧問、[13]主事（由顧問指名）各一名，加上編輯委員若干名，至1925年1月一舉改為顧問、主事各一名，加上理事、評議員、地方委員各若干名。該號刊載名單為理事五名（依日語音序為岩崎敬太郎、小野真盛、神吉信次郎、澤谷仙太郎、水谷利章），根據他們在該刊先後任主編的角色功能，理事約可等同為主編的地位。[14]而15位評議員大多為原本的編輯委員，任務為應主事之諮詢，並視總會需要出席理事會議。從名單看來，著述甚豐的法院通譯片岡巖、東方孝義等皆名列其中。值得一提的是，片岡巖1923年已從臺南地方法院退休，但依然列名其中。可見，這份名單顯現對前輩的倫理與尊重意義，可能大於實質上的會務運作功能。

至於57名地方委員之中，約有兩成來自原本的編輯委員，八成為新任。[15]而新任名單中，據岡本真希子查驗《臺灣總督府警察沿革誌》的記載，指出其中「臺灣語特科」1至3期畢業生就佔了80%。[16]此外，日後任新年號主編者木村貞次郎與鈴木清一郎，也都是警察通譯出身，可見警界勢力此時已全面進入該刊營運的核心地帶。

到了1928年4月，該刊「會告」顯示，當時全臺警察幾乎全數入會以便閱讀《語苑》。而1929年7月，該刊贊助員名單突然從前一年的26

13　原由臺北地方法院長出任，1918年4月至1919年8月改由覆審法院長擔任，1919年9月之後概由高等法院長任之。

14　據會則規定，理事負責編輯事務並輔佐主事，且需代理主事以因應變故。

15　新任地方委員可能有地域分布的考量。據1929年9月號與1940年12月號地方委員名單，均地區分列，且人數亦依幅員配置。1929年時：臺北、新竹、彰化、大甲各3人，其餘各地1至2人。1940年時，臺南7人，臺北5人，臺中、新竹、臺東、高雄各4人，其餘1人。

16　岡本真希子：〈日本統治前半期台湾の官僚組織における通訳育成と雑誌『語苑』——1910–1920年代を中心に〉，頁133。又參《臺灣總督府警察沿革誌》第3編〈警務事蹟篇〉，頁816。

人，驟增為91人。其中，有76人隸屬警察機構，其餘15人則為地方行政首長（如州知事），或法院院長、檢察官長等。而且，贊助員名單上，還出現前述兩類贊助員之間，以曲線劃分開來的版面設計。[17] 顯然，該刊對於贊助員的屬性差異是十分自覺的。以下，以1927年11月和1929年6月（附會則，載明贊助會員的贊助功能）以及同年7月的贊助員名冊做一比較。

圖6.1《語苑》1927年11月號贊助（會）員名冊

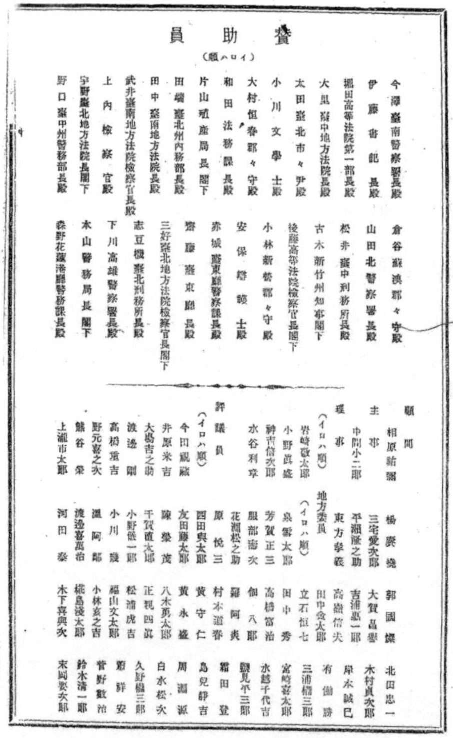
贊助員
（イロハ順）
今澤 臺南警察署長殿
伊藤 書館長殿
堀田高等法院第一部長殿
大里 臺中地方法院長殿
太田 臺北市々尹殿
小川 文學士殿
大村 恒春郡々守殿
和田 法務課長殿
片山 殖産局長閣下
田端 臺北州内務部長殿
田中 臺南地方法院長殿
武井臺南地方法院檢察官長殿
上内 檢察官殿
宇野臺北地方法院長閣下
野口 臺中州警務部長殿
倉谷 蘇澳郡々守殿
山田 北警察署長殿
松井 臺中刑務所長殿
古木 新竹州知事閣下
後藤高等法院檢察官長閣下
小林 新營郡々守殿
安保 鐸韻 士殿
赤城 臺東廳警務課長殿
齋藤 臺東廳長殿
三好臺北地方法院檢察官長閣下
志豆機 臺北刑務所長殿
下川 高雄警察署長殿
木山 警務局長閣下
森野花蓮港廳警務課長殿

顧問 相原祐彌
主事 中間小二郎
理事（イロハ順）
岩崎敬太郎
小野眞盛
神吉信次郎
水谷利亨
評議員（イロハ順）
今田親藏
井原米吉
大島吉之助
渡邊剛
高橋重吉
野元喜之次
熊谷桑
上瀧市太郎
楊廣堯
三宅愛次郎
平瀬盛之助
東方孝義
地方委員（イロハ順）
泉響太郎
芳賀正三
服部徳次
花淵松之助
原悅三
西田與太郎
友田勝太郎
陳欒茂
千賀直太郎
小野儀一郎
小川幾
温阿鄭
渡邊喜萬治
河田泰
郭國樑
大賀昌晝
吉浦惠一郎
高嶺信夫
田中金太郎
立石恒七
田中秀
高橋富治
伽八郎
羅阿炎
村木道春
黄守仁
黄永盛
八木勇太郎
正親四眞
松浦虎吉
福山文太郎
小林亥之吉
桃島淺太郎
木下喜與次
北田忠一
木村眞次郎
岸本誠巳
有働勝
三浦橘三郎
宮崎喜太郎
水越千代吉
鹽見平三郎
霜田登
島兒靜吉
周淵源
白水松次
久野楊三郎
鄭祥安
菅野數治
鈴木清一郎
末岡要次郎

17 這種以曲線劃分贊助員屬性的版面設計，一直維持到1940年9月號，持續達10年以上。

圖6.2《語苑》1929年6月號贊助（會）員名冊

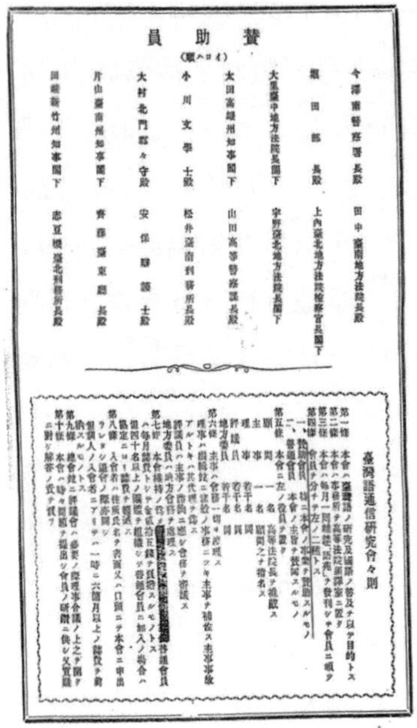

圖6.3《語苑》1929年7月號贊助（會）員名冊

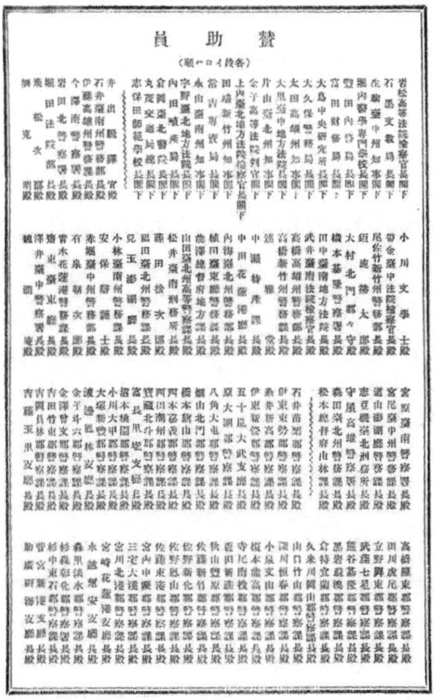

　　據小野西洲在1933年2月號〈非常時に際會し全島官公吏諸賢の本島語學習を望む〉指出，1925年起該刊登載的〈警察官語學講習資料〉，即為島內各警察署警察課每週教材，故當時「除4–5所外之官廳皆以本誌為教材」。或許是會員人數眾多、會費收入頗豐，1936年1月甚至將普通會員的會費降為22錢。[18] 而會則中有關贊助員的條目也同時消失了。不過，贊助會員的名單依然有增無減，到1941年4月時甚至已突破百人。其中，約四分之一是地方行政首長或法院院長，其餘都是地方警察機構主管。彷彿1929年7月號贊助員名冊的擴展版。[19]

　　顯然，無論是編輯委員或贊助會員，《語苑》已逐漸被警察機構包圍。最後，連刊載內容也大幅受到警方左右，甚至終刊之後直接更名為《警察語學講習資料》。可以說，該刊得以存續的贊助人——警察機構，從內而外地徹底改變了這份刊物的屬性與定位。原本以編輯委員為營運核心，並追求日臺語文精進為主旨的法院通譯，在「通譯兼掌制度」的運作之下，逐漸向形勢靠攏，大幅增加警察通譯教材之後，轉由國家機器的警務機關全面接收，而由法院通譯群體一手開闢的語文園地終至完全銷聲匿跡。

　　其實，《語苑》不僅是法院通譯鑽研語文的學習教材與心得筆記而已，其中亦曾披露頗具語言實驗性質的臺語小說戲曲，[20] 以及採集臺灣民俗與民眾生活中的語文特色，加以隨季節時序展開的人情濃郁、文筆瑰麗的隨筆等，[21] 但終在權力的籠罩之下逐漸消失褪色。

18　據1940年12月版權頁「會費納入方注意」，採季繳、半年、年繳者皆可再減去零頭。
19　地方警察首長計有，警務課長、警察署長。而基層警察單位中，警察課長佔最多數，達49位。
20　如小野西洲的〈戀の羅福星〉。參見本書第五章。
21　歷任主編都各自留下編輯附記或人物記述等文章，其中小野西洲的隨筆達百餘篇之多。

四、《語苑》歷任主編

　　本節鎖定法院通譯中曾任《語苑》主編等核心人物的相關文章，做為觀察與分析的文本範疇，並對前述譯者生平簡歷與譯事活動加以驗證，以精細描述其譯者角色功能與群體位置。從《語苑》刊布的主事與委員名單篩選出核心人物後，再透過《臺灣總督府公文類纂》、職員錄、官報、府報等公文書、人事檔案、日治史料、前人文獻，以及同時期報章文章的梳理比對，建置九位通譯的譯者身分形成與生平履歷。[22] 其中包括作者自述、漢詩文、創作、翻譯、評論、語學教材、書籍著述與書序等，以及同儕間的追憶、悼念等文章，以確保對當事人的第一手描述為原則。

　　透過《語苑》的編輯委員與主事、理事等名單，並參酌前人文獻[23]等，即可掌握他們的活動期間及其角色位置。以下依各編委資歷排序，如表6.1：

表6.1《語苑》編輯委員與主事、理事名單

人名	職銜	起		訖		期間	
		年份	卷號	年份	卷號	小計	合計
川合真永 （1875– 1924）	編輯 主任	1909.08.15	v002 n008	1909.12.15	v002 n012	0.5年	11.5年
	主事	1910.01.15	v003 n001	1921.01.15	v014 n001	11年	
澤谷 仙太郎	編輯 委員	1909.08.15	v002 n008	1924.12.15	v017 n012	15.5年	15.5年
（1876– 1925）	理事	1925.01.15	v018 n001	1925.12.15	v018 n012	–	

22　關於譯者生平簡歷內容與格式，請參第三章〈譯者的視角與傳播：片岡巖與東方孝義的臺灣民俗著述〉。

23　黃馨儀：《台湾語表記論と植民地台湾──教会ローマ字と漢字から見る》。

人名	職銜	起		訖		期間	
		年份	卷號	年份	卷號	小計	合計
中間 小二郎 （中々子、 中間生） （1871–?）	編輯 委員	1909.08.15	v002 n008	1924.12.15	v017 n012	15.5年	28.5年
	主事	1925.01.15	v018 n001	1928.01.15	v021 n001	7年	
	無編委 名單	1928.02.15	v021 n002	1929.12.15	v022 n012		
	主事	1930.01.15	v023 n001	–	–		
		1931.01.15	v024 n001	–	–		
		1932.01.15	v025 n001	–	–		
		1933.01.15	v026 n001	–	–		
		1935.01.15	v028 n001	×	×		
		1936.01.15	v029 n001	×	×		
	客員	1935.02.15	v028 n002	1935.12.15	v028 n012	6年	
		1936.02.15	v029 n002	1939.12.15	v032 n012		
		–	–	1940.12.15	v033 n012		
水谷利章 （水谷 寥山） （1874– 1932）	編輯 委員	1909.08.15	v002 n008	1924.12.15	v017 n012	15.5年	18.5年
	理事	1925.01.15	v018 n001	1928.01.15	v021 n001	–	
	無編委 名單	1928.02.15	v021 n002	1929.12.15	v022 n012	–	
	主事	1930.01.15	v023 n001	–	–	3年	
		1931.01.15	v024 n001	–	–		
		1932.01.15	v025 n001	–	–		
神吉 信次郎 （1873– 1935）	編輯 委員	1911.05.15	v004 n005	1924.12.15	v017 n012	13.5年	16.5年
	理事	1925.01.15	v018 n001	1928.01.15	v021 n001	–	
	無編委 名單	1928.02.15	v021 n002	1929.12.15	v022 n012	–	
	主事	1930.01.15	v023 n001	–	–	3年	
		1931.01.15	v024 n001	–	–		
		1932.01.15	v025 n001	–	–		
		1933.01.15	v026 n001	–	–		

人名	職銜	起		訖		期間	
		年份	卷號	年份	卷號	小計	合計
小野西洲（小野真盛、西洲生、草庵）（1884–1965）	編輯委員	1909.08.15	v002 n008	1924.12.15	v017 n012	15.5年	26.5年
	理事	1925.01.15	v018 n001	1928.01.15	v021 n001	–	
	無編委名單	1928.02.15	v021 n002	1929.12.15	v022 n012	–	
	主事	1930.01.15	v023 n001	–	–	4年	
		1931.01.15	v024 n001	–	–		
		1932.01.15	v025 n001	–	–		
		1933.01.15	v026 n001	–	–		
		1935.01.15	v028 n001	×	×		
		1936.01.15	v029 n001	×	×		
	主事兼編輯主任	1935.02.15	v028 n002	1935.12.15	v028 n012	7年	
		1936.02.15	v030 n002	1939.12.15	v032 n012		
		–	–	1940.12.15	v033 n012		
		–	–	1941.10.15	v034 n010		
岩崎敬太郎（1880–1934）	編輯委員	1909.08.15	v002 n008	1924.12.15	v017 n012	15.5年	15.5年
	理事	1925.01.15	v018 n001	1928.01.15	v021 n001		
	無編委名單	1928.02.15	v021 n002	1929.12.15	v022 n012		
木村貞次郎（1894–1980）	地方委員	1925.01.15	v018 n001	1928.01.15	v021 n001	–	8年
	無編委名單	1928.02.15	v021 n002	1929.12.15	v022 n012	–	
	主事	1930.01.15	v023 n001	–	–	4年	
		1931.01.15	v024 n001	–	–		
		1932.01.15	v025 n001	–	–		
		1933.01.15	v026 n001	–	–		
		1935.01.15	v028 n001	×	×		
		1936.01.15	v029 n001	×	×		
	編輯委員	1935.02.15	v028 n002	1935.12.15	v028 n012	4年	
		1936.02.15	v029 n002	1938.11.15	v031 n011		

人名	職銜	起		訖		期間	
		年份	卷號	年份	卷號	小計	合計
鈴木 清一郎 (1890–？)	地方 委員	1925.01.15	v018 n001	1928.01.15	v021 n001	–	8年
	無編委 名單	1928.02.15	v021 n002	1929.12.15	v022 n012	–	
	主事	1930.01.15	v023 n001	–	–	4年	
		1931.01.15	v024 n001	–	–		
		1932.01.15	v025 n001	–	–		
		1933.01.15	v026 n001	–	–		
		1935.01.15	v028 n001	×	×		
		1936.01.15	v029 n001	×	×		
	編輯 委員	1935.02.15	v028 n002	1935.12.15	v028 n012	4年	
		1936.02.15	v029 n002	1938.11.15	v031 n011		

　　據黃馨儀研究，[24] 表6.1中前六位都擔任過《語苑》主事，並指該刊主事之下，設有三四十名編輯委員，編輯委員實際並不負責編輯，而是經常投稿者。但據《語苑》21卷第一號〈會則〉，1925年針對組織架構有所變動，亦即改設主事、理事及評議員。[25] 由主事總理會務，理事負責編輯並襄助主事處理一般事務，遇事即代行主事業務。評議員則應主事之徵詢審議會務。從表6.1同一時期曾有多位擔任主事的狀況看來，可知該刊亦曾經歷特定時期代班（鈴木清一郎）或共同治理等短期調整的階段。

　　為明確掌握他們在該刊的角色功能，再依表6.1所列職銜與任職期間等，將其所任職務加以分類並梳理如下：

24　黃馨儀：《台湾語表記論と植民地台湾 ── 教会ローマ字と漢字から見る》。
25　1925年之前，有一段期間未設主事職稱，故澤谷仙太郎僅短暫代理主編職務。

表6.2《語苑》編輯幹部任職期間與職銜一覽

年月 職銜	1909–1929 核心成員	1930–1941 核心成員
1. 地方委員	木村貞次郎（1925.01–1928.01） 鈴木清一郎（1925.01–1928.01）	
2. 編輯委員	**澤谷仙太郎**、水谷利章、中間小二郎、小野西洲、岩崎敬太郎（1909.08–1924.12） 神吉信次郎（1911.05–1924.12）	木村（1935.02–1935.12，1936.02–1938.11） 鈴木（1935.2–1935.12，1936.2–1938.11）
3. 理事	澤谷仙太郎（1925.1–1925.12） 水谷利章、神吉信次郎、小野西洲、岩崎敬太郎（1925.1–1928.1）	
4. 客員		中間小二郎（1935.2–1939.12）
5. 主事	**川合真永**（1910.01–1921.01） **中間小二郎**（1925.01–1929.05） **水谷利章**（1929.06–1930.01）	**水谷**（1930.01–1932.01） **神吉**（1930.01–1933.01） **中間、小野、木村、鈴木**（1930.01–1936.01） **神吉信次郎**（1933.01–1934.10）
6. 編輯主任	**川合真永**（1909.08–1909.12）	
7. 主事兼編輯主任		**小野西洲**（1934.11–1935.12，1936.2–1939.12，1940.12，1941.10）

備註：（1）姓名以粗體及網底標示者為擔任主編者；（2）右欄中月份為粗體字者，表示僅主編該月份，並未連續主持編務；（3）1941年10月至1944年5月《語苑》停刊後改名《警察語學講習資料》，仍由小野西洲擔任主編。

　　從表6.2所列的編輯幹部任職期間加以連結，即可串連起《語苑》的主編人物順序：川合真永、中間小二郎、小野西洲等。但由於1928年2月至1929年12月缺漏編委名單，故無法得知主事與編輯委員，為掌握主編者及其主事期間，惟有從他們的文章裡逐一梳理。

　　該刊創始人川合真永擔任主編的刊後紀錄始於1909年8月。據小野西洲1932年8月〈語苑を育てて〉的記述，指川合為《語苑》催生且「經常拋擲私財，多所犧牲，為雜誌發行而一路堅持」達17年。[26] 若依此回溯，

26　參小野西洲：〈語苑を育てて〉，《語苑》第25卷8號（1932年8月），頁3–4。

川合真永創刊時間應為1907年，只是當時《語苑》僅是他個人發行的語言學習講義，且無理事制度等事業型態。後來，應警界同仁頻頻要求開放，遂於1909年1月發送給一般讀者。依現存刊物記載為準，川合真永的主編任期應為1909年8月至1924年8月。

　　而第二位主編澤谷仙太郎在〈歲晚の辭に代ふ〉中，[27] 指經編輯委員同意並經顧問指名，連續擔任主編四個月。其後，主事交替已定，開年後可由他人（中間小二郎）接手編務。關於這段主事易手的背景，根據小野西洲〈語苑を育てて〉可知，澤谷是因川合真永於1924年8月16日過世而臨時接手。故其主編任務僅暫代性質，期間從1924年9月至同年12月。

　　至於第三位主編中間小二郎在1929年5月〈主事退任に際し〉文中，曾敘明自己擔任主事為期4年5個月，故可知其任事期間為1925年1月至1929年5月。[28] 他在該文也指主編期間，會員（讀者）人數為就任時的兩倍有餘，可見任期中頗有作為。據小野〈語苑を育てて〉指出，川合真永任主事期間，每逢返日歸省等情況，悉由中間小二郎獨力承擔編務，可說眾望所歸。但因他辭去主編時遭逢親手帶大的姪兒因礦坑事故不幸喪生，傷痛之餘已不堪任事，遂辭官退休到鄉下養老。不過，從他名列編輯群中唯一的「客員」，且長達近六年（1935年2月至1940年12日），可知他受同儕敬重的程度。

　　而第四位主編水谷利章擔任主事約三年，任期從1929年6月至1932年8月辭世為止。[29] 據1929年5月《語苑》的〈會報〉，中間小二郎退任之後，即於6月7日召開理事會，由顧問指名由水谷繼任。可見該刊具有制度化的運作，前後兩次主編更易時，悉依「會則」規定操作。而

27　澤谷仙太郎：〈歲晚の辭に代ふ〉，《語苑》第17卷12號（1924），頁3–4。

28　根據中間小二郎1929年5月卸任主事時的撰述，可確認其任期為1925年1月至1929年5月。參中間小二郎：〈主事退任に際し〉，頁2–3。又，據同一號之〈會報〉，可知新任主事為水谷利章。參〈會報〉，《語苑》第22卷5號（1929年5月），頁96。

29　潘維欣：《日治時期臺語白話書寫與文字拼音系統關係之研究──以《語苑》、《臺灣府城教會報》為中心》，頁20–21。

暫無主編時也會依據會則，透過編輯委員、理事等群體運作的方式進行共同治理。從後來受指派擔任主事的人選看來，共同治理者由理事會成員出任的機率最高。

就如1929年5月該刊主事更迭之際，小野西洲的文章即開始出現在重要的專欄〈漫言漫錄〉以及具有主編色彩的〈編輯餘錄〉裡。前者從1925至1931年總計刊載60篇，[30] 絕大多數都未署作者名，僅知水谷利章在1926年3月至6月間連續執筆四篇。然而，從文章前後篇的屬性或內容還是透露了一些蛛絲馬跡，令人疑為極可能出自小野西洲之手。例如，1929年6月水谷利章首任主事那期，接在〈漫言漫錄〉之後且同一版面的〈編輯餘錄〉，作者自署「西洲生寫於編輯完成之十三日」。可見，小野西洲承擔了該期編務，而「西洲生」正是小野西洲的筆名之一。

從1930年2月至1934年12月約有五年期間，刊後的名單裡是找不到主事者的。不過，從個別人物的撰述裡，還是可以找到一些有利的線索。例如，小野西洲接任主事之前，1933年1月號的〈年頭の辭〉，[31] 是由神吉信次郎以主事名義發文的。此外，1934年7月號一篇追念岩崎敬太郎的文章〈故岩崎敬太郎君に對する告別の辭〉，他也以「臺灣語通信研究會」主事名義行文。可見，神吉正是銜接水谷利章與小野西洲之間的第五位主事。[32]

透過以上資料與記述等線索，可知歷任《語苑》主編主要有六位；川合真永（1909年8月至1924年8月）、澤谷仙太郎（1924年9月至1924年12月）、中間小二郎（1925年1月至1929年5月）、水谷利章（1929年6月至1932年6月）、[33] 小野西洲代理主事（1932年7月至1932年12月）、[34] 神

---

30 「漫言漫錄」各年份的篇數詳如右：1925年5篇、1926年8篇、1927年7篇、1928年10篇、1929年11篇、1930年10篇、1931年9篇。

31 神吉信次郎：〈年頭の辭〉，《語苑》第26卷1號（1933年1月），頁4–5。

32 據《臺灣日日新報》1935年1月24日記載，神吉信次郎逝於1935年1月22日。

33 《語苑》第25卷8號，封底以「臺灣語通信研究會」名義刊載水谷利章因食道癌於8月4日辭世啟事。

34 轉引自潘維欣：《日治時期臺語白話書寫與文字拼音系統關係之研究——以《語苑》、《臺灣府城教會報》為中心》，頁20。

吉信次郎（1933年1月至1934年10月）、小野西洲（1934年11月至1941年10月）。至於水谷利章過世到小野西洲接手之前等過渡時期，則多以理事共同治理的方式營運。

除了透過理事或編輯委員的共同治理之外，該刊後期的編輯陣容還加入了地方委員，以擴大其運作層面，並做為編輯委員的後備來源。例如，1925至1928年的地方委員木村貞次郎與鈴木清一郎，十年後即進入編輯委員行列。而從編輯委員也擔任新年號主事的例子看來（詳表6.2），神吉信次郎、木村貞次郎、鈴木清一郎都各有數次名列主事的紀錄。

據該刊最後一位編輯小野西洲〈警察用語揭載に就て〉指出，1938年11月起連續三年，皆由警務部提供各郡署警察所需之實務用語並逐號刊載。[35] 此外，1941年停刊號的編輯記事〈語苑終刊に際して〉，小野也明言過去接受警察當局要求將「經濟、外事、高等、衛生、保安、刑事」等六類警察所需之語學教材，分三年譯載完畢。[36]

從主編群逐步納入警察通譯背景者，到停刊後改名為《警察語學講習資料》等，可知該刊無論內容、編輯方針，乃至編輯委員等皆日益朝向警方靠攏。尤其，1927年10月開始連載「警察講習資料」之後，讀者立即驟增600多人，且仍有許多仍在申請中。[37] 而納入甲乙科通譯講習後，讀者從不足2,000人，一舉突破4,000人之多，[38] 更是其刊物屬性及發展上的關鍵因素。

35　小野西洲：〈警察用語揭載に就て〉，《語苑》第31卷11號（1938年11月），頁5–6。

36　小野真盛：〈語苑終刊に際して〉，《語苑》第34卷10號（1914年10月），頁1–2。六部警察用語統稱「六部警察用語大集」。參小野真盛：〈編輯餘錄〉，第32卷1號封底。

37　小野西洲：〈漫言漫錄〉，《語苑》第20卷12號（1927年12月），頁84。另參潘維欣：《日治時期臺語白話書寫與文字拼音系統關係之研究——以《語苑》、《臺灣府城教會報》為中心》。

38　甲乙分科由來已久（始於1903月11日），會員人數驟增的主因，應該是領取津貼的門檻提高所造成的現象。

五、譯者的角色與身分形成

　　《語苑》刊行長達33年，約達400號，[39] 其屬性特質的形成自然與每位主編的編輯方針、行事風格、及其語文素養息息相關。常態性的主編前後共有六位，依其任主編期間先後可排序如下：

表6.3《語苑》(1909–1941) 主編一覽

主編姓名	生卒年	主編期間	年月數
1.川合真永	1875–1924	1909.08–1924.08	16年1個月
2.澤谷仙太郎	1876–1925	1924.09–1924.12	4個月
3.中間小二郎	1871–？	1925.01–1929.05 (–1939.12[40])	4年5個月
4.水谷利章	1874–1932	1929.06–1932.06	3年1個月
5.小野西洲(代理主事)	1884–1965	1932.07–1932.12[41]	6個月
6.神吉信次郎	1873–1935	1933.01–1934.10	1年10個月
7.小野西洲	1884–1965	1934.11–1941.10[42]	7年

1. 譯者的身分形成

　　關於日籍譯者的身分形成，岡本真希子曾提出以下分類：[43]

1.　以警官身分來臺，透過原本的支那語根底，[44] 向臺人學習臺語。如，川合真永、高橋重吉、小野西洲、原一鶴。

2.　於軍中或藉警察業務而迅速學會臺語。如，林覺太、水谷利章、中間小二郎、仁禮龍吉、林久三。

3.　進入公設國語學校土語科、或民辦私人學校機構而習得。如，石川新太郎、井原米吉。

39　《語苑》現存期號從1909年8月至1944年5月，共計418號(含更名後之31號)。

40　據《語苑》編輯委員名冊，中間小二郎主事卸任後，仍擔任「客員」至1939年12月。

41　潘維欣：《日治時期臺語白話書寫與文字拼音系統關係之研究──以《語苑》、《臺灣府城教會報》為中心》，頁20–21。

42　據1934年11月《語苑》第27卷11號「會告」之主編更易啟事。

43　岡本真希子：〈日本統治前半期台湾の官僚組織における通訳育成と雑誌『語苑』──1910–1920年代を中心に〉，頁115。

44　當年的「支那語」，也就是中國官話。1897年間川合與澤谷月俸可達20–25圓，亦與此有關。

　　岡本的研究以《語苑》為題，故前述三類譯者中，即有四位主編納入其中。不過，對照他們的自述文章或履歷表內容，可知這樣的分類恐怕過於概略。對於他們如何取得從無到有的語文能力，乃至足以勝任總督府評議會通譯的最高專業位階，似乎略去了不少值得觀察的細節。[45]

　　由於幾位主編的年齡差距不大，而其中最年幼的小野西洲正好來臺時年紀也最輕，故六位主編之間足以對照之處不少。現以表列方式將其來臺時的語文背景、語言接觸、臺語養成途徑、及其初任通譯月俸等加以比較對照，以探索其譯者身分的形成模式（詳表6.4）。

表6.4《語苑》主編之語文背景及其譯者身分形成途徑一覽

主編姓名	支那語	來臺年份	工作接觸	學校養成	私人管道	通譯月俸（至1920）[46]
1. 川合真永	◎	1897	軍隊通譯	創設土語學校	–	25–123圓
2. 澤谷仙太郎	◎	1895	陸軍通譯官	–	–	20–108圓
3. 中間小二郎	X	1895	地方巡查	–	娶臺人為妻	10–108圓
4. 水谷利章	◎	1895	臺灣憲兵隊	1904：官話講習所	–	45–108圓[47]
5. 神吉信次郎	◎	1903	苗栗廳巡查	1905：警訓所甲科	–	20–93圓
6. 小野西洲	X	1899	法院僱員	1899：入稻江義塾	習漢詩文，長住臺人家	18–100圓

　　由表6.4可知，日治初期基層通譯的起薪較之警察最低職級——巡查的薪俸（如中間小二郎），還是有加倍的數額。可見，當時的通譯需求與市場價值頗高。然而，法院通譯的職缺並不多，據岡本指出，[48]1937年7月全臺法院通譯員額僅35名，其中六成為日籍，臺籍共計14名。換言之，能夠躋身法院通譯且又擔任《語苑》主編，並兼任警察通譯考試委員者，他們的日臺語能力自是優異。

45　如，日後成為總督府評議會通譯的小野西洲，雖讀過私塾略有漢文根底，但16歲隨同鄉檢察官尾立維孝來臺後，除進入大稻埕稻江義塾學習臺語外，長期入住臺人家中廢寢忘食、發憤學習之餘，又同時追隨漢詩文教席、加入詩社等精進的過程，亦不宜忽略。

46　1920年正逢《俸給令修法》，公務員全面調薪，故以該年為比較之基準年。

47　1899年水谷利章時任臺中新聞社通譯，月俸45圓。但1901年受僱為陸軍僱員時月俸僅25圓。

48　岡本真希子：〈日本統治前半期台湾の官僚組織における通訳育成と雑誌『語苑』——1910–1920年代を中心に〉，頁105。

從他們的養成背景看來，除了工作環境上強烈的需求與密切的接觸所帶動的學習誘因之外，決心進入專門學科接受專業培訓的目標，再加上長期進入臺人社群的文化與語言雙重接觸，[49] 都是他們成為職業或專業譯者的顯著共通之處。此外，漢詩文或是官話等語文能力，也是促進其學習臺語、或以臺語為工作語言時的重要助力。甚至，漢詩文更是表現其臺語書寫能力與創意的重要表徵。

2.《語苑》主編的譯者角色

《語苑》主事在法院的專職地位頗高，其中曾任總督府評議會通譯者包括：川合真永、中間小二郎、小野西洲，可謂一時之選。不僅如此，他們的職種與任務還包括：通譯/語學考試委員（川合、水谷、小野、中間、木村貞次郎等）、警官訓練所講師（小野西洲）、學校工作（川合、[50] 神吉）、[51] 銀行文書（小野西洲）、日華親善機構主事（木村貞次郎）等多重角色。[52]

以上諸多角色中有一類是他們共同的兼職，即受聘為「甲乙科通譯試驗詮衡委員」。[53] 事實上，《語苑》是全臺各級警察為領取通譯津貼而

---

49 中間小二郎自敘與臺灣妻子婚姻乃長久之承諾。小野西洲則自敘長達13年與臺人「共居共食」。

50 據總督府公文書第5501冊第7件第1頁記載，川合真永於1912年3月15日獲准立案在臺北城內設「私立土語專門學校」並擔任校長與講師。

51 據總督府職員錄系統記載（頁340、353），神吉信次郎1933至1934年曾任臺北州州立臺北商業學校有給職囑託（約聘專業人員）。http://who.ith.sinica.edu.tw/s2g.action?viewer.q_authStr=1&viewer.q_dtdIdStr=000088&viewer.q_fieldStr=allIndex&viewer.q_opStr=&viewer.q_valueStr=%E7%A5%9E%E5%90%89%E4%BF%A1%E6%AC%A1%E9%83%8E&pager.objectsPerPage=25&viewer.q_dtdId=000088&viewer.q_type=0&viewer.q_viewMode=ListPage&pager.whichPage=2。

52 據木村之女木村美津撰文，木村貞次郎1938年11月退休後，1938年至1944年在廈門擔任日華親善機構「共榮會」主事。參木村美津：〈父木村貞次郎の思い出〉，《新竹警友会報》第219號（平成13年8月5日）。該文後收錄於中島利郎、吉原丈司（編）：《鷲巢敦哉著作集》別卷，頁439–442。

53 該項考試於1898年5月立法施行「通譯兼掌者制度」（兼掌口譯業務者之檢定制度），鼓勵各級警察人員（包含判任文官、巡查、看守等）學習臺日語言，並於1899年9月設立口筆試考科、設置考試委員、訂定等級、給予津貼、乃至晉升階梯等制度化誘因。1903年11月起，分設甲乙兩科，乙科為初試，甲科為複試。初試及格後，僅需複試，但須每年受試及格才可繼續領取津貼。

應考的重要學習資源，也是講師與會員間的交流平臺。該刊除定期提供日臺客語等語言學習教材之外，亦配合通譯考試的舉辦，由主事、編輯委員、或地方委員等提出解答。此外，也會在刊中回覆讀者來函。

至於他們其他的角色任務，大都與語言教學或應用密切相關，如語言訓練、學校校務、文書事務等。其次，則以其人脈擴展至行政方面的角色，如木村貞次郎在廈門與福岡的行政工作（1959至1967年任町議會議員）。[54] 但從他們能夠跨足不同地區或跨界至不同領域發展，可見個個本領高強，游刃有餘。

而在各類角色的平行或先後關係方面，有些是個人先後擔任不同類型的職務，如小野西洲於1919年5月至1932年9月從法院通譯轉任華南銀行文書。而小野西洲任職華南銀行期間，卻又於1924年開始兼任警官訓練所講師。允許兼職與正職期間重疊，正表示兼職是獲得正職機構允許的。兩者之間的關係，頗耐人尋味。

此外，在階段性發展上，還有青年創業的案例。根據川合真永自筆的履歷書顯示，[55] 他於1897年22歲時隨軍旅來臺擔任通譯，37歲就從法院通譯退職，1912年在臺北城內立案創設「私立土語專門學校」並擔任校長與講師。然而，隔年即以囑託身分擔任警察及監獄職員通譯考試委員，[56] 這個兼職一直持續到1920年底。[57] 而在正職方面，1914年重回法院兼補通譯，1919年9月甚至升到高等官七等的位階。而這本由高等法院發行的期刊，也由他一直擔任主事直到1924年50歲辭世為止。

---

54 木村之女美津指，其父1925年9月3日特科第一期11人中以第一名畢業。該文亦指，木村於1938年11月18日自臺退休辭官，轉赴廈門任共榮會主事。鷲巢敦哉：〈卷頭口繪解説〉，中島利郎、吉原丈司（編）：《鷲巢敦哉著作集》別卷，頁482。

55 參《臺灣總督府公文類纂》第5501冊第7件第9張。

56 所謂「囑託」即是約聘。川合擔任的是「警察及監獄職員通譯兼掌者詮衡委員」，而「詮衡委員」即「選考委員」之意。

57 參1919年總督府職員錄，頁85。1920年12月總督府職員錄，頁53。此外，職員錄亦載有川合真永1920年8月轉任高等法院通譯，1921年6月至1923年擔任總督府評議會通譯。

至於，木村貞次郎則是44歲在臺退休後，1938年前往海軍占領的廈門擔任共榮會（日華親善機關）主事，直到1944年。而1946年52歲自廈門返鄉後，熱心服務自外地返鄉的鄉親，於195至1967年間三度當選筑紫野町議會議員，最後數月甚至榮任議長。

以上各類職務角色中，特別值得關注的應是譯者的轉職現象。例如，有些法院通譯（中間小二郎、木村貞次郎、神吉信次郎等）是從警界轉任的。反之，岩崎敬太郎的情況則相反。他來臺後即任法院通譯（1902–1908），後轉入警界（1915–1916），其後進專賣局（1922–1925）擔任通譯，後又二度進入警界（1926）擔任通譯及囑託等職。而小野西洲來臺後即任法院通譯，但1919至1932年轉任華南銀行文書兼通譯，1932年又回任法院通譯直到日治結束。

而前述轉職現象，未曾在日本本國發生。可見，通譯角色才是譯者得以轉換職場的關鍵條件。在龐大的行政組織運作下，法院與警察通譯角色的可互換性，更是其中的典型特例。而通譯角色在殖民統治脈絡下的作用，可說既具有其特殊的屬性特質，亦具有特定的工具意義。

此外，值得注意的是前述法院通譯中大都擔任警察通譯兼掌詮衡委員，或是並無警察背景者兼任警察訓練所教官（小野西洲），同時還兼有警察教材編纂（川合真永、岩崎敬太郎、小野西洲）、警官訓話等雙語對譯著述作者（小野西洲）[58]等多重角色。何以日治時期的通譯會同時遊走於法院與警察機關之間，似乎迄今的臺史研究並未觸及此一課題。本書第7章試探尋相關線索，以探索日治時期殖民方譯者的形成及其譯事活動等特徵。

據《臺灣總督府公文類纂》、職員錄、《語苑》及《臺灣日日新報》等刊載內容，將該刊主編來臺後的職業經歷及其角色變化摘述如下（詳表6.5）。

---

58 教材類多以日語解釋臺語並採雙語版面，但小野西洲的著作則是工整的臺語和譯、日語臺譯的雙語對譯形式。

表 6.5 《語苑》主編之職業經歷及其角色變化

主編姓名	來臺年(歲)及職務	職業經歷	兼職/含社團職務	通譯月俸/圓(1920年至退職)
川合真永 (1875–1924)	1897 (22)：軍隊通譯	1899：法院通譯 1920：高等法院通譯	1902：土地調查局通譯囑託 1902：土調局通譯兼習生教師 1904：臺南地院通譯兼掌詮衡委員 1906：警察職員通譯詮衡委員 1908：臺北地院通譯詮衡委員 1912：設土語學校並任校長 1913：警察及監獄職員通譯委員[59] 1921：總督府評議會通譯 1923：警察及監獄職員語學試驗委員	月25–123圓 1920：年2,352圓 1920：敘高等官七等，正六／六級俸 1920：年2,400圓，月108圓 1924：三／二級俸[59]
澤谷仙太郎 (1876–1925)	1895 (19)：陸軍通譯官	1897：澎湖廳警察課通譯 1900：澎湖廳監獄署通譯 1901–1904：臺南法院通譯 1904–1905：陸軍通譯月50–60圓 1906–1920：臺南法院通譯 1921–1925：臺北地院通譯[60]	1906：法院通譯兼掌詮衡委員 1907：警察及監獄職員通譯委員 1908–1910：臺南廳警務課囑託 1919：臺南監獄第二課囑託 1923–1925：警察及監獄職員語學試驗委員	1920：敘從七位給三級俸 1923：二級俸 1932.08.04：逝後六等二級

59 1920年8月與1930年6月各有一次俸給改正，故1920年代與1930年代俸級不同，不宜等量齊觀。

60 1925年11月10日《臺灣日日新報》記載：「臺北地方法院通譯澤谷仙太郎氏，於8日晚於法院官舍病故。氏號星橋。長崎市大浦町人。自少即專攻漢學及支那語。臺灣語非常流暢。善繆篆刻之學。晚更肆力南畫。人品端正。資質溫厚。捐館之日。本島人中。知無不知。皆深為痛惜。而於內地人藝術界則多尊氏為星橋師。」

主編姓名	來臺年（歲）及職務	職業經歷	兼職/舍社團職務	通譯月俸/圓（1920年至退職）
中間小二郎 （1871生–？）	1895（24）：地方巡查	1889：尋常小學校教員 1895：臺北縣警察通譯生 1900–1917：臺北地院檢察局通譯 1918–1924：臺中地方法院通譯 1925–1929：高等法院通譯	1918：通譯兼掌詮衡委員 1922–1927：警察及監獄職員語學試驗委員 1926：警部（補）特別任用考試委員 1928：總督府評議會通譯 1935.02–1939.12：《語苑》客員	月 10–108 圓 1925：敘高等官七等
水谷利章 （1874–1932）	1895（21）：憲兵隊	1895–1898：服兵役 3 年 1899：臺中新聞社通譯囑託 1900：臺灣守備 1901：陸軍省僱員 1904：陸軍參謀部軍屬退職 1904：總督府法院通譯/書記 1906：宜蘭法院通譯 1908：臺中法院通譯 1918–1919：臺北地院通譯 1920：高等法院通譯 1920年8月至1928：臺南地院通譯 1929–1931：臺北地院/高院通譯	1897：臺灣土語通譯 1899：臺中新聞社通譯囑託月45圓 1902：總督府文官普通試驗合格證書 1904.01–1904.09：入學臺北官話講習所/畢業 1910–1918：通譯兼掌衡委員 1919：土語教師囑託月20圓 1922–1925：警察及監獄職員語學試驗委員 1930：警察及刑務所職員語學試驗委員 1931–1932：臺灣體育協會網球部幹事	月 45–108 圓 1921：敘從七位給三級俸 1922：二級俸 1928：一級俸 1929：敘高等官，六等

主編姓名	來臺年（歲）及職務	職業經歷	兼職/含社團職務	通譯月俸/圓（1920年至退職）
神吉信次郎 （1873–1935）	1903（30）： 苗栗廳巡查	1893–1896：服兵役3年 [61] 1903–1905：苗栗廳警部補 1906：嘉義廳警部補 1909–1910：臺南地院書記月25圓 1911–1919：法院通譯7-6-5級俸 1920–1924：臺北地院通譯4-3級俸 1925–1932：臺中地院通譯 1933–1934：高等法院通譯	1905：警察官訓練所甲科課程修了 1925–1926：臺中刑務所分課未定囑託 1927–1932：臺中刑務所戒護系囑託 1933–1934：臺北州立臺北商業學校學系囑託	月20~93圓 1925：敘正七位 1931：年俸127圓，二級俸

---

61 1935年1月24日《臺灣日日新報》記載，前高等法院高等官通譯神吉信次郎來臺前服役甲午戰事，編為臺灣朝鮮守備隊及憲兵隊。來臺後任法院通譯，服公職達40餘年，貢獻良多。22日因胃病辭世。23日下午4時於三橋町壙館舉行葬儀，高等法院竹內院長、伴野檢察官長等多數長官皆出席，與會者眾。

主編姓名	來臺年(歲)及職務	職業經歷	兼職／含社團職務	通譯月俸／圓（1920年至退職）
小野西洲（1884–1965）	1899 (15)：法院僱員 1899 (15)：入稻江義塾一年，長住臺人家，隨塾師習漢詩文	1900：法院檢查局通譯 1901：臺北地院檢查局通譯 1903：臺中地院檢查局通譯 1904–1907：奉召入伍3年 1907–1910：臺南地方法院檢查局通譯 1911–1919：覆審法院檢查局通譯 1911–1919：臺北地方法院檢查局通譯 1919–1932：華南銀行文書（月60–107） 1925：華南銀行書記 1932：臺灣總督府法院通譯 1932–1934：高等法院檢察局通譯 1934：高等法院通譯	1913：通譯兼掌考銓衡委員 1919：華南銀行囑託（月65圓） 1919–1925：臺灣銀行囑託台灣語講師（津貼50圓） 1924：警察官司獄官練習所講師囑託（時薪1圓50錢） 1926–1928：警察官司獄官練習所囑託講師 1928–1930：警察官司獄官練習所囑託（月42圓） 1933：臺灣總督第2回長期地方改良講習會講師 1934：警察及刑務所職員語學試驗委員 1935–1944：臺灣總督府警察及刑務所職員語學試驗甲種委員 1935–1944：總督府評議會通譯	月18–100圓 1903：八級俸 1904–1907：7級俸 1909–1911：六級俸 1913：五級俸 1918：四級俸 1919：三級俸／年俸361 1920：年91–100圓（華銀） 1919：年361圓 1920：年491圓 1932–1934：四級俸 1935：七等六級 1936：七等五級 1937：六等五級 1938–1939：六等四級 1940：五等四級 1941：五等三級 1942：五等二級 1944–1945：四等二級

六、歷任主編的知識生產

擔任編輯委員或主編者除了在法院擔任專職通譯之外，往往也涉及廣泛的知識生產活動。其中包括，詞典編纂（岩崎敬太郎）、教材編撰（川合、岩崎、小野）、史料編寫（鈴木清一郎）等。[62] 透過譯者的知識生產內涵與屬性特質，得以探究其譯事觀點及其譯事活動。

雖然由於部分作者以筆名或匿名投稿，故可掌握作者姓名的文章或書籍可能比實際要少。依其著書數量多寡可排序為：川合真永（8）、小野西洲（4）、岩崎敬太郎（4）、鈴木清一郎（2）。詳如下：

表6.6《語苑》主事與編輯委員之著作書目

川合真永著作書目			
書名	出版年	出版者	出版地
1 《新撰實用日臺會話自在》	1912	–	《臺灣日日新報》1912.07.16
2 《通信教授臺灣語講義錄[完結合本]》	1912	臺灣語通信研究會	臺北地方法院
3 《日臺會話法》	1913	–	《臺灣日日新報》1913.04.17
4 《獨脩自在日臺會話活法(話法)全》	1913	臺灣語通信研究會	臺北地方法院
5 《簡易速成日臺語入門全》	1913	臺灣語通信研究會	臺北地方法院
6 《臺灣笑話集》	1915	出版單位不詳	臺北
7 《新撰註解日臺會話獨修全》	1916	臺灣語通信研究會	臺北
8 《日臺會話自在》	–	《臺灣日日新報》1913.07.13載，第三版發行2,000本。	
小野西洲著作書目			
書名	出版年	出版者	出版地
1 《警察官對民眾臺語訓話要範》	1935	臺灣語通信研究會	臺北
2 《臺語和譯修養講話》	1936	臺灣語通信研究會	臺北
3 《日語臺譯教育勅語御意義》	1940	臺灣語通信研究會	臺北
4 《臺灣語虎の卷》上、中、下卷	1942	臺灣語通信研究會	臺北

---

62 據《臺灣總督府公文類纂》10228冊91號，鈴木清一郎1929年曾任《臺灣總督府警察沿革誌》編纂補（輔）助員。

岩崎敬太郎著作書目			
書名	出版年	出版者	出版地
1 《埤圳用語》	1911	臺灣語通信研究會	臺北
2 《臺灣語發音獨習》 （據1911.4.20《臺法月報》廣告）	不詳	不詳	不詳
3 《新撰日臺言語集》	1913	日臺言語集發行所	臺北
4 《羅馬字發音式臺灣語典》	1923	臺灣語典發行所	臺北
鈴木清一郎著作書目			
書名	出版年	出版者	出版地
1 《臺灣舊慣‧冠婚葬祭と年中 行事》	1934	臺灣日日新報社	臺北
2 《臺灣出版關係法令釋義》	1937	杉田書店	臺北

　　至於他們在《語苑》等期刊披露的文章篇數，依序則為：小野西洲(1520)、川合真永(292)、中間小二郎(234)、木村貞次郎(93)、岩崎敬太郎(68)、水谷利章(51)、鈴木清一郎(15)、神吉信次郎(14)。從以上文稿數量可以推知他們在譯者位置與譯事活動上的重要程度。其中，具有警察背景者(鈴木清一郎、神吉信次郎)的著述量明顯低於法院通譯，確是不爭的事實。至於，木村貞次郎可說是警察通譯中單篇文章最多的知識生產者。

　　然而，針對以上著述較多的譯者，就其著述內容的共性與特徵，尚可舉出以下兩項：

1. 語文上各有專精

　　川合擅長臺語會話，小野以漢詩文書寫見長，岩崎則專注於臺語發音的鑽研，鈴木則融合語言與文化。中間小二郎在詞法與句法上著墨甚多。水谷利章精於漢文典故。他們雖以通譯為業，但皆語文兼修，未必僅偏重於口語的鑽研。

2. 另闢專精領域

川合在銀行、稅務、警務方面皆撰有會話教材。小野西洲進入華南銀行、岩崎的《臺日大辭典》編纂、鈴木的出版關係法、中間小二郎的商業用語、木村貞次郎在關稅與公司股權等財稅方面有所專精，可見這批法院通譯並不劃地自限，皆有擴展知識領域的上進心與求知慾。

此外，在著述產量與作者活動能量方面，可以觀察到互為正相關的現象。例如，小野西洲的知識生產上，無論活動期間與成果產出，日治時期的通譯中除了編纂1,184頁《臺灣風俗誌》(1921) 的片岡巖之外，大概無人能出其右。然而，片岡的文章並未如小野那樣既多且廣，而是專注於編纂風俗、考題、法院文書等。然而，或許是興趣與能力多元，且思想活躍使然，前述知識生產中的佼佼者，往往也是個人事業活動範圍廣闊、活動期間較長、跨領域成果斐然的譯者。例如《語苑》創刊者川合真永、跨足銀行與法院的小野西洲、臺日辭典足以傳世的岩崎敬太郎、活躍於臺閩日的木村貞次郎等。然而，他們的後續事業活動，大都與其通譯能力有關，可以視之為通譯能力的應用及其譯事活動的轉化。其中唯一的例外大概是中間小二郎，親人驟然的變故，使得他選擇辭官而去，因而做了完全不同的人生選擇。

由此可見，法院通譯的著述生產，除了可視為譯事活動的一環，亦應關注其主題、內容、文類、論述觀點、出版贊助人等問題，才能在譯者的角色功能上進一步精細描述，並兼及譯者群體位置與社會位階等層面的探討。

七、結語

透過臺灣日本殖民歷史中的譯者角色與群體位置，可知本文所提出的幾位法院通譯，他們在日治的時空脈絡下，藉由《語苑》而充分發揮了他們在日臺語語文與通譯考試上的重大影響力。尤其，在臺語的標記

與書寫方式上，由於主編與考官的雙重角色，更讓長期擔任主事者握有創造臺語文書寫標準的權力與機會。

此外，由於「通譯兼掌制度」的長期施行，《語苑》編輯群可說是實質掌控了全臺警察能否支領通譯津貼的關鍵人物。從權力的角度而言，他們透過對語言的詮釋以及通譯試題的考官角色，刊物的發行傳播等，成為臺灣殖民警察學習語言典範標準，同時也成了警察通譯職能的詮釋者。而幾位主編在其著述中所傳遞的知識內容、文化價值、風俗民情、宗教信仰等，也都透過各自的角色功能，在該刊中充分發揮訊息傳播的力量。

《語苑》發行的33年間，該刊主編更在執行編務及研擬該刊發行策略之際，一方面締造了臺灣警察的日臺語學習模式、標準、內容及其歷史。而另一方面，卻也在警察機構賦予的任務上，無論刊物的內容與型態都受到上方贊助者的巨大權力操控。

第 7 章

《語苑》裡的雙面角色：
跨界於警察與法院的譯者

一、前言

臺灣日治時期的警察官署與警察人數，長期呈現高警力的配置與佈局。以 1899 年 (日治後第四年) 為例，當時即有 4,061 名巡查，每一派出所皆配置數名警官。[1] 而以 1920 年 10 月 1 日「臺灣第一回國勢調查」為例，當時臺灣人口為 3,955,308 人，警察人數為 11,625 名，若以人口比例換算，平均每 340 人就有一名警力。到了戰事激烈的 1940 年，更有高達 12,907 名。[2] 據 1940 年 10 月 1 日「第五回臺灣國勢調查」結果，當時臺灣人口 5,872,084 人，[3] 亦即每 455 人配有一名警力。[4] 可以說，無論平時或戰時，警察人數始終未曾減少。

1　日本警察新聞臺灣支局 (編)：〈臺灣警察制度の沿革〉，《臺灣警察年代幹部職員錄》(東京：日本警察新聞社，1933)，頁 1–8。引自「明治三十二年六月巡查の定員は四千六十一名となって、…」(頁 3)。

2　引自胡福相：《日本殖民地之警察設施》(出版地不詳：民主報承印課，1945)，「臺灣警察職員統計表」，頁 38–39。本書藏於淡江大學圖書館，筆者取得之版次為民國 34 年 9 月出版，印刷者為民主報承印課，總經售為中國文化服務社福建分社。胡福相時為「行政長官公署警務處」處長，也是 1945 年 10 月奉派來臺接收警政的「臺灣警察幹訓練班」(簡稱「臺幹班」) 班主任。

3　臺灣省政府主計處 (編)：《臺灣第七次人口普查結果表》(臺灣省政府主計處，1953)。

4　關於警察人數統計，引自中央研究院「臺灣五十年來統計警察機關及消防大隊概況」之「歷年地方警察機關及官警」統計資料。http://twstudy.iis.sinica.edu.tw/twstatistic50/police.htm。

　　除了正規警力以外，警察之下還有依街庄等區域編組而設的民間保甲組織，以派出所為中心成立「保甲聯合事務所」。依地形等原因，要求達到5至10戶為一甲，一街一庄為一保；甲有「甲長」，保有「保正」，用以輔助警察治理。[5] 透過綿密的組織架構與日常運作，警察成為日治時期最深入基層，且握有強大組織力量來監控民眾行動，也是最能洞察被殖民者的公權力群體。

　　相對於警察組織的鋪天蓋地，法院通譯則是語言能力拔尖的少數菁英；也是日治時期最具職業化意義的譯者群體。根據總督府各年度職員錄記載，每年員額約數十人，僅逐年微幅增減。以1914至1918年為例，各級法院通譯員額降至最低的28名；1940至1941年間則達最高60名。然而，時至1942年，即使日治已達47年之際，無論法庭審理與法務執行，若無通譯居中翻譯還是難以推動。甚至日治初期，由於缺乏能以日臺語直接傳譯的譯者，曾經長達20年持續推行中日臺語間轉手兩次的「複通譯」傳譯方式及用人制度。[6] 可見，具有日臺雙語能力的通譯，對於殖民治理的現實而言，確屬稀缺的人才資源。

　　然而，這兩類群體中的譯者，卻在1909至1941年期間由法院發行，壽命達33年的日臺語學月刊——《語苑》的編輯委員中出現交會的跡象。其中，六位先後擔任該刊主編的日籍譯者，他們都曾任(兼)職於警界與法院。而另一批兼具警察與司法通譯的雙重身分譯者，何以會

5　據胡福相〈保甲組織〉指，「保正甲長除書記外概為義務職，惟兼任偵探之保正甲長，特予兼辦專賣業務，是亦變相之酬勞」。而輔助保甲者，尚有「聯合壯丁團」，用以防禦天災人禍等突發事故，1944年全島達1,035團。也與當時的派出所數 (1,033) 不相上下。引自胡福相：《日本殖民地之警察設施》，頁37。

6　「複通譯」又稱「副通譯」，先由能操日語的譯者譯為中文，再由具漢文能力的臺語譯者譯成臺語。若以臺語為源語，則先譯成漢文，再由會漢文的日語譯者，譯成日語口語 (目標語)。因此，在臺語譯為漢文，或漢文譯成臺語時，進行口譯的譯者是不具日語能力的。1898–1915年任職臺南法院的趙鍾麒 (1863–1936)，就是一位不會日語的複通譯 (感謝陳韶琪老師提供趙氏後人訪談資訊)。趙鍾麒的法院通譯與僱員資歷，詳見《臺灣總督府職員錄》。此外，關於複通譯的具體操持情況，參竹越與三郎：《臺灣統治志》(東京：博文館，1905/復刻版，臺北：南天書局，1997)，頁310–311。竹越與三郎於1903至1904年間受總督府之邀來臺，曾目睹法院與警察單位依賴操北京官話的副通譯，充當日臺語語言中介。

在職業歷程與角色變化上出現高度相似的背景？何以法院通譯與警察群體中的譯者，會在《語苑》編輯委員中交會，甚至在法院與警界之間來回穿梭？如今，似乎只有從這批譯者的共同身分及其譯事活動中，才有可能探尋其解密之道。

　　本文擬從前述譯者群體的職業歷程、職種變換軌跡，乃至法院通譯與警察職務的角色功能等面向，透過《語苑》留下的書寫紀錄及相關史料梳理，對於這批雙重角色的譯者群體進行精細的描述與屬性分析，並探究其中的緣由與堂奧。

二、日本與臺灣的警察制度

　　明治元年（1868）4月，東征大總督熾仁親王入江戶城後，城中出現盜竊、暴行、暗殺橫行的亂象。[7]同年7月江戶改名東京，8月開設東京府，首都治安依舊堪憂；無秩序、無政府的狀態持續到隔年，社會秩序亟待恢復。[8]

　　明治4年（1872）7月宣布「廢藩置縣」之後，即由川路利良（1834–1879）[9]出任「東京府邏卒總長」，親自招募三千健兒，[10]於東京設置以「屯所」為中心的巡邏查察（patrol）之「邏卒」制度（the rasotsu system）。[11]川路上任後，旋即隨司法省「西歐視察團」前往歐洲考察法政一年，1873年9月回國後提出以法國為範本的警察制度。

7　黑田重雄：《日本警察史の研究》（東京：令文社，1963），頁211。此書是作者1954–1960年間在「警察大學校」教授「日本警察史」的集成之作。見該書柏村信雄〈序文〉及作者自序。

8　黑田重雄：《日本警察史の研究》，頁194–195。

9　川路利良是九州鹿兒島薩摩藩武士出身，1871年受時任參議並力倡警察新制的同鄉西鄉隆盛（1828–1877）延攬，1872年5月出任「東京府邏卒總長」，同年8月隨司法省「西歐視察團」（共8人）考察歐洲各國警察制度一年（1872年8月–1873年9月）。

10　川路利良受命後即自其故鄉鹿兒島徵募強健方正男丁二千，其他各府縣一千名，由他親自統領。黑田重雄：《日本警察史の研究》，頁219。

11　1872年10月23日於東京府設置邏卒3,000名。渡辺忠威：《日本警察史點描》（東京：立花書房，1977），頁23。

　　川路赴歐取經引進的法國國家警察體制與中央集權組織，是1801年拿破崙將法國大革命前兼具警察與司法功能的騎警隊 (la Marechaussee)[12]改稱憲兵隊，並改造為中央統領的現代化警察。其後，發展為中央立法並編列預算等法制化程序，進行垂直領導，並以軍事化管理與養成，且施以武器配備等，顯現「軍警合一」的屬性特徵。

　　而據福澤諭吉 (1835–1901) 受命於明治維新功臣廣澤兵助 (又名廣澤真臣，1834–1871) 參議，編譯英美法國警察制度的《取締の法》內容看來，[13] 日本政府早在訪歐視察之前，就已有意引進組織嚴密、監控功能最強的法國警察體制，顯然是以維護國家安全，確保國家意志的落實為其最終考量。

　　1873年11月，川路回國後即延聘訪歐時多所請益的巴黎大學 Boissonade de Fontarabie (1825–1910) 教授赴日擔任司法省顧問，為日本起草民刑法及治罪法 (刑事訴訟法) 等法典並推動法學教育。可見，日本政府對於現代警察體制的建構與實施，抱持明確目標與長期力行決心。[14]

---

12 蘇育平：〈憲兵制度的先驅者——法國國家憲兵〉，《憲兵學術季刊》第55期 (2002)，頁19–40。

13 據尾佐竹猛轉引之《福翁自傳》顯示，福澤諭吉於明治2年 (1869) 為編寫〈取締之法〉，經綜覽各類原著後，針對警察相關事項翻譯整理而成，原作篇幅頗長。本文引述之原文摘錄及其相關說明，採自尾佐竹猛：《明治警察裁判史》(東京：邦光堂，1926)，頁8–21。由於〈取締の法〉乃受當事人委託之調查報告，故並未公開發行。原作於1879至1881年任日本駐清公使宍戶璣 (1829–1901) 故居箱底發現。主要內容包括：比較英美各國警察制度實施概況，取締法變遷及其特徵，倫敦、巴黎、紐約各市警察組織比較表，及倫敦、紐約之犯罪統計表等。參見黑田重雄：《日本警察史の研究》，頁195–199。

14 川路訪歐期間，透過留學英美的鹿兒島同鄉——時任駐法公使鮫島尚信 (1846–1880) 的安排，經常駐留巴黎並就警察、消防、監獄等深入考察。同行的視察團成員齊向巴黎大學 Boissonade de Fontarabie 教授請益，前往聽取法國制度與法律等課程。1873年11月，聘為司法省顧問，直到1905年返國。對於日本外交與相關條約的修訂貢獻良多。著有《日本民法草案》、《性法講義》等。參見長尾龍一：「ボアソナード」(Boissonade de Fontarabie) 解說內容，朝日新聞社 (編)：《朝日日本歷史人物事典》(東京：朝日新聞出版，1994)，頁1499。

1874年1月「東京警視廳」成立，川路出任首任「大警視」。[15]同時，將「邏卒」改稱「巡查」，配置於東京各「交番所」，巡查交班時須由「屯所」前往「交番所」，以落實動態巡邏與定點崗哨並行的勤務方式。1881年「交番所」改稱「巡查派出所」，至1884年逐步廣設於全日本。[16]至此，警察針對全體國民進行日常監視的治安維護功能及預警體制，可說大致就緒。

而在法制層面，日本自1875年3月公布「行政警察規則」（實施至1945年）。其核心目標即是「預防兇害、保全安寧」，落實全面覆蓋並滲透到全體國民生活的各類監控活動如公共道德、衛生保健、守望相助、戶口查察，乃至廣泛的政治活動取締等。可以說，警察作為國家統治最前哨的權力組織，該法的施行貫徹了全面的社會控制。

日本警察制度採行高度中央集權的金字塔型組織結構，透過以家戶為中心的「散在」原則，每20,000至30,000戶設立一個「出張所」，配置1名警部與10名巡查。其下分設數個「屯所」（警察署），配置巡查進行全天候的輪值巡邏。由其組織與體制可見，日本警察的功能具有區域性的保衛防守、維持治安等作用之外，同時也兼有鞏固權力中心的意義。

戰前的日本除了以法國警察的職權法制化、組織系統化、職能獨立化現代國家警察制度為師之外，同時也承襲了歷代武家警備的地方治安維護體系。因而，日本戰前的警察體制不僅能從中央進行垂直整合，且能從地方的每一家戶各自編組，進而形成一個以職業化為前提，組織緊密且可穩定控制的系統性架構。

1879年川路利良訪歐途中罹病，返國後驟逝。經陸軍大臣大山巖（1842–1916）接手四個多月後，[17]旋由時任海軍大臣的樺山資紀（1837–1922）於1880年10月兼代，繼於1881年1月14日真除，並成為內務省

---

15 川路利良擔任該職期間為1874年1月24日至1879年10月13日，在任中病故。

16 大日純方夫指，東京以外的府縣在區域中心地點設置警察署，下設分署，警察則在區域內巡邏訪查的方式落實警力。參大日純方夫：〈日本近代警察の確立過程とその思想〉，《官僚制・警察》（東京：岩波書店，1990），頁466–500。

17 大山巖的任職期間為1879年10月16日至1880年2月8日。

將該職更名為「警視總監」後的首任首長（迄1883年底）。據日本《警察法》規定，「警視總監」是日本警察階級中的最高階。然而，在長達15年期間（1874年1月至1889年12月），出任該職的前六任首長，皆是出身九州鹿兒島的幕府薩摩藩士（武士）之家。[18] 可見日本警察體系從建置到接班，其人事傳承的封閉性與控制性。

而據施雅軒〈日本時期南庄聚落地方警察的人口流動——一個空間規訓的個案〉透過苗栗南庄地區的警察屬性調查研究發現，當地警察在人口流動上的特徵之一，即是警察來源的地域性。[19] 從戶籍資料顯示，當地警察多為九州出身，由此可知日本來臺警察的來源及其區域特質，與內地警察的出身背景與人際網絡等屬性脈絡大抵出自同源。

1895年樺山資紀出任第一任臺灣總督（任期：1895年5月至1896年6月），成為「武官治臺」的先鋒。其實不僅是樺山，曾任「警察總監」後又任臺灣總督的還有第10任總督伊澤多喜男（1869–1949，任期：1924年9月至1926年7月），以及第14任總督太田政弘（1871–1951，任期：1931年1月至1932年3月）。兩位總督雖然都在號稱以文人擔任總督的「文官治臺」的1919年之後出任，[20] 然而，屢由出身日本警察最高階首長，派任為臺灣總督絕非偶然。由此亦可知，臺灣與日本的國家警察體制，在屬性脈絡與行事特質上是何等密切相關了。

樺山資紀來臺後採行「軍政」，以3,400名憲兵鎮壓臺灣人民反抗運動，其憲兵隊本部就設在總督府。[21] 1895年6月警保課長千千岩英一

---

18 第4至6任警察總監及其任期如下：大迫貞清（1825–1896）1883年12月至1885年12月；三島通庸（1835–1888）1885年12月至1888年10月；折田平內（1847–1905）1888年10月至1889年12月。

19 施雅軒：〈日本時期南庄聚落地方警察的人口流動——一個空間規訓的個案〉，《環境與世界》17期（2008年6月），頁1–19。

20 〈臺灣警察制度の沿革〉該文指，「大正8年8月（1919），總督府進行官制改革，將過去的武官總督以文官代之，由男爵田健治郎受命為第一任文官總督。」參日本警察新聞臺灣支局（編）：〈臺灣警察制度の沿革〉，頁6。

21 徐國章（譯注）：《臺灣總督府警察沿革誌》第一篇中譯本 I（南投：國史館臺灣文獻館編印，2005），頁102–103。

（1852–？）向民政局長水野遵提出，以每2,000人配置巡查一名，每10名巡查配置警部一名為基準，估算平地需150名警部與1,500名巡查，蕃地則需20名警部，200名巡查。[22] 從千千岩的估算方式，可知臺灣警察的布建，是以均勻覆蓋全體民眾的思維為其計算基礎的。而這也多少反映了日本本土警察建置體系與組織架構的邏輯。

而據《臺灣總督府警察沿革誌》記載，1896年全臺共有17個警察署，31個警察分署，15個派出所。[23] 由此可知，警察的組織網絡在日治兩年後，已見具體而微的架構。1896年進入「民政」時期，憲兵隊的作用除了整肅軍紀之外，還擁有行政與司法警察權。其後，除了漸次以日本警察制移植臺灣，亦參酌臺灣舊慣及政治社會脈動而次第調整。

三、警察通譯的角色功能

據竹越與三郎《臺灣統治志》記載，[24] 明治30年（1897）臺灣的憲兵隊計有3,408人，警部巡查則為3,375人，兩者合計達6,783人。警察在業務範圍及功能上涵蓋廣泛，包括行政、稅務、衛生、教育、農政等，當時且有47名兼掌通譯職務的警官。

1896年12月經地方官會議諮詢事項通過，1897年3月發佈「巡查看守教習所制」，1897年10月臺北小南門外校舍竣工，專責訓練募集來臺的巡查看守等教習生之職前培訓。[25] 竹越與三郎亦指，[26] 新進招募的巡查，必先在此受訓20週（1989年7月改稱「警察官及司獄官練習所」），且兼含學科與術科。竹越甚至認為，這些訓練內容已超越東京的「警官

---

22 雖然本案獲採納後隨即向日本內地招募警察，但實際僅67名警部，692名巡查到職。參見《臺灣總督府警察沿革誌》第一卷（1933），頁37–38。

23 《臺灣總督府警察沿革誌》第一卷，頁360–361。

24 參見竹越與三郎：〈警察機關〉，《臺灣統治志》（東京：博文館，1905／復刻版，臺北：南天書局，1997），頁248。

25 鷲巢敦哉：《臺灣警察四十年史話》（個人出版，1938）。收入中島利郎、吉原丈司（編）：《鷲巢敦哉著作集II》，頁100。

26 竹越與三郎：《臺灣統治志》，頁249。

訓練所」。可見，日本警察制度中透過嚴格訓練的晉升與淘汰制度，已有在臺複製的跡象。

1898年4月發佈「總督府判任文官及巡查、看守通譯兼任者特別津貼給予之件」，針對基層文官及警察、監獄看守等給予兼掌口譯者職務津貼。這項耗費龐大人力物力，[27] 每年皆由地方 (乙種初試) 與中央 (甲種複試) 施行，並劃分為10等級給付的「通譯兼掌者」津貼制度，最主要的適用對象就是全體警察。

據鷲巢敦哉指，1898年日籍巡查月薪8至12或13圓。推估通譯津貼比重可達薪俸的25–90%。適用語種為：福建語、廣東語、蕃語等方言與日語的組合。此後，在警察組織與據點，透過深入家戶的保甲等就地動員的架構下，語言能力成為組織監控得以暢行無阻的重要保證。

1902年總督府宣布土匪平定後，總督兒玉源太郎 (1852–1906，任期：1898年2月–1906年4月) 與民政長官後藤新平 (1857–1929，任期：1898年3月–1906年4月) 開始致力於警察制度的充實與改善，並大量招募臺籍基層警察，且獎勵日臺籍警察學習土語或日語。

而警察機關為了強化警察的語言能力，必須採取具體有效的措施。於是，原本由法院內部發行的《語苑》，將法律用詞及各地語言風習、商場慣例等調查研究成果，分送法院通譯及各級法院、警察機關的專業月刊，乃於1909年1月開始擴大發行。其中，每期刊載的語學教材與通譯考題解答等，成為最具針對性的警察應試參考書。

1920年代前期，《語苑》漸次化身成警察機關針對「通譯者兼掌試驗 (測驗)」的語言培訓教材。1923年1月起，該刊把個人訂購為對象的「普通會員」會費降為每月20錢，且另設機構為主的「贊助員」(月會費30

27　鷲巢敦哉指，1898年日籍巡查月薪8–12或13圓。推估通譯津貼比重可達薪俸的25–90%。適用語種為：臺灣話、廣東話、福建話、蕃語等方言與日語的組合。由於口試採取筆試通過後面試的方式，詮衡 (考試) 委員往往需在各地奔波，甚至耗時一週以上。詳參鷲巢生：〈警察今昔譚〉，《臺灣警察時報》220號 (1934年3月1日)，頁104–107。鷲巢生為鷲巢敦哉筆名。

錢）；意圖廣納長期訂閱的個人讀者，以及官方機構與民間專業團體等。[28] 同時，過去未曾出現的警察機構贊助，則從 1925 年 3 月起，一連出現了八名來自中央與各地方的警察機構贊助員。[29]

關於《語苑》編輯委員的組成變化，最重要的分水嶺出現在 1925 年 1 月。該刊從此將原本不分位階的 37 名編輯委員，劃分為顧問、主事各 1 名，再加上理事 5 名、評議員 15 名、地方委員 57 名等，形成從中央到地方以及從核心到周邊的組織型態與營運架構。五位理事則為岩崎敬太郎、小野真盛、神吉信次郎、澤谷仙太郎、水谷利章。以這五位先後擔任該刊主編的情況看來，他們的組成約等同於主編團隊的角色功能。[30] 此外，1925 年 1 月號首批 57 位地方委員中，畢業於 1924 年 9 月的特科第一期的警官就佔了 30 人，[31] 約達全體地方委員的 53%。這也顯露編輯委員的改組與警察機構的贊助，坐實了警界勢力進入該刊營運核心的質變意義。

尤其，當警方握有行政與司法權力的情況下，透過對於譯者群體的屬性分析與職業歷程追蹤，本研究可望探究並回答以下提問：

1. 哪些語文能力是當時殖民政府有所需求的執政工具？
2. 這批跨界於司法與警界等較具活動力的譯者，是否具備共同屬性？
3. 為警方服務，是否能為譯者帶來某種優勢？
4. 法院通譯的角色，對於警方或警察通譯而言，意義何在？

---

28 1923 年 1 月號《語苑》封底顯示，43 位贊助員中，21 位為律師，18 位為法院院長、檢察官長、判官，以及郡守、知事、專賣局長等高階官員。另有 4 位知名民間人士，如曾為總督府官房翻譯官的鉅鹿赫太郎（1905–1910 年任官）及有泉朝次郎（1905–1914 年任官）等。

29 這八位警察首長分別代表基隆、臺南、臺中州、北警察署、臺北刑務所、臺南廳、臺東廳、花蓮港廳。

30 據會則規定，理事負責編輯事務並輔佐主事，且需代理主事以因應變故。

31 《語苑》主事澤谷仙太郎曾指，1923 年以來全島與警界興起語言學習熱潮，除「臺灣總督府警察官及司獄官練習所」新設特科外，各州亦積極獎勵語言學習。特科除術科之外，學科內容包含：臺灣語、警察法、臺灣事情、時文、漢文。可以說，特科的目標之一是針對臺灣語言文化的深入學習。參澤谷仙太郎：〈臺灣語學界の回顧〉，《語苑》第 17 卷 12 號（1924 年 12 月）。

　　而以《語苑》為平臺的譯者篩選，似乎也為這兩個譯者群體在此留下語文著作或形跡鴻爪提供了確切的見證。

　　經由岡本真希子對《語苑》各類委員的全面梳理，[32] 從該文的附表（表1–4）中，得以概觀地掌握這批雙面角色譯者的職業歷程。以下先就譯者中較為特殊的語言組合及其語言使用場域，進行細部的整理。

　　表7.1中有五位譯者是具備支那語能力的通譯，而表中的最後兩位譯者則另有泉州語通譯或應用能力。譯者的支那語[33] 能力若是來臺前即已具備者，則多半具有入伍經驗，除了參與1895年的甲午戰爭（澤谷仙太郎、林久三、原一鶴）之外，又投入了1904年的日俄戰爭（澤谷仙太郎、水谷利章、林久三、原一鶴）。顯然，他們的支那語能力在前述戰役中的重要性非比尋常，才會屢受徵召。[34] 而這類譯者解甲來臺之後的工作，往往都與警察機關裡的保安部門或是監獄相關，[35] 如澤谷仙太郎、林久三、氏原靜修。而其中語言能力特別突出者，則進入「警察官及司獄官練習所」擔任教官或教材編纂等，專司培訓警官語文能力之職，如林久三、岩崎敬太郎（通曉英語、廈門語）。

32　岡本真希子：〈日本統治前半期台湾の官僚組織における通訳育成と雑誌『語苑』——1910–1920年代を中心に〉，頁103–144。岡本真希子：〈「国語」普及政策下台湾の官僚組織における通訳育成と雑誌『語苑』——1930–1940年代を中心に〉，頁73–111。

33　當年的「支那語」，也就是中國官話。

34　尤其，林久三出生於1863年，甲午戰爭時已經32歲；日俄戰爭時，甚至已達41–42歲之齡。若非確有必要，何致如此！

35　據〈臺灣警察制度の沿革〉指，「昭和3年9月各州高等警察課長以警視任之，警務局保安課則增設思想取締專務之事務官員額」，可見1928年之前保安課即有功能。參日本警察新聞臺灣支局（編）：〈臺灣警察制度の沿革〉，頁8。

表7.1 支那語、英語、泉州語譯者的語言組合及其使用場域

姓名、生卒年、籍貫	身分轉換情況	時期/官階	警務時期與職務
編輯委員/主事　譯谷仙太郎 (1876– 1925.11.10) 長崎	曾於長崎修經學及專攻支那語 1895 (19歲)：陸軍通譯官通曉支那語 1895：日清戰爭陸軍通譯 1897：澎湖廳警察課通譯 1898：澎湖廳警察課囑託 1899–1900：澎湖廳監獄署通譯 1901–1904：臺南地方法院通譯 1904–1905：日俄戰爭陸軍通譯赴滿州，月薪 50–60圓 1906–1920：臺南法院通譯 1921–1925：臺北地院通譯	1902–1909：判6 1911：判5 1912–1917：判4 1918–1923：判3 **1924–1925：判2** **1925.11.10：七等六級，迴賜四級俸**	1907：警察及監獄職員通譯委員 1908–1910：臺南廳警務課囑託 1919：臺南監獄第二課囑託 1920：臺南監獄行刑系囑託 1923：警務局警察課囑託（無給） 1923–1925：警察及監獄職員語學試驗委員

姓名、生卒年、籍貫	身分轉換情況	時期/官階	警務時期與職務
編輯委員 水谷利章 (1874–1932.08.04) 愛知	1895 (21歲)：憲兵隊上等兵 1901：陸軍省僱員 1903–1905：陸軍 (參謀部) 軍屬 1905：法院通譯、書記 1918–1919：臺北地院通譯 1920.08：高等法院通譯 1920–1928：臺南地院通譯 1929.10 –1931：臺北地院、高院通譯	1909：判5 1920：判3 1921：判3 從七位三級俸 1922：二級俸 1923–1927：判2 1928：一級俸 1929.04.23：六等四級 1930：六等四級 1931：六等四級、年1,820圓 1932.08.04：歿後六等二級	1896.5–1986.10：憲兵隊本部「臺灣語速成學校」結業 **(1904.01–1904.09：臺北官話講習所入學／畢業)** 1910–1918：通譯兼掌詮衡委員 1919–1920：臺北監獄分課未定囑託 1922–1925：警察及監獄職員語學試驗委員 1923：警務局警務課囑託 1930–1931：警察及刑務所職員語學試驗委員

姓名、生卒年、籍貫	身分轉換情況	時期／官階	警務時期與職務
編輯委員 岩崎敬太郎 (1880–1934) 東京	1895.08：首度來臺 **1897.10–1898.02：臺灣守備混成第一旅團司令部通譯** 1898.04–1899.05：合名會社藤田組端芳山礦山庶務兼翻譯 1900.04–1900.08：東京市京橋區書記 1901.09：臨時臺灣土地調查局通譯 1902.08：臺北地方法院雇 1902.12–1903.09：法院通譯 1904.08–1908.11：嘉義法院通譯 1909–1913：臨時臺灣工事部通譯 1922.01：專賣局臨時備 1922.12：專賣局庶務課 1924.06–1925：專賣局通譯 1924.12–1926.07：專賣局書記 1926.11：專賣局通譯事務囑託 1928：文教局社會課囑託 1929.04：文教局編修課囑託 1922後：《臺日大辭典》編纂事務囑託	1900：八級俸 1902：六級俸 1907–1909：判5 1911：三級俸 1920：月30圓	1915：民政部警察本署臺北廳財務課（雇27圓） 1918–1919：臺北廳財務課（雇30圓） 1915–1920.05：警察職員通譯兼掌者、銓衡委員、巡查補教習所兼掌通譯 1920：臺北廳警務課雇 1923–1925：警察官及司獄官練習所講師囑託 1925–1929：普通試驗臨時委員 1926.09：臺北州內務部地方課、高等警察課囑託（月10圓） 1927–1928：臺北州警務部高等警察課囑託（月20圓） 1928：專賣局庶務課囑託（月15圓）

姓名、生卒年、籍貫	身分轉換情況	時期/官階	警務時期與職務
編輯委員 林久三 (1863–？) 佐賀	1887–1895.07：佐賀縣巡查 1895.02：陸軍省僱員（通譯官） 1895.03–1895.11：聯合艦隊司令長官僱員、通譯官 1897.03：威海衛佔領軍司令部通譯囑託 1895.09：應徵第一期警官來臺 1896.04：臺中縣巡查 1897.05：臺中縣囑託彰化警察署（彰化當時隸屬於臺中縣） 1898.06：臺中地方法院備（通譯） 1898.09：臺中地方法院僱 **1904–1905：日俄戰爭從軍陸軍通譯** 1906–1920：法院通譯	1902：判7 1906：判6 1909–1911：判5 1912–1917：判4 1918–1920：判3	1901–1904：警察官及司獄官練習所教官 1902：警察官及司獄官練習所書記、教官 1904–1905：日俄戰爭從軍陸軍通譯 1904：《警察會話篇》臺灣總督府警察官及司獄官練習所教材 1904：《監獄會話篇》 1906：《衛生話新編》等
編輯委員 氏原靜修 (1875–？) 熊本	1895.09：雲林民政出張所僱員 1896.04–1896.10：臺中縣通譯生雲林支所 1897.10–1899.03：臺中縣事務囑託（警察部保安課等） 1899.03–1900.12：宜蘭廳通譯警察課 1902.04：臺中地院檢察局僱 **1902.05–1916：法院通譯**	1904年：判6 1909年至1915年：判4	1912：通譯兼掌者詮衡委員 1915：嘛吧哖事件臨時法院通譯 參《匪亂小使》頁13713

	姓名、生卒年、籍貫	身分轉換情況	時期/官階	警務時期與職務
編輯委員	原一鶴 (1874-?) 香川	1890-1893:香川縣三豐郡辻中姬尋常小學校訓導 1894.12-1895:甲午戰爭中服役 1895.07-1899:憲兵上等兵 1897年12:憲兵隊司令部通譯 1900-1901.02:香川縣三豐郡辻高等小學校僱教員 1901:臨時臺灣土地調查局僱泉州語通譯 1902:同局屬 1904.07-1910:法院通譯	1909:判5	1895.10-1897.03:師事臺北縣海正堡大科崁秀才呂希卡姜及進士邱倬雲[36] 習土語及官話 1897.05-1897.11:向北縣高滿堂與葉明儀習土語及官話
庶務主任	太田虎太郎 (1865-?) 熊本	1895.06-1896:栃木縣警部 1897:群馬縣看守 1906:深坑廳警務課通譯 1907-1912:臺北地院通譯	1909:判6	1897-1899:關西及九州鐵道布設工事事務 1899.06:土語(泉州語)獨習 1902-1903:臨時臺灣土地調查局僱 1904:臺北廳總務課僱

備註:粗體表示譯者任法院通譯前的支那語學習及使用歷程。斜體為泉州語學習及使用情況。

36 參國史館臺灣文獻館文獻檔案查詢系統—典藏號:0000432408X001。件名:原一鶴(僱二採用)自筆履歷書,1901年4月1日。

　　此外，從以上譯者的著作內容，亦可推知其專長語文所涉及的工作場域。如林久三編輯出版的《臺灣適用衛生會話新編》(1906)、《監獄會話篇》(1904)、《警察會話篇》(1904)，可以明顯看出他與警察日常業務及監獄工作的相關性。而岩崎敬太郎亦曾為今田祝藏《刑務所用臺灣語集》，擔任譯語與音調上的協助，而岩崎本人確也長期(1915–1928)擔任警察單位的囑託。此外，該書作者今田祝藏亦在〈緒言〉的最後一段，[37]提及受到「警務局囑託飛松次郎」的協助。[38]而飛松次郎於1911至1918年擔任法院高等官通譯，也是當時法院通譯中公認的「支那語學者」。而法院退休後依然擔任警務局保安課囑託達十年以上，專司漢文刊物的檢閱。可見，思想取締與監獄刑務是需要支那語人才的特定場域。

　　至於譯者的語文能力與習得新語言的企圖心，則因人或因環境而異。以表7.1為例，顯然這批早期來臺的譯者，如非早有此類語言背景，那就是後來積極學習新語言的人才如水谷利章、原一鶴、太田虎太郎。其中，原一鶴及太田虎太郎，甚至還能操泉州語並運用在通譯上。

　　根據今田祝藏《刑務所用臺灣語集》稱，「所謂臺灣語泛指泉漳兩州語言，而廈門地處泉漳兩州之間，其語音語調亦兼有兩州之特徵。」由此可知，後來在臺灣所說的臺語，已是泉漳混用的語言形式。而這批早期來臺的譯者，也定是出於必要才會開始學習新的語言。若從譯者所從事的工作反推泉州語的需求，其中之一是為了土地調查，而另一需求則可能與鐵道建設有關。

37　今田祝藏：《刑務所用臺灣語集》(岩崎敬太郎；郭國燦協助譯語、音調) (新高堂，1929–1933)，頁11。

38　飛松次郎(1872– ？)在《語苑》披露的著述都是漢文。據小野西洲，飛松在警務局負責的是一切漢文刊物的檢閱。參小野西洲：〈臺灣語學界追懷錄〉，《語苑》第24卷2號(1931年2月)，頁69–72。另據職員錄記載，飛松次郎於1924年及1927至1937年間皆任警務局保安課囑託。

四、法院通譯的警察角色

筆者透過譯者職業經歷及其知識生產之間的關係分析，[39] 指出日治法院自1925年以來，以日臺語為專長語言的《語苑》主編（或稱主事），皆與警方關係匪淺。尤其從六位出任《語苑》主事的共同屬性與背景推察，六者間唯一相同之處，就是對於警察單位的配合度及其從事警察業務上的類同性。

然而，其他多數法院通譯的情況又是如何？試以本研究所選定的29位先後擔任過法院與警察通譯的譯者為考察對象，進而以他們的職業經歷為基礎，並對於他們的跨界型態及其角色功能等加以分析（29位譯者履歷，請詳附錄7.1）。

若以跨界先後作為基準，顯然多數法院通譯是由基層警察轉任。而符合此一跨界型態的計有：澤谷仙太郎、中間小二郎、水谷利章、神吉信次郎、林久三、今田祝藏、仁禮龍吉、氏原靜修、東方孝義、大場吉之助、三宅愛次郎、林覺太、太田虎太郎、上瀧市太郎、渡邊剛、大賀昌譽、松浦虎吉、田中秀、野元喜之次、岸本誠巳、服部壽次、末岡要次郎、原悅三、有働勝。以上共計24名，就整體法院通譯的總人數而言，可說佔據相當比重。同時，當警察通譯轉任法院通譯之後，原則上就此常任法院通譯，並未再行轉職。[40] 可見，法院通譯並非警察通譯的暫時性或個別的權宜之計，反而可以說是警察通譯的「歸宿」。

反之，《語苑》編輯群中，絕大多數在法院擔任正職通譯者，也同時兼具警察單位的角色功能。這群譯者的語文能力與角色功能相對較為繁複，他們往往以同時維持兩份工作的型態，在警察單位兼職。而這樣的

---

39 參閱本書第8章〈日治時期的法院高等官通譯：譯者身分的形成及其群體角色〉。

40 曾以專職身分遊走兩方的通譯僅東方孝義一人。他於1918至1944年任職法院通譯期間，但於1923年9月至1926年期間暫離法院，擔任「警察官及司獄官練習所教官兼舍監」等職。據《臺灣總督府公文類纂》「判任官進退原議 九月分」件名：〔府法院通譯兼書記〕東方孝義（任府警官及司獄官練習所教官兼舍監兼警部），第3752冊第四卷，典藏號：00003752098。

情形，既發生在未曾擔任警職的法院通譯，也出現在曾經專職警察工作者。試以表列方式整理如下：

表7.2 法院通譯兼任警察機關職務一覽

警察背景	兼職內容	官職（高等官＊／非高等官）	
曾任警察者	警務局（部）警務課／保安課囑託	＊3	1
	監獄課／刑務所／戒護系囑託	＊4	1
	警察官及司獄官練習所講師／教官囑託	＊1	1（非法院職）
	警察及監獄職員語學試驗／刑務所職員甲試委員	＊3	2
	土語通譯兼掌詮衡委員	0	4
	警務部高等警察課囑託	0	2
	小計	11	11
未任警察者	警務部高等警察課囑託	0	1（非法院職）
	警務局（部）警務課／保安課囑託	＊1	1（非法院職）
	監獄課／刑務所／戒護系囑託	＊1	0
	警察官及司獄官練習所講師／教官囑託	＊2	1
	警察及監獄職員語學試驗／刑務所職員甲試委員	＊2	0
	土語通譯兼掌詮衡委員	0	0
	小計	6	3

備註：為顧及一人兼有多職情形，兼職計算方式以人次為基準。

從29名跨界譯者中，可以區分出19名譯者所扮演的明確角色。而透過表7.2的梳理，更可精確看出法院通譯在跨界從事警務工作時，他們所兼任的主要職務為：(1) 思想取締、(2) 監獄刑務、(3) 訓練養成、(4) 人才選拔等。

所謂思想取締，主要以保安、特高、圖書等為其核心業務。[41] 保安包含：民情事項、宗教取締、講會取締、外國人之保護與取締。特高則以危

---

41 引自胡福相對於日治期警務局支各項業務內容摘述。胡福相：《日本殖民地之警察設施》，頁12–13、22。

險思想及機密取締、勞動與農民運動取締、社會及政治運動取締事項等為主。圖書業務則為：新聞、雜誌、著作等出版品，以及電影檢閱等。[42]

至於高等警察課的業務範圍則是：思想犯罪之搜查、思想運動及社會政治運動取締、以及外國人之保護與取締等。[43] 而在監獄刑務方面，今田祝藏撰述《刑務所用臺灣語集》的過程中，曾向支那語專家飛松次郎（1872–？）請益，可知日治時期的監獄或刑務實務上，支那語確有其必要性。

符合圖書業務的法院通譯代表人物是平澤平七（1887–？）。他出身於總督府國語學校土語科（1897–1900年3月），畢業後即進入法院擔任通譯（1900年4月–1900年12月），後來轉任法院書記（1901年12月–1903年3月），此後，一直擔任總督府圖書編修事務或圖書館司書（1903年4月–1924年12月）。退休後（1925–1944）還任職警務局保安課囑託近20年。若以法院通譯轉至警界為考察角度的話，平澤可說是其中的少數案例之一。但他並非同時兼有雙職，而是從法院退休後，再長期前往警界工作。

而就譯者的譯事活動觀之，從許多並非警察出身者，依然有機會在警察機關兼職或於退休後擔任警察機構囑託，或受拔擢升任高等官的案例，可以推知語文能力應是警察機關進用這批譯者時的首要考量，川合真永、水谷利章、岩崎敬太郎、小野西洲等即是最佳案例。其實，這批譯者的語文能力，往往不限於日臺語，如川合真永除了土語之外，來臺前即學過原住民語言，而澤谷仙太郎、水谷利章、神吉信次郎則具備支那語能力，岩崎敬太郎的強項則是廈門語及英語能力，小野西洲受到重視的是臺語嫻熟之外，且又具備漢文書寫能力。

---

42 平澤平七退休後（1925–1944）長期擔任警務局保安課囑託。根據總督府職員錄記載，其囑託月俸為80–93圓，而相較於語文功力與學術能力一流的岩崎敬太郎，平澤的月俸是岩崎在臺北州警務部高等警察課任囑託時（1927–1928）20圓月俸的四倍以上，達85–87圓。

43 有關高等警察課之職掌，引自胡福相：《日本殖民地之警察設施》，頁20–21。

　　事實上，法院通譯的多語文能力，與所兼行的職務內容似有一定的
聯繫關係。如三位能操支那語的譯者，都曾從事與監獄及刑務所相關的
業務，可見，當時入監者中必有中國籍民受到當局關注。重視社會治安
的警務單位與思想取締的保安部門，自然需要相當的在地語言能力，才
能在社會控制上對民眾的治理確實奏功。因此，也就會網羅譯者到警務
與保安課等單位，而語言能力最強且兼有學術能力的岩崎敬太郎，受到
網羅的警察單位最多、業務內容也最廣；包括警察官及司獄官練習所講
師、警務課、高等警察課等囑託職務。

　　其次，這批譯者在警務機關的語文人才養成上，可說共同扮演了核
心的角色任務。正如表7.2所示，擔任「警察官及司獄官練習所」講師或
教官者，所佔比重甚高。此外，受聘為「警察及監獄職員語學試驗」或
是「警察及刑務所職員語學試驗甲種委員」等，都反映出警察機構對於
警監人員選拔與長期培訓的重視。尤其後來升任高等官者，似與他們在
警察單位所扮演的角色任務具有關聯意義；其任務包含：警察官及司獄
官練習所講師、警務課、地方監獄或刑務所囑託等。換言之，警察與獄
政所共有的封閉性，造就了介入其中的譯者，獲得了階級晉升及相應的
待遇。

五、雙面譯者的群體屬性

　　若依前述24位警察通譯的常態發展路線看來，得以從警察身分轉
換到法院擔任文職工作的警察群體，是否具備共同的角色功能，也是值
得探索的課題。首先，在資格條件上，無疑語文能力的養成，與法院通
譯的職能是息息相關的。若以是否接受過長期語文訓練做為觀察條件，
可掌握符合此項條件之譯者。為有效梳理受訓機構與培訓年數等，製表
7.3如下：

表7.3 日治時期警察出身之法院通譯：語文培訓機構或養成途徑

培訓機構或途徑	通譯姓名	受訓期間
1. 來臺前已習得**支那語**	澤谷仙太郎（1876–1925）	來臺前於長崎專攻，年數不詳
	林久三（1863–192?）	來臺前已習得，年數不詳
	氏原靜修	1895.04：熊本支那語研究所畢業，年數不詳
2. 憲兵隊本部臺灣語速成學校	水谷利章（1874–1932）	1896.05–1896.10：修業時期
3. 臺北**官話**講習所	水谷利章（1874–1932）	1904.01–1904.09：修業時期
4. 警察官及司獄官練習所	神吉信次郎	1904–1905.07：甲科課程修了[44]
	上瀧市太郎	1904.09.17：受命為看守練習生
	三宅愛次郎	1910.011–1911.03：巡查練習生課程修了
	大賀昌譽	1923.08–1924.09：第1期特科畢業[45]
	松浦虎吉	1923.08–1925.09：第1–2期特科畢業
	田中秀	1923.08–1925.09：第1–2期特科畢業
	岸本誠巳	1923.08–1925.09：第1–2期特科畢業
	末岡要次郎	1923.08–1925.09：第1–2期特科畢業
	原悦三	1923.08–1925.09：第1–2期特科畢業
	有働勝	1925.01–1926.01：第3期特科畢業
5. 國語學校語學部土語科	平澤平七	1897–1900.03：土語科畢業（共35名）[46]
6. 土語研究生	林覺太（1872– ？）	1896.08
7. 師事傳統文人	原一鶴	1895.10–1897.03：師事秀才呂希姜習土語及向進士邱倖雲習土語及官話
		1897.05–1897.11：向北縣高滿堂學習土語，向葉明儀學習官話

44　參臺灣總督府警務局（編）：《臺灣總督府警察沿革誌》第五卷，頁795–796。按「警官部甲科修了者名簿」第九回（明治38年7月1日修了）記載，神吉信次郎官職為「苗栗巡查」。

45　據《臺灣總督府警察沿革誌》「語學特科生教養に關する事項」第一回生8月1日入所，及《特科卒業者氏名》。參臺灣總督府警務局（編）：《臺灣總督府警察沿革誌》第五卷，頁812–813、815–816。

46　據《臺灣總督府公文類纂》第385冊，第1件，第8張。明治30年（1897）「語學部土語學科」35名入學名單。

從表7.3的分類與梳理可知，日治法院中警察出身的通譯，其養成途徑主要來自兩方面。第一類，早期來臺的譯者 (詳見表7.3之1、6、7項)，有些已具備相當的漢文根底，且來臺前即已修習支那語有成，故可立即投入通譯工作。而必要時則與土語通譯合作，形成「複通譯」形式的三語 (日臺支) 轉譯 (relay interpreting) 模式。可以想見，此類譯者的存在僅是過渡時期的產物，因而總體人數並不很多。然而，由於語文水平甚佳，在法院中的能見度與地位皆高，如澤谷仙太郎、水谷利章等達到高等官之職；林久三則有廣為流傳的著述。[47]

至於第二類，則屬機構內專門訓練 (詳見表7.3之2、3、4、5項)。此類培訓機構大都依照組織內需求，經篩選後安排人員前往受訓，並以速戰速決為原則。因此，培訓期間約從數月到一年之間。以水谷利章為例，他於1896年5月進入憲兵隊本部「臺灣語速成學校」，由憲兵隊支那語通譯姬野與艋舺秀才黃克明共同教授，預計一年結業。然而，就在前五個月的日夜學習略見速成之效時，竟因憲兵屯所需才孔急，該批首屆學員未及結業旋即派往各憲兵屯所。[48]

而與此相反的，則是「總督府警察官及司獄官練習所」1923年8月招收的第一期特科生培訓。據《臺灣總督府警察沿革誌》第五卷記載，[49]原本第一期僅有意開辦半年，但為了貫徹並強化其語文能力而延長為一年；甚至，後來又在第一期畢業生中選拔了11名，成為特科中唯一培訓兩年的菁英班。

然而，令人意外的是，這批原先設定為現地語文菁英的警察通譯，11名畢業生中竟有5名最後去了法院，且就此長期擔任法院通譯，而未

---

47 林久三擔任「總督府警察官及司獄官練習所」教官三年期間 (1901–1904) 編撰之《警察會話編》(1904) 共計三卷，發行至1914年時已達第10版。可見雖歷經10年，卻依然長銷且暢銷。引自木下龍：〈緒言〉，林久三 (編)：《警察會話編》(1903年6月)，頁1。另，出版達10版等，參見封底之版權頁。

48 引自小野西洲：〈臺灣語學界回顧錄 水谷寥山君〉，《語苑》第22卷6號 (1929年6月)，頁89–93。

49 臺灣總督府警務局編：《臺灣總督府警察沿革誌》第五卷 (1934／復刻版，1986)，第三編〈警務事蹟篇〉，第四章「講習、教養試驗」，頁814。

再回頭擔任警方任何職務（且無任何兼職紀錄）！若以1至3期特科生為範疇並檢視其去向，可知共計7位是從警察專責養成機構中培訓一年以上，卻在成為譯者後，竟然轉軌奔向法院。甚至，從這7位譯者的轉職變化看來，他們幾乎都在結業1至4年後就轉往法院了（僅第3期的有働勝，結業後任職警務達7年，1926–1932）。[50]

　　從此一現象看來，到日治中期的1920年代後半，或許警察通譯的角色不僅限於語文能力，若未能具備其他角色功能者，眼看晉升無望，選擇淡出並轉入文職，亦不無可能。[51] 然而，對照《臺灣總督府警察沿革誌》第五卷的語學特科生選拔要件[52]，確有要求受訓者未來需有意願長期從事警察職務的明文規定。同樣地，訓練所結訓的甲科練習生，也有受訓後須繼續服務五年的限制。[53]

　　然而，在1至2期特科畢業生中約近半數的菁英譯者，不約而同從警界轉至法院看來，其中應有一定的政策軌跡等影響因素可循才是。經查《臺灣總督府警察沿革誌》第五卷第四章〈講習、教養、試驗〉，似乎透露了些許蛛絲馬跡。原來，1930年1月11日，警務局長知會各州知事廳長，自該日起特科結訓一年內不再自動納為甲科生。而新規定則要求考察人物的才幹、品行、素行、性情癖好、特殊技能等。此外，1932年進而公布甲科受試者，只要臺灣語或蕃語語學試驗合格，即得以免除考科中的語學。[54]

---

50 七位特科畢業後任職警界僅1至4年的六位譯者分別是：大賀昌譽4年（1924–1928）、松浦虎吉4年（1925–1929）、田中秀3年（1925–1928）、岸本誠巳2年（1925–1927）、末岡要次郎1年（1925–1926）、原悅三4年（1925–1929）。若細究前述六位結業後實際擔任警職，可能大都未達整數之年期。

51 就這幾位的薪俸看來，除末岡要次郎之外，皆未達基層文官之判任官等級。

52 《臺灣總督府警察沿革誌》第五卷，頁814。

53 據《臺灣總督府警察沿革誌》第五卷第四章〈講習、教養、試驗〉登載之「誓約書」，可知訓練所警察官部甲科練習生，修了後的服務年限為五年。《臺灣總督府警察沿革誌》第五卷，頁786。

54 《臺灣總督府警察沿革誌》第五卷，頁790–791。

顯然，原本以語文能力見長而又出身警察科班的譯者，在1930年代政策轉向的衝擊之下，已不再具有競爭優勢了。他們似乎也都預見此一趨向，多數提前在1920年代末期轉往法院。然而，從語文專長得以確保並持續發揮的角度觀之，多數菁英譯者的選擇，似乎顯露出譯者對於專業化的追求，以及去政治脈絡的意願。7位譯者中就有5位持續在法院工作到1944年，亦可視為譯者本色的堅持。

六、結語

本研究試從臺灣日治時期法院通譯的職業群體之中，透過出身警界的法院通譯及專職的法院通譯跨界兼行警察機關交付任務等角色功能，再從兩者的屬性交集中交互檢視並對照梳理，以深入考察日治時期法院與警察通譯的群體屬性及其角色功能。結果發現，能為警方收集情資或培訓人才，成為譯者官僚位階流動的主要動能。

就語文的類別與性質而言，在日治的前25年（1895–1920），譯者中通曉中國官話（支那語）的地位尤其重要。不但在法院裡，有一群通曉支那語的「複通譯」，一直活躍到將近1920年。而法院中長年擔任高等官的通譯，也是中國官話譯者。如，1902至1910年任高等官的鉅鹿赫太郎（1860–1933），以及1911至1918年擔任高等官的飛松次郎（1872– ？）。同時，他們的職稱是「翻譯官」，而非「支那語通譯」。

可見，總督府將通曉中國官話的譯者視為外交幹才（鉅鹿）或技術官僚（飛松），而對於能操支那語的中堅通譯，則視為協助警方思想取締的專門人才，並給予等同鉅鹿、飛松之輩邁向高等官的晉升階梯，乃至較為豐厚的加給或俸祿。

到了日治中期的1920年代，法院裡能操支那語的通譯仍有部分在職，但彼時的主流語言無疑已是日臺語。而另一方面，「總督府警察官及司獄官練習所」於1923年8月開始招收第一期特科生，以培養臺語為主的土語人才。然而，這批理應是警界的優秀土語人才，卻分別在結訓

後的第1至4年，亦即1927年至1929年之間共有6位譯者出走，並陸續成為基層法院通譯。事實上，不知是否巧合，還是有意的安排，就在1927至1929年之間，法院通譯的員額竟也從1926年的33名，驟增為40名，[55] 似乎也為警察通譯的轉向提供了有利的機會。

若從翻譯文化學派的角度觀察，如同Lefevere所言，「譯者並非置身於真空之下從事譯事工作」（translation is not done in a vacuum）。[56] 因此，無論身為法院或警察通譯，譯者畢竟無法從他置身的時空中抽離。任憑個人如何選擇，從前述譯者群體屬性觀察可知，政治需要與社會位階往往成為左右譯者的關鍵力量。

相對於此，僅有極少數語文見長的譯者，才有機會真正轉換為多重身分，出現遊走於眾多職場（含警察機關）的現象；其代表人物即是岩崎敬太郎。這也反映了譯者的多職化本質，並因而形成其高流動性的特質。

---

55 根據《臺灣總督府職員錄》記載，1920年代的法院通譯員額依序如下：1920年33名，1921至1924年35名，1925至1926年33名，1927至1929年40名。

56 Lefevere提出影響譯者翻譯策略的主要因素為贊助人（patronage）、詩學（poetics）、意識形態（ideology）等。Lefevere, *Translation, Rewriting and the Manipulation of Literary Frame.*

附錄7.1 《語苑》中的雙面角色：法院與警察通譯一覽

姓名、生卒年、籍貫	身分轉換情況	時期、官階	警務時期與職務
編輯主任 川合真永 (1875– 1924.08.16) 山梨	1896.12（21歲）：渡臺於宜蘭習土語 1897.11：混成旅團司令部通譯 1899：補臺北地院通譯 1900–1903：臺北地院通譯 1904–1906：臺南地院通譯 1907–1917：臺北地院通譯 1920：法院通譯 1921–1924：總督府評議會通譯 1920.08–1924.08：高等法院通譯	1903：判6 1906–1909：判5 1908–1916：判3 1917–1920：判2 1920.09.18：七等五級 1920.12.04–1922：七等六級 1923–1924：六等五級，年1,800圓 1924：三／二級俸（逝後追認）	1906：警察職員通譯銓衡委員 1906：臺南廳警務課囑託 1913：警察及監獄職員通譯兼掌事者銓衡委員 1919–1920：警察及監獄職員通譯兼掌事者銓衡委員 1921–1923：臺北監獄分課未定囑託 1921–1922：臺北州警務課囑託（無給） 1923：警務局警務課囑託（無給） 1923：警官司獄官練習所講師囑託 1922–1924：警察及監獄職員語學試驗委員 1924：警察官及司獄官練習所獄官教官

姓名、生卒年、籍貫	身分轉換情況	時期、官階	警務時期與職務
編輯委員／主事 澤谷仙太郎 (1876–1925.11.10) 長崎	曾於長崎修經學及專攻支那語 1895 (19歲)：日清戰爭陸軍通譯官通曉支那語 1895：陸軍通譯陸軍通譯 1897：澎湖廳警察警察通譯 1898：澎湖廳警察課囑託 1899–1900：澎湖廳監獄署通譯 1901–1904：臺南地方法院通譯 1904–1905：日俄戰爭陸軍通譯（赴滿州月5–60圓） 1906–1920：臺南法院通譯 1921–1925：臺北地院通譯	1902–1909：判6 1911：判5 1912–1917：判4 1918–1923：判3 1924–1925：判2 1925.11.10：七等六級，逝 賜四級俸	1907：警察及監獄職員通譯委員 1908–1910：臺南廳警務課囑託 1919：臺南監獄第二課囑託 1920：臺南監獄行刑系囑託 1923：警務局警務課囑託（無給） 1923–1925：警察及監獄職員語學試驗委員
編輯委員／主事 中間小二郎 (1871生–?) 福岡	1895 (24歲)：地方巡查 1895.09.24：渡臺 1896：臺北縣警察通譯生 1897–1898：宜蘭警察署 1918–1924：臺中地方法院通譯 1924.09.13–1929.05：高等法院通譯 1928：總督府評議會通譯	1902：判7 1907–1908：判5 1909–1916：判4 1917–1922：判3 1923–1924：判2 1925.02.14：七等五級（年1800圓） 1926：七等五級 1927–1928：六等四級 1929.05.09：六等二級 1929.05.15：五等	1918：通譯兼掌詮衡委員 1919–1922：臺中監獄囑託 1923：警務局警務課囑託（無給） 1924：臺中刑務所囑託 1925–1928：警務局警務課囑託 1922–1927：警察及監獄職員語學試驗委員 1926：警部（補）特別任用考試委員

姓名、生卒年、籍貫	身分轉換情況	時期、官階	警務時期與職務	
水谷利章 (1874–1932.8.4) 愛知	1895 (21歲)：憲兵隊上等兵 1901：陸軍省僱員 1903–1905：陸軍 (參謀部) 軍屬 1905：法院通譯、書記 1918–1919：臺北地院通譯 1920.08：高等法院通譯 1920–1928：臺南地院通譯 1929.10–1931：臺北地院/高院通譯	1909：判5 1920：判3 1921：判3 從七位三級俸 1922：二級俸 1923–1927：判2 1928：一級俸 1929.04.23：六等四級 1930：六等四級 1931：六等四級，年1820圓 1932.08.04：歿後六等二級	1896.05–1910：憲兵隊本部「臺灣語速成學校」結業 (1904.01–1904.09：入學臺北官話講習所入學/畢業) 1910–1918：通譯兼掌疫衛委員 1919–1920：臺北監獄分課未定囑託 1922–1925：警察及監獄辦職員語學品學試驗委員 1923：警務局警察課囑託 (無給) 1930–1931：警察及刑務所職員語學試驗委員	編輯委員
神吉信次郎 (1873–1935.1.22) 兵庫	1893.12–1996.11：服兵役 (步兵) 1903 (30歲)：苗栗廳巡查 1905.07：苗栗廳警部補 1906.02：苗栗廳屬 1906.11–1908：嘉義廳警部補 1909.03–1910：臺南地院書記 1911.03–1919：臺南法院通譯 1920–1924：臺北地院通譯 1925–1932：臺中地院通譯 1933–1934：高等法院通譯	1909–1911：判7 1912–1915：判6 1917–1924：判4 1925–1929：判3 1930–1931：判2，月127圓 1932.09.28：六等五級 1933.08：六等五級 1934.09.05：五等三級俸 (退官)	(1904–1905：警察官訓練所甲科課程修了) 1925–1926：臺中刑務所分課未定囑託 1927–1932：臺中刑務所戒護系囑託 1933–1934：臺北州立臺北商業學校囑託	編輯委員/主事

姓名、生卒年、籍貫	身分轉換情況	時期、官階	警務時期與職務
編輯委員/主事 小野西洲/(1884-1965) 大分	1899(15歲):法院僱員	1903:月24圓	1899:入稻江義塾一年
	1900:法院檢查局通譯	1909:判7	1913:通譯兼掌者詮衡委員
	1901:臺北地院檢查局通譯	1909-1911:判6	1919:華南銀行行員
	1903:臺中地院檢查局通譯	1913:五級俸	1919-1925:臺灣銀行行囑託臺灣語講師
	1904-1907:奉召入伍3年	1916-1917:判5	1924:警察官及司獄官練習所講師囑託
	1907-1910:臺南地方法院檢查局通譯	1918:四級俸	1925-1928:警察官及司獄官練習所囑託講師
	1911-1919:覆審法院檢查局通譯	1919:三級俸,年俸361圓	1928-1930:警察官及司獄官練習所囑託
	1911-1919:臺北地方法院檢查局通譯	1920:91-100圓(華銀)	1934:警察及刑務所職員語學試驗委員
	1919-1932:華南銀行文書	1919:年361圓	1935-1944:臺灣總督府警察及刑務所職員
	(1925:華南銀行書記)	1920:年491圓	1941.11-1944.05:《警察語學講習資料》發行兼編輯人
	1932:臺灣總督府法院通譯	1932-1934:四級俸	
	1932-1934:高等法院檢察局通譯	1935:七等六級	
	1934.10.19:高等法院通譯	1936:七等五級	
	1935-1944:總督府評議會通譯	1937:六等五級	
		1938-1939:六等四級	
		1940:五等四級	
		1941:五等三級	
		1942:五等二級	
		1944:四等二級	
		1945:四等二級	

姓名、生卒年、籍貫	身分轉換情況	時期、官階	警務時期與職務
編輯委員 岩崎敬太郎 (1880-1934) 東京	1895.08：首度來臺 1897.10-1898.02：臺灣守備混成第一旅團司令部通譯 1898.04-1899.05：合名會社藤田組瑞芳山礦山庶務兼翻譯 1900.04-1900.08：東京市京橋區書記 1901.09：臨時臺灣土地調查局通譯 1902.08：臺北地方法院僱 1902.12-1903.09：法院通譯 1904.08-1908.11：嘉義法院通譯 1909-1913：臨時臺灣工事部通譯 1922.01：專賣局臨時僱 1922.12：專賣局腦務課 1924.06-1925：專賣局通譯 1924.12-1926.07：專賣局書記 1926.11：專賣局通譯事務囑託 1928：文教局社會課囑託 1929.04：文教局編修課囑託 1922：《臺日大辭典》編纂事務囑託	1900：八級俸 1902：六級俸 1907-1909：判5 1911年：三級俸 1920年：月30圓	1915：民政部警察本署臺北廳財務課僱（年俸27圓） 1918-1919：臺北廳財務課僱（年30圓） 1915-1920.05：警察職員通譯兼掌者 銓衡委員、巡查補教習所通譯 1920：臺北廳警務課僱 1923-1925：警察官及司獄官練習所講師講囑託 1925-1929：普通試驗臨時委員 1926.09：臺北州內務部地方課高等警察課囑託（月10圓） 1927-1928：臺北州警務部高等警察課囑託（月20圓） 1928年專賣局庶務課囑託（月15圓）

姓名、生卒年、籍貫	身分轉換情況	時期、官階	警務時期與職務
編輯委員 林久三 (1863、卒年不詳) 佐賀	1887–1895.7：佐賀縣巡查 1895.02：陸軍省僱員（通譯官） 1895.03–1895.11：聯合艦隊司令長官僱員，通譯官 1897.03：威海衛佔領軍司令部通譯囑託 1895.09：應徵第一期警官來臺 1896.04：臺中縣巡查 1897.05：臺中縣囑託／彰化警察署 1898.06：臺中地方法院備（通譯） 1898.09：臺中地方法院僱 1906–1920：法院通譯	1902年：判7 1906年：判6 1909–1911：判5 1912–1917：判4 1918–1920：判3	1901–1904：警察官及司獄官練習所教官 1902：警察官及司獄官練習所書記／教官 1904–1905：日俄戰爭從軍陸軍通譯 1904：《警察會話篇》臺灣總督府警察官及司獄官練習所教材 1904：《監獄會話篇》 1906：《衛生會話新編》等
編輯委員 今田祝藏 (1873、卒年不詳) 熊本	1892–1900：入伍 1895.09：臺灣憲兵隊附 1900.12：臺北地方法院檢察局僱 1901.03–1921：臺北地院通譯 1923：法院通譯	1902：判9 1906–1909：判5 1911–1914：判4 1915–1920：判3 1921：判2	1918.08–1920：警察及監獄職員通譯兼掌者詮衡委員 1923–1925：臺北州警務部警察課囑託（月60圓） 1926–1936：臺北州警務部警務課囑託（月俸62圓[1926]、64圓[1927]、66圓[1928]、68圓[1929／1930]） 1928–1936：臺北警務署戒護系囑託 1927–1932：州立臺北商業學校囑託 1928：州立臺北商業學校 備教師 1929–1933：《刑務所用臺灣語集》新高堂，岩崎敬太郎、郭國燦協助助譯語、音調

姓名、生卒年、籍貫	身分轉換情況	時期、官階	警務時期與職務
編輯委員 仁禮龍吉 (1874–?) 鹿兒島	1894–1996：廣島縣巡查 1895.05：京都府巡查 1895.07：臺灣總督府僱員 1896.04–1900.07：臺北縣巡查 1900.07：宜蘭支局僱 1905.07–1926.04：法院通譯 1921–1925：高等法院檢察局通譯	1906：判8 1909：判7 1911–1912：判6 1914–1918：判5 1919–1923：判4 1924–1925：判3	1899：土語通譯兼掌 1902.03–1919.04.06：臨時臺灣土地調查局調查局屬 1904.10：專賣局監視員 1913：通譯兼掌詮衡委員
編輯委員 氏原靜修 (1875–?) 熊本	1895.04：熊本支那語研究所畢業 1895.09：雲林民政支出張所僱員 1896.04–1910：臺中縣通譯生雲林支所 1897.10–1899.03：臺中縣事務囑託（警察部保安課等） 1899.03–1900.12：宜蘭廳通譯警察課 1902.04：臺中地院檢察局僱 1902.05–1916：法院通譯	1904：判6 1909–1915：判4	1912：通譯兼掌詮衡委員 1915：噍吧哖事件臨時法院通譯 （參《匪亂小史》，頁137–138）

姓名、生卒年、籍貫	身分轉換情況	時期、官階	警務時期與職務
編輯委員 東方孝義 (1889–1957) 石川	1903：高等小學校畢業 1909.12–1911.11：入伍/步兵第七聯隊 1912.07：臺灣總督府巡查 1912.08：新竹州巡查 1912.10：臺灣總督府巡查 1912.11：臺東廳巡查 1914.05–1918.06：臺北廳巡查 1916.09：巡查補教習所教官補（臺北廳） 1918.06：臺南地院檢察局僱 1918.08–1944：法院通譯	1919：月27圓 1920：月33 1921：月60 1922：月65 1923：月67 1925：判6 1928：判5 1929–1930：判4 1931：判4，月97圓	1923.09：警察官及司獄官練習所教官兼舍監及警部 1924.04–1926：兼警務局理蕃課 1924.06–1926：警察官及司獄官練習所警察課官、含監；臺北州警務部高等警察課 1926：兼總督府屬/警務局保安課
編輯委員 大場吉之助 (1874–1929) 鹿兒島	1895：由警視廳警察官選派赴臺 1905–1906：深坑廳景尾支廳警部補 1907–1912：深坑廳景尾支廳警部 1914–1928：法院通譯 1921：高等法院檢察局通譯 1923–1928：地方法院檢察局通譯	1911：月35 1914–1915：月38 1918：判7 1919–1920：判6 1922–1925：判5 1927–1928：判4，正七勳七	1910–1911：臺北廳警部 1923–1928：兼臺北州警務部高等警察課警部 1929.06.29：瘧疾病逝

姓名、生卒年、籍貫	身分轉換情況	時期、官階	警務時期與職務
編輯委員 平澤平七 (1878–?) 新潟	1900.03：總督府國語學校土語科畢業 1900.04–1912：法院通譯 1901.01：陸軍志願兵入隊 1901.12–1903.03：法院書記 1903–1924：總督府編修書記 1907.03–1914.02：總督府圖書編修職員、內務局學務課 1914.09–1915.02：總督府圖書館司書 1915.03：總督府圖書館囑託編修事務 1916.05：總督府圖書館司書 1920.03–1924.12：總督府圖書館編修書記	1920：判4 1925：正七勳五功五	1925：警務局保安課囑託（月 80 圓） 1926：警務局保安課囑託（月 85 圓） 1927：警務局保安課囑託（月 85 圓） 1928：警務局保安課囑託（月 87 圓） 1929：警務局保安課囑託（月 93 圓） 1944：警務局保安課囑託（月 93 圓）
譯讀員 三宅愛次郎 (1888–?) 廣島	1908.12–1910.11：以步兵入伍來臺 1911：臺北廳警務課巡查 1919.11：臺北廳巡查部長 1920.11：臺南地方法院僱 1921：臺中地方法院僱月 70 圓 1921.8–1931：臺南法院通譯月 1931–1944：臺北法院通譯	1922：月 57 圓 1923：月 60 圓 1924：月 63 圓 1928–1929：判6 1930–1931：判5 1939：判3	1911.11：臺灣總督府警察官及司獄官練習所巡查練習生 1916：土語通譯兼掌 1932–1934：警察及刑務所所職員甲種語學試驗委員
會計主任 林覺太 (1872–?) 福井	1896.07–1899.07：臺中縣巡查 1900：臺中地方法院檢察局僱 1900.03–1902：法院通譯 1903.05：臺灣地方法院通事 1903.07–1920：法院通譯	1909：判4	1896.08：土語研究生 1898.12：土語通譯兼掌 1912：私立土語專門學校講師（川合真永設）

	姓名、生卒年、籍貫	身分轉換情況	時期、官階	警務時期與職務
庶務主任	太田虎太郎 （1865-？） 熊本	1895.06-1896：栃木縣警部 1897：群馬縣看守 1906：深坑廳警務課通譯 1907-1912：臺北地院通譯	1909：判6	1897-1899：關西及九州鐵道布設工事事務 1899.06：土語（泉州語）獨習 1902-1903：臨時臺灣土地調查局僱 1904：臺北廳總務課僱
編輯委員	原一鶴 （1874-？） 香川	1890-1893：香川縣三豐郡辻中姫尋常小學校訓導 1894.12-1995：甲午戰爭中服役 1895.07-1899：憲兵上等兵 1897.12：憲兵隊司令部通譯 1904.07-1910：法院通譯	1909：判5	1895.10-1897.03：師事臺北縣海正堡大料崁秀才呂希火及進士邱倖臺習土語及官話 1897.05-1897.11：向同縣高滿堂與葉明義習土官話 1900-1901.02：香川縣三豐郡辻高等小學校僱教員 1901：臨時臺灣土地調查局僱泉州語通譯 1902：同局屬
編輯委員	上瀧市太郎 （1880-？） 福岡	1904.09.17：臺灣總督府警察及司獄官練習所看守練習生 1905-1907：臺中監獄看守 1907-1918.02：臺南監獄看守 1918.02：臺南地方法院僱 1918.12-1936.02：法院通譯	臺灣總督府警察官及司獄 1920：月33圓	1933-1936：兼臺中刑務所戒護系
評議員	渡邊剛 （1889-？） 宮城	1910：渡臺 1910-1919：臺中廳巡查 1920.05-1923：臺中地院通譯 1923-1935.10：臺中地院書記兼通譯	1928：判6	1922-1927：臺中州刑務部警務課囑託 1930.10：司法書士（退官後） 1932.04：嘉義市宮前町會長 1934.01：嘉義建築信用組合理事

姓名、生卒年、籍貫	身分轉換情況	時期、官階	警務時期與職務
地方委員 大賀昌馨 （生卒年不詳） 鹿兒島	1924.09：第1期練習所特科畢 1928–1932：臺北地院新竹支部檢察局法院通譯	1928：月57圓	—
地方委員 松浦虎吉 （生卒年不詳） 歧阜	1923–1925.09：第1–2期練習所特科畢 1929–1931：法院通譯	1929：月60圓	—
地方委員 田中秀 （生卒年不詳） 高知	1907–1908：臺北地院檢察局僱 1915：桃園廳僱 1923–1925.09：第1–2期練習所特科畢 臺北州巡查 1928–1944：臺中地院通譯	1920：月33圓 1939：判3	—
評議員、編輯委員 野元喜之次欤 （1885–？） 鹿兒島	1908.08–1918.02：臺南監獄看守 1918：臺南地方法院僱 1919–1944：任法院通譯	1928：月57圓	—
地方委員 岸本誠巳 （生卒年不詳） 岡山	1923–1925.09：第1–2期練習所特科畢 臺南州巡查 1927–1944：法院通譯	1928：月60圓	—

姓名、生卒年、籍貫	身分轉換情況	時期、官階	警務時期與職務
地方編委　服部壽次（1898–？）熊本	1913.04：臺中廳巡查 1924–1944：臺中地院通譯	1928：月57圓	—
地方編委　末岡要次郎（1887–？）福岡	1912.06：嘉義廳巡查 1923–1925.09：第1–2期練習所特科畢 新竹州理蕃課巡查 1926–1944：臺南地院通譯	1928：月60圓 1939：判5	—
地方編委　原悅三（生卒年不詳）東京	1923–1925.09：第1–2期練習所特科畢 1925：臺中州巡查 1929–1944：臺中地院通譯	1925：月47圓 1929：月57 1939：判5	—
地方編委　有働勝（生卒年不詳）熊本	1925–1932：嘉義警察署巡查部長巡查 1926.01：第3期練習所特科畢 1933–1944：臺南地方法院通譯	1925：月51圓 1939：月70圓	—

備註：公職年份根據總督府職員錄及警察職員錄各年度記載。

第8章

日治時期的法院高等官通譯：
譯者身分的形成及其群體角色

一、前言

據岡本真希子研究，[1] 1909年5月全臺法院通譯總計27名，而名列《語苑》委員者即達21名。可見，法院通譯幾乎完全掌握了該刊的刊行方針與編輯事務。其中，能在法院通譯職務下晉升為高等官者，更是鳳毛麟角。

然而，根據《臺灣總督府公文類纂》與《職員錄》記載，且參酌《語苑》及《臺灣日日新報》等刊載內容，卻見高等法院發行33年的《語苑》（1909–1941）主編群中，其升任高等官與擔任主編一職幾乎是同時發生的。

此事始終未見於個別譯者的文章或他人對於此事的記述，而升任高等官的主編通常也是穩定擔任該職的資深法院通譯。反之。1924年12月臨時接手主編僅四個月的澤谷仙太郎，於1925年11月10日辭世當天才終獲晉升。而曾於1932年10月臨時代理主編半年的小野真盛彼時也未獲晉升，直到1934年11月正式擔任主編，才於1934年10月19日升任為高等官。該刊主編與法院高等官通譯之間的連動關係，由此看來卻是更為明確。

---

1 岡本真希子：〈日本統治前半期台湾の官僚組織における通訳育成と雑誌『語苑』——1910–1920年代を中心に〉，頁103–144。

二、高等官通譯的角色身分

本節編製《語苑》歷任主編的學習與職業經歷及其位階對照年表，以探究他們如何發展為高等法院或總督府評議會通譯等最高專業的位階。觀察的重點在於歷任主編在職務與經歷方面的共性，至於他們在語文與學習上的經歷與職能特質，由於個別差異較大，擬於下節進行個別回溯與綜合探討。

根據1920至1944年《臺灣總督府公文類纂》人事檔案、職員錄、各類警察職員錄、[2] 以及1945年10月臺灣總督府編的手寫本《行政官名簿》，並參酌《語苑》及《臺灣日日新報》、《臺灣警察協會雜誌》等文章內容，針對該刊六位主編來臺後的職業經歷及其角色變化、薪給官階等，分別摘述如下（表8.1）。

表8.1包含來臺時的語文背景、臺語養成機構、初任通譯之月俸，以及1920年以後的位階與俸祿等加以比較對照，以探索高等官通譯身分的特質。其次，再根據前人文獻及史料與記事文章等進一步加以檢證。

就工作待遇等條件看來，一般而言在日治初期，較之警察最低職級——巡查的薪俸（參見中間小二郎之10圓起薪），基層通譯是可加倍俸額的職種，而法院通譯更是擁有晉升階梯的職類。然而法院的通譯職缺並不多，據總督府職員錄「官制」記載，1937至1942年間法院的專任通譯員額約在54–60名之間，1920年代更僅約33至40名。[3] 能夠躋身法院通譯且又兼任警察通譯語學試驗委員者，他們的日臺語能力自是出類拔萃。然而，能夠站上《語苑》主編的位置，並成為傲視群倫的首席通譯，更要結合時勢與體制等因素。

2　各類警察職員錄包含：警察本署發行《臺灣總督府警察職員錄》、臺灣警察協會發行《警察職員錄》、日本警察新聞社發行《臺灣警察年代幹部職員錄》等各年度名簿。

3　據《臺灣總督府職員錄》「官制」記載，1937年法院通譯員額為54名，1941年60名，1942年則為56名。1930年之前更少於此；1927至1929年40名，1925至1926年33名，1921至1924年35名。

表 8.1《語苑》主編之語文背景、職業經歷、及其薪俸位階變化

主編姓名	來臺年份（歲數）／曉語文⁵／職業經歷	兼職／進修／社團職務	通譯月俸／圓⁴（自 1920 至奉職年）
川合真永 (1875–1924)	1896.12 (21)：渡臺於宜蘭習土語⁵	1902：土地調查局通譯囑託	月 25–123 圓
	1897.11：臺灣守備混成旅團司令部通譯	1902：土調局通譯講習生教師	1920：年 2,352 圓
	1899：補臺北地院通譯	1904：臺南地院通譯講習兼掌詮衡委員	1920：年 2,400 圓
	1900–1903：臺北地院通譯	1906：警察職員通譯詮衡委員	1920.09.18：七等五級
	1904–1906：臺南地院通譯	1906：臺南廳警務課囑託	1920.12.04：七等六級
	1907–1917：臺北地院通譯	1908：臺北地院通譯詮衡委員	1924：六等五級
	1920：法院通譯	1912：設土語學校並任校長	1924：三／一級俸＊（逝後追認）
	1920.08–1924.08：高等法院通譯	1913：警察及監獄職員通譯兼掌詮衡委員	（《語苑》主編期間：1909.08–1924.08）
		1919–1920：警察及監獄職員通譯掌者詮衡委員	
		1921–1923：臺北監獄分課未定囑託	
		1921–1924：總督府評議會通譯	
		1921–1922：臺北州警務課囑託（無津貼）	
		1923：警務局警察課囑託（無津貼）	
		1923：警察官司獄官練習所囑託	
		1922–1924：警察及監獄職員語學試驗委員	
		1924：警察官及司獄官練習所教官	

4　1920 年正逢「俸給令修法」，公務員全面調薪，故以該年為比較之基準年。
5　白倉吉朗：〈臺灣語學界の恩人〉，《語苑》第 17 卷 8 號（1924 年 8 月），頁 68。

主編姓名	來臺年份（歲數）/職務/通曉語文/職務經歷	兼職/進修/社團職務	通譯月俸/圓（自 1920 至奉職年）
澤谷仙太郎（1876–1925.11.10）	1895（19）：陸軍通譯官，通曉支那語 1895：日清戰爭陸軍通譯 1897：澎湖廳警察課通譯 1898：澎湖廳警察課囑託 1899–1900：澎湖廳監獄署通譯 1901–1904：臺南地方法院通譯 1904–1905：日俄戰爭陸軍通譯赴滿洲（月 5–60 圓） 1906–1920：臺南法院通譯 1921–1925：臺北地院通譯	1906：法院通譯兼掌詮衡委員 1907：警察及監獄職員通譯委員 1908–1910：臺南廳警務課囑託 1919：臺南監獄第二課囑託 1920：臺南監獄行刑係囑託 1923：警務局警務課囑託（無津貼） 1923–1925：警察及監獄職員語學試驗委員	月 20–108 圓 1920：敘從七位給三級俸 1923：二級俸 1925.11.10：七等六級[6]（*逝後賜四級俸） （《語苑》主編期間：1924.09–1924.12）

6　參見中間小二郎：〈澤谷理軍班〉，《語苑》第 18 卷 11 號（1925 年 11 月），頁 79–80。中間小二郎：〈弔詞〉，《語苑》第 18 卷 11 號（1925 年 11 月），頁 79–80。文中指澤谷於逝世當天敘高等官七等（六級），但當晚即辭世。

主編姓名	來臺年份（歲數）/職務/通曉語文/職業經歷	兼職/進修/社團職務	通譯月俸/圓（自1920至奉職年）
中間小二郎 （1871- ?）	1889：尋常小學校教員 1895（24）：地方巡查 1895.09.24：渡臺 1896：臺北縣警察通譯生 1897-1898：宜蘭警察署 1900-1917：臺北地院檢察局通譯 1918-1924：臺中地方法院通譯 1924.09.13：補高等法院通譯[7] 1925-1929.05：高等法院通譯	1918：通譯兼掌詮衡委員 1919-1922：臺中監獄囑託 1923：警務局警務課囑託（無津貼） 1924：臺中刑務所囑託 1925-1928：警察局警務課囑託（無津貼） 1922-1927：警察及監獄補職員語學試驗委員 1926：警部（補）特別任用考試委員 1928：總督府評議會通譯 1935.02-1939.12：《語苑》客員	月10-108圓 1925.02.14：七等五級[8] 1926：七等五級 1927-1928：六等四級 1929.05.09：六等二級 1929.05.15：五等 （語苑主編期間： 1925.01-1929.05）

7　據1925年11月10日《臺灣日日新報》記載，臺北地方法院通譯譯合仙太郎氏，於8日晚於法院官舍病故。氏號星橋。長崎市大浦町人。自少即專攻漢學及支那語。臺灣語非常流暢。善繆篆刻之學。晚更肆力南書，人品端正、資質溫厚。捐館之日，本島人中、知無不知，皆深為痛惜。而於內地人藝術界（依原文）則多有尊氏為星橋師云。

8　根據中間小二郎1925年11月13日代表總督府法院通譯追悼辭譯合仙太郎之甲詞，又據大正14年2月14日高等法院奏任通譯任命內申，敘高等官七等五級俸。

主編姓名	來臺年份（歲數）/職務/通曉語文/職業經歷	兼職/進修/社團職務	通譯月俸/圓（自1920至奉職年）
水合利章 （1874- 1932.08.04）	1895 (21)：憲兵隊上等兵 通曉支那語 1895-1898：服兵役3年 1899：臺中新聞社通譯囑託 1901：陸軍省僱員 1903-1905：陸軍（參謀部）軍屬 1905：法院通譯、書記 1906-1907：宜蘭法院通譯 1908-1917：臺中法院通譯、書記 1918-1919：臺北院通譯 1920.08：高等法院通譯 1920-1928：臺南地院通譯 1929.10-1931：臺北地院、高院通譯	1896.05-1896.10：憲兵隊本部「臺灣語速成學校」結業 1897：臺灣土語通譯五等級（服役中） 1899：臺中新聞社通譯囑託（月45圓） 1902：總督府文官普通試驗合格證書 1904.01-1904.09：臺北官話講習所入學及畢業 1910-1918：通譯兼產衡委員 1919：土語教師囑託（月20圓） 1919-1920：臺北監獄分課未定囑託 1922-1925：警察及監獄職員語學試驗委員 1923：警務局警務課囑託（無津貼） 1930-1931：警察及刑務所職員語學試驗委員 1931-1932：臺灣體育協會 網球部幹事	月45-108圓[9] 1921：敘從七位，給三級俸 1922：二級俸 1928：一級俸 1929.04.23：六等四級 1930：六等四級 1931：六等四級 1932.08.04：逝後賜六等二級* （《語苑》主編期間：1929.06-1932.06）

9　1899年水合利章任臺中新聞社通譯，月俸45圓。相較於其他通譯來臺時的起薪明顯偏高。

主編姓名	來臺年份（歲數）/職務/通曉語文/職業經歷	兼職/進修/社團職務	通譯月俸/圓（自1920至奉職年）
神吉信次郎（1873–1935.01.22）	1903（30）：苗栗廳巡查 1893–1896：服兵役3年 1903–1905：苗栗廳巡查、警部補 1906–1908：嘉義廳警部補 1909–1910：臺南地院書記（月25圓） 1911–1919：臺南法院通譯（7–6–5級俸） 1920–1924：臺北地院通譯（4–3級俸） 1925–1932：臺中地院通譯 1933–1934：高等法院通譯	1904–1905：警察官訓練所甲科課程修了 1925–1926：臺中刑務所分課未定護系囑託 1927–1932：臺中刑務所戒護系囑託 1933–1934：臺北州立臺北商業學校囑託	月20–93圓 1925：敘正七位 1931：127圓，二級俸 1932.09.28：六等五級 1933.08：六等五級 1934.09.05：五等三級俸（退官）[10] （《語苑》主編期間：1933.01–1934.10）

10 據1935年1月24日《臺灣日日新報》記載，神吉信次郎1月22日因胃病辭世。23日下午4時於三橋町貴賓館儀館舉行葬禮，高等法院竹內院長、伴野檢察官長等多數長官皆出席，與會者眾。

主編姓名	來臺年份（歲數）/曉語文/職務/通譯文/職業經歷	兼職/進修/社團職務	通譯月俸/圓（自 1920 至奉職年）
小野西洲（1884-1965）	1899（15）：法院僱員 1900：法院檢查局通譯 1901：臺北地院檢查局通譯 1903：臺中地院檢查局通譯 1904-1907：奉召入伍 3 年 1907-1910：臺南地方法院檢查局通譯 1911-1919：覆審法院檢查局通譯 1919-1932：華南銀行文書（月 60-107 圓）（1925：華南銀行書記[11]） 1932-1934：臺灣總督府法院通譯 1934.10.19：高等法院通譯	1899：入稻江義塾一年 1913：通譯兼掌者詮衡委員 1919：華南銀行囑託（月 65 圓） 1919-1925：臺灣銀行囑託臺灣語講師（手當 50 圓） 1924：警察官獄官練習所講師囑託（時薪 1 圓 50 錢） 1926-1928：警察官獄官練習所囑託講師（月 42 圓） 1928-1930：警察官獄官練習所囑託（月 42 圓） 1933：臺灣總督府第 2 回長期地方改良講習會講師（月 210 圓） 1934：警察及刑務所職員語學試驗委員 1935-1944：臺灣總督府警察及刑務所職員語學試驗甲種委員 1935-1944：總督府評議會通譯	月 18~100 圓 1903：八級俸 1904-1907：七級俸 1909~1911：六級俸 1913：五級俸 1918：四級俸 1919：三級俸，年 361 圓 1920：91~100 圓（華銀） 1919：年 361 圓 1920：年 491 圓 1932-1934：四級俸 1935：七等六級 1936：七等五級 1937：六等五級 1938~1939：六等四級 1940：五等四級 1941：五等三級，年 1942：五等二級 1944：四等二級 1945：四等二級[12] （《語苑》主編期間：1934.11-1941.10；《警察語學講習資料》主編期間：1941.11-1944.05）

11 大正 14 年（1925）2 月「臺灣警察協會」發行的《臺灣總督府警察職員錄》中，小野真盛以「警察官及司獄官練習所」講師囑託，同僑中另有「專賣局通譯」岩崎敬太郎與之並列。另參日本警察新聞社發行《臺灣警察年代幹部職員錄》記載內容亦同。昭和 6 年 8 月，頁 405。然而，對照昭和 2 年（1927）記載，雖同樣列名「講師囑託」，但卻未加上「華南銀行書記」而予以空白。

12 引自 1945 年 10 月臺灣總督府編之手寫本《行政官名簿》，現藏於東京新宿「台灣協會」圖書室。詳目目錄：https://www.taiwankyokai.or.jp/wp/wp-content/uploads/9f96c7217b42e693b5c38e7d03f2f3.pdf。

《語苑》營運初期，川合主事獨立營運、篳路藍縷之功值得留意。例如，1919年11月號至1920年2月號的版權頁上，連續出現「繳納會費方法之注意」的條列式內容。除聲明季繳60錢、半年繳1圓10錢、年繳2圓的會費金額等優惠，以及單號定價25錢之外，會費繳付對象則是川合真永。原件以中日文並列，其中文內容抄錄如右：**欲指名納會費之時須以「主事川合真永」之名**。

這段文字說明並驗證了小野西洲所指，川合真永常為本刊自掏腰包、慘澹經營的景況。此外，該文亦提及有人批評川合將法院通譯之間相互研究的平臺強行操弄成「警察語學通信雜誌」，導致部分通譯同僚因此拂袖而去。[13] 由此可見，《語苑》經營模式的變化，在川合真永主事時期即已開始。

基本上，會費交付給主事個人的情況，在1920年2月號之後就不再出現了。至於，繳交較高會費的「贊助會員」的角色功能為何？從1922年1月號封底所示約50位贊助員名單可知，贊助員多屬各地法院院長、檢察官或律師等，除清一色為日本人之外，具官職人士的姓名也都冠上職稱，可見該刊讀者亦含濃厚的官方色彩（詳附錄8.1）。

可以說，1920年代不但是該刊屬性的轉折時期，也是歷任主編官職質變的啟動關鍵。首先，從首任主編川合真永的晉升情況觀察，他於1920年底敘高等官七等六級，[14] 在此之前的法院高等官鉅鹿赫太郎（1902–1910）以及飛松次郎（1911–1918）都是支那語通譯。而川合真永（1919–1920）接任之間，法院並無高等官通譯。經過近兩年的懸缺，川合真永這位對《語苑》營運厥功甚偉且通曉臺語與熟蕃語的譯者，[15] 終於開啟了臺語通譯擔任法院高等官的路途，成為當時法院32位通譯中脫穎而出的佼佼者。

13　小野西洲：〈語苑を育てて〉，頁3–4。
14　1920年總督府職員錄發行過兩次，分別是大正9年8月25日與12月15日。詳見後者。
15　白倉吉朗：〈臺灣語學界の恩人〉，頁68。

　　川合真永於1920年12月當上高等法院通譯並晉升為高等官之後，他的職務與兼職範圍也開始漸次擴增如下：

1.　1921–1924：總督府評議會通譯
2.　1921–1922：臺北州警務課囑託（無手當；無津貼）
3.　1921–1923：臺北監獄分課未定囑託
4.　1923：警務局警務課囑託（無給）
5.　1923：警察及監獄職員語學試驗委員
6.　1924：警察官及司獄官練習所教官

　　川合真永的職務除了法院通譯之外，還包含總督府評議會通譯，這兩項都是以通譯專業為核心的工作。但何以又同時擔任臺北州警務課及警務局警務課的無給囑託？此外，緊接著川合於1921–1922年在臺北州警務課擔任無津貼囑託之後，1923年續由水谷利章接任該項無給職。此外，1923年與他同時擔任「警務局警務課囑託（無給）」的，還有澤谷仙太郎與中間小二郎。

　　到了1924年，前述四位法院通譯又同時擔任「警察及監獄職員語學試驗委員」。1925年，川合真永已逝，故僅餘三人，由時任高等官的中間小二郎掛帥。[16] 而歷任《語苑》主編同時擔任警方職務的情況，依序整理如下：

16　據大正14年9月25日發行之《臺灣總督府職員錄》，中間小二郎排名在前，且字體大於後兩位，排列位置亦較兩者為高。參大正14年9月25日發行之《臺灣總督府職員錄》，頁67。

表8.2 歷任《語苑》主編擔任警察及監獄職員語學試驗委員時期一覽

主編姓名	主編期間	擔任警察及監獄職員語學試驗委員及警務囑託		任高等官時期
川合真永	1909.08–1924.08	1923	1921–1922：臺北州警務課囑託（無給） 1923：警務局警務課囑託（無給）	1920.12.04–1924.08
澤谷仙太郎	1924.09–1924.12	1923–1925	1923：警務局警務課囑託（無給）	1925.11.10[17]
中間小二郎	1925.01–1929.05	1922–1927	1923：警務局警務課囑託（無給） 1925–1928：警務局警務課囑託（無給）	1925–1929.05
水谷利章	1929.06–1932.06	1922–1925	1923：警務局警務課囑託（無給）	1929–1932.08.04
神吉信次郎	1933.01–1934.10	–	1925–1926：臺中刑務所分課未定囑託 1927–1932：臺中刑務所戒護系囑託	1933.08–1934.09.05
小野西洲	1934.11–1941.10；1941.11–1944.05	1926–1928；1934；1935–1944	警察官司獄官練習所囑託講師；警察及刑務所職員語學試驗委員；警察及刑務所職員語學試驗甲種委員	1934.10.19–1945

　　從表8.1可知，主編中的前五位分別於1922–1925年間，開始身兼數項警察部門的工作，且似已逾越了通譯或語學培訓等職務範圍。而最後一位主編小野西洲，則以華南銀行文書的身分長年兼任警察官司獄官練習所講師囑託之外，到1934年接掌主編之後，又擔任警察及刑務所職員語學試驗甲種委員達十年以上。此外，小野戰後回到日本之後，與在臺特高警察涉江昇的書信中自陳，戰爭時期曾兼任陸軍省囑託，於憲

---

17 澤谷仙太郎於1925年舊曆年間染患肺疾且一時危篤，漸次復元後於家中靜養，但仍繼續公務。至1925年10月20日，病勢驟然告急，自此日益垂危。參中間小二郎：〈澤谷理事逝〉，頁79。

兵司令部承擔特務機關的工作。[18] 由此看來，《語苑》每一位主編都與警
察單位賦予的角色任務是無法切割的。尤其，小野於戰爭期間升官速度
之快、位階之高，從其兼任警部任務的位階亦可略見端倪。

　　同時，對照1920年代警察機構對於通譯職務的體制規劃，亦可做
為旁證。表8.3是1921–1929年間警察機構增設通譯職位，或由通譯擔
任警察業務及其配置變化的情況等。

表8.3 1920年代高等官兼任警察機構通譯職務一覽

年份	機構	職稱/薪給	專職/兼職	人數
1921–1926	臺北州高等警察課	通譯/月59–69圓	專職	1
1926–1928	臺北州高等警察課	警部	法院通譯兼	1
1921–1925	臺北州警務課	囑託/無給	高等法院通譯兼	1
1928/1929–1930	臺北州警務課	通譯	高等課勤務課/警察課兼	1
1923	警務局警務課	囑託/無給	地方法院通譯兼	5
1925–1928	警務局警務課	囑託/無給	高等法院通譯兼	1
1923	警察官及司獄官練習所	講師囑託	高等法院通譯兼	2
1925–1927	警察官及司獄官練習所	講師囑託	專賣局通譯/華銀文書兼	2
1928–1930	警察官及司獄官練習所	囑託/月42圓	華銀文書兼（小野西洲）	1
1928–1930	警務局保安課	翻譯官/年3,800圓	專職：三等一級	1–2
1929	警務局衛生課	通譯	官房文書課兼	1

資料來源：日本警察新聞臺灣支局編纂：《臺灣警察年代幹部職員錄》（1931）。

18　寺奧德三郎：《台湾特高警察物語》（八王子：桑の実出版，1980）。

從表8.3警察機構開出的通譯職缺與徵求對象看來，警察機構所網羅的人才，可歸納出以下兩項特點：

1. 語文的頂尖高手

警方延攬的通譯大都是歷任高等法院通譯或望重士林的人物（詳表8.4），如1925–1927年警察官及司獄官練習所講師囑託及1927–1928年臺北州警務部高等警察課所網羅的就是學術與實務兼備的岩崎敬太郎（？–1934）。

2. 俸優位高的待遇

專職者獲高等官職位者俸祿優厚自不待言，即使是兼職性質的練習所囑託，待遇可達專職者的三分之二（詳見表8.3，小野西洲與臺北州高等警察課通譯欄），確實可稱禮遇。

從警方禮遇一流人才的標準可以推知，1920年代警察單位介入《語苑》刊載內容與組織架構時，是出於警察單位確有培訓大量語學人才的需求，無法僅以少量菁英人才因應處處需才的現實。對於頂尖通譯的指導與傳授，警方基於對有功者的合理評價，因而比照警方的高規格待遇，最後成為歷任主編邁向高等官之路的推手。尤其從法院高等官通譯兼任警方數項囑託職務，卻又定位為無給職觀之，其對價關係應有一定的對應方為合理。

況且，從《語苑》贊助者與個人會員的財務支持消長情況可知，其營運屬性在1930年代以後開始出現以警方及行政機構為主的集體化傾向，財源也步步依賴前述機構的資助。1941年4月贊助會員甚至已突破百人。其中，約四分之一是地方行政首長或法院院長，其餘都是地方警察機構主管。[19]

19　地方警察首長有警務課長、警察署長。而基層警察單位中，警察課長佔最多數，達49位。

　　從以上跡象顯示，1925–1929年之間，《語苑》已逐步被警察機構包攬並加以收編。最後，連刊載內容也大受警方左右，停刊後甚至直接更名為《警察語學講習資料》，[20] 且仍由《語苑》主編小野西洲擔任「發行兼編輯人」。同時，依然以高等法院內「臺灣語通信研究會」為發行所。

三、高等官通譯的身分形成

　　《語苑》刊行達33年，持續出刊近400期。[21] 其屬性特質的形成自然與每位主編的編輯方針、行事風格、及其語文素養息息相關。歷任主編共有六位，依其任主編期間先後，可順序表列如下：

表8.4《語苑》(1909–1941) 主編一覽

主編姓名	生卒年	主編期間	年月數
1. 川合真永	1875–1924	1908.08–1924.08	16年
2. 澤谷仙太郎	1876–1925	1924.09–1924.12	4個月
3. 中間小二郎	1871–？	1925.01–1929.05 (–1939.12) [22]	4年5個月
4. 水谷利章	1874–1932	1929.06–1932.06 [23]	3年1個月
5. 小野西洲 (代理主事)	1884–1965	1932.07–1932.12 [24]	6個月
6. 神吉信次郎	1873–1935	1933.01–1934.10	1年10個月
7. 小野西洲	1884–1965	1934.11–1941.10 [25]	7年

資料來源：根據《語苑》「會告」、編輯委員名單等整理。

---

20 這是筆者目前收集到的刊號。1944年5月號並無停刊跡象，推估該刊發行期間應不止於此。

21 《語苑》現存期號從1909年8月至1941年10月，共計387號。更名後則為1941年11月至1944年5月，計31號。共計418期。

22 據《語苑》編輯委員名冊，中間小二郎主事卸任後，仍擔任「客員」至1939年12月。

23 《語苑》第25卷8號，封底以「臺灣語通信研究會」名義刊載水谷利章因食道癌於1932年8月4日辭世啟事。

24 潘維欣：《日治時期臺語白話書寫與文字拼音系統關係之研究──以《語苑》、《臺灣府城教會報》為中心》，頁20–21。

25 據第27卷11號《語苑》(1934年11月)「會告」之主編更易啟事，及通知會費匯款帳戶等。

關於日籍譯者的身分形成，岡本真希子曾提出以下分類：[26]

1. 以警官身分來臺者，透過原有的支那語根底，向臺人學習臺語。如，**川合真永**、高橋重吉、**小野西洲**、原一鶴。
2. 於軍中或藉警察業務而迅速學會臺語。如，林覺太、**水谷利章**、**中間小二郎**、仁禮龍吉、林久三。
3. 進入公設國語學校土語科、或民辦私人學校機構而習得。如，石川新太郎、井原米吉。

　　前述研究指出的三類譯者，其中四位主編集中在第一、二類（參**粗體字**）。而他們的生平與經歷，岡本過去的研究亦曾個別分節敘述。[27]幾位主編大都出生於1870年間，而其中最年幼的小野西洲正好來臺時年紀也最輕，故六位主編之間自然形成不少可資對照之處。以下，針對《語苑》歷任主編的語文背景、臺語養成途徑、語言接觸、語文能力、以及透過語文與譯事活動所做的貢獻等，對於他們的群體屬性進行比較對照。

　　就語文學習的起步與養成而言，主要有兩種啟蒙方式。一是向當地人實地學習的現地自學型，另一是透過訓練機構的系統學習型。屬於前者的有：川合真永、中間小二郎。根據川合真永的同鄉——山梨縣鄉友會會長白倉吉朗在悼念文〈臺灣語學界の恩人〉指出，[28]他於1896年擔任仙臺東北學院囑託時，認識臺中縣牛罵頭（今清水）人萬得與宜蘭打馬烟社熟蕃偕服英，展開彼此的語言交換學習，因而同時習得臺語與熟蕃語。[29]該年12月他與偕服英一起來臺，並定居宜蘭專心研究土語。

26　岡本真希子：〈日本統治前半期台湾の官僚組織における通訳育成と 誌『語苑』——1910–1920年代を中心に〉，頁115。
27　岡本認為小野西洲擔任主編期間始於1932年8月，故未察神吉信次郎曾於1932年8月至1934年10月擔任該刊主編。此外，川合真永驟逝之後暫代主編數月的澤谷仙太郎，亦未納入主編之列。岡本真希子的相關研究詳見本書序章及該章腳註等。
28　白倉吉朗：〈臺灣語學界の恩人〉，《語苑》（1924年8月），頁68。
29　感謝審查人賜教並解惑。

　　與川合真永同樣從環境中自學的是中間小二郎。1895年9月24歲來臺之前原任地方巡查，來臺後在宜蘭擔任警察。他採取逢人就問並隨即筆記的實地學習方式。1896年9月就成為全臺唯一擔任通譯的警察官，可見自學成效頗佳。

　　至於澤谷則自幼即有漢學與支那語根底，故於1895年19歲投身日清戰役擔任陸軍省通譯，1897年調派至澎湖廳任警察通譯。1901年來臺後轉任臺南法院通譯。據小野西洲的追懷錄，澤谷透過「官話通譯」為「臺灣鎮撫」頗有建樹。[30] 據其逝世時見諸1925年11月10日《臺灣日日新報》的報導，稱他臺語極為流利。從《臺法月報》上數篇對他的悼念文章看來，他的交友主要來自漢詩、俳句、書畫、篆刻等社群。顯見頗有中國文人雅士之風，卻未見同儕特別褒揚其臺語造詣。

　　而水谷利章則屬半正規學習加上實地磨練的混合型養成模式。他於1895年9月21歲時以憲兵身分來臺，苦於語言不通乃四處尋求學習臺語的渠道，但因沒找對老師導致成效有限。[31] 1896年5月才如願進入憲兵隊本部「臺灣語速成學校」，由憲兵隊支那語通譯姬野與艋舺秀才黃克明共同教授。換言之，該校是透過具有實務經驗的通譯（但專長非目標語）和目標語母語者（非通譯專長），以「兩人三腳」的搭檔方式教授。透過五個月的日夜學習已略見速成之效時，因憲兵屯所需才孔急，該批首屆學員未及結業旋即派往各憲兵屯所。這也佐證了日治初期語言隔閡及通譯迫切需求的程度。然而，半年不到的訓練，實務上並不堪用，故又找來當地人擔任複通譯，[32] 以協助問訊等。水谷處於情勢所迫的環境，在急切的需求中密集學習，並從見習與實作中獲得有效的提升。1898年6月底，結束三年的兵役時，也因而奠定了紮實的臺語與通譯技能。

30　小野西洲：〈臺灣語學界追懷錄（一）〉，《語苑》第20卷2號（1927年2月），頁72。

31　水谷最初找到的是在橫濱住過的上海人，經與本島讀書人筆談與交談後才知學到的是上海話，自然無用武之地。

32　據小野西洲，這位複通譯名叫張德明，是當地的「約首」（文中指相當於後來的「庄長」）。參小野西洲：〈臺灣語學界回顧錄 水谷寮山君〉，頁89-93。

　　透過正規訓練或科班出身的是：神吉信次郎與小野西洲。神吉是警察官及司獄官訓練所甲科第9期畢業生，1905年7月同期結業者共50名，訓練為期一年。警察官訓練屬甲科，警部練習生則為乙科。甲科學習內容包括：警察法、行政法、法院條例、刑事訴訟法、刑法（以上皆為3小時），以及警察法規（2小時）、阿片制度（1小時）等學科內容共18小時。術科則有：兵式操練（5小時）、射的（1小時）、擊劍（3小時）、捕手（3小時），共計12小時。而甲乙科的土語課，都是每週12小時。[33] 從這一年的訓練看來，神吉信次郎是六位法院通譯中，受到的臺語訓練最為正規，且與工作需求形成完整的知識配套。而1904–1905年練習所聘請的臺人囑託有謝汝銓（1871–1953）等，可說一時之選。然而，神吉來臺時已達30歲，雖然資歷完整，但同儕對他的語文造詣並無特殊評價。

　　至於《語苑》最後一任主編小野西洲，1899年來臺時僅16歲。他隨同鄉檢察官尾立維孝（1859–1927）來臺，故隨即進入法院擔任僱員，並立志學習臺語，且以成為法院通譯為目標。1899年底，[34] 進入兼松礒熊（1866–？）設立的日臺語學校——稻江義塾，[35] 透過羅馬拼音等正規方式學習臺語發音，就讀期間達一年多。1900年開始擔任法院通譯，同時以寄居臺灣人家中的方式，[36] 採取實戰與自學並進的學習策略。此外，在大稻埕拜師陳禮並與小童並肩學習四書，1907年轉任臺南法院通譯時，進而追隨漢詩文教席趙雲石（趙鍾麒）、邱及梯等人，每週必寫漢詩文請

33　臺灣總督府警務局（編）：《臺灣總督府警察沿革誌》第五卷，第四章〈講習、教養、試驗〉第二節〈警察官練習所に關する事項〉，頁765。

34　小野西洲：〈綠蔭漫言〉，頁89。

35　兼松礒熊（又稱磯熊）為熊本縣士族，曾於1895出版《臺灣語發音學》（稻江義塾藏，二版；復刻版，東京：不二出版，1995）。而臺北「日臺語學校」則成立於1896年6月，1899年7月7日改名「稻江義塾」，規模全臺第一。參《臺灣總督府公文類纂》328冊29號「私立稻江義塾設立ノ儀兼松礒松へ認可セシ旨臺北縣報告」。該校1903年4月之後規模縮減。詳黃馨儀：《台湾語表記論と植民地台湾——教会ローマ字と漢字から見る》。

36　小野寄居過的臺灣人家皆屬名門，如林烈堂（臺中）等。參小野西洲：〈自叙漫言〉，頁82。

老師斧正。透過口語與詩文並行的方式，小野在眾多的法院通譯中顯得格外突出。

　　觀察前述六位通譯在語文學習上的共通點為：目標明確、找對方法、動機強烈。幾乎每位通譯都面臨工作上的強烈需求，必須速成以突破困境。在環境中實地學習的變數頗大，故需時時調整，或自謀明師，才能獲得突破性的成長。但以上外部因素所影響的人數何止千百，而通譯本身所能決定的內在因素，就在於自己的學習決心與執行毅力。

　　其次，在語言接觸及語文造詣方面，中間小二郎娶知書達禮的臺籍女子為妻，小野西洲約有13年借住臺人家中。[37] 兩者皆以長期進入臺人社群，並進行語言與文化的雙重接觸，達到深度的跨文化學習。而在語文與通譯水平上，備受小野西洲推崇的是中間小二郎與水谷利章。他形容中間小二郎在法庭上的通譯，「善體人意、絲絲入扣、嚴謹守分」；對於通譯考試則指「出題圓熟，取材適切，無人能及」。[38] 至於，對水谷利章的評價，小野西洲形容「發音嚴正、轉調正確」為其特長，而在態度上則「三十載如一日，不屈不撓，研究不輟」[39]。而小野本人則經常自嘆不如他所心儀的高人（如市成秀峰），或借他人的批評自嘲自己語文能力未臻完善，[40] 但從批評中亦可看出他眼界頗高，自許亦深。

　　整體而言，日治初期當局對於通譯的評價，支那語是超過臺灣土語的。雖就在地需求而言，日臺語通譯是內政治理上不可或缺的一環；但若要辦外交，或與中國官場或文化人士交往，臺語畢竟只是中國方言，恐怕難登大雅之堂。事實上，臺灣總督府設法院高等官通譯以來，向來

---

37 中間小二郎自敘與臺灣妻子的婚姻乃長久之承諾。參見小野西洲：〈臺灣語學界追懷錄—斯界の最高權威者中間小二郎君〉，《語苑》第22卷5號（1929年5月），頁76–82。小野西洲則自敘與臺人「同居同食」達十二年。參小野西洲：〈自敘漫言〉，頁85。另參西洲生：〈偶感漫筆〉，則稱「前後十三年間成為本島人家庭一分子」，《警察語學講習資料》第35卷6號（1942年6月），頁54。

38 小野西洲：〈臺灣語學界追懷錄 —— 斯界の最高權威者中間小二郎君〉。

39 小野西洲：〈臺灣語學界回顧錄 —— 水谷寥山君〉，頁89–93。

40 小野西洲：〈臺灣語學界追懷錄〉，《語苑》第24卷2號（1931年2月），頁69–72。

由官話通譯出任，鉅鹿赫太郎（1860–1933）、[41] 飛松次郎（1872–？）等。[42]
尤其，鉅鹿赫太郎不但北京官話流暢無礙、雅俗皆宜，且往來無白丁，
時與中國官紳商賈平起平坐。小野西洲身歷其境之餘，不禁感嘆：「我
等臺灣語學者，不知何以企及。」[43]

　　小野西洲在同一文中又指，鉅鹿退休後的高等官飛松次郎，是個全
心全意致力於支那語時文的專家，他的語文水平也是鉅鹿唯一看得上眼
的。同時，他也是當時法院通譯中唯一的「支那語學者」。飛松擔任高等
官的年代是 1911 至 1918 年。換言之，對於日治後 20 年的法院通譯，依然
以日本看世界的觀點定位高階通譯，而不是以在地觀點決定通譯的位階。

　　至於，前述通譯透過語文著述與譯事活動做出的貢獻，更是值得
探究的重點。在語文方面，畢竟臺語的書寫不易流傳，通譯主要的語
文著述還是以日文或漢詩文為主。同時，漢詩文或是官話等語文能
力，更是接觸文化人士或官場人物的主要媒介，也是促進通譯學習臺
語、或以臺語為工作語言時的重要助力。[44] 甚至，漢詩文更成為表現其
臺語書寫能力與創意的重要表徵，例澤谷仙太郎精於漢籍、漢詩、俳
句、書畫、篆刻等。[45] 而小野西洲更是長期拜師勤學漢詩文，從未間斷
且興趣盎然。可以説，臺語與漢文兼具的語文能力，是這群法院頂級
通譯的優勢條件。

41　辜鴻銘訪臺演講時，其學貫東西且引經據典的演講，就是由鉅鹿赫太郎擔任通譯。引
　　自小野西洲：〈臺灣語學界追懷錄（一）〉，《語苑》第 20 卷 2 號（1927 年 2 月），頁 71–74。

42　飛松次郎（1872–？）在《語苑》披露的著述都是漢文。另，據小野西洲，飛松在警務局
　　負責檢閱一切漢文刊物。參小野西洲：〈臺灣語學界追懷錄〉，《語苑》第 24 卷 2 號（1931
　　年 2 月），頁 70。據職員錄記載，飛松次郎於 1924 年、1927 至 1937 年皆任警務局保安
　　課囑託。

43　同上，頁 73。

44　1921 年 6 月 11 日，臺灣商工銀行頭取（總裁）木村匡在「警察官及司獄官練習所」對練習
　　生演講時期許在臺官吏宜加深漢文素養。參〈臺灣的警察官〉，《臺灣警察協會雜誌》
　　1921 年 8 月 15 日，頁 18。該文由記者據該所警部練習生鷲巢敦哉筆記撰述而成。

45　參宇野庄吉：〈嗚呼澤谷通譯の長逝〉，《臺法月報》1925 年 11 月。宇野庄吉為當時臺北
　　地方法院長。

　　就著作的數量而言，小野西洲高達1,520篇（含譯書）的知識生產，是無人能及的可觀貢獻。透過近200篇隨筆記事與210首漢詩，可知日治時期法院通譯同儕以及當時臺日人士之間的交流網絡。此外，約6,000題通譯考題的解析與相關記事，也是出任通譯試驗委員的法院通譯的共同資產。而與通譯考試相關的則是語學教材，在六位主事中編寫此類教材最多的，是投入辦學與創刊《語苑》的川合真永。他的著作以會話、詞彙、小品文（笑話）等培養日常生活或人際往來所需的語言能力為主。至於小野西洲的著述則以提供警察語學訓練教材或日臺對譯的文化教材為主，達339篇（歷任主事主要著作，詳附錄8.2）。

　　綜合他們的語文與知識領域看來，川合專擅臺語會話，小野以漢詩文書寫見長，中間小二郎在詞法與句法上著力甚深，水谷利章則精於漢文典故。他們雖以法院通譯為正職，但同時語文兼修，未必僅偏重於口語的鑽研。而在知識領域方面，川合在銀行、稅務、警務方面皆撰有會話教材。小野西洲則有大量時事政論，中間小二郎在商業用語上有所專精。可見這批法院通譯並不劃地自限，都各有積極擴展的知識領域和旺盛企圖心。

四、高等官通譯的群體屬性

　　若要探究1920至1945年的25年間，六位《語苑》主編得以榮登高等官的共通屬性，似乎都與高等法院通譯的職位有關。然而，澤谷仙太郎似乎是個例外。若就著述的質量而言，歷任主編中的半數——澤谷、神吉、水谷，尤其澤谷與神吉的著作量可說微不足道。[46] 可見，著述能力或文筆功力並非他們昇任要職的關鍵，甚至可能不是出任《語苑》主編的必要條件。顯然，部分主事的臺語能力，未達傲視群倫的水平。若以

46　川合真永除了8本出版著書外，另有292篇文章。中間小二郎則有234篇。著述較少的依序是：澤谷仙太郎9篇，神吉信次郎14篇，水谷利章73篇。

語文能力論高下，同樣為《語苑》付出心力且學術與實務能力俱佳的岩崎敬太郎，始終停留在編輯委員之列，並未脫穎而出。那麼，得以昇任為法院最高官職的通譯，憑藉的又是什麼？

　　從六位高等官通譯出任《語苑》主事時的共同屬性與背景推論，唯一相同之處，就是對於警察單位的配合度及其背景上的契合度。我們不妨先從著述量較少的三位，檢視他們初任主編之前的經歷等屬性背景。澤谷、水谷、神吉的共同經歷，就是警察身分。澤谷於1897至1900年擔任警察課及監獄署通譯三年後轉任法院通譯。神吉於1903至1908年間曾任巡查及警部補，且受過警察官及司獄官練習所正規訓練。水谷曾於1919至1920年任「臺北監獄分課未定囑託」，1923年則任警務局警務課囑託（無給）。

　　而另一方面，對於其他三位著作達數百篇的主編——川合、中間、小野，則從他們的著作內容加以檢視。川合真永在1910年1至9月曾投出9篇〈警察用語〉系列教材。後又於1918年1月至1921年3月之間發布了35篇〈警務用語〉系列教材。而中間小二郎曾在1911年5月至1912年4月之間，計有11篇題為〈警察用語〉的系列教材。至於小野西洲的文章，無論是語學教材（339篇）、著書《警察官對民眾臺語訓話要範》，乃至1941年10月至1944年5月擔任《警察語學講習資料》發行兼編輯人期間的內容看來，他與警察機構的配合程度，顯然是愈來愈高。

　　此外，他們三位也都曾任總督府評議會通譯（其餘三位則未曾擔任），在語言與通譯能力以及知識生產上都確有功力，出任主編可謂實至名歸。但官職若與專業能力並不掛勾的話，他們三位實力派主編與其他三位警界出身的主編之間，是否可以找到同樣的警務背景共性？以下根據表8.1中與警方相關的職務加以整理對照。從表8.5各欄中的網底部分，可以看出每一位主編與警察單位的淵源與關係。事實上，其中四位（加上中間小二郎）正是警察出身，而淵源較遠的川合與小野則在刊物內容的編排上，高度配合警方。

表8.5《語苑》歷任主編之職業經歷與官階及其警務兼職一覽

主編姓名	職業經歷	警務兼職	高等官等級
川合真永 （1875–1924.08.16）	1896.12（21）：渡臺於宜蘭習土語 1897.11：混成旅團司令部通譯 1899：補臺北地院通譯 1900–1903：臺北地院通譯 1904–1906：臺南地院通譯 1907–1917：臺北地院通譯 1920：法院通譯 1921–1924：總督府評議會通譯 1920.08–1924.08：高等法院通譯	1906：警察職員通譯詮衡委員 1906：臺南廳警務課囑託 1913：警察及監獄職員通譯兼掌者詮衡委員 1919–1920：警察及監獄職員通譯兼掌者詮衡委員 1921–1923：臺北監獄分課未定囑託 1921–1922：臺北州警務課囑託（無手當） 1923：警務局警務課囑託（無給） 1923：警察官司獄官練習所講師囑託 1922–1924：警察及監獄職員語學試驗委員 1924：警察官及司獄官練習所教官	1920：年2,352圓 1920：年2,400圓 <u>1920.09.18：七等五級</u> 1920.12.04：七等六級 1924：六等五級 1924：三／二級俸（逝後追認） （《語苑》主編期間：1909（？）–1924.08）
澤谷仙太郎 （1876–1925.11.10）	1895（19）：陸軍通譯官 1897：澎湖廳警察課通譯 1898：澎湖廳警察課囑託 1899–1900：澎湖廳監獄署通譯 1901–1904：臺南地方法院通譯 1906–1920：臺南法院通譯 1921–1925：臺北地院通譯	1907：警察及監獄職員通譯委員 1908–1910：臺南廳警務課囑託 1919：臺南監獄第二課囑託 1920：臺南監獄行刑係囑託 1923：警務局警務課囑託（無津貼） 1923–1925：警察及監獄職員語學驗委員	1920：從七位三級俸 1923：二級俸 <u>1925.11.10：七等六級，逝後賜四級俸</u> （《語苑》主編期間：1924.09–1924.12）

主編姓名	職業經歷	警務兼職	高等官等級
中間小二郎 (1871–？)	1895（24）：地方巡查 1895.09.24：渡臺 1896：臺北縣警察通譯生 1897–1898：宜蘭警察署 1918–1924：臺中地方法院通譯 1928：總督府評議會通譯 1924.09.13–1929.05：高等法院通譯	1918：通譯兼掌詮衡委員 1919–1922：臺中監獄囑託 1923：警務局警務課囑託（無津貼） 1924：臺中刑務所囑託 1925–1928：警務局警務課囑託（無津貼） 1922–1927：警察及監獄職員語學試驗委員 1926：警部（補）特別任用考試委員	1925.02.14：七等五級[47] 1926：七等五級 1927–1928：六等四級 1929.05.09：六等二級 1929.05.15：五等 1935.02–1939.12：客員 （《語苑》主編期間：1925.01–1929.05）
水谷利章 (1874–1932.08.04)	1895（21）：憲兵隊上等兵 1901：陸軍省僱員 1903–1905：陸軍（參謀部）軍屬 1905：法院通譯、書記 1918–1919：臺北地院通譯 1920.08：高等法院通譯 1920–1928：臺南地院通譯 1929.10–1931：臺北地院、高院通譯	1896.05–1896.10：憲兵隊本部 「臺灣語速成學校」結業 （1904.01–1904.09：入學臺北官話講習所入學至畢業） 1910–1918：通譯兼掌詮衡委員 1919–1920：臺北監獄分課未定囑託 1922–1925：警察及監獄職員語學試驗委員 1923：警務局警務課囑託（無津貼） 1930–1931：警察及刑務所職員語學試驗委員	1921：敘從七位，給三級俸 1922：二級俸 1928：一級俸 1929.04.23：六等四級 1931：六等四級 1932.08.04：逝後六等二級 （《語苑》主編期間：1929.06–1932.06）

47　根據中間小二郎 1925 年 11 月 13 日代表總督府法院通譯追悼澤谷仙太郎之弔詞，文末官銜為「臺灣總督府法院通譯正七位勳六等」。參見中間小二郎：〈澤谷理事逝く〉。及中間小二郎：〈弔詞〉。又據大正 14 年 2 月 14 日高等法院奏任通譯任命內申，敘高等官七等五級俸。

主編姓名	職業經歷	警務兼職	高等官等級
神吉信次郎 (1873–1935.01.22)	1903年 (30) / 苗栗廳巡查 1893–1996：服兵役3年[48] 1903–1905：苗栗廳巡查、警部補 1906–1908：嘉義廳警部補 1925–1932：臺中地院通譯 1933–1934：高等法院通譯	1904–1905：警察官訓練所甲科課程修了 1925–1926：臺中刑務所分課未定囑託 1927–1932：臺中刑務所戒護系囑託 1933–1934：臺北州立臺北商業學校囑託	1925：敘正七位 1931：月127圓，二級俸 1932.09.28：六等五級 1933.08：六等五級 1934.09.05：五等三級俸 (《語苑》主編期間：1933.01–1934.10)
小野西洲 (1884–1965)	1919–1932：華南銀行文書 (月60–107圓) 1925：華南銀行書記 1932：臺灣總督府法院通譯 1932–1934：高等法院檢察局通譯 1934.10.19：高等法院通譯 1935–1944：總督府評議會通譯	1924：警察官司獄官練習所講師囑託（時薪1圓50錢） 1926–1928：警察官司獄官練習所囑託講師（月42圓） 1928–1930：警察官司獄官練習所囑託（月42圓） 1934：警察及刑務所職員語學試驗委員 1935–1944：臺灣總督府警察及刑務所職員語學試驗委員甲種委員 1941.11–1944.05：《警察語學講習資料》發行兼編輯人	1935：七等六級 1936：七等五級 1937：六等五級 1938–1939：六等四級 1940：五等四級 1941：五等三級 1942：五等二級 1944：四等二級 1945：四等二級 1934.11–1941.10：主持《語苑》編務 (《語苑》主編期間：1935.01–1945，含停刊後改名《警察語學講習資料》主編期間)

---

48 據1935年1月24日《臺灣日日新報》記載，前高等法院高等官通譯神吉信次郎來臺前服役於日清戰爭，編為臺灣朝鮮守備隊及憲兵隊。

五、結語

　　本章透過對《語苑》數十年間的屬性變化，並針對歷任主編的職業歷程及其邁向高等官通譯之間的連結關係，進行史料的脈絡梳理與文本分析，並指出日治時期法院通譯如何與警察機構合作與共生。藉此，將進一步延伸至警察通譯的研究，並對法院通譯與警察通譯之間的角色功能，進行更深入的探討。

　　此一課題，非僅臺灣的殖民經驗所獨有，回顧亞洲各殖民地的警察與法院，殖民者如何透過對通譯的養成與操控，以克服異族統治的語言與文化障礙，也是所有歷經殖民歷史者共有的集體記憶。而70年前的文化揉合歷程，不僅是臺日民族間的深刻體驗，也是歷久彌新的跨文化議題。

附錄8.1　　1929年7月《語苑》贊助員名單

贊　助　員

（各イロハ順）

岩松高等法院檢察官長閣下
石黑文教局長閣下
生駒州知事閣下
堀內醫學專門學校長閣下
豐田財務局長閣下
宮中央研究所長閣下
大久保警務局長閣下
大島高雄州知事閣下
太田臺北州知事閣下
片山高等法院豫審官閣下
金子高等法院長閣下
上內臺北地方法院檢察官長閣下
田端青森縣知事閣下
內田臺北醫院長閣下
倉岡臺北產局總長殿
丸茂交通局總長殿
志保田師範學校長殿
永山臺南州知事閣下
宇野臺北地方法院長閣下
字常盤
今澤南警察署長殿
伊藤高雄州警察部長殿
石井出顧問譯官殿
井北顧問譯官殿
岩田法院部長殿
堀田松殳殿
飛松
獺田克殳殿

小川文學士殿
帶金臺中法院檢察官長殿
宮尾臺中州警務部長殿
尾佐竹新竹州警務部長殿
鉅鹿恭太郎殿
大村北門郡々守殿
織本基隆警察署長殿
田中臺南地方法院長殿
武井臺南地方法院檢察官長殿
高橋新竹州醫務部長殿
連雅堂殿
中瀨特產課長殿
中田花蓮港廳長殿
內海臺北州刑務所長殿
植田臺北州警務部長殿
松澤臺南州警務部長殿
能澤臺南警察署長殿
山田臺北州高等警察課長殿
福田臺北州警務課長殿
藤田臺東廳警護課長殿
松井臺北州刑務課長殿
兒玉澎湖廳士殿
小林臺南州警務課長殿
安保朝鮮次長殿
赤堀臺中州警務課長殿
有泉庵殿
青木花蓮港廳次長殿
東殿
齋井臺中醫務庵殿
魏清德殿
澤井臺中潤

宮原臺南醫警察署長殿
宮尾臺中州警務課長殿
道山澎湖廳警務課長殿
志豆機臺北利務所長殿
守屋高雄警察署長殿
森田臺南州警務課長殿
松本總督府山林課長殿
石井苗栗郡警察課長殿
糸井東勢郡警察課長殿
伊東新營郡警察課長殿
八角臺北門郡警察課長殿
畑山北斗門郡警察課長殿
橋本旗山郡警察課長殿
西本嘉義郡警察課長殿
西藏潮州郡警察課長殿
襄武郡警察課長殿
原大湖郡警察課長殿
五十嵐大武廳支廳長殿
寒川北州警察課長殿
沼本旗甲郡警察課長殿
小塚大桃郡警察課長殿
大塚新豐郡警察課長殿
渡邊斗六郡支廳長殿
金子六郡支廳長殿
金澤曾文支廳長殿
吉岡員林支廳長殿
吉藤玉里支廳長殿

高橋羅東郡警察課長殿
田川虎尾郡警察課長殿
立野屏東郡警察課長殿
武藤七星郡警察課長殿
久米川宜蘭郡支廳長殿
山口竹山郡郡守殿
深山新港支廳長殿
小泉文山郡警察課長殿
榎本能高郡投郡警察課長殿
寺尼南投郡警察課長殿
秋田新高郡警察課長殿
佐藤新化郡警察課長殿
佐野鳳山郡警察課長殿
佐野東石郡警察課長殿
宮內大溪郡警察課長殿
三宅北港郡警察課長殿
宮川北港郡警察課長殿
森崎花蓮港廳支廳長殿
水越安平支廳長殿
宮里淡水郡支廳長殿
杉森彰化支廳長殿
杉中石化支廳長殿
菅宮新海港支廳長殿
助廣研海支廳長殿

附錄8.2　《語苑》歷任主事主要著書

川合真永著書一覽			
書名	出版年月	出版者	出版地
1　新撰實用日臺會話自在	1912.07.16	臺灣日日新報	
2　通信 授臺灣語講義錄〔完結合本〕	1912.10.25	臺灣語通信研究會	臺北地方法院
3　日臺會話法	1913.04.17	臺灣日日新報	
4　獨修自在日臺會話話法 全	1913.05.5	臺灣語通信研究會	臺北地方法院
5　簡易速成日臺語入門　全	1913.07.30	臺灣語通信研究會	臺北地方法院
6　臺灣笑話集	1915.08.10	出版單位不詳	臺北
7　新撰批註 日臺會話獨修　全	1916.02.25	臺灣語通信研究會	臺北
8　日臺會話自在	據1913.07.13《臺灣日日新報》載，第三版發行2,000本。		
小野西洲著書一覽			
書名	出版年月	出版者	出版地
1　警察官對民眾臺語訓話要範	1935	臺灣語通信研究會	臺北
2　臺語和譯修養講話	1936.09.23	臺灣語通信研究會	臺北
3　日語臺訳 教育勅語御意義	1940	臺灣語通信研究會	臺北

第9章

譯者的解讀與重構：
以小野西洲對謝雪漁的〈內地遊記〉
讀後文為例

一、前言

近代知識分子的跨國旅遊書寫，除了反映當事人「行萬里路」的過程，以及所引發的知識衝擊與思想變化等直接體驗之外；對於報紙的讀者而言，同樣也受到了異國地景與人文風貌等濃烈鮮明的刺激，並漸次積累成為日後人生經驗中的人文記憶。

然而，作者在書寫旅遊紀行之際，不免帶著某種價值判斷的視線，去觀看異國他鄉的人事與景物，且不自覺地與過往經驗加以比較對照。其中包括了自身的人文素養、價值判斷、美感經驗、政治立場、民族意識等，乃至與過往旅遊紀行之間的互文性等閱讀經驗或文化體認，都是值得詳加檢視的因素。

而另一方面，當前述旅遊紀行受到被觀覽的該國人士翻譯為其母語，且再度披露於同一報紙，以供在臺日籍人士或具日文閱讀能力的臺籍人士閱讀時，勢將觸及「自我」與「他者」之間的彼此解讀，並涉及原文重構等環環相扣的議題。換言之，作者的人文素養、價值判斷、美感經驗、政治立場、民族意識等面向，皆足以促發譯者對於母國經驗的自我反思，譯文也因而呈現了譯者取捨之後的視線改變、乃至結構內容的重塑。

其實，此事的意涵不僅是作者與譯者之間的「文化擦撞」而已。謝雪漁的「內地之旅」是總督府對於臺灣仕紳與文人的官式邀訪，其中的政治意涵與思想操作等，以及由殖民政府所進行的人為建構，難免令人想像。因而，銜命出訪的作者與再現遊記的譯者之間，形成了殖民者對於被殖民者的認知與測度，也同時存在著彼此探究的反向觀測。

本章從小野西洲的七篇〈內地遊記〉讀後文（〈「內地遊記」を読む〉），探索譯文與原作對於「內地」的描述內容與觀察視角，並審視譯者對於原文內容的取捨基準，乃至譯作增添的書寫觀點及其內容。此外，亦將對照小野自身的內地經驗與文化脈絡，探討譯者進行再生產之際，其個人經驗與視角的投射內涵及其範圍。本研究盼由譯者的介入程度，測度其主體性與公共性等要素，及其在此一翻譯與文化事件中的角色意義。

此外，透過對作者與譯者的社會角色，擬進一步探究兩者之間的公私關係及其交往軌跡，以及原作者的社會脈絡與日籍官吏之間的人際網絡及其間的主要節點等。藉此，盼能藉由文本的翻譯與解讀，推至日臺文人的社會角色與人際網絡，以精細描繪殖民治理脈絡下的譯者角色及其譯事活動的屬性功能。

二、「內地」遊歷的撰述

1922至1923年間謝雪漁披露於《臺灣日日新報》漢文欄近四個月的〈內地遊記〉，多以每隔一至兩天的頻率見報，共計刊載75篇。可以想見，當時這部作品乃至作者在報社與讀者心中的地位與分量，不但十分厚重可觀，且又格外與眾不同。

日治時期臺灣人士受總督府邀約，前往日本內地參訪的前例，在謝雪漁之前仍不算多見。1896年2月24日至4月26日，臺灣紳商李春生（1838–1924）等人隨樺山資紀總督任滿述職，兼以視察員身分赴日考察

遊歷當屬首開先例。[1] 李氏遊後披露了日記體見聞錄，並連載於《臺灣日日新報》（1898年5月6至1944年4月1日）的前身——《臺灣新報》（1896年6月至1898年5月6日）。日後則定名為《東遊六十四日隨筆》，[2] 於福州美華書局印行，以「分送臺人」。[3]

然而，李氏並非第一位受總督府招待出行者。根據李春生書中3月2日的記載，[4] 辜顯榮在他訪日之前，曾由首任民政長官水野遵（1850–1900）陪同前往東京，並下榻於同一洋式客寓。[5] 辜氏訪日之行雖早於李春生一行，[6] 但以遊記的長期連載及日後的數度出版觀之，李氏的訪日紀行，顯然更具持續影響力。

其次，1897年8月3至31日，臺灣總督府招待大嵙崁、林圯埔、埔里社及蕃薯寮四撫墾署轄內13名原住民（泰雅族、布農族、鄒族、澤利先族）到日本進行29天的觀光遊覽。[7] 根據謝欣純的考察，李春生的旅遊路線與行程設計，似乎成為隔年原住民訪日的範本。尤其，在重要參

---

1 呂紹理：〈日治時期臺灣旅遊活動與地理景象的建構〉，蘇碩斌（主編）：《旅行的視線——近代中國與臺灣的觀光文化》（臺北：國立陽明大學人文與社會科學院，2012），頁231–276。

2 李春生：《東遊六十四日隨筆》（福州：美華書局，1896）。其復刻版收入沈雲龍（主編）：《近代中國史料叢刊續編》第五十輯（臺北：文海出版社，1966）。另參李明輝、黃俊傑、黎漢基（編）：《李春生著作集》第4冊（臺北：南天書局，2004），頁167–228。

3 參見林淑華（譯）：〈李春生小傳〉，收入李明輝、黃俊傑、黎漢基（編）：《李春生著作集》附冊，頁246。

4 李明輝、黃俊傑、黎漢基（編）：《李春生著作集》，頁175。原文為「聞今翻所宿之寓，乃當日辜君顯榮所樓舊館。」

5 李明輝、黃俊傑、黎漢基（編）：《李春生著作集》，頁175。原文為「惟起居飲食，則悉從西例，宿者按日房金五圓，飯價每餐一金，而酒價尤須按品論值，其奢侈有如是也。」

6 李、辜兩氏同於1896年1月10日由總理大臣伊藤博文上奏日本天皇，指兩氏於1895年日軍進城以來在軍事、民政各方盡力協助，功績卓著，故提請表彰其功勞。建請授勳六等，頒賜旭日章。詳張季琳（譯）：〈李春生、辜顯榮敘勳奏章〉，李明輝、黃俊傑、黎漢基（編）：《李春生著作集》附冊，頁291–294、295–301。辜顯榮也因前述事蹟，於1895年12月隨民政局長水野遵赴日。引自吳文星：〈辜顯榮與鹿港辜家之崛起〉，《國史研究通訊》第二期（2012年6月），頁29–35。

7 「澤利先族」為日治早期族名，伊能嘉矩、森丑之助將之稱為「魯凱族」（Tsarisien），1935年移川子之藏主張視為獨立一族，亦稱「魯凱族」。

訪地點及民生建設方面，可說大致相同。[8]這也反映了臺灣總督府對於邀訪計劃的操持邏輯，可說是秉持「展現帝國文明開化與先進建設」等既定原則與方針而規劃執行的。

　　而大規模的招待旅遊，則以1903年3月1日到7月31日在大阪舉行，因學術人類館的展示主題而備受爭議的「第五回內國勸業博覽會」最為盛大。當時，500名以上臺灣仕紳組團前往大阪參觀博覽會之外，也順訪了大阪、京都、名古屋、東京等現代化城市。臺灣總督府對於這次由各廳員導覽的旅遊成果歸結為：「彼等概為鄉黨中具分量者，或從事產業或具篤志，能分享所感並擴展知見，日後對本島民眾之啟發，影響所至，蓋不少矣。」[9]可見，總督府對於選定的招待對象，是期望他們的社會位階與文化影響力，足以起帶頭示範作用的。

　　至於旅遊路線方面，從以上三者的行程看來，旅遊者大都從基隆港出發，經四天三夜抵日靠港之後，即以鐵路為主要交通動脈，並以途中大城市為主要停留點，進而漸次由西往東（東京）移動。至於旅遊地點及其牽涉之人事，在李謝兩氏的旅途中，都還安排了一些私人行程。例如，謝氏於京都探視其子（三男師舜），同行者許廷光（1860–1929）家嗣南晚君等；而李氏之行更有安排同行孫輩前途的目的——如長房長孫李延齡的在日見習，長房次子李延禧的東京就學等。此外，行程內容也配合當事人的事業及興趣，安排與相關人士晤談或設宴款待等。若從提供旅資及人力物力等角度而言，完全可定調此行為官方的接待旅遊，但

8　謝欣純：〈日本統治下の臺湾における観光政治に関する一考察──李春生を例として〉（臺灣殖民地時代觀光政治之省思──李春生為例），2011年度臺灣日本語言文藝研究學會「日本言語文化研究国際学術シンポジウム」，2011年12月3日，長榮大學應用日語系。

9　臺灣總督府民政局編：《臺灣總督府民政事務成績提要》，第九編，明治36年分。臺灣總督府民政局（編）：《臺灣總督府事務成績提要》（臺北：成文出版社有限公司影印，1985），頁352–353。另參呂紹理：〈1903年大阪第五回內國勸業博覽會〉，《展示臺灣：權力、空間與殖民統治的形象表述（修訂版）》（臺北：麥田，2011），頁138。又參李政亮：〈帝國、殖民與展示：以1903日本勸業博覽會「學術人類館事件」為例〉，《博物館學季刊》第20卷2期（2006年4月），頁31–46。

同時也為當事人細心提供了量身定做的設想。如今，審視其官方的「義理人情」與受惠者的「投桃報李」之間，似不宜忽略其中的人際脈絡與人情世故等蛛絲馬跡。

而另一方面，官方安排的行程除了配合當事人的訪察身分及目的之外，李謝前往參訪的共同處所還有：參觀公私機構（皇居、學校）、名勝古蹟（淺草寺）、大型公園（上野公園及其周邊藝術典藏設施）、[10]唐人街（橫濱），乃至觀光飯店（帝國飯店）等上流時尚設施等。從代表日本最高權威的皇居，乃至古今文化場域，或是待以上賓之處等，都是官方的重點展示項目。此外，與此相對的日本唐人街景象以及會晤親友故舊等行程，也與官方安排不無關係，兩者應非偶然相似所致。

誠如樺山總督於旅途第八日（參見3月2日記載）所言：「此次遲遲其行者，蓋欲君等，同飽眼福，裨異日返臺，悉將此時遊歷情境，轉佈島民，未始不無稍補治臺開化之一著也。」[11]李氏聞言則自忖：「予至是，始晤公之處心積慮，無一不為大局計。」[12]由此可見，總督府對於此行的用意，確曾透過總督之口，明白表達其目的；而接受招待旅遊者，自是心領神會。李春生如此，其他臺灣仕紳想必亦然。

最後，回到官方招待旅遊的目的。從紀行文本中，可以探索旅遊的過程、掌握其間發生的人事經緯，從而回溯推究其出訪目的。而在書寫內容以外，無論招待旅遊人選的設定、文稿在第一大報的長期登載、日後的結集出版、乃至節譯為日文等多層次的披露、多群體的訴求、以及日漢文先後登場的媒體操作手法等，在在顯示背後贊助人角色功能的不可輕忽。環繞文本內外，似乎仍有許多耐人尋味之處值得探究。

10　李氏在前往東京的火車上，曾經感嘆：「世尚皆以自厚為本，孰肯以奇花異草、怪石靈泉、輾轉移置道旁曠野，加以點綴陪襯，以公天下，使經其地者，隨在驚謂悮入郇城？」由此可知，彼時華人僅有自家花園，並無公共公園的概念。參李明輝、黃俊傑、黎漢基（編）：《李春生著作集》第4冊，頁174。

11　李明輝、黃俊傑、黎漢基（編）：《李春生著作集》第4冊，頁174。

12　同上。

三、〈內地遊記〉的重構

謝雪漁自1922年10月19日至11月15日，受命於臺灣總督府遠赴扶桑出席東京湯島聖堂舉行的孔子2,400年追遠紀念祭典。遊歷日本歸來後，記載長達75篇的〈內地遊記〉陸續於1922年11月25日至1923年3月15日之間刊載於該報漢文欄。其後，經由小野西洲的選讀與翻譯，將首篇至12篇遊記重構，並譯為七篇〈內地遊記〉讀後文（〈「內地遊記」を読む〉），於1923年2月2至10日，再度登上《臺灣日日新報》。

有趣的是，小野西洲的日譯文披露期間，謝氏原作仍在陸續登載。其中，令人好奇又不解的是，小野所選的前12篇內容，竟然並未納入10月29日謝氏一行於湯島聖堂出席「大成至聖先師孔子2,400年追遠紀念祭」當天的記事。而僅選錄到10月28日為止！何以譯者竟將作者出遊的主要任務略去不譯？其實，小野譯文刊出之前的1923年1月份，謝氏遊記已陸續登載至祭孔大典及東京之行的重要參訪地點，如宮內省、新宿御苑、明治神宮、橫濱市等。究竟譯者剪裁取捨的基準何在？

為詳查其究竟，本節首先就小野在譯文裡自行添加的書寫內容，透過表列方式探察其中曲折究竟，並藉此脈絡深入挖掘譯者介入作品的內容與意向。

從表9.1中欄的各底線處可知，小野的譯文添加，多與日臺間的對照比較有關。例如同輩稱謂、景物情狀、街市衛生、迷信風習、今古之比、東西風尚、日臺宅邸、中西醫藥、孔廟有無等。其中，某些對比或可解釋為，譯者對於不諳臺灣情況之（在臺）日本讀者，提供加深對本文乃至對臺認識的背景知識，如寫作背景、平輩稱呼、迷信風習、中西醫藥，乃至臺北無孔廟等，皆可視為譯者對於作品及其相關知識，所賦予的詮釋性角色功能。

表9.1 〈「內地遊記」を読む〉之譯文添加內容

形式	譯文刊載日期／增添內容	篇幅說明
標題	(1) 基隆から門司まで(1923.02.02)	
首段	**譯文寫作背景**	約佔1/4篇幅
中段	介紹臺人**同輩間稱呼**方式	約佔1/8篇幅
標題	(2) 海の風光 (1923.02.03)	除標題外，未增添內容
末段	引唐張繼詩「楓橋夜泊」與瀨戶內海**情景相比**。	約14行，佔1/5篇幅
標題	(3) 神戶の華僑 (1923.02.06)	
次段	藉高青邱之詠，對比**上岸之情景**。	約佔1/6篇幅
末段	1.以支那町之不潔，與臺灣之**衛生對比**。	約佔1/7篇幅
	2.呼應謝氏對石秋君之感懷，亦表同感。	
標題	(4) 京都の一日 (1923.02.07)	
中段	日人常譏臺人**迷信**，對比於此，內地亦然。	約佔5行
末段	加入評語，謂遊記中有畫、有景、有情、有聲。	約佔7行
標題	(5) 古風と洋式 (1923.02.08)	
次段	對比丸井課長與許廷光各執東西之風	約4.5行
末3段	1.**今古之比** 2.顏雲年臺日**宅邸之比**。	佔4＋6行，約1/7
末段	顏雲年近傳病篤，**中西醫**合力醫治，子息歸臺。	佔13行，約1/6
標題	(6) 上野に遊ぶ(1923.02.09)	
首段	直指遊記對本島人之**宣傳效益**。	約佔1/5篇幅
標題	(7) 臺灣の名 (1923.02.10)	
首段	嘆臺北無聖廟可祭孔，多借學校充之。	佔6行
中段	籲請為興建文廟踴躍捐資。	佔6行
末段	評謝氏此行之貢獻及**為臺爭光**之事蹟。	佔16行，約1/7

　　然而，譯者在行文中也增添了不少個人私交或是情感見解等成分。在人物方面，如〈神戶の華僑〉中寓居神戶的「石秋君」，小野自陳乃神交十年的臺南詩人謝維巖（號石秋，1879–1921），且呼應謝雪漁對於石秋君詩作的感懷；又如〈古風と洋式〉裡，提及為實業家顏雲年（1987–

1923)治病的四名中西群醫，[13] 其中一位漢醫——稻江 (大稻埕) 的葉練金 (生卒年不詳)，其實正是曾為小野西洲治癒鼠疫的救命恩人！[14]

而在披露個人情感與見解方面，前文提到的顏雲年，因傷寒不治於1923年2月9日過世。而小野文章見報日期，正是2月8日。[15]可見，小野當時懸念顏氏病危的沈重殷切之情，對照於本文，可說是溢於言表。

此外，譯者在譯文的增添裡，更進一步提出了自己的看法與評論，如〈京都の一日〉中，小野西洲對於謝雪漁的遊記之作，自行增添了一段評語。他指「謝氏細覽地圖、地理、歷史、市誌等，經實地觀覽而下筆之遊記，文中有畫、有景、有情、有聲，令人興味盎然，每每躍然紙上。原作受本島人何等賞讀，恐非拙譯得以企及也。」這段話裡，包含了刪除一整篇遊記的結語 (詳表9.2)，佐以譯者對於原作的客觀評價，再加上對原作與譯作的比較以及自嘆不如的主觀評價。由此可知，譯者對於介入文本的「再生產」行為，雖不自覺但似又順理成章。

甚至，在下一篇〈上野に遊ぶ〉的首段，譯者又以五分之一的篇幅，指出該遊記對於本島人的宣傳效益，十倍於內地人。謝氏之椽筆，猶如鮮活之影像，躍然於讀者眼前。不僅是絕佳之內地宣傳，亦為前往旅行內地者得以耳目一新之作，必可獲益良多。

而在最後一篇譯文——〈臺湾の名誉〉末段，小野甚至加入了一段長達16行的「總結」，表達他對謝氏等人此行的評價。他的評語是「帝都名士對於臺灣之輕視，令人深感遺憾。然經丸井課長盡力斡旋，[16] 始得與

---

13 顏雲年 (1874–1923)，字雲年，以字行，祖籍福建泉州，生於基隆瑞芳。是日治時期知名礦業家，顏家在他手中成為臺灣五大家族之一。雲年熟讀四書五經，喜好吟詩，與瀛社社長洪以南詩文唱和，結為好友。1923年2月9日，因傷寒不治，年49歲。

14 小野西洲：〈自叙漫言〉，頁83。

15 小野西洲的撰稿日與見報日期十分接近，這也意味著小野與該報交情匪淺，才能完稿即登。

16 總督府社寺課長丸井圭治郎 (1870–1934)。1912年來臺從事宗教研究，1918年1月任總督府編修官兼翻譯官，1919年3月出版《臺灣宗教調查報告書》。1925年1月返日，任教於大正大學。詳參丸井圭治郎：《臺灣宗教調查報告書》第一卷 (台北：捷幼書局，1993)。

朝鮮同推祝文朗讀代表，並為臺灣贏得讚譽，除深感欣喜外，能令世人知悉臺灣亦有文豪與書家，至感愉悅！謝汝銓君乃臺灣文豪典範，許廷光君則為臺灣書法家代表，得於帝國朝野群英薈萃之祭孔大典，為文並揮毫作成祭文，先師在天聖靈，必欣然察納其虔誠，帝都名士必另眼看待其文采。」

　　這段話說明了小野對於日本本土人士如何看待臺灣文士，是極為在意的。同時，他的評價立場也明顯站在臺灣這邊。若對比〈京都の一日〉，他對自己譯文的評語，甚至可說抬舉謝文到不惜貶抑自己文章的地步。由此可知，他對臺灣文士的文章，可說推崇備至。

　　甚至，就連談到神戶中華街「支那町」的不潔，也自行延伸了一段「見支那町之不潔，可知臺灣衛生猶勝內地；見中華會館之宏偉，足以知支那民族如何之強大。」看來，小野西洲不僅力挺臺灣，對於中華民族的團結捐資，興建中華會館之舉，更是不惜筆墨，立意張揚。或許，也是藉此呼籲有志之士，當為臺北孔廟的興建踴躍捐獻的鼓舞之意。若真如此，伏筆從第二篇埋下，直到第七篇才與之呼應，可說用心至深。且從前後文氣與文意看來，似乎未見牽強之處，言之亦可成理。由此看來，小野下筆之前，多半心中早有佈局，七篇譯文應非逐日成篇之作。

　　而另一方面，究竟謝文原作又有哪些內容遭到譯者刪除？整體而言，將12篇遊記裁剪為7篇，自然是減多於增。現整理其增刪如表9.2，以收一目瞭然之功。

　　就原作與譯文的體例而言，原作以日記體敘事，大都逐日且多依時序記載，而譯文則有多處刪除日期或抹去時間紀錄，甚至對於搭乘舟車的起迄等情景，或是出於謝氏個人興趣的遊覽行程等，都有刻意略去的跡象。換言之，譯者希望呈現於讀者面前的，並非謝雪漁的內地「遊蹤」；而是透過謝雪漁的觀察，讓日本讀者理解臺灣才子眼中的日本形象，乃至謝氏帶給臺灣知識階層的日本形象，似乎才能解釋譯者的增刪目的。此一理由，似乎也較能合理解釋，何以小野未將謝氏的各地遊歷記述一一納入譯文。

表9.2 〈「内地遊記」を読む〉之增刪內容對比

形式	譯文刊載日期/增刪內容	篇幅說明：刪除分量
標題	基隆から門司まで (1923.02.02) 1922.10.19啟程	**對應原作第1至3篇**
首段1	增：譯文**寫作背景**，刪除原作者寫作背景及臨行細節	刪31行，佔1/2篇幅
中段1	增：臺人同輩間**稱呼**方式，刪臨行前細節	約10行（1/6）
中段2	刪：**10月20至21日**，同船者及海上描述	刪除5/6篇幅
首段3	刪：門司**入港前**之敘述	刪4行
中段3	刪：門司港**地理**及**貿易港特徵，人口、氣候**亦刪；留文史印象	刪17行（1/2），未增
標題	（二）海の風光（1923.02.03）	**對應原作第4篇**
中段4	刪：瀨戶內海之**地勢、潮流、水深、面積、海峽**等細節	刪24行（1/2弱）
末段4	刪：**22日**，登神戶港前之敘述	刪3行。
末段4	增：引唐張繼詩《楓橋夜泊》與瀨戶內海**情景相比擬**	約14行（1/5）
標題	（三）神戶の華僑（1923.02.06）	**對應原作第5篇**
首段5	刪：神戶港**地理、地勢、人口、開港、氣候**，及入港前細節	刪8行
中段5	刪：**莊玉波邀同船者往訪元町之經過**	刪22行，約1/2弱
末段5	增：1.以支那町之不潔，與臺灣之衛生對比 2.呼應謝氏對石秋君之感懷，亦表同感	增約1/7篇
標題	（四）京都の一日（1923.02.07）	**對應原作第6–8篇**
首段6	刪：**24日**，抵京都前之敘述	刪15行，約1/4篇
末段6	刪：**24日下午2時後**之作者私人之京都探勝	刪4行
7	刪：京都之**地理、歷史、名勝古蹟**等詳細描述；僅留音羽瀧	**刪48行（6/7）**
中段7	增：日人常譏臺人**迷信**，對比於此，內地亦然	約增5行
首段8	刪：**24日午後京都探勝（含本願寺介紹）**；保留信徒之誠	**刪14行（1/4）**，保留4行
中段8	刪：**寺庭鴿群描述及有礙衛生之評**；僅述寺外有佛具店	**刪11行**，保留1行
末段8	刪：是夜乘**車往東京之記載**；保留西京之風雅及特色	**刪3行**，保留8行
末段	增：加入評語，謂遊記中有畫、有景、有情、有聲	約增7行

形式	譯文刊載日期／增刪內容	篇幅説明：刪除分量
標題	（五）古風と洋式（1923.02.08）	**對應原作第9篇**
首段9	刪：顏雲年京邸任事之**李仙子姓名及與廖宗支過往交誼**	刪3行
次段	增：對比丸井課長與許廷光各執東西之風	增4.5行
次2段9	刪：丸井課長住處地點及囑丸井電告總督與南北知事	刪6行
末段3	增：1.今古之比 2.顏雲年臺日宅邸之比	佔4+6行（1/7）
末段9	增：顏雲年近傳病篤，中西醫合力醫治，子息歸臺	增13行（1/6）
標題	（六）上野に遊ぶ（1923.02.09）	**對應原作第10–11篇**
首段10	增：遊記對本島人之宣傳效益	增約1/5篇幅
10	刪：26日對東京**地理、地景、市誌等詳述**，僅留日期與查閱事。	全篇刪除，僅留首尾各1行
11	刪：帝室博物館之1至4號館等附屬建物	刪2行
11	刪：帝室博物館之館藏圖書不及觀覽	刪2.5行
11	刪：動物園飼養區分五區，但皆尋常所見	刪1.5行
11	刪：動物園以巨象為首，原有二雄偉白熊，但皆已故	刪1.5行
11	刪：閑閑園曾一度荒廢，開園時乃加修繕	刪1行
11	刪：「動物園之北，有東京美術學校。」「園中樹下休憩片時」	刪1.0.5行
11	刪：作者糾正第10回刊載內容之誤植字詞	刪4.5行
標題	（七）臺灣の名譽（1923.2.10）	**對應原作第12篇**
首段12	增：嘆臺北無聖廟可祭孔，多借學校充之刪：「28日正午」	增6行，刪6字
中段12	增：籲請為興建文廟踴躍捐資。	佔6行
末段12	增：評謝氏此行之貢獻及**為臺爭光**之事蹟。	佔16行，約1/7

　　同理，對於沿途各大城市的歷史、地理、地景、氣候、市誌、地方特徵等，譯者也悉予刪除，想來應是考量到日本讀者無需閱讀此類常識性背景知識之故。此舉也明確反映出，小野無須宣傳內地，且對於讀者圈的設定與認識早有定見，與原文作者是截然不同的訴求。同時，也說明了《臺灣日日新報》的漢文與日文版讀者群體，其核心屬性是臺日分明的。

四、小野西洲與謝雪漁的交集

本文譯者小野西洲是臺灣日治時期法院通譯，從事日臺語通譯長達42年。至日治結束（1945年6月底），他達到法院通譯前所未有的最高位階──四等四級（三級俸）。小野一生在臺跨越不同職種（法院、銀行、警察），且持續大量知識生產，是留下珍貴語文資產與人事線索的重要譯者。

翻譯〈內地遊記〉之際，小野西洲早於1919年受到臺灣銀行副頭取（總裁）中川小十郎（1866–1944）賞識，以及《臺灣日日新報》主筆尾崎秀真（1874–1952）推薦，於同年5月離開法院，進入華南銀行任職於文書課，並擔任總經理林熊徵（1888–1946）的通譯。[17]小野在銀行任職初期作品相對較少，[18]本文可說是他當時唯一的長篇譯作。這一點，也是這篇譯文執筆動機份外引人好奇之處。

而出身臺南的謝汝銓（1871–1953），字雪漁，號奎府樓主，原籍福建泉州。據其親筆履歷等資料，[19]他少從蔡國琳（1843–1909），與林湘沅（1870–1924）等同窗（後共創瀛社），[20]光緒十八年（1892）取得生員資格（為臺南末代秀才）。1895年，問學於表兄臺南進士許南英（1855–1917），[21]並追隨許氏於劉永福興辦之臺南團練局加入抗日行動。

17　時任臺灣銀行副總裁的中川小十郎，後於1920年8月升任頭取。詳參小野西洲：〈自叙漫言〉，頁81–88。

18　據筆者建置之小野西洲作品語料庫，小野西洲1922年3月20日至4月5日僅在《臺灣日日新報》連載〈支那文化與民族性〉漢文評論10篇；1923年則僅有和文，而無漢文作品。該年3月才開始撰寫兩篇遊記，6月則推出日臺風俗比較及時事相關等系列文章。

19　參《臺灣總督府公文類纂》（000095690450217）第9565冊第45件第3張、第3752冊第89件第7–8張（000037520890448-9）、第4465冊第51件第5張（000044650510218）等謝氏履歷書。

20　林湘沅本名林馨蘭，字湘沅，又作湘遠、湘畹，活躍於日治詩壇，為「南社」創始人之一。少好吟詠，與賴文安、羅秀惠等，受教於臺南舉人蔡國琳。18歲中秀才。26歲（1895），舉家返回泉州老家。三年後感於在臺三代基業無法輕捨，乃又遷回臺南，於鄉間開設私塾。曾先後擔任《全臺日報》、《臺南新報》記者，1900年移居臺北後，擔任《臺灣日日新報》漢文部記者。

21　許南英，字子蘊，號蘊白或允白，別號窺園主人。原籍廣東，先代卜居臺南，1890年獲進士。1891年在臺南創建崇正社，乙未之役戰敗，回到廣東（感謝審查人指出應參酌《窺園留草》記其返粵）。1897年連雅堂創立浪吟詩社後，許亦多與臺南詩人唱和往來。日治後，1912、1916年兩度來臺。期間與南社、瀛社、桃園、竹社、櫟社等諸多詩友往返。1913年廈門鼓浪嶼菽莊花園建成，林爾嘉廣邀詩文同好組「菽莊吟社」，許南英亦常參與盛會。引自「全臺詩知識庫」。

日治兩年之後，他以26歲之齡進入日本學校。1897年4月，以甲科生資格受臺南知事舉薦入國語傳習所，一年後畢業（1898年3月）。其後，任臺南縣僱員僅一月（5–6月），進而於1898年6月至1901年3月就讀國語學校，畢業後留校任舍監。1901年4月任職於總督府民政部學務課。1901年10月入臺南縣警察部警務課。1902年3月擔任臺南廳通譯囑託。同年6月舉家遷往臺北，擔任警察官及司獄官練習所教務囑託。從他26歲才開始學習日語，且僅接受四年日語教育看來，可以推知他的漢文應是遠勝於日語的。[22]

1905年3月出任《臺灣日日新報》編輯員（後任記者），7月該報擴增漢文欄遂受任為主編。1909年3月與林湘沅、洪以南（1871–1927，首任社長）等共創瀛社，謝氏為副社長。[23] 1927年5月洪逝後，由謝繼任社長。1912年3月至1912年10月赴馬尼剌漢字新聞《公理報》擔任主筆。1912年11月返臺後擔任國語學校教務囑託。1913年7月，任稻江信用組合副組合長。1914年，任臺北防疫組合理事。1920年10月至1922年擔任臺北市協議會員。1921年3月受賜紳章，同年6月被命為臺北市學務委員及財務調查委員。1922年10月「蒙臺灣總督府選派為學者代表，上京參列湯島聖堂孔子大祭」。1924至1929年出任臺北州協議會員。上述期間，他的活動場域從報社與詩社逐漸邁向政經界，且頗受矚目。[24]

以下，綜合謝氏作品、相關史料、文獻資料等，製作其生平年表。以利研究謝氏之教育與職業變遷、社會與文化活動，及其交友等群體關係。

---

22 事實上，現存的謝雪漁文章僅有漢文，未見和文。

23 洪以南，曾祖於道光年間自泉州移往臺北，經營米郊致富。1895年，內渡晉江，參加童試，補弟子員，後攜眷返臺。1897至1901年，曾任臺北縣辦務署參事，1897年授佩紳章，後歷任艋舺保甲局副局長、臺北廳檢驗疫員、臺北協會臺北支部評議員、臨時臺灣舊慣調查會囑託、臺北廳參事等職。洪善詩文，詩書俱佳，能畫蘭竹，且家饒於貲，乃蒐集各地散佚圖籍、碑帖、文物，購達觀樓以貯之，為北臺著名藏書之所。1909年與謝汝銓等共創瀛社，受推為第一任社長，時與當道相唱和。著有《妙香閣集》。

24 臺灣光復後，謝雪漁曾任臺灣省通志館顧問委員會委員。著有《奎府樓詩草》三卷，《詩海慈航》二卷附《蓬萊角樓詩存》一卷，今有龍文書局將《詩草》與《詩存》合印，總名《雪漁詩集》。另有《周易略說》，未刊。引自張子文：〈謝汝銓（雪漁）〉，張子文、郭啟傳、林偉洲（編）：《臺灣歷史人物小傳——明清暨日據時期》，頁767–768。

表9.3 謝雪漁生平年表

日期		簡歷	出處
1871	08.15	謝汝銓 (字雪漁，號奎府樓主) 出生，原籍地為臺南縣臺南油行尾街四番戶	《M.35 履歷書》
1877	01	從父親謝時泰修習漢學，至1886年12月	《M.35 履歷書》
1881	04	前清文學試驗秀才及第[25] (10歲)	《T.12 履歷書》
1887	01	就讀蔡國琳之私立學校至1892年12月	《M.31 履歷書》
1887	01	任海東崇文蓬壺三書院官課師課試驗共得千五百餘圓賞與，至1894年12月	《M.31 履歷書》
1892	05	受臺灣巡撫部院兼提督學政試驗，取得生員資格 (21歲)	《M.31 履歷書》
1893	01	於鳳山梓官庄擔任書房教師，至12月	《M.31 履歷書》
1895	01	於臺南市打銀街開設漢學私塾	《M.31 履歷書》
1895	/	輔佐臺南進士許南英興辦團練抗日	《國家圖書館臺灣記憶》
1897	04.01	臺南國語傳習所入學	《M.31 履歷書》
1898	03.28	臺南國語傳習所畢業	《M.31 履歷書》
	05.09–06.04	任命受僱於臺南縣，月俸12圓，6月4日解僱	《M.35 履歷書》
	06.10	臺灣總督府國語學校入學	《M.35 履歷書》
1901	03.30	臺灣總督府國語學校畢業 (30歲)	《M.35 履歷書》
	04.05–10.02	臺灣總督府民政部學務課勤務，月俸25圓。期滿解僱	《M.35 履歷書》
	10.17	任命受僱於臺南縣警察部警務科，月俸22圓	《M.35 履歷書》
	11.10	給與職務格別勉勵慰勞津貼11圓	《M.35 履歷書》
	11.11	因臺南縣廢縣而解僱	《M.35 履歷書》
1902	02.28	任命為臺南博物館看守人，月俸15圓	《M.35 履歷書》
	03.15	臺南廳通譯事務囑託	《M.35 履歷書》
	06	臺灣總督府警察官及司獄官練習所教務囑託	《T.12 履歷書》
1905	03	派任臺灣日日新報社編輯員	《T.12 履歷書》
1909	03	與林湘沅 (馨蘭)、洪以南 (任社長) 共創瀛社，並任副社長	《國家圖書館臺灣記憶》
1912	03	被依囑米領馬尼剌漢字新聞公理報主筆 (41歲)	《T.12 履歷書》
	10	辭公理報主筆歸臺	《T.12 履歷書》
	11	臺灣總督府國語學校教務囑託	《T.12 履歷書》

---

25 1881年4月考上秀才，1892年5月取得生員資格。按生員即秀才，必須經過縣試、府試、道試才能成為秀才、生員。10歲就考上秀才，真是天才。(此處援引審查人按語，感謝賜教！)

日期		簡歷	出處
1913	07	任命為臺灣日日新報社編輯員	《T.12履歷書》
1917	05.15	創立以公學校畢業生為對象且夜間授課之「大正書院」及晝間授課之「大正書房」，原定各招20名，但62名入學。課程為實用之簡易商學科，束脩年12圓，謝氏出任院長[26]	《臺灣日日新報》1917.05.03、1917.05.05、1917.05.06、1917.05.07、1917.05.10、1917.05.14、1917.05.17
1917	09	被選任為稻江信用組合副組合長	《T.12履歷書》
1918	/	被選任為臺北防疫組合理事	《T.12履歷書》
1920	10	被任命為臺北市協議會員，至1922年	《總督府職員錄》
1921	03	受賜紳章（50歲）	《T.12履歷書》
	06	被任命為臺北市學務委員	《T.12履歷書》
	06	被任命為臺北市財源調查委員	《T.12履歷書》
1922	10	蒙臺灣總督府選派為學者代表上京參列湯島聖堂孔子大祭	《T.12履歷書》
1923	04	皇太子殿下御渡臺，蒙御恩召為學者賜御菓子	《T.12履歷書》
		皇太子殿下御恩命，在臺北御泊所賜御茶葉	《T.12履歷書》
1924	/	被任命為臺北州州協議會員，至1929年	《總督府職員錄》
1928	11.10	出任週刊漢文新聞《昭和新報》主筆	《臺灣日日新報》1928.10.24
1935	05	任《風月》主編，[27]經年餘，以資乏輟刊；後易名《風月報》，[28]初期亦任主編（64歲）	
1953	/	逝世，享年83歲	《國家圖書館臺灣記憶》

---

26 據1917年5月6日《臺灣日日新報》披露，小野西洲擔任該書院國語科「文法語法」課，謝汝銓教授漢文科及兒童之修身課，葉練金擔任習字指導。參〈大正書院續聞〉，《臺灣日日新報》，1917年5月6日。又據5月14日該報報導，大正書院院長為謝汝銓，葉練金、楊佐仲、張友金為幹事。

27 《風月》於1935年5月9日至1936年2月8日止，共刊行44期，由臺北大稻埕地區的舊文人組織「風月俱樂部」發行，逢每月之三、六、九日發刊，每期版面篇幅為四頁。

28 《風月報》刊行於1937年7月20日至1941年6月15日。是1937年報刊漢文欄廢禁後臺灣唯一的漢文刊物。就1939年1月1日第77期〈卷頭語〉看來，謝氏對於皇天可說歌功頌德備至。如「…皇威遠震，帝澤頻加，恭逢盛世，喜迓春禧。」此外，同期另有一篇長達3頁的〈乃木將軍之逸事〉。而1940年1月1日第100期〈卷頭語〉更有「本年為我皇祖神武天皇。扶桑建國。踐祚橿原。恩被四海。威震八紘。萬世一系。皇統綿綿。國運隆隆……」等。

從以上年表可知，謝雪漁在前往日本旅遊之前，早有在菲律賓報社擔任主編之海外經驗。除了漢詩文學養出眾之外，還擔任過新聞記者、報社編輯、政經社團幹部等要職，可說是社會歷練豐富、見多識廣的現代知識分子。

而小野西洲與謝雪漁之間雖有13歲的落差，但小野追隨謝氏習詩文長達十餘年，兩者在人物往來上頗見交集。尤其，從文本內容的比對可知，他們之間的人脈交會，和譯者解讀原作與重構譯作的視角是無可分割的。就其間的時空交錯關係等看來，大致可從四個面向加以觀察，即臺南地緣、漢詩文圈、報刊媒體、警察勢力。

1. 臺南地緣

小野西洲初學臺語雖在臺北（1899–1904），但服兵役後首度落腳之處卻是臺南。他也因而藉機拜入名師門下勤學漢詩文，而這在當時全臺大概也只有人文薈萃的臺南才有此條件。據其〈自敘漫言〉披露，他在臺南（1907–1911）拜入南社詩人趙鍾麒（1863–1936）門下學習漢詩，漢文則以南社前清秀才邱及梯（生卒年不詳）為師。[29] 當時，他每日成詩一首並要求趙師批閱，北返之後仍時時請益、學習不輟。此外，小野亦自陳，東海散士《佳人之奇遇》（1918）等漢文譯作，大都由邱及梯加以斧正。其中多數作品於1917至1919年間，刊登於邱及梯也經常投稿的《臺灣時報》上。[30]

小野的漢詩作品披露於1908至1919年間，從其主題內容及數量分布可知，1911至1912年是他離開臺南後的兩年，也是他漢詩主題與數量皆達顛峰的最盛期，與舊友吟詠唱和或表露感懷最多的也莫非臺南與當地詩友。可見，他在臺南與漢詩人的交往十分密切，且惺惺相惜。由

---

29 小野西州：〈自敘漫言〉，頁85。
30 《臺灣時報》由社團法人東洋協會臺灣支部發刊，設於臺北。發刊於1909年1月至1919年6月。

於他在臺南期間，正是南社初創時期，[31] 詩社活動蓬勃，詩人之間往來頻繁。而與南社詩人關係密切的臺南既有詩社——浪吟詩社首任社長許南英，正是謝雪漁的表兄。

而〈內地遊記〉中提到的幾位文人，大都是謝雪漁的臺南同鄉。似乎，小野與他們之間也有相當的交集。例如定居神戶但謝氏造訪時已不在人世的石秋君——謝維巖（1879-1924，號石秋），[32] 就是浪吟詩社的核心成員。小野也在文末自行增添了一段呼應謝氏緬懷舊友的慨嘆，並稱自己與石秋君神交十載，可見交情絕非泛泛。

據小野的「自叙漫言」顯示，他於20幾歲時曾將櫻井忠温的「肉彈」全篇譯為漢文，後登載於《臺南新報》。[33] 而謝石秋正是1906-1918年該報漢文欄主筆，可見兩者之間必有交集。尤其，從文本與人脈看來，臺南是小野西洲漢詩文的孕育之地，也是其師承的源頭；而漢詩文寫作更是他終生的愛好與寄託。[34]

2. 漢詩文圈

日治初期詩社以臺南為重鎮，除了創設最早之外，臺南出身的詩人隨其生活重心北移，逐漸成為臺北詩社的重要成員。同時，由於與總督府的地緣之便，詩社成員的文化與社會資本的聚合，可說極其迅速而顯著。尤其，透過總督府對於詩社活動的大力提攜，以及官方媒體刊物對於漢詩的積極披露，更將傳統文人最為自負的漢詩，賦予了崇高而廣受敬重的地位。

---

31 「南社」由連雅堂1906年於臺南邀集趙鍾麒、謝石秋、楊宜綠等創立，初始不設社長，為一鬆散組織，後社員增加，始具規模。1909年選出第一任社長蔡國琳後，依序由趙鍾麒（雲石）、黃欣、吳子宏擔任社長，社員作品多刊載於《臺南新報》。1906-1937年為其主要活動期。

32 謝維巖於1891年中秀才，是年與許南英、蔡國琳、趙鍾麒等人共組「浪吟詩社」。

33 臺灣歷史博物館於2009年刊行之《臺南新報復刻本》，僅納入1921年5月至1937年1月。

34 小野戰後返日，依然寫作漢詩。感謝小野道光先生惠賜其戰後作品，謹藉此致謝！

　　事實上，明治時期的日本知識分子多具漢詩文素養，但與前清讀書人的漢詩文功底相較之下，自是深感敬佩折服。這也形成了殖民者在統治上雖具優勢，但在文化上臺籍文人卻可取得明確的優越性。而這份文化共同性，也削減了部分臺籍文士對於日人治臺的排斥感。尤其，隨著日治的長期化，對於臺籍讀書人而言，與其無謂抵抗不如換取尊重，而取得一定的社會與文化位置，或許更能發揮回饋社稷的力量。

　　就統治手腕而言，臺灣總督府開始體認到漢詩文可望成為與臺灣仕紳異中求同的途徑。因而，藉由對詩社組織的贊助、對其成員的招待，以及透過年節慶典或指標性活動中的刻意安排，以表達對臺籍文人的善意。

　　而小野西洲所處的位置，正是公私兩便的情況。於私，他原就熱愛漢詩，終日做詩撰文不輟，南社主要成員趙鍾麒、邱及梯更收他為門生，為他的漢詩文時加斧正。於公，小野在法院與銀行的角色也日益活躍，後者甚至由於他的漢文能力，受到臺灣銀行總裁的賞識與器重。1919年日華臺合資創辦「華南銀行」時，力薦他進入該行擔任中國與南洋的文書業務。直到1932年他才離開華南銀行（仍續任囑託至1934年底），返回法院擔任通譯。[35]

　　從小野的著作生產脈絡看來，他的漢詩見於1908至1919年（210首；[36] 1911至1912年為其高峰，共計108首），漢文譯作集中於1917至1818年（54篇），[37] 漢文創作則橫貫1906至1930年（491篇；時事、評論最多，共計396篇）。漢文高峰期是191至1918年，前者計有154篇（含漢文譯作7篇）；1918年則有128篇（含漢文譯作45篇）。由其文類與內容可以推知，小野漢詩文作品的潤飾修正，與他長期親近的臺籍文士必然發揮了重要的功能。

35　筆者2015年7月於京都親訪小野西洲長女淑子及幼子道光先生時，曾詢及小野何以要從華銀返回法院任職。他們一致表示是他們母親的意向。而小野為退休後讓妻兒生活較有保障，故選擇從華銀返回法院任職。此事是他所有文章中皆未為提及者，故紀錄於此，以供參閱。

36　漢詩之計算方式，以一詩為一筆計，則為232筆。若以詩篇主題為基準，則為210首。

37　1919年僅作一篇漢文，登載於1919年10月15日《臺灣時報》。

　　以1917年為界，在此之前的作品集中於漢詩，此後則以漢文居多，1923年之後則以日文與日漢譯書為主(751篇)，[38]可説日益多產！從小野1911年離開臺南到1919年轉往華南銀行之前，以漢詩文為核心的作品數量極多。尤其是1917至1918年間，在時事(51＋0)、評論(51＋67)、歷史人物(28＋1)等環繞時局與日臺文化等主題的展現，[39]這兩年的作品總量就佔了整體的57.43%。這些特定且密集的漢詩文生產，若非特定文士的潤飾與編輯等襄助之功，不應僅出現於特定時期才是。[40]

　　再舉一證為例。1934年10月31日謝雪漁在《臺灣日日新報》「詩壇」欄贈詩小野，並在詩前撰文：「小野西洲君從余研究漢學及臺語十餘年不倦，造詣甚深。此次榮陞高官補高等法院通譯，蓋虛此位以待君久矣。喜而為賦一章以贈。雪漁 謝汝銓」。詩曰：「十五翩翩年少時，立誠居業謹修辭，法曹喉舌一官重，海嶋勳名千載期，羊續懸魚慚府吏，馬融施帳詡經師，人情休笑半張紙，藉表微忱只此詩。」

　　此詩中段頌揚之詞繁複，結尾卻失之情意虛弱，似有人情酬酢的痕跡，但至少反映出兩人交情久遠，對於對方知之甚詳的背景。其實，兩人早在1917年5月創立「大正書院」之際，即有合作之誼。當時，由謝氏出任書院院長，小野西洲擔任該書院國語科「文法語法」課，謝氏更教授漢文科及兒童之修身課。而小野在漢詩文上長期跟從謝氏之餘，終於學有所成，在日臺語翻譯事業上達到高等法院「虛位以待」的程度，並逐步晉升至高等官通譯的最高位階。

　　由此可知，臺灣日治時期透過漢詩文的傳承與發揚，無論日臺籍文士都出現透過文化資本，轉換為社會資本，進而開創更高位階的機會。而他們之間的相互提攜，似乎也有跡可循。甚至，因而創造了一個彼此成就的文化平臺，並藉此建構了一個共存共榮的融洽空間。

38　若以1923年1月1日為界，此後共計636篇日文，佔日文作品總量的84.69%（含譯作）。

39　(＃＋＃)中在前的數字表示1917年著作量，在後者則為1918年之著作量。

40　1919年5月小野離開法院轉入銀行，該年漢文作品僅34篇，仍以評論最多，佔27篇。

3. 報刊媒體

這次內地遊歷的成行，《臺灣日日新報》社長赤石定藏（1867–1963）事前對官方的穿針引線可說居功甚偉。而後來原文與譯文同在該報披露，更與作者、譯者、贊助者在該報乃至媒體的影響力，有著十分密切的緣故關係。[41]

小野西洲渡臺期間，從臺南法院時期學習漢詩後即開始投稿，持續到任職臺北法院通譯，乃至轉任華南銀行時期，一直都與各地報刊媒體的漢文欄主編時有往來。如《臺南新報》主編謝維巖、《臺灣日日新報》1901–1922年漢文主筆尾崎秀真等，[42]都與他有相當的私誼與交情。

根據小野西洲昭和21年（1946）返日後自撰之「履歷書」，提到他與臺灣各報社的關係時自陳：「30年間持續受囑託擔任臺灣日日新報、臺南新報、昭和新報、[43]臺灣時報等各新聞之日文及漢文編輯」。依此推算，可知他從1915年起，即長期活躍於臺灣各地之主要報刊，並擔任日漢文編輯等重要職務。對照其文章見報的頻率與數量，他在當時主要媒體的地位，可說是無庸置疑的。

而對照謝氏年表，自1905至1937年間，無論是第一大報《臺灣日日新報》、或是由臺灣仕紳共同創立的漢文週刊《昭和新報》，謝雪漁經常以漢文版主筆的姿態出現。從謝氏縱橫各大報刊的經歷顯示，他在漢詩文群體的領袖地位，乃至詩文的媒體曝光程度，可說少有人能出其之右。

此外，1928年10月《昭和新報》獲准在臺北創辦，週六出刊。持股人分布全臺，計有臺北的辜顯榮、許丙、林熊徵、謝汝銓，及鄭肇基（新竹）、顏國年（基隆）、簡朗山（桃園）、許廷光（臺南）、藍高川（高

41　謝氏原文第五篇（刊於1922年12月1日），10月23日抵達神戶後，謝氏曾到郵局發了三封報平安的電報。一為赤石社長，一為顏雲年兄，一為長子師熊。可見緣故密切！

42　尾崎秀真（1874–1952），1901年任《臺灣日日新報》記者兼漢文版主筆。1922年4月自該報退職。其後，轉任臺灣總督府史料編纂委員會編纂。1935年出版《臺灣文化史說》。在臺長達40餘年，在書畫與文化界影響力極大。

43　1928年謝氏擔任該報主筆。

雄）、陳啟貞（高雄）等人。而小野不僅與前述文人群體熟識，且是極少數足以擔任編務的日籍文士，又在華銀擔任林熊徵的通譯，更與顏國年兄長顏雲年相熟；小野在日臺名士間的位置與角色，因而顯得格外微妙，且又莫名地突出。

此一媒體中的菁英群體，由於其中的官方色彩與操控力量，相對於詩社與地緣等性質，顯然已屬全臺性與中央層級的位階。為此，這類報刊往往需以日漢語為媒介才能深入各界，操持者自需嫻熟日漢語文才能奏功。更重要的是，他們的言論尺度必須符合總督府政策方針的規範才得以發聲。而如此層層篩檢之下，此一群體的同質性特徵，藉由相關文本與群體屬性的精細梳理，可望能略見真章。

4. 警察勢力

謝氏一行前往日本的送行陣仗，包括了總督秘書官尾間立顯（生卒年不詳）、臺北州知事代理山田孝使（臺北州知事官房文書課長）（1874–？）、內務部長田阪千助（1884–？）、橫澤次郎（1865–？）、總督府總務長官賀來佐賀太郎（1874–？）等官員，以及新竹州協議會員小松吉久（1867–？）、臺北州協議會員木村匡（1895–1925）、許梓桑（1874–1945）等。官方的贊助人角色可說十分鮮明。

至於，官方對於文人群體的政治性篩選，警察力量的介入更是實質而關鍵。這是因為此一文化群體的產生，其過程和警察機關之間根本難脫干係。就人物經歷而言，謝雪漁、小野西洲、趙鍾麒等以文筆見長的漢詩文群體，[44]無論日臺籍大都有過一段與警察單位打交道的經歷。以本遊記為範疇，可梳理如表9.4。

44　根據陳韶琪製作的趙鍾麒年表顯示，趙氏於1896年擔任過憲兵隊傭員，同年才擔任臺南地方法院通譯事務囑託，並推論指出兩者之關連性。陳韶琪：〈跨涉「譯者」的漢詩人——日治時期法院通譯趙雲石與日本文人的交遊網絡〉，《台灣風物》70卷第2期（2020年6月），頁19–61。

表9.4 日臺漢詩文圈之警政相關經歷

日臺文士	年/月	警務相關經歷	資料來源
趙鍾麒 （1863–1936）	1896	兵器追繳委員；憲兵隊傭員，閩南語教師	《臺灣列紳傳》
	1896	臺南地方法院通譯事務囑託	《總督府職員錄》
李種玉 （1856–1942）	1895.08.04	臺北保良總局評議員	《總督府公文類纂》
	1897.04.19	拜受**紳章**	《總督府公文類纂》/ 《履歷書》
	1898.09.17	臺北臨時保甲總局評議員	同上
	1898.09.20	地方稅調查委員給予慰勞金拾圓	同上
	1989.10.14	興直堡二三重埔臨時保甲分局長	同上
	1899.03.01	興直堡二三重埔經常保甲局長	同上
		興直堡二三重埔壯丁團團長	
	1899.08.31	臺北師範學校教務囑託 給予手當金一箇月參拾圓	同上

日臺文士	年／月	警務相關經歷	資料來源
許廷光 (1860–1929)	1896.10–11	臺南縣土匪謀襲之探查	《總督府公文類纂》
	1896.11	赴鳳山勸誘土匪歸順	《總督府公文類纂》/ 《T2履歷書》
	1897.02	列入臺南教育會員	1897.12.01
	1897.04	蒙臺灣總督府賞賜**紳章**	《履歷書》
	1897.05	舉祀典董事	
	1897.10	列赤十字社員	
	1897.12	任臺南縣參事	1913.01.01《履歷書》
	1898.5.7	月手當四十圓下賜（臺南 縣參事許廷光）	1913.01.01《履歷書》
	1898.7	赴鳳山及阿猴（土匪調查）	1913.01.01《履歷書》 /《T2履歷書》
	1898.12.6	赴阿猴（勸誘土匪林少貓 之歸順）	同上
	1899.1.7	赴潮洲庄（探查土匪襲擊 後之狀況）	同上
	1899.2	赴阿公店（探查軍隊討伐 後之民情）	同上
	1912.8	參事晉京（桃山祭拜）	《臺灣列紳傳》
	1915.6	欽定**藍綬褒章**，1915年11 月參候京都	1915.06《臺灣總督府 報》
	1920.12	臺南州州協議會員	《總督府職員錄》
	1921–192	總督府評議會評議會員 （1921年成立，除指定官 員外，臺灣人士亦被指定）	《全臺詩》/《職員錄》
	1923.6	與辜顯榮、林熊徵、李延 禧等發起「臺灣公益會」， 以圖對抗臺灣文化協會， 後又加入「有力者大會」， 與林獻堂組織之「無力者 大會」對峙	《臺灣列紳傳》

日臺文士	年／月	警務相關經歷	資料來源
謝雪漁 (1871–1953)	1901.10.17	臺南縣警察部警務科，月俸22圓	《M37年履歷書》
	1902.06	臺灣總督府警察官及司獄官練習所教務囑託	《大正12年履歷書》
	1905.03	派任臺灣日日新報社編輯員	《T.12履歷書》
	1912.11	臺灣總督府國語學校教務囑託	《T.12履歷書》
	1913.07	任命為臺灣日日新報社編輯員	《T.12履歷書》
	1920.10	被任命為臺北市協議會員（至1922年）	《總督府職員錄》
	1921.03	受賜**紳章**	《T.12履歷書》
	1921.06	臺北市學務委員、臺北市財源調查委員	《T.12履歷書》
	1922.10	選派為學者代表上京參列湯島聖堂孔子大祭	《T.12履歷書》
	1923.04	皇太子殿下御渡臺，蒙御恩召為學者賜御菓子	《T.12履歷書》
	1923.04	皇太子殿下御恩命，在臺北御泊所賜御茶葉	《T.12履歷書》
	1924	被任命為臺北州州協議會員，至1929年	《總督府職員錄》
小野西洲 (1884–1965)	1924–1932	歷任「警察官司獄官練習所」託講師	《昭和2年履歷書》
	1932–1945	12年間持續擔任臺灣總督府警察語學試驗甲種委員	《S2履歷書》
	1934.10.19	晉升為七等六級高等官	《總督府職員錄》
	1934.12	任高等法院通譯高等官（閣）	《S2履歷書》
	1935–1945	警察及刑務所職員語學試驗委員任命狀（警警親第198號）	《昭和9年12月28日派令》
	1908年起	37年間持續擔任警察講習資料雜誌主幹	《S2履歷書》

備註：小野西洲昭和2年（1927年）《S2履歷書》為其親筆所撰。

就表9.4的人際脈絡而言，趙鍾麒與小野西洲有師生之誼，李種玉與許廷光則和謝雪漁同受總督府招待共遊內地。趙鍾麒、許廷光、謝雪漁都是臺南出身，趙鍾麒次子雅祐（1900–1974）和許廷光長女香菰日後結為夫妻，成為兒女親家。[45]而許廷光早在此行之前，於1912年與1915年奉派參事晉京並往桃山謁陵，參候京都，地位備極尊榮。

從他們與警察機關有過牽涉之後的公部門任職際遇可知，官方對他們的共同作為即是加官進爵或授以厚祿（參見表9.4粗體處）。對於總督府而言，能夠通過言論管制且為當局信任者，唯有兩類途徑。一為熟諳漢文的日籍官吏，另一則為通過當局檢驗的臺籍人士。而這兩類人物，皆須通過警方的任用或考察後，才有可能成為官方力捧的文士，甚至進而成為官方喉舌。

若以高等法院月刊《語苑》主編為證，法院通譯群體中的歷任高等官，無不與警界關係密切，甚至成為其晉升關鍵。[46]至於臺籍人士迄今並無確切證據可資驗證，但若對照法院通譯的晉升之路，向警察機關靠攏並取得信任，可說是日臺籍文士向上流動的共同法則，亦可說是兩者的必經之路吧！

而就報刊雜誌而言，凡見報的詩文，無有不經檢閱者。尤其對於漢文出版，更是嚴加管控。1900年《臺灣新聞紙條例》與《臺灣出版規則》等法令，規定報紙或雜誌需送兩份至當地主管機關送檢通過後始得發行。[47]對照前述漢詩文群體與報刊雜誌，無論人物或刊物之言語行動，何能例外？

從以上四個面向看來，漢詩文可說是這個日臺群體的共同文化底蘊，報刊媒體則是展現其文化素養的共同舞臺。然而，在情感凝聚上，

---

45 陳韶琪：《日治時期法院通譯趙鍾麒研究——跨涉譯界的漢詩人》（輔仁大學跨文化研究所博士論文，2021），頁82。

46 詳參本書第8章。

47 參見蔡佩玲：《「同文」的想像與實踐：日治時期臺灣傳統文人謝雪漁的漢文書寫》（國立政治大學中國文學系碩士論文，2009）。

古都臺南扮演了懷舊的情分，臺北則成為日臺文人日常活動的共同場域。從統治當局的佈局而言，由臺籍文人中的詩社領袖挑選出足孚眾望者，再經考驗其忠誠後加以納入旗下，並逐漸扶植成為臺人的意見領袖，且兼有官方喉舌的角色。而小野西洲的翻譯，或可視為當局檢驗謝雪漁的過程之一。若是如此，小野譯文中的諸多抬舉，乃至增添不少名人加持，甚至竟未以祭孔大典為譯文主軸等異常的介入手法等，似可藉此得到幾分合理的解釋。

五、作者與譯者的內地遊記

小野西洲旅臺44年期間，除了這七篇〈內地遊記〉譯作與在臺旅遊等零星之作以外，[48]也曾在《臺灣日日新報》兩度披露其內地長篇遊記。關於刊載期間、篇數、內容、旅遊背景，乃至所用筆名等，各篇整理如下：

表9.5 小野西洲的內地遊記主題內容

刊載期間	篇數	主題／內容	旅遊背景	筆名
1927.07.30	1	信濃丸の三等室から	1927年7月18日單獨返鄉	西洲生
1927.08.16	1	門司に上陸して 最初の印象	通關印象及船中所見	西洲生
1927.08.18	1	耶馬溪の懷舊	返出生故居恍如隔世	西洲生
1927.08.21	1	美しき 鄉風	故鄉教育、美德及知名人物	西洲生
1927.08.22	1	世界の樂園 別府溫泉	–	西洲生
1927.08.23	1	鬼熊狩の大騷	描述當地風俗	西洲生

48 小野西洲的遊記全數刊登於《臺灣日日新報》。如，1923年3月24日至25日登載上下2篇〈石觀音詣で〉，描述前往中壢郡觀音庄拜謁石觀音並轉述其傳說。該篇以「西洲」之名投稿，是刊載日期最接近〈內地遊記〉譯作的作品。此外，1918年7月28與30日，各有4篇以新竹、苗栗等地為題材。1915年7月28日則有與臺北覆審法院檢察局長官同往陽明山踏青的〈草山紀行〉。兩者都以「小野西洲」為名投稿。

刊載期間	篇數	主題／內容	旅遊背景	筆名
1927.08.25- 1927.08.27	3	別府溫泉 日本新八景・上 中下	–	**小野西洲**
1927.08.30	1	**瀨戶內海を往來して**	由別府乘紫丸號往大 阪	西洲生
1927.08.31	1	大阪一瞥　不思議の邂逅	大阪街頭巧遇表親	西洲生
1927.09.1	1	**桃山御陵に參拜して**	–	西洲生
1927.09.02	1	宇佐八幡に參詣して	–	西洲生
1932.10.02– 1932.11.10	**16**	**內地遍路記**	–	–
1932.10.02	1	內地遍路記（一）	耶馬溪の傳	小野西洲
1932.10.04	1	內地遍路記（二）	農村の窮狀	小野西洲
1932.10.05	1	內地遍路記（三）	火の消えた別府	小野西洲
1932.10.06	1	內地遍路記（四）	別府の鳥瞰	小野西洲
1932.10.07	1	內地遍路記（五）	大分の一瞥	小野西洲
1932.10.09	1	內地遍路記（六）	鐘乳洞の探勝	小野西洲
1932.10.12	1	內地遍路記（七）	別府より高松まで	小野西洲
1932.10.13	1	內地遍路記（八）	金刀比羅詣で	小野西洲
1932.10.15	1	內地遍路記（九）	金刀比羅の靈驗	小野西洲
1932.10.16	1	內地遍路記（十）	札所巡りの話	小野西洲
1932.10.20	1	內地遍路記（十一）	屋島の懷古	小野西洲
1932.10.21	1	內地遍路記（十二）	栗林公園を觀る	小野西洲
1932.10.25	1	內地遍路記（十三）	**京都の一日**	小野西洲
1932.10.28	1	內地遍路記（十四）	京都の臺灣學生	小野西洲
1932.11.09	1	內地遍路記（十五）	奈良の牝鹿	小野西洲
1932.11.10	1	內地遍路記（十六）	奈良より**門司**まで	小野西洲

　　從表9.5可以看出小野前述遊記，與〈內地遊記〉譯作相較，部分主題內容頗有神似之處。例如，以「門司、瀨戶內海、桃山御陵、京都的一日」等為題或關鍵詞的文章，是否令人有似曾相識之感？其實，謝氏

〈內地遊記〉原作並未設標題，七篇譯作的標題都是小野西洲代為冠上的。而距出刊五至十年之後，小野似乎依然鐘情於〈內地遊記〉裡的舊有元素。而這些反覆出現的主題內涵，會被置入譯文，似也說明了譯者從譯文的生產，到後續紀行文的再生產，譯者所顯現的主體性與操控性，是持續存在且次第浮現的。

此外，小野西洲1923年的譯文與1927年的單篇遊記，都以「西洲生」為筆名，而1932年的系列作品〈內地遍路記〉則以小野西洲為名。經筆者統計其作品目錄，以「西洲生」為名者共計47筆。其中，隨筆19筆居冠，其次評論11筆，遊記則9筆。但以「西洲生」為筆名者，作品多具系列性。詳如表9.6：

表9.6 以「西洲生」為筆名的作品主題類別

刊載日期	類別	作品題目	刊名
1910.05.15、1910.6.15、1910.8.15	教材	玉手箱：（其一）、（其二）、（其三）	《語苑》
1923.02.02、1923.02.03、1923.02.06、1923.02.07、1923.02.08、1923.02.09、1923.02.10	遊記	《內地遊記》を讀む：（一）－（七）	《臺灣日日新報》
1924.06.25	評論	成功の祕訣：（一）モアハウス主義を読む（5篇）	同上
1924.06.29	評論	成功の祕訣：（二）機會を捉へよ（6篇）	同上
1927.07.30、1927.08.16、1927.08.18、1927.08.21、1927.08.22、1927.08.23　1927.08.30、1927.08.31、1927.09.01、1927.09.02	遊記	信濃丸の三等室から～鬼熊狩の大騒　瀨戶內海を往來して～宇佐八幡に參詣して	同上

從表9.6可知，小野針對作品主題與類別，是採取同一筆名分布於同一系列作品的原則，這顯然是出於作者刻意安排與別有意識的結果。其中突出的反證即是表9.5。1927年8月25日至27日，有以「小野西洲」為名的〈別府溫泉 日本新八景〉上、中、下三篇文章，夾在8月中旬至9

月上旬，一系列以「西洲生」為筆名的返鄉作品之間。從筆名的脈絡看來，小野的〈內地遊記〉讀後譯文，顯然是一個獨立的翻譯個案。五年後的遊記亦然！只是，到了1930年代前後，小野披露於《語苑》的文章，就大都以小野西洲為名。而以這最為人知的名號，他寫下了588篇和文、385篇漢文、185首漢詩，以及39篇譯作。[49]

　　而另一值得注意的則是作品之間的互文性問題。小野1927年遊記中「瀨戶內海」、「桃山御陵」、「京都一日」的場景、構思、旅遊路徑等，與謝雪漁原文乃至小野譯文裡的〈內地遊記〉，頗有異曲同工的應和。透過表9.7的比較對照，可以印證謝氏原作、小野譯作、乃至互文性中的呼應之處。

　　根據小野西洲1932年11月《內地遍路記》第十六回〈奈良より門司まで〉提到，四年前(1927)曾為御陵參拜而返日，此行「追憶往時，難抑敬神之念」。可見，對於小野西洲而言，御陵參拜的意義是慎重深遠之舉。而另一方面，臺灣文士前往御陵參拜(謝氏原作中有三篇敘及桃山御陵)，在當時殖民統治下的象徵意義更是非比尋常。可以說，旅途景點的選擇或是旅遊的行為動機等，往往可見旅遊者彼此在價值判斷上的共同性。尤其，謝氏譯文的形貌規模是出於小野西洲的剪裁修整而形塑，故其互文性意義，可說皆由小野西洲所賦予。

　　然而，在旅遊仍屬稀有資源的年代，不僅境外旅遊機會有限，就連旅遊者的行路歷程，也不免出現複製前人經驗的傾向。例如謝雪漁的內地旅遊，就與李春生1896年的整體行程，乃至進入公園或博物館等觀覽主題與視角，都有若干前後呼應之處。因此，屬於時代性與社會意義的地景符號，仍應還原並歸於其時代與社會脈絡為宜。

49　以小野西洲為名的作品，依其文類及其披露刊物等，可分類如下。和文：《語苑》469、
　　《日日新報》119，共計588筆。漢文：《日日新報》297、《臺灣時報》88，共計385筆。
　　漢詩：《日日新報》170、《臺灣時報》15：共計185筆。譯作：《語苑》2、《日日新報》
　　33、《臺灣時報》4，共計39筆。

　　而小野日後的自撰遊記，究竟是複製謝雪漁的文思，抑或出於某種價值基準與選擇，以致作品中呈現的主題（京都一日）、景點（桃山御陵、音羽之瀧）、場景（夜半甲板徘徊）、構思（音羽之瀧、石筧穿水）、路徑（步登坂路、自御陵下乃木神社）、感懷（乃木神社內低徊不去）等，皆有高度相似之處。尤其，小野對於謝氏的京都記遊刪除的名勝古蹟不在少數，但對於「桃山御陵」與「音羽之瀧」卻情有獨鍾；雖難斷言文本間確切的脈絡勾連，但互文涵蓋了文章的形式結構及心境感懷等文本內外成分，想來應非無心之舉。盼藉由指出此一事證，待未來擴大文本類型與範疇時，再進一步探究其詳。

表9.7　謝雪漁與小野西洲的〈內地遊記〉互文性

〈內地遊記〉 （1922.11.30）	〈内海の風光〉 （1923.02.03）	〈瀬戸内海を往来して〉 （1927.08.30）	互文 重點
四　余愛波際漁燈，縱橫明滅…。船長自上層望樓下，見余一人獨立徘徊，謂余曰，夜深矣。	余は波間に明滅する漁灯を愛し夜半に至るも眠り得ず、独り甲板に在りて徘徊す。	僅かに夜半甲板を徘徊し何処か屋島か壇の浦か白峰の山かと山影を望み、海月を仰いで懐古の情を起こす…。	場景 構思
		夜半偷間上甲板徘徊，不知何處是屋島、何處是壇之浦、何處是白峰之山，遙望山影、仰視海月，不禁思古之情……。	（筆者自譯）下同

〈內地遊記〉 （1922.12.03）	〈京都の一日〉 （1923.02.07）	〈桃山御陵に参拝して〉（1927.09.01）	
六　飽食之後乃喚自動車一乘來，…五人同乘，恭赴桃山御陵。…在陵之前面下車，步登坂路，行約百武。	…の寓居に休憩した後、自動車を駆って桃山御陵に参拝せられた…。自動車は三十分位で御陵に到る、前方で下車し、坂道を登ること約百歩、	京阪電車に乗って、大阪天満駅を発したのは午後の三時過ぎであった、…	場景 路徑
		駅前から五分も経たぬまに自動車は御陵の下方に著くこれより徒歩にてや、上りそれから石段を登る試みに算へてみたが上の御庭まで二百二十九段あつた。	
		搭乘京阪電車，大阪天滿驛發車已逾午後三時。……自桃山驛前車行未及五分，至御陵下方始徒步拾級而上，石階共229級。	

〈內地遊記〉(1922.12.03)	〈京都の一日〉(1923.02.07)	〈桃山御陵に参拝して〉(1927.09.01)	
六　御陵下方(桃山驛附近)有乃木神社…順途亦往參拜。	御陵の下方にある乃木神社に参拝する…序に乃木神社にも詣でた。	それより山麓の乃木神社に詣つ御陵参拝の道路は小丘を切り割り…	路徑
		其後下山麓往乃木神社祭拜，御陵參拜道路乃跨越小丘之路……	
六　慕將軍之忠，夫人之義，社掌之奇，為之低徊久之。	余は将軍の忠と夫人の義と社掌の奇とを慕うて社前を低徊すること之を久うす。	乃木大将の至純至誠は神に感孚し天皇の為め殉死し，今は神として萬民に崇めらる，…余境内る低徊し去るに忍びぬ、	感懷
		乃木大將之至純至誠感動上天，為天皇之殉死，如今已成萬民崇敬之神，……余在境中低迴，不忍離去。	

〈內地遊記〉(1922.12.03)	〈京都の一日〉(1923.02.07)	〈內地遍路記(十三)〉、〈京都の一日〉(1932.10.25)	題目相同
七　遊清水寺…有瀑布自岩流下，…水由龍口出，下為小池，池中疊石，祀瀧觀音。	清水の音羽の瀧を見たる…瀑布は岩間にある石の樋を流れて龍の口より出づ、下に小池あり池中石を積みて観音を祠る、	音羽の瀧を過ぐ名こそ高けれ三つの石筧より落下幾丈に過ぎぬ、観るべき瀧にあらず佛の水として飲むべき清水なり。清水寺に上りて市を囲む遠山を眺め、	場景構思
		穿越羽音之瀧，見如其名高掛之三方引水石筧，流瀉數尺瀑布，未及細睹必觀之瀑泉，而逕飲其神佛之水。登清水寺，遠眺圍繞市區之遠山……。	

六、結語

　　謝雪漁完整的75回〈內地遊記〉與小野西洲的選譯文之間，主題與內容落差極大。謝氏遊記自離臺到東京，祭孔大典與官式訪問結束後，遊歷東京市內及其周邊城市，再循原路程返臺。原文完整結構及其主題內容如下：

表9.8 謝雪漁〈內地遊記〉的主題與結構

回次	主題	謝雪漁〈內地遊記〉內容
1–12	基隆至上野	逐日詳述景點及過程。小野選譯文：第1、2、3、4、5、6、(7)、(8)、9、(10)、11、12回[50]
13–28	崇祀孔聖沿革	詳述本邦祀孔之禮，及其創建、釋奠、漸興、隆盛、經營、罹災、衰頹、再建、革新、祝融、新造、改修等
29–31	詳述祭孔典禮	詳述祭典過程、祭禮、祭物、舞樂等
32.50	斯文會活動	觀書展、美展、赴帝國旅館內閣華族臨會之祝宴
		赴斯文會辭行
33	李漢如君來訪	現居北京，十年未見，暢談國事與家事
34	會晤下村長官	會晤下村宏 (1875–1957) 前總務長官
35–59	遊歷東京各地	橫濱、芝區田町、**宮內省**、皇居、新宿御苑、**明治神宮**、兒玉神社、鎌倉大佛、淺草公園、<u>上野公園、東京博品會、臺灣日日新報東京支局</u>、日比谷公園、菊花品評會、(斯文會)、東京大學、明治大學、慶應大學、早稻田大學、**上野公園、櫻岡 (聖堂原址)、東京15區**等
60–70	歸途紀行	**京都、桃山御陵**、神戶、渡輪、門司、下關海峽、海上諸島；抵基隆
71–75	遊歷心得	1.**人煙稠密**；2.風俗質樸；3.宗教信奉；4.人情優美；5.種族自尊；6.教育整備；7.衛生周到；8.交通便利；9.林木暢茂；10.海產豐富

備註：粗體字表示連續刊載2–3回者，底線則表示屬同一回之記載。

　　從章節結構可知，遊歷記事佔最多篇幅約47回，其次則有關祭孔計19回。參訪與拜會各2回，遊歷心得5回。透過如此的章節安排，顯然有意在參訪活動與遊歷紀行中，充分反映歷來總督府官式接待旅遊「展現帝國文明開化與先進建設」的目的。其次，鉅細靡遺地詳述「本邦祀孔之禮」，則有向臺人解釋日本崇祀孔聖，早有千餘年傳統，頗有爭取臺灣仕紳認同的用意。至於，遊歷心得的總結，則可視為「分享所感並擴展知見，以啟發影響本島民眾」的意義。

50　括號表示刪除原文較多的譯文，參見表9.2。

　　而另一方面，小野西洲的譯文除了描述沿途景物風光之外，同時也增添了不少日臺文化對比、及其個人私交與情感見解等，都屬譯者個人經驗的披露。顯然，小野的譯文較之原作者，有更多的揮灑空間、以及較高的自主性。因此，紀行中的旅情乃至對於景點的個別記憶，會重回到小野其他的紀行文章，成為小野筆下個人思緒的證物。

　　反之，謝雪漁的〈內地遊記〉裡，高達19回對於日本祭孔典章制度及典禮儀式的記載，顯然不是臺灣傳統讀書人的知識需求或興趣所在，反倒像是總督府藉謝氏之筆的置入性行銷。甚至，這高達四分之一比重的「遊記」內容，反而成為謝氏無法自主行文的一項證據。

　　據《台南市志卷七人物志》所載，1898年以來台南孔廟即充當公學校，直到1917年才由台南廳長枝德二將公學校他遷，重修聖廟。1918年恢復廢棄多年的「以成書院」，並由趙鍾麒出任「以成社」社長（1918–1936）。而祀孔大典則在中斷22年之後，終於再續。然而，祭孔儀式及六佾舞等禮樂，則在趙鍾麒的堅持之下，幸得保存而未採取日本儀式。[51]可見，這趟旅遊的目的之一，是要藉由臺灣漢儒見證日本亦有同尊至聖先師的傳統。

　　從謝氏原作到小野譯作的知識生產與媒體操作過程，兩者無疑都是受到背後官方贊助人操控下的受控者。透過譯事活動的進行與結果推導，譯者竟成殖民統治下為後世留下蛛絲馬跡的見證者。而透過互文性的精細對照，也為日治時期的日臺人「內地」描述，呈現內容與視角差異的明確佐證。

---

51 《臺南市志卷七人物志》（臺南：臺南市政府，1979），頁364。另參「臺南市文化資產管理處」網站：http://tmach-culture.tainan.gov.tw.page.asp?mainid=%7B3593DD9C-02EC-4440-BAD9-82067DC46B10%7D。

第 10 章

小野西洲的漢詩文媒體披露與日臺藝文圈形成

一、前言

日治時期小野西洲的譯/作者角色與人際網絡議題下，主要有兩個重要問題需要解決。一為小野西洲的著作全查，另一則為小野的日臺交際網絡。

關於前者，請詳閱本書第5章。透過著作全查，才能落實小野西洲在臺期間的知識生產全貌。本章是在小野著作全查的基礎上，著手探究其人生前後期漢詩的對應關係，乃至日臺人物交友圈的特質與形成等問題。

本研究透過小野來臺初期 (1908–1919) 漢詩210首，及家屬惠贈的戰後詩作106首，對照他在臺時期與漢詩人、詩社、報紙刊物主編等人際網絡的記事，藉由史料、詩作、譯文、隨筆、人物等關係脈絡，進行「以事繫人，以人繫事」的梳理。期以小野的漢詩活動、媒體披露、日臺藝文圈的形成等加以交互驗證，以描述並論證官方贊助者的角色功能。

二、小野西洲的漢詩與交友圈

小野西洲對於漢詩文的愛好可說終生不渝。以他七十歲時的詩作〈偶感〉為例：「七十生涯任所之，夢中忽過青春時，老來只有一娛事，三百六句唯作詞。」又一晚年無題詩則曰：「鳥歌花木蛙鳴池，共愛天然知四

時，我自少年修漢學，怒欣哀樂悉成詩。」可見小野直到晚年對於漢詩的
愛好依然不減。在其歸國詩作中，還有一段無題詩註：「漢詩漢文及翻
譯，專心研究六十年，國民視為無用物，吾如水魚上山巔。」從小野16歲
（1899年底）來臺推算，後者應是他在76歲寓居九州宮崎時所撰。

　　小野從1911年離開臺南到1919年轉往華南銀行之前，漢詩文作品
達500餘篇。以1917年為界，此前以漢詩為主，此後則漢文居多。各年
的詩作分類及數量如下：

表10.1 小野西洲漢詩類別及年次分布（1908–1919）

類別	1908	1909	1910	1911	1912	1913	1914	1915	1916	1917	1918	1919	小計
感懷	0	0	4	45	11	9	0	7	0	0	0	1	77
交友	0	0	0	4	8	2	5	9	0	0	0	1	29
寫景	1	0	0	18	3	0	3	4	0	0	0	2	31
記事	0	4	4	6	5	0	1	0	1	20	0	0	41
謳歌	1	0	4	1	4	0	1	0	0	0	0	0	11
評論	0	0	0	2	2	0	0	5	0	0	12	0	21
小計	2	4	12	76	33	11	10	25	1	20	12	4	210

　　他在1908至1919年間，共披露了210首漢詩。[1] 從1911–1912年的
詩作類別及各類別數量分布看來，無論質、量都是最顛峰的盛產期。

　　但從前引的無題詩註看來，作者直到晚年依然詩興頗高，但或許缺
乏詩友的切磋琢磨，晚年作品未免失之平淡。然而，藉此回顧他一生的
知識生產——漢詩、漢文、翻譯，這倒是一個最佳的佐證。

　　根據黃美娥的研究，[2] 臺灣日治50年間，全臺詩社達290以上。以
1921–1937年的17年間最為興盛，而嘉南地區共有69社，居各區之冠。
尤其，臺南為明清兩代府治所在，堪稱文化古都，風雅自不待言。

1　漢詩之筆數計算，以一詩為一筆計，共232筆。若以詩篇主題為基準，則為210首。
2　黃美娥：〈日治時代臺灣詩社林立的社會考察〉，《古典臺灣：文學史・詩社・作家論》
　　（臺北：國立編譯館，2007），頁183–227。

據小野西洲的〈自叙漫言〉，[3] 他早年 (1907–1911) 在臺南拜入南社 (1906–1937) 詩人趙鍾麒 (1863–1936) 門下學習漢詩，[4] 漢文則以南社前清秀才邱及梯 (生卒年不詳) 為師。當時他每日成詩一首要求趙師批閱，北返之後仍不忘時時請益。

小野與臺灣漢詩人及詩社的交往始於臺南，1911–1912 年是他離開臺南後的兩年，也是他漢詩主題與數量皆達顛峰的最盛期，與舊友吟詠唱和或表露感懷最多的也莫非臺南與當地詩友。在他晚年詩作中，有首〈憶吟友〉：「崁城共酌菊花杯，淡北為客歸思催，儂舫劍潭秋水月，故人探否鄭祠梅。」顯然，「崁城」與「鄭祠」，都是臺南古蹟；而「吟友」與「故人」，無疑是南詩友。

從晚年的〈憶吟友〉看來，他在臺南時和漢詩人交往之際，正是南社初創時期，詩社活動蓬勃，詩人之間往來頻繁的年代。而與南社詩人關係密切的臺南在地詩社 —— 浪吟詩社首任社長許南英 (1855–1917)，正是小野西洲 1923 年選譯之作 ——〈內地遊記〉作者謝雪漁 (1871–1953) 的表兄。

日治初期詩社以臺南為重鎮，但隨著臺南詩人的生活重心北移，他們逐漸成為臺北詩社的重要成員，其中的典型人物就是謝雪漁。他曾於 1932 年撰寫〈全島詩人大會紬緒〉，[5] 詳述瀛社成立經緯始末。謝氏的記述內容其後廣受援引，但經黃美娥比對《臺灣日日新報》的記載，指出詩社人數 (應為五、六十人，而非百五十人) 及正副社長設置等組織化問題，與事實頗有出入。

3　小野西洲：〈自叙漫言〉，頁 85。

4　「南社」由連雅堂 1906 年於臺南邀集趙鍾麒、謝石秋、楊宜綠等創立，初始不設社長，為一鬆散組織，後社員增加，始具規模。1909 年選出第一任社長蔡國琳後，依序由趙鍾麒 (雲石)、黃欣、吳子宏擔任社長，社員作品多刊載於《臺南新報》。1906–1937 為其主要活動期。

5　轉引自黃美娥，「謝雪漁〈全島詩人大會紬緒〉。原文見林欽賜編輯《瀛洲詩集》，臺北：光明社，1933 年，不記頁次。」參黃美娥：〈日治時代臺灣詩社林立的社會考察〉，頁 232–235。

　　例如，該社第一至六次例會皆由值東者籌畫社務與活動，直到
1910年(明治43年)10月28日才在秋季大會前選出臨時幹事數名。事實
上，瀛社社長的設置直到十年後的1918年(大正7年)7月13日，瀛社與
新竹竹社、桃園桃社舉行聯合擊鉢吟會時，才在顏雲年的提議下，設置
社長、副社長、幹事、評議員等。然而，根據謝氏的〈全島詩人大會紬
緒〉，有關瀛社的創立卻撰述如下：

> 明治四十二年春，[6] 余與林湘沅芸友倡設瀛社，北部知名之士，襟懷瀟
> 灑，雅慕風雅者，競趨掛籍多至百五十名。卜期於舊潤花朝日，在艋舺
> 平樂遊旗亭開創立會，眾推洪逸雅君為社長，余為之副。自是詩幟高
> 標，月開一回吟讌，分韻賦詩，且出宿題。……[7]

　　以日治時期，凡見報之詩文，無不經檢閱。尤其對於漢文出版，更
是嚴加管控。自1900年(明治33年)《臺灣新聞紙條例》與《臺灣出版規
則》等法令以來，即規定報紙或雜誌需送兩份至當地主管機關送檢通過
後始得發行。[8]何以該報漢文部主編謝雪漁與記者林馨蘭(1870–1924，
字湘沅)等，能以個人之力成立瀛社？況且，集結遠超過其他兩大詩社
的人數，[9]並迅速拓展為組織化的群體？恐怕背後有些待解的玄機。

　　雖然謝氏聲稱瀛社創立為漢文部成員倡議，其實另有推手在後。據
林佛國〈瀛社簡史〉：[10]

6　明治42年為1909年。

7　謝雪漁〈全島詩人大會紬緒〉收錄於林欽賜編：《瀛洲詩集》(臺北：光明社，1933)，不
　計頁次。轉引自黃美娥：〈北臺第一大詩社——日治時代的瀛社及其活動〉，《古典臺
　灣：文學史‧詩社‧作家論》(臺北：國立編譯館，2007)，頁232，註10。

8　蔡佩玲：《「同文」的想像與實踐：日治時期臺灣傳統文人謝雪漁的漢文書寫》。

9　據鍾美芳，櫟社人數平均25人，總數約50人。鍾美芳：〈日據時代櫟社之研究〉上，
　《臺北文獻》直字第78期(1986)，頁257–264。據吳毓琪「南社社員表」，南社總數約
　50–60人。參吳毓琪：《臺灣南社研究》(臺南：臺南市立文化中心，1999)。

10　林佛國：〈瀛社簡史〉，瀛社創立六十週年紀念集編輯委員會(編)：《瀛社創立六十週年
　紀念集》(臺北：瀛社辦事處，1969)，頁11–13。

日據時代臺灣日日新報漢文部同人為謀保存國粹並發揚光大，遂有籌設瀛社之議，經該報守屋善兵衛社長同意正式聲請，囑該部尾崎秀真接洽，立得兒玉總督面允……。[11]

根據臺灣瀛社詩學會編訂的《續修歷屆詩題便覽》，1909年3月11日《臺灣日日新報》披露的「花朝後一日，瀛社初集席」，54首獲選的詩作名單裡，日人竟佔了7位。[12]可見實際參與的日人甚多！而1909年5月30日瀛社第三期例會，即由《臺灣日日新報》村田副社長及伊藤編輯長擔任吟會值東，課題為「恭讀戊申詔敕」。[13]對此，顏雲年詩云：「烽煙靖後詔書馳，經國宏謨即在茲。崇實黜華垂典範，處安真個不忘危。」由此可見，瀛社成立後旋即由官方操縱，並號召臺籍有影響力者為天皇歌功頌德。

1909年11月12日，黃純青、蔡錦福的徵詩題為「弔伊藤公爵」，顯然是為了弔唁1909年10月26日在哈爾濱站受到槍殺的伊藤博文而徵集。此外，1912年2月3日，洪以南的徵詩課題是「鎮南山臨濟護國禪寺創成寄憶藤園將軍」。[14]而「藤園將軍」指的是第4任臺灣總督——兒玉源太郎（1852-1906）。從徵詩課題與主題人物，都足以反映本土詩人的表態形跡。

後來，隨著當局政權的日益鞏固，臺籍重量級人士所主持的徵詩，更進一步轉成為施政背書的課題，並與時政息息相關。如，1922年10月7日板橋林熊徵發起的徵詩課題為：「臺灣民商法施行所感」。[15]該次負責閱卷評比的詞宗則是顏雲年、謝雪漁、連橫。呼應徵詩的林馨蘭（1870-1924，字湘沅），[16]以「臺灣民商法施行所感」為題寫下：

11　當時總督應為佐久間左馬太，而非兒玉源太郎。但獲得總督應允，應為必要程序。

12　臺灣瀛社詩學會編：《續修歷屆詩題便覽》（未出版，2017），頁7–8。參見網路資訊：http://forum.tpps.org.tw/forum.php?mod=viewthread&tid=4900。

13　參見明治42年5月30日《臺灣日日新報》。顏雲年該詩刊於《漢文臺灣日日新報》「瀛社詩壇」，1909年6月22日，第四版。

14　兒玉源太郎自號「藤園主人」；「藤園」指的是他的「南菜園」，因為內有兩棵從日本移植的藤樹，並親手種於南菜園。兒玉在臺擔任總督期間：1898年2月26日到1906年4月11日。

15　謝崇耀：〈從比較研究談臺北州漢詩文化空間〉，《日治時期臺北州漢詩空間之發展與研究》（新北市：稻鄉出版社，2012），頁360。

16　林蘭馨曾任《全臺日報》、《臺南新報》記者，1900年移居臺北，擔任《臺灣日日新報》漢文部記者。林氏1906加入「南社」，1909年與謝汝銓等，同為「瀛社」創始成員。

新制頒來歲一更，民商諸法便施行。齊欣自此漸摩易，深望從茲昤域平。
律整可無雀角患，令明應泯鼠牙爭。漫云絕島難同化，帝國延長主義成。[17]

可見，瀛社成員向當局的傾倒，已是臺籍名門詩人群體的共同意識
與集體行動了。

至於，詩社創始人數規模與事實不符，謝雪漁將之虛張為兩倍的用
意，似有強化其龍頭地位的迫切性。然而，將原本組織鬆散的詩社屬
性，冠以社長與副社長名銜的事後加工，想必亦有名實必須相符的組織
化意圖。而這些遠超出詩社組成性質的行動與言述，不得不令人聯想到
日本統治當局的背後操控。

由於瀛社與總督府同在臺北的地緣之便，再加上詩社成員文化與社
會資本的聚合，發展極其迅猛，甚至成為小型詩社陸續投靠的對象。[18]
尤其，透過總督府對於詩社活動的大力提攜，以及官方媒體刊物對於漢
詩的積極披露，更將傳統文人最為自負的漢詩，賦予了文化資本以外的
政治與社會權力的意涵。

而從小野西洲1908–1915年的詩作盛期的詩題看來，並無呼應徵詩
詩題之作，無論詩作或是日常往來都無加入詩社群體的跡象。詩作的往
來酬酢對象，多為法院長官（石井常英法院長、守島兵次郎檢察官長、
藤井乾助法院長、三好一八檢察官、島田宗謙判官、朽木義春檢察官
長、上內恒三郎檢察官長、安井勝次法院長、日野森藏檢察官代理及書
記）、同事（澤谷仙太郎、楊潤波，皆法院通譯）、文人（尾崎秀真、趙
劍泉〔趙鍾麒長子〕、謝竹軒〔謝石秋之弟／南社社友〕）等。可以說，他
的漢詩形成途徑是從進入南社主要成員趙鍾麒、邱及梯門下，頻繁地接
受斧正而來。而他與漢詩人的交友，則是通過師承關係而逐漸擴展至其
親友，乃至南社、瀛社成員等社群網絡。

---

17 此詩收於《臺灣日日新報》1923年1月12日，第六版，又載《民商法詩錄》。
18 陸續投靠瀛社的詩社計有：臺北的詠霓詩社、瀛東小社（1910）、星社（1921）；桃園的
桃社（1915）、基隆的小鳴吟社（1923）等。參見黃美娥：〈北臺第一大詩社──日治時
代的瀛社及其活動〉，頁239–243。

　　日後，由於他的漢文能力，受到《臺灣日日新報》1901-1922年漢文主筆尾崎秀真向時任臺灣銀行副總裁的中川小十郎推舉。遂於1919年進入日華臺合資創辦的「華南銀行」，擔任中國與南洋的文書業務。直到1932年他才離開華南銀行（仍續任囑託至1934年底），返回法院擔任通譯。然而，他的漢詩文乃至日漢文譯作等知識生產的軌跡，誠如受尾崎與中川的推薦所言，能操臺語者眾但能書寫漢詩文者唯他一人。因而，漢詩文能力與其仕途之間，始終有著重要的連帶關係。

　　例如，1906年第五任臺灣總督佐久間左馬太就任，他是歷任總督中任期最長的一位（1906-1915）。主政後一改過去封鎖圍堵原住民居住地，而轉為武力掠奪原住民土地的政策。甚至在最大的軍事行動——太魯閣蕃的討伐中，親自披掛上陣。在小野西洲的晚年詩裡，竟出現一首提到這位總督的無題詩：「與翁問答漁如何，白髮慇勤不鄙予，彼是臺灣鬼總督，垂絲淺瀨儵魚□。」[19]從其詩中意境可知，小野似乎熟知猛將佐久間總督不為人知的垂釣愛好。小野何以能直通這位總督的私領域，且留在晚年的記憶之中，應屬彼此接觸較多的關係吧。

　　又，小野晚年有首〈今昔感詠〉：「日華天上妖雲生，三次度閩探下情，蓋世拔山志昔日，今為百髮樂偕榮。」顯然，這首詩說明了他三次前往福建的緣由。然而，筆者所能掌握的僅有兩次渡閩紀錄。[20]第一次是1919年6月1日，第二次是1920年9月1日。前者是辭去法院通譯職務之後，後者則是任職華銀期間。另一次未見於官方記錄的行蹤與目的，有待日後考證。詳參第5章表5.1小野生平年譜。

　　1919年5月24日福州青年學子爆發全國性反日遊行聚集於西湖公園。小野西洲1919年5月1日辭去法院通譯職務，5月2日「受臺灣銀行囑託調查事務」，6月1日「受臺灣銀行命出差汕頭、廈門、福州」，顯然與福建各地的輿情有關。

19　這批得自小野西洲後人的詩抄，偶有漏字或偏誤。此處之缺漏字，原跡不詳。
20　參閱本書第5章小野西洲年表。

　　至於小野何以任職華南銀行，卻又接受臺灣銀行囑託，應與臺銀在閩設有銀行且與總督府關係匪淺有關。而華銀彼時才剛成立，在境外尚無根基。

　　在臺灣受到日本統治的政治情況下，顯然通曉漢詩文且精通臺語的小野西洲從法院通譯，走向了日華合資的銀行，進而又因前往中國的調查業務，步上了政情蒐集調查的路途。1934年重返法院之後，就一路高昇，成為日治時期法院通譯中最高階的高等官。從日本對臺灣的治理需求，到日華之間情勢緊張的時空脈絡下，他的經歷雖可說是時勢所趨，但若能在其他不同國家地區找到類似案例，也可視為譯者由語言文化資本轉為政治與社會資本的典型範例。

三、小野漢詩文的媒體披露

　　日治初期藝文圈的形成，與漢詩的報刊登載密切相關。以小野為例，他的詩作九成登載於《臺灣日日新報》，其餘則披露於《臺灣時報》。從他1908–1915年詩作高峰期的詩題看來，並無呼應徵詩詩題之作；無論詩作或是日常往來都無加入詩社群體的跡象。例如，1910年2月17日刊登於《臺灣日日新報》漢文欄「藝苑」的紀元節詩稿，作者署名為「臺南　小野西洲」。顯然，他在臺南時就已開始寫詩投稿到臺北的《臺灣日日新報》。

　　1910年初到1911年底的兩年期間，小野的漢詩往往僅隔一至數日，即分別刊載於漢文版「藝苑」（1910.1–？）及日文版「詞林」（1910.8–？）、「藝苑」（1909.07–？）欄目。多數詩作都是先刊登於漢文欄之後，再披露於日文版，且以「藝苑」為主。1912年起，則集中披露於《臺灣日日新報》日文版的各漢詩欄，如「詞林」（1910–？）、「藝苑」、「詩壇」（1914.01–1916.03）、「南瀛詞壇」（1914.11–1915.09）。就其分布而言，1912至1913年主要見於「詞林」，1914至1915年則為「南瀛詞壇」。到了1917至1919年，僅見於隸屬「臺灣協會」的《臺灣時報》「詞林」（僅五首

未列詩欄)。由此看來,小野的漢詩披露,有著十分鮮明的媒體取向,甚至可說與詩欄主編關係密切亦不為過。

　　小野西洲1906年任職臺南法院時期學習漢詩後即開始投稿各報刊,持續到任職臺北法院通譯,乃至轉任華南銀行時期,一直都與各地報刊媒體的漢文欄主編時有往來,如《臺南新報》主編謝維巖、《臺灣日日新報》主筆尾崎秀真[21]等,都與他有相當的私誼與交情。謝雪漁則是1922年尾崎秀真卸任的《臺灣日日新報》之後的漢文欄主筆,[22]同時也是小野西洲的漢詩文長期指導者。[23]

　　從小野的著作生產脈絡看來,他的漢詩見於1908至1919年(210首;[24] 1911至1912年為其高峰,共計108首),漢文譯作集中於1917至1918年(54篇),[25]漢文創作則橫貫1906至1930年(491篇;時事、評論最多,共計396篇)。漢文高峰期是1917至1918年,前者計有154篇(含漢文譯作7篇);1918年則有128篇(含漢文譯作45篇)。由其文類與內容可以推知,小野漢詩文作品的潤飾修正,與他長期親近的臺籍文士必然從中發揮了重要的功能。

　　若要論及小野作品報刊媒體的披露,不得不就其漢詩文相提並論。先從漢詩文兼具的1908至1911年觀察;共107篇作品中,就有93篇是漢詩,達87%。而1911至1917年間的漢文數量則如下遞增:1911年8篇、1912年23篇、1913年9篇、1914年11篇、1915年76篇、1916年52篇、

21　尾崎秀真(1874–1952),1901年任《臺灣日日新報》記者兼漢文版主筆。1922年4月自該報退職。其後,轉任臺灣總督府史料編纂委員會編纂。1935年出版《臺灣文化史說》。在臺長達40餘年,在書畫與文化界影響力極大。

22　尾崎秀真擔任《臺灣日日新報》主筆期間為1901年至1922年4月。謝雪漁亦於1922年擔任主筆。

23　1934年10月31日謝雪漁在《臺灣日日新報》「詩壇」欄贈詩小野,並在詩前撰文:「小野西洲君從余研究漢學及臺語十餘年不倦,造詣甚深。此次榮陞高官補高等法院通譯,蓋虛此位以待君久矣。喜而為賦一章以贈。雪漁　謝汝銓」。詩曰:「十五翩翩年少時,立誠居業謹修辭,法曹喉舌一官重,海嶋勳名千載期,羊續懸魚慚府吏,馬融施帳詡經師,人情休笑半張紙,藉表微忱只此詩。」

24　漢詩之計算方式,以一詩為一筆計,則為232筆。若以詩篇主題為基準,則為210首。

25　1919年僅作1篇漢文,登載於1919年10月15日《臺灣時報》。

1917年156篇。1918至1919年則屬遞減：1918年**85篇＋44篇譯作**，1919年32篇＋2篇譯作。至1920至1921年各僅1篇，1922年僅漢文10篇而無漢詩。1923年後則以日文與日漢譯作為主(751篇)，[26]可說日益多產！

　　1917年，他的作品以時事(51篇)、評論(51篇)、歷史人物(28篇)等環繞時局與日臺文化等為主題，1918年加上漢文評論譯文(67篇)的密集產出，這兩年的作品總量就佔了整體的57.43%。而這些特定且密集的漢文生產，還包含兩篇長篇譯作。亦即，1915年4月24到7月22日每日連載達51篇的〈論支那的將來〉，以及1917年12月2日到1918年10月22日每週連載，共達44篇的〈基督教叢談：譯臺灣基督長老教會蒐輯卓論〉。從這些特定主題文章持續刊載於臺灣第一大報的密度看來，顯然是出於為特定主題展現的強烈意圖所致。再者，若非特定文士的潤飾與編輯等襄助之功，不應僅出現於特定時期才是。[27]

　　詩社與報社的關係，正如黃美娥的研究指出，[28]日治時期詩社的林立，「實與報紙雜誌大量傳播有著緊密關係」。畢竟，詩社雖能「以文會友」，但作品僅能口耳相傳，無法達到報紙「無遠弗屆」、「揚名立萬」的傳播魅力。因而，當時臺灣的北中南三大報《臺灣日日新報》、《臺灣新聞》、《臺南新報》，主持漢文欄的主編——謝雪漁、魏清德(1886–1964)、傅錫祺(1872–1946)、王了庵(1877–1942)、[29]連橫(1878–1936)等，正是瀛社(1909–迄今)、櫟社(1902–1943)、南社(1906–1937)的巨擘。[30]小野不僅與前述文人群體熟識，且是極少數足以擔任編務的日籍文士，又在華銀擔任林熊徵的通譯，更與顏國年兄長顏雲年相熟；小野在日臺名士間的位置與角色，因而顯得格外微妙，且又莫名地突出。

26　若以1923年1月1日為界，此後共計636篇日文，佔日文作品總量的84.69%(含譯作)。
27　1919年5月小野離開法院轉入銀行，該年漢文作品僅34篇，仍以評論最多，佔27篇。
28　黃美娥：〈日治時代臺灣詩社林立的社會考察〉，頁212–214。
29　據「全臺詩知識庫」，王石鵬(1877–1942)，號了庵。其文采風流與竹塹名士謝介石齊名，遂又有「新竹二石」之稱。曾任新竹廳總務課僱員，後遷居臺中，任《臺灣新聞》漢文部記者、主筆。先後為「奇峰吟社」、「竹社」、「櫟社」社員。
30　各詩社活動起迄期間，參見黃美娥：〈北臺第一大詩社——日治時代的瀛社及其活動〉，頁247、261–262。

四、小野的日臺藝文交友系譜

〈內地遊記〉中出現的日臺人物，計有36位。關於他們的交往脈絡及人物背景等摘述如（附錄10.1）。36位人物中，依其身分屬性可分為：文人15位，仕紳10位，官吏9位，醫師2位。而以日臺籍劃分則為：文人15（日7，臺8），仕紳10（日1，臺9），官吏9（日9，臺0），醫師2（日1，臺1）位。這批出自「內地遊記」日譯文的人物，有些是經過小野西洲增刪的結果，故可視為謝雪漁與小野西洲的共同交友圈。但畢竟謝氏為臺籍，故**臺籍19人**，略高於日籍的17人。

若針對小野西洲詩文中出現3次以上的人物，合計有271筆，共35位核心人物；**臺籍6位、日籍29位**。記載次數與人數最多的是法院通譯共14位。其次，則為文史專家或記者等共10位。依日臺籍可分為：文人13位（日9，臺4），仕紳2位（日0，臺2），法院通譯14位（日13，臺1），警察通譯8位（日6，臺2），官吏7位（日6，臺1）。但這35位人物的身分職業並非單一屬性，詳如表10.2：

表10.2　小野西洲主要交友人物身分屬性一覽表

姓名	A 司法通譯	B 警察通譯	C 官吏	D 文人	E 其他	備註
川合真永	O	—	—	—	—	《語苑》首任主編
岩崎敬太郎	O（1903–1908）	—	—	O	—	1931：《臺日大辭典》
水谷利章	O	—	—	—	—	《語苑》第四任主編
中間小二郎	O	O	—	—	—	《語苑》第三任主編
今田祝藏	O	O	—	—	—	1901–1921：法院通譯 1924–1936：臺北州警務部警務課通譯
澤谷仙太郎	O	—	—	—	—	《語苑》第二任主編
林久三	O（1900–1919）	O	—	—	—	曾任練習所教官

姓名	A 司法通譯	B 警察通譯	C 官吏	D 文人	E 其他	備註
趙鍾麒	O (1898 –1915) 僱員 (1916– 1924)	—	—	O	商業專門 學校囑託 (1920)	1909.03：南社副社長 1909.08-1936：南社第 二任社長
連雅堂	—	—	—	O	—	1920：出版《臺灣通 史》
杉房之助	—	—	—	O	公學校 教諭	〔編輯課囑託〕 1935.08：榕蔭放言
尾崎秀真	—	—	—	O	—	《臺灣日日新報》漢文 主筆
謝汝銓	—	O	—	O	—	1904–1905：曾任練習 所囑託
東方孝義	O	O	—	—	—	1923–1931：編纂《臺 日新辭書》
市成秀峰	O	—	—	—	教材著述	1905：曾任法院通譯
神吉信次郎	O	O	—	—	—	《語苑》第五任主編
小川尚義	—	—	—	O	—	1930–1936：臺北帝大 教授
渡邊舜山／ 甚藏	—	—	O	—	總督府 囑託	1915.05.13：漢詩刊於 日日新報
木村貞次郎	—	O	—	—	—	1923–1938：特科、警 部兼掌通譯
有馬貞吉	O	—	—	—	—	1905–1906：臺北地 院、地檢通譯
德富蘇峰	—	—	—	O	評論家	1929.02.09– 1929.03.04：曾來臺參訪
杉浦重剛	—	—	—	O	—	國學院學監／東宮御學 問所
秋山啟之	—	—	—	O	通譯生	1896–1897：通信部囑 託
三宅愛次郎	O	—	—	—	—	1921–1931：臺南地方 法院通譯 1931–1944：臺北地方 法院通譯
島田宗謙	—	—	O	—	—	1911–1917：臺南地院 判官

姓名	A 司法通譯	B 警察通譯	C 官吏	D 文人	E 其他	備註
鉅鹿赫太郎	O	—	—	—	—	1902–1910：法院高等官通譯
兼松磯熊	—	—	—	O	—	1896–1903：設立土語學校
片岡巖	O	—	—	—	—	1921：出版《臺灣風俗誌》
後藤新平	—	—	O	—	—	1898–1906：臺灣民政長官
石垣倉治	—	—	O	—	—	1933–1936：臺灣總督府警務局長
林熊徵	—	—	—	—	實業家	創立林本源製糖、華南銀行
安井勝次	—	—	O	—	—	覆審法院及地院判官
中堂謙吉	—	—	—	O	—	編輯課囑託
劉克明	—	O	—	O	教材編著	1940–1941：文教局編修
吳昌才	—	—	O	—	仕紳/郊商	1920–1922：臺北市協議會、區長
朽木義春	—	—	O	—	—	1906–1913：臺南地檢局檢察官
小計	14	8	7	13	2	部分人物具多重身分

至於交友人物受到小野個別記載的次數，則如表10.3：

表10.3 小野西洲全作品述及之日臺籍交友人物一覽

日籍（42人）(括號內為出現次數)	身分	臺籍（16人）(括號內為出現次數)	身分
1 川合真永（26）	法院通譯	趙鍾麒（10）	法院通譯（1909–1936：任南社社長）
2 岩崎敬太郎（25）	—	連雅堂（10）	《臺灣通史》作者
3 中間小二郎（23）	法院通譯	謝汝銓（8）	日日新報主筆（瀛社社長）
4 水谷利章（23）	法院通譯	林熊徵（3）	仕紳（瀛社評議員）
5 今田祝藏（19）	—	劉克明（3）	1940–1941年文教局編修

日籍 (42人) (括號內為出現次數)	身分	臺籍 (16人) (括號內為出現次數)	身分
6 澤谷仙太郎 (11)	—	吳昌才 (3)	**仕紳**
7 林久三 (11)	—	林烈堂 (2)	**仕紳**
8 杉房之助 (9)	—	趙劍泉 (2)	文人 (詩人)
9 尾崎秀真 (9)	—	辜顯榮 (2)	**仕紳**
10 東方孝義 (7)	法院／警察通譯	蕭祥安 (2)	1918–1928：法院通譯 1921–1932：總督府評議會通譯
11 小川尚義 (5)	—	邱及梯 (2)	文人 (秀才)
12 渡邊舜山 (5)	—	陳其春 (2)	**仕紳**
13 木村貞次郎 (5)	警察通譯	林清月 (2)	醫師
14 神吉信次郎 (5)	法院／警察通譯	陳輝龍 (2)	練習所教官／教材編著[31]
15 市成秀峰 (5)	—	李景盛 (2)	**仕紳** (李春生長子)
16 有馬真吉 (4)	—	李如月 (2)	李春生孫女
17 德富蘇峰 (4)	—	—	—
18 三宅愛次郎 (4)	—	—	—
19 秋山啟之 (4)	—	—	—
20 杉浦重剛 (4)	—	—	—
21 鉅鹿赫太郎 (3)	法院高等官翻譯	—	—
22 片岡巖 (3)	法院通譯	—	—
23 島田宗謙 (3)	—	—	—
24 安井勝次 (3)	—	—	—
25 兼松磯熊 (3)	—	—	—
26 後藤新平 (3)	—	—	—
27 石原倉治 (3)	—	—	—
28 中堂謙吉 (3)	—	—	—
29 朽木義春 (3)	—	—	—

---

31 小野西洲：〈榕蔭放言〉，《語苑》第28卷8號 (1935年8月)，頁87。

日籍 (42人) (括號內為出現次數)	身分	臺籍 (16人) (括號內為出現次數)	身分
30 加福豐次 (2)	1907–1910：臺北地檢檢察官 1911–1914：警察本署等警視	—	—
31 高嶺方美 (2)	1922–1941：地院、高院判官	—	—
32 平澤平七 (2)	1902：法院通譯 1903–1924：編修書記 1926–1944：警務局保安課囑託	—	—
33 仁禮龍吉 (2)	1906–1925：法院通譯	—	—
34 中堂虛齊 (2)	大連新報記者 (1914年4月草庵漫筆)	—	—
35 田中金太郎 (2)	1922–1944：法院通譯	—	—
36 大場吉之助 (2)	1905–1912：警部 1914–1928：法院通譯	—	—
37 新渡戶稻造 (2)	1901–1930：農學博士	—	—
38 渡邊風山堂 (2)	1896–1904：公醫 (渡邊學之)	—	—
39 氏原靜修 (2)	1903–1915：法院通譯	—	—
40 後藤和佐二 (2)	1920–1932：高等法院判官	—	—
41 中川小十郎 (2)	1912–1919、1920–1925：臺灣銀行副頭取／頭取 (總裁)	—	—
42 藤野貞順 (2)	1901：法院通譯	註：左欄公職年份據總督府職員錄記載	

以小野西洲詩文記載中出現最多的前10位著書及撰文者為例，數量如下：川合真永著書8本、文章292篇。岩崎敬太郎著書4本、文章68篇。水谷利章73篇。中間小二郎234篇。今田祝藏著書1本、文章17篇。澤谷仙太郎文章9篇。林久三著書2本、文章14篇。趙鍾麒274篇。以上每一位的知識生產，都如小野西洲一般，作品十分豐沛。可見，小野西洲以文士為核心的交友圈屬性，是相當明確的。

至於，詩文中僅出現1–2次的人物總計197筆，共計175人。其中22位出現兩次（詳表10.3）。但由於出現於文中時或以雅號或職銜稱之，未必有統一的記載，有待進一步釐清人物背景，以利區分或歸併。尤其，對已可掌握的人物（以2次以上為基準），推估可視為交友圈的外緣。

例如，林烈堂是小野西洲曾經寄寓的霧峰名門，[32] 而邱及梯則是小野西洲任職臺南法院時的漢文老師。[33] 這份名單的身分職業較為分散，但也透露出小野西洲與臺籍人士的交友圈屬性特質。其中，9位臺籍人士裡，法院通譯、警察通譯、專業人士（醫師）各1，其餘6位則文人2位、仕紳4位。而在日籍人士方面，13位中有6位是法院通譯，其中有2位先後跨足法院與警界。其餘則為官吏3位、學者1位、專業人士3位。隨著現代專門職業化的社會發展趨勢，身分屬性也隨之日趨多元。

而僅出現於小野作品一次的153位人物；臺籍人士所佔比重達三分一約50人，其中包含若干知名人士（如，林獻堂、林紀堂、蔡蓮舫、李春生等），未來若配合相關史料與文獻加以精細處理，可望為日治臺籍通譯研究提供頗有助益的線索。

依前述各交友圈統計結果，文人最多，共計31人（日17，臺14）。其次為法院通譯22人（日19，臺3）、警察通譯11人（日8，[34]臺3）。臺籍仕紳、日籍官吏各15人。專業人士6人（日4，臺2），包含日臺籍醫師各2人，農業博士、臺銀總裁各1人。其中，臺籍人數最多且屬性最鮮

---

32 小野西洲：〈自叙漫言〉，頁82。

33 同上，頁85。

34 8位警察通譯中，有2人先後跨足於法院與警界。

明的類別，就是文人與仕紳。最主要的職業群體則是通譯，包含法院與警察通譯；日籍25人，臺籍6人。而體現殖民統治最強烈的表徵，就是清一色的日籍官吏。至於，6位專業人士的存在，可以說明小野的社會活動視角與場域慣習。

除了小野的作品之外，對照林獻堂《灌園先生日記》1945年9月14日記載：「三時小野西洲來迎余及許丙到監獄，對吳海水、陳江山外三十二名將釋放之政治犯略微安慰，勸其勿以怨報怨也。」由此可見，小野西洲與林獻堂、許丙等應有過相當程度的接觸與交情，才會在戰後安排他們入監探訪政治犯。

此外，據小野西洲次子道光先生回憶，他父親經常前往李春生孫女（《團卿詩集》作者）汪李如月女士處研習漢詩，戰後也有書信往返及年節餽贈等往來。而從小野家屬惠贈筆者的小野晚年詩作106首，即有兩首詩題與李如月有關，分別為：「贈如月女史」及「憶李如月女史」。而另有一首則未列名於詩題，但思情躍然紙上，可見雙方交情深厚。

另一方面，見《團卿詩集》可知李如月師承趙雲石（鍾麒），雖南北相隔但趙李兩家往來探訪密切，她與小野西洲因此可說系出同門。再者，表10.3中提到的李景盛正是李如月的伯父，可見透過人物交友網路的研究，可以將原本似乎沒有關連的人與事聯繫起來，並從中取得寶貴的線索以確認譯者群體所處的社會位置與文化位置。

五、結語：進不了的人，看不見的手

筆者曾訪談「南社」活動場地——固園主人黃欣（1885–1947）之姪黃天橫先生（1922–2016），[35] 他說：「我們詩社是不會讓日本人進來的！」可

35　黃天橫家屬（編）：〈黃天橫先生生平事略〉，《黃天橫先生追思錄》（2016年5月7日私人印行，非公開出版），頁1。感謝黃天橫先生姪女黃秀敏老師提供資料。

見，日人要進入漢詩社與漢詩人圈是有實質障礙的。其中，包含了民族
與文化價值觀、漢詩的造詣與品味，乃至日漢人從住居到社交婚配等，
其實並無交集等多重原因。

　　然而，曾經滿布全臺且高達數百的詩社，又是如何創立與經營的
呢？此處再舉一例。筆者曾獲嘉義東石郡守森永信光（1881–1957）後人
惠賜，[36] 設於嘉義朴子的「樸雅吟社」的詩集《竹陰唱和集》一冊（圖
10.1）。1922年秋，森永信光以東石郡守首長之姿，邀集地方名士創立
該社，推舉楊爾材擔任社長，社員38名。[37]但遍查該社歷年名冊，卻未
見留有日人姓名。而這本召集於1922年該社尚未成立的暮春時節，不
但有眾詩人與森永的「次韻」等唱和詩作，更保留了森永信光（竹陰）的
「敘」：

圖10.1《竹陰唱和集》書影

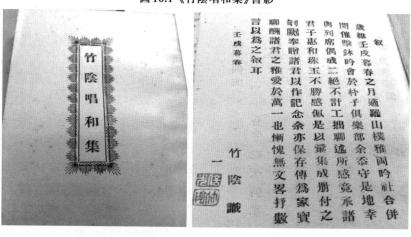

壬戌暮春　竹陰識

　　敘
　維壬戌暮春之月適羅山樸雅兩吟社合併
開催擊鉢吟會於朴子俱樂部余忝守是地幸
與列席偶成二絕不計工拙聊述所感竟承諸
君子惠和珠玉不勝感佩是以彙集成冊付之
剞劂奉贈諸君以作記念余亦保存傳為家寶
聊酬諸君之雅愛於萬一也慚愧無文畧抒數
言以爲之敘耳

36　森永信光與片岡巖為兒女親家。2011年11月26日筆者訪談其外曾孫沖內辰郎先生及其
　　母親、姨母、親近長輩等，並前往福島縣郡山市片岡巖墓地訪查時，蒙其長孫女木村
　　禮子、其次孫女森永勳枝，惠贈本詩集。森永信光生卒年為沖內辰郎先生賜告。謹此
　　致謝！
37　詳「嘉義縣鄉村永續發展協會」，http://cceda2010.blogspot.tw/2011/12/blog-post_4268.
　　html。

《臺灣詩社索引》對於森永信光的評價為：「此人漢學造詣頗深，性耽風雅」，並將森永信光列名為創始人，稱他「為提倡文化，鼓吹詩風而創設詩社。」[38]就森永信光列為《竹陰唱和集》卷首的〈席上偶成〉詩作看來，他的漢詩意境與思路確有其個人魅力。詩云如下：

圖10.2〈席上偶成〉詩作

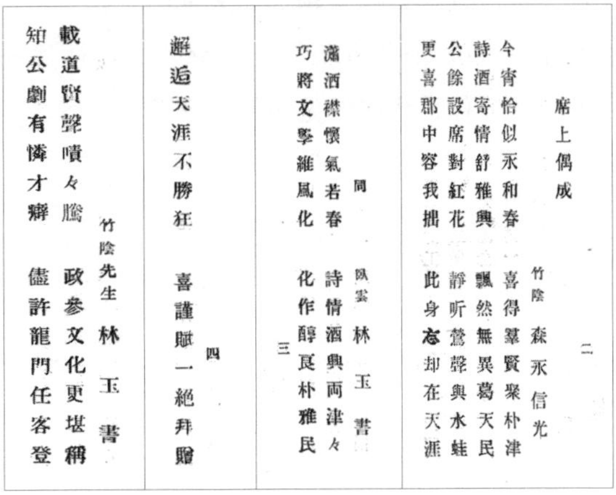
席上偶成
竹陰　森永信光
二
今宵恰似永和春　喜得羣賢聚朴津
詩酒寄情舒雅興　飄然無異葛天民
公餘設席對紅花　靜听鶯聲與水蛙
更喜郡中容我拙　此身忘却在天涯
同
甌雲　林玉書
三
瀟洒襟懷氣若春　詩情酒興兩津々
巧將文學維風化　化作醇良朴雅民
四
邂逅天涯不勝狂　喜謹賦一絕拜贈
竹陰先生　林玉書
載道賢聲嘖々騰　政參文化更堪稱
知公劇有憐才癖　儘許龍門任客登

對於森永信光的詩作，成立於1911年的「羅山吟社」，前來聯吟同賀。該社創始人林玉書的贈答詩，則有如上兩首：

> 瀟洒襟懷器若春，詩情酒興兩津津，巧將文學維風化，化作醇良朴雅民，邂逅天涯不勝狂，喜謹賦一絕拜贈。
> 載道賢聲嘖嘖騰，政參文化更堪稱，知公劇有憐才癖，儘許龍門任客登。

無論臺北的瀛社到地方的樸雅吟社，我們都可以看到詩社之間的聯吟甚或日後的合併。而前述「敘」裡，提到了嘉義「羅山吟社」的擊缽同慶。其實，1923年該社旋即合併於「嘉社」。若再從林玉書前述詩作的字裡行間，可知各地詩社對於行政首長的投懷送抱，只是時候早晚而已了。

---

38 詳見「全臺詩資料庫」，http://nmtlxdcm.nmtl.gov.tw/twp/c/c01.htm。

　　然而，要在臺灣透過詩社進行對仕紳名士的組織化工作，沒有足夠的漢詩造詣與社會名望，還是難以帶動臺籍知識分子的文化認同。更遑論透過詩社菁英，達到影響社會輿論的力量。因此，瀛社成立初期，南社成員的加入是詩社必要的文化底氣。具體而言，謝雪漁、林馨蘭、連橫等人的北上定居，再加上第一大報漢文欄的媒體滲透力道，並賦予核心人物報刊編輯的社經地位，以扶植成為瀛社的中堅骨幹，才能化身為總督府手上強而有力的政令落實工具。從臺北的瀛社到地方的櫟雅吟社，皆可看到近似的操作手法與隱見的脈絡。

附錄10.1　〈內地遊記〉日譯文中的日臺出場人物

日數	日期	人物姓名	會面緣由	篇數	備註
1	10月19日	赤石定藏	傳話人	1	《臺灣日日新報》社長。並非於旅遊中相遇，但此次旅遊由他而起，因此一併記載
1	10月19日	丸井圭治郎	4日與李種玉前往總督府社寺課與課長磋商	1	課長，本次亦同行
1	10月19日	高田富藏	5日向高田知事請示	1	臺北州知事
1	10月19日	許廷光	本次旅遊之同行者	1	1921–1929年總督府評議會評議會員
1	10月19日	田健治郎	前往督府公室請示	1	督憲
1	10月19日	高田富藏	辭行	1	—
1	10月19日	尾間立顯	送行	1	總督秘書官
1	10月19日	山田孝史	送行	1	事務官。高田知事代理（大正11年時山田孝史任職於臺北州知事官房文書課）
1	10月19日	田阪千助	送行	1	內務部長（小野西洲文中寫的是「田阪」，而非「田坂」，故應為田阪千助）
1	10月19日	木村匡	送行	1	小野西洲文中的「鬼村」一名置於木村之下，因木村匡筆名為「鬼村翁」，故可確定謝雪漁提到的「木村」應為木村匡[39]
1	10月19日	小松吉久	送行	1	曾任宜蘭廳長、臺灣礦業會長，經確認小野西洲版本另外添加的「鬼村」、「孤松」、「天南」應各是木村、小松、田原的筆名

39　高野史惠：《日據時期日臺官紳的另外交流方式──以木村匡為例（1895–1925）》，國立成功大學臺文所碩士論文，2008。

日數	日期	人物姓名	會面緣由	篇數	備註
1	10月19日	田原禎次郎	送行	1	1918年於北京創設京津日日新聞社(日華新聞),並寫作漢詩(小野西洲版本中出現的「田原天南」經查為田原禎次郎)
1	10月19日	橫澤次郎	送行	1	曾任總督府官房秘書官、澎湖廳長
1	10月19日	顏雲年	送行	1	知名實業家,也是瀛社創始成員
1	10月19日	許梓桑	送行	1	臺北州協議會員、大同吟社社長
1	10月19日	賀來佐賀太郎	出發前託賀來總務長官向顏雲年商借別邸暫住。	1	總務長官
1	10月19日	李種玉	本次旅遊之同行者	1	1895年出任保良局幫辦事務囑託,1897年總督府佩授紳章,並受推舉為三重埔保良局局長。曾任臺北師範學校助教授
2	10月20日	益子逞輔	恰巧同船	2	報社舊同事,現為大成火災保險會社專務
2	10月20日	莊玉波	恰巧同船	2	臺南人,瀛社舊友(經洪以南推介加入瀛社,認識謝雪漁並成為謝雪漁學生)
3	10月21日	—	—	2	無提及
4	10月22日	—	—	3、4	無提及
4	10月23日	謝師舜	自京都前來迎接	5	謝雪漁三男
4	10月23日	王兆麟	自京都前來迎接	5	南友(日本龍谷大學畢業,後為臺南家政學院院長)
4	10月23日	莊玉波	堅邀其至商行一宿	5	同前
4	10月23日	李種玉	同前往莊玉波商行	5	同前
4	10月23日	許廷光	同前往莊玉波商行	5	1921–1929年總督府評議會評議會員
4	10月23日	丸井圭治郎	同前往莊玉波商行,但當晚另宿親舊家	5	同前

日數	日期	人物姓名	會面緣由	篇數	備註
4	10月23日	赤石定藏	發電報告知平安抵達	5	同前
4	10月23日	顏雲年	發電報告知平安抵達	5	同前
4	10月23日	謝師熊	發電報告知平安抵達	5	謝雪漁長子
4	10月23日	許南晚	導遊神戶	5	許廷光家嗣
4	10月23日	莊玉波	午後2時許導觀中華會館	5	同前
4	10月23日	謝石秋	關帝廟碑文作者，謝雪漁於文中提及，此時已故。	5	譜名瑞琳，一名維巖，別號石秋，臺南人；日治後應連雅堂之邀，入臺南新報社漢文部為記者，後升任主筆，任職達12年
5	10月24日	莊玉波	送行	6	同前
5	10月24日	王兆麟	帶路至其寓所	6	同前
5	10月24日	謝師舜	帶路至其寓所	6	同前
5	10月24日	丸井圭治郎	同遊桃山御陵、乃木神社以及京都各名勝	678	同前
5	10月24日	李種玉	同遊桃山御陵、乃木神社以及京都各名勝	678	同前
5	10月24日	許廷光	同遊桃山御陵、乃木神社以及京都各名勝	678	同前
5	10月24日	許南晚	同遊桃山御陵、乃木神社以及京都各名勝	678	同前
6	10月25日	丸井課長令郎	至東京車站迎接	9	－
6	10月25日	廖宗支	東京車站迎接，首次見面	9	於顏雲年宅邸任事，曾寄詩稿代請登報
6	10月25日	李仙子	至東京車站迎接	9	於顏雲年宅邸任事
6	10月25日	松村光訓	於顏雲年宅邸見面	9	顏雲年宅邸家庭教師
6	10月25日	顏德潤	於顏雲年宅邸見面	9	顏雲年次子
6	10月25日	顏德修	於顏雲年宅邸見面	9	顏雲年三男
6	10月25日	顏梅	於顏雲年宅邸見面	9	顏國年長女（〈內地遊記〉中稱為梅子，可能到日本後另取日文名）
6	10月25日	顏滄海	於顏雲年宅邸見面	9	顏國年長子

日數	日期	人物姓名	會面緣由	篇數	備註
6	10月25日	吉田坦藏？	〈「內地遊記」を讀む(五) 古風と洋式〉中添加	9	吉田坦藏為日本赤十字社臺灣支部醫院教授，但無法確定此處是否指此人
6	10月25日	葉練金	〈「內地遊記」を讀む(五) 古風と洋式〉中添加	9	當時的漢方名醫，瀛社創始成員
6	10月25日	李梓樵	〈「內地遊記」を讀む(五) 古風と洋式〉中添加	9	暫無相關資料
6	10月25日	顏欽賢	〈「內地遊記」を讀む(五) 古風と洋式〉中添加	9	顏雲年長子
7	10月26日	丸井圭治郎	同往拜訪各處	11	同前
7	10月26日	李種玉	同往拜訪各處	11	同前
7	10月26日	許廷光	同往拜訪各處	11	同前
7	10月26日	服部宇之吉	於斯文會事務所會晤	11	文學博士，曾擔任斯文會總務理事及副會長
7	10月26日	賀來佐賀太郎	於麴町區內幸町臺灣督府出張所見面	11	同前
7	10月26日	李延禧	來訪	11	李春生孫
7	10月26日	辜皆的	來訪	11	辜顯榮娶元配時領養
8	10月27日	廖宗支	導遊上野公園、博物館、美術院等	11	同前
8	10月27日	謝師舜	同遊上野公園、博物館、美術院等	11	同前
8	10月27日	李種玉	同遊上野公園、博物館、美術院等	11	同前
9	10月28日	賀來佐賀太郎	於帝國旅館招宴	12	同前
9	10月28日	李延禧	於帝國旅館巧遇	12	同前
9	10月28日	丸井圭治郎	向斯文會交涉由許廷光於會中擔任臺灣人代表	12	同前
9	10月28日	李種玉	一同斟酌祝文	12	同前
9	10月28日	許廷光	一同斟酌祝文	12	同前

第11章

從日治時期警察通譯試題中的
對話見端倪

一、前言

　　臺灣日治時期針對警察及獄務人員專門設置的「通譯兼掌制度」(兼掌口譯業務者之檢定制度；此處的「通譯」出自日語，意指口譯行為或口譯人員)，自1899年至日治結束為止，全臺各級警察每年透過通譯檢定考試並達領取資格者，每月可獲得一筆口譯職務津貼。[1]

　　這項制度於1899年5月實施時僅限於獎勵日籍警察的臺語能力，約二年後 (1901年6月) 即改為普遍適用於日臺籍警察，語種則包含臺語、客語 (廣東語)。此外，1911年起針對原住民地區的蕃語口試，亦納入其中。到了1923年8月增設「臺灣語學特科」，[2]語種包含福建、廣東等方言。從這項制度的長期實施及其漸次普及並適用於全臺各級警察，可知統治當局對於警察具備與民眾溝通的口語能力，不但有實務上的殷切需求，且數十年間未曾稍減。

　　本研究針對這項通譯試題的內容類別、試題中的談話參與者、以及試題中的通譯角色與談話場景等，以1899至1936年間1,000筆日臺語通

1　1930年起，取消最低等級第10等津貼領取資格，且8–9等級及格者，若連續三年為同
　　一等級者，亦取消其領取資格。換言之，當局鼓勵警察人員語言能力保持精進，才能
　　取得該項津貼。
2　引自鷲巢敦哉：〈卷頭口繪解說〉，頁482。

譯試題為範疇，從試題內容、題型、命題觀點、側重方式等進行深入的探究。此外，亦藉此梳理考題中所體現的殖民治理實務，並描述當時的譯者在其譯事活動中受統治者所賦予的角色功能。[3]

二、通譯兼掌者制度

1895年，日人召集了數百名軍方通譯人員來臺，但實際踏上臺灣土地時才驚覺他們帶來的北京與南京官話譯員，和當地居民所講的臺語是完全無法溝通的。譯員唯一的功能只有筆談，但僅限於讀過書的人才能起作用。官方的告示內容或規章指令也只能透過漢文的書寫，再由鄉里仕紳召集居民才能以口語傳達。換言之，日本對臺的殖民統治初期，必須透過至少兩次傳譯、三種語言的轉換過程，才能傳送或接收信息。[4]

然而，這種傳譯形式與語言轉換程序，往往造成信息大幅遺漏、甚至扭曲變形的現象，因而造成無數莫名的誤解，乃至誤傷人命的悲慘情事。據鷲巢敦哉指出，[5] 1898年兒玉源太郎總督就任前後，警界公認臺

3　就André Lefevere、Jean Delisle以及Judith Woodsworth等譯論與譯史研究觀點而言，譯者的翻譯活動並非自發性的無償行為，故統治者對於譯者行動的引發作用可視之為「贊助人」（patronage）角色。參Lefevere, *Translation, Rewriting, and the Manipulation of Literary Fame*; Lefevere, *Translation: Culture/History: A Source Book*; Delisle and Woodsworth, *Translators through History*.

4　此類「接力傳譯」（relay interpretation）見於第一任學務部長伊澤修二，指透過日語—英語—臺語傳譯的課堂教學。伊澤於1895年6月抵臺不到兩週，即以80圓高薪聘用曾在香港受高等學校教育，通曉英語的混血男子（英國父親與廈門母親）吧連德（Pa Lianteck）任其譯員並襄助教學。有關吧連德的身世與受僱情況，詳渡邊精善：〈芝山巖時代の教育〉，頁40–51。近期的吧連德研究，另詳橫路啟子：〈歷史事件論述中的譯者形象——以芝山 事件與口譯員吧連德為例〉，「日治時期的譯者與譯事活動工作坊」論文（臺北：中央研究院臺灣史研究所，2012年9月27日），頁43–57。而八年之後，竹越與三郎（1865–1950）於1903–1904年間來臺時，依然目睹法院與警察單位依賴操北京官話的副通譯，充當日語↔官話↔臺語間中介語言的現象。參竹越與三郎：《臺灣統治志》（東京：博文館，1905／復刻版，臺北：南天書局，1997），頁310–311。

5　鷲巢敦哉（1896–1943）曾在臺擔任警官練習所教官多年。1932年退休後任總督府警務局警務課囑託（約聘人員），並投入《臺灣總督府警察沿革誌》編撰，因而留下大量著作。鷲巢生為其筆名。鷲巢生：〈警察今昔譚〉，《臺灣警察時報》220號（1934年3月1日），頁104–107。

灣最令人頭痛的事就是通譯。甚至，還有通譯從中詐欺取財等不法情事，形成治理上的障礙與死角。[6]

1898年4月，臺灣總督府發佈「總督府判任文官及巡查、看守通譯兼任者特別津貼給予之件」，針對基層文官及警察、監獄看守等給予兼掌口譯者職務津貼，以鼓勵基層公務員提升語言能力以利溝通。接著，即在5月先後頒佈「總督府文官及巡查、看守土語通譯兼掌者銓衡規程」及其注意事項。據此，就有了任命與管轄機關、執行作業流程、資格認定方式、津貼發放對象、語言組合等細則的訂定。[7]然而，此項制度實施之際，隨著社會需求的變化，在級別與津貼數額上產生多次重要的變革（詳表11.1）。

綜觀表11.1可知，該制度實施三年就出現了等級劃分逐增、津貼金額調降的變化，可見參試者踴躍，而職務津貼也確有誘因。據鷲巢敦哉指出，[8]1898年日籍巡查月薪8–12或13圓，推估通譯津貼比重可達薪俸的25–90%。但是，隨後即面臨各類設限的增加；例如分甲乙兩試、考題趨難（要求聽講能力）、津貼發放門檻拉高，以及考試資格限制放寬（從限日籍，放寬為納入臺籍）等現象。

1901年6月據訓令204號規定，將考試分為甲、乙兩種。甲種明訂每年實施一次，屬通過乙種者之複試。而乙種則隨時可考，[9]是初次受試者的考試。換言之，獲得高等級津貼者，每年皆須受試。[10]而在語言組合方面，也從初期僅有日臺語，擴增為廣東語（客語）、福建語、原住民語（蕃語）與日語之間的口筆譯。

6　許雪姬：〈日治時期臺灣的通譯〉，頁1–44。

7　黃馨儀：〈日治時期之通譯兼掌筆試與臺語表記法之關係〉，「日治時期的譯者與譯事活動工作坊」論文（臺北：中央研究院臺灣史研究所，2012年9月27日），頁59–75。

8　鷲巢生：〈警察今昔譚〉，頁105。

9　由於乙種未規定須定期辦理考試，故有地方州廳擅自改為不定期舉辦。直到1922年頒佈的「臺灣總督府警察及監獄職員語學試驗規程」才明訂甲、乙種考試皆為每年一次。

10　通過乙種考試，並領取10等以上津貼之巡查、看守等，須每年參加甲種考試。而領取六等以上津貼之較低職等「巡查補」，亦須每年參加甲種考試。引自黃馨儀：〈日治時期之通譯兼掌筆試與臺語表記法之關係〉，頁72。

表11.1 臺灣日治時期通譯考試施行沿革

年度	等級：圓/月	語言組合	資格判定	背景限制
1898.05	甲：7　乙：5　丙：3	臺/日	書面審查	日籍
1899.05	甲：7　乙：6　丙：5　丁：4　戊：3	–	書面/口試	日籍
1899.09	為防弊而開始設置銓衡委員（考試委員）			
1901.06	1等：7　2等：6.5　3等：6　4等：5.5　5等：5　6等：4.5　7等：4	臺/日	筆試/口試	日臺籍
判任文官	8等：3.5　9等：3　10等：2.5　11等：2　12等：2.5　13等：2	–	甲、乙種銓衡	
巡查補	1等：2　2等：1.5　3等：1　4等：0.5　1906年改訂 1等：4→8等：0.5（每升0.5圓）		甲、乙種銓衡	
1903.11	考試分甲乙種；甲種屬本署銓衡委員出題，乙種則為本署與各廳之銓衡委員出題。			
1911		臺/蕃/日語；蕃語僅需口試。	蕃語僅需口試。	
1920	1等：20　2等：15　3等：12　4等：10　5等：8	英語 ?[11]	筆試/口試	日臺籍
	6等：6　7等：4　8等：3　9等：2　10等：1	外語聽譯	–	–
1921判任文官	1等：30[12]　2等：20　3等：15　4等：12　5等：10　6等：8　7等：6　8等：4	7等：6	8等：4	9：3　10：1
巡查	1等：20　2等：15　3等：12　4等：10　5等：8　6等：6　7等：4　8等：3	7等：4	8等：3	9：2　10：1
1922.11	將1–7等列為甲種、8–10等列為乙種。取消書面或實務審查，且筆試需達60分才可得試。			
1930	取消10等津貼。8–9等及格者，若連續三年皆為同一等級，津貼亦將取消。			
1940	1930年代以後傾向於重視口試，故於1940年廢除筆試、採聽口語而書寫譯語的方式。			

資料來源：鷲巢生：〈警察今昔譚〉，《臺灣警察協會雜誌》220號（1934年3月1日），頁104–107；鐵牛生：〈語學獎勵方法と通譯兼掌手當の改廢問題〉，《臺灣警察時報》1937年12月，頁7–13；李尚霖：〈試論日治時期日籍基層官僚之雙官僚語併用現象〉，《跨領域的臺灣史研究》第三集（國立政治大學臺灣史研究所，2010），頁344；黃馨儀：〈日治時期對之通譯兼掌筆試與臺語表記法之關係〉（2012），頁59–75。

11 據1919年1月25日《臺灣警察協會雜誌》的「雜報」刊載，1918年12月17日臺北廳曾舉辦「英語通譯兼掌者試驗」，經筆試後口試結果，合格者共五名，於19日獲頒合格證書。可見，語言組合不僅是臺灣話，其他外語也納入了「通譯兼掌者制度」。參《臺灣警察協會雜誌》1919年1月25日，頁73。

12 該年度津貼為歷來最高。

三、試題的內容屬性與對話主題

受惠於日治時期圖書報刊數位典藏系統的開放檢索,[13] 通譯考題的收集才有了關鍵性的突破。本研究透過該系統取得約達七成的考題,再加上未納入該系統的期刊書籍,以便在年份與考科的分布上取得較均衡的樣本。而本研究納入的一千題考題並非每份試題的完整援引。採集的基準是以年份、題型、考區、試題中的對話性(對話主題、目的、人物的明確性)等,是否具典型性與辨識度為考量。

表11.2 語料來源

	刊物名稱及其刊行時期	試題數
1	臺灣土語叢誌[14](1899.12–1901.11)	21
2	臺灣語學雜誌[15](1902.01–1903.08)	22
3	臺灣文官普通試驗土語問題答解法[16](片岡巖著,1916.02.20)	91
4	臺灣警察協會雜誌[17](1917.06–1929.11)	4
5	臺灣警察時報(由《臺灣警察協會雜誌》易名,1930.01–1944.04)	20
6	警察試驗叢書第四編警察語學試驗問題及解答集(東方孝義、鷲巢敦哉共編,1935.11.30)	266
7	語苑(1909–1941.10)	576
合計		**1,000**

---

13 詳「日治時期期刊全文影像系統」2008年10月15日公告,http://stfj.ntl.edu.tw/cgi-in/gs32/gsweb.cgi/login?o=dwebmge&cache=1421722927740。

14 1899年12月18日創刊,全書僅發行1卷,共9號。由臺灣語學同志會策畫,撰稿者皆一時之選。如小川尚義、伊能嘉矩等學者,更有實務上之知名人士,如:兼松稻江、在泉(有泉)朝次郎、谷信敬、梅陰子(森丑之助)、市成秀峰等。

15 本刊於1902年1月創刊,臺灣語學同志會發行,首發1,000冊。首任會長為臺灣銀行頭取(總裁)添田壽一博士,旋由新渡戶稻造博士接任,副會長為臺北帝大小川尚義教授。第十號(1903年6月)之前為雙月刊,其後兩期為月刊。共發行12號。引自裏川大無:〈明治三十年代の臺灣雜誌覚え書(二)〉,《愛書》第二期(1934年8月1日),頁21–37。

16 本書已可進行線上檢索,書中的通譯考題約有30題,與刊於《語苑》並由小野西洲披露的考題重複。

17 據《『台灣警察協会雜誌』總目録》簡介,《臺灣警察協會雜誌》於1917年6月20日創刊,1929年11月終刊,共發行149號。

　　首先，針對甲乙種通譯考題內容中顯現的話語情境，可知第一線警務人員的日常業務往往會介入鄰里間的各類人際關係與社會面向，例如居民家庭成員關係、家中經濟情況、對陌生人的警覺心與描述力、居民營生情況，以及鄰里間的糾紛與調解、乃至警察對民眾的政令宣導與規訓等。可概分為以下七類：

表11.3　甲乙種通譯考試性質內容及題型分類

主題分類		考題舉例	年月	甲/乙	題型
1	一般	聽見人講、你定定苦毒前人子、若有影如此真沒使得。	1918.02	乙種	翻譯
	一般	你是講今卽要做集會的主催者喏。（譯）[18]	1928.09	甲筆	翻譯
2	社會	現此時ブヌトヲランエスウシオン（本島人的思想）混沌亂雜…	1928.09	甲筆	翻譯
	社會	伊出世在彼土富的家庭。伊尚未度歲。伊老母忍心放 伊走 = 倒 = 去。	1936.03	甲口	翻譯
3	問答	講昨暝昏、有一個本地人、對恁門口過去、彼個是生做甚麼欵的人。	1918.02	乙種	翻譯
	問答	你那向我比對伊去。伊都尚久不肯做你看我甘願要做是不。	1936.03	甲口	翻譯
4	商業	汝若要買炭頭與我買好否、阮店在大稻埕建成街三丁目	1918.04	甲種	翻譯
	商業	我較早曾被陳口拜託。若有人要賣較賤的田。我為伊買。	1935	甲口	翻譯
5	糾紛	阮朋友陳水告林海彼條官司、歸陳水勝。	1918.04	甲種	翻譯
	糾紛	汝有叫您的朋友來勸 = 我。叫我着使阮阿叔與伊和解。	1935	甲口	翻譯
6	案情	阮自存 = 年結婚了後。起初兩個和好。俾人看到能欣羨。	1936.02	甲筆	譯/音
	案情	我看伊無認不着人。伊彼次被人打到要死。	1936.03	甲口	翻譯
7	警務	政府憶着要給百姓平安、卽派警察官去各派出所、暝日在保護恁大家。	1918.02	乙種	翻譯
	警務	我曾聽見自刑務所出 = 來的人在講。被伊關在彼內面艱苦却然是艱苦。	1936.03	甲口	翻譯

資料來源：參文後附錄考題，多引自《語苑》。表格則為筆者自行整理。
備註：甲/乙 = 甲科/乙科；筆 = 筆試；口 = 口試；音 = 讀音聲調。

18　臺語本無「主催者」一詞，此處的臺語譯文顯然是受到日語影響所致。考官小野西洲亦將之列為譯文範例，參見〈語學試驗問題解說〉國語臺語譯（七、八等），《語苑》第21卷10期，1928年10月，頁82。可見這類漢語詞彙在日治時期是允許借用的。

就考題難易度而言，其中顯然並無警察人員所不熟悉的事物，更少有專有名詞或引經據典的語句等翻譯上的難點。而表11.3所顯示的各類題例，並未呈現脫離警務現場的非現實景象。

以1899至1936年間採每年度平均抽取的原則，且就能力所及的範圍內，[19] 本研究建置了1,000題日臺語通譯試題語料庫，並針對試題的主題性與屬性進行分類。其各項統計數據，詳見表11.4：

表11.4 通譯試題中的警民對話主題及其分類統計

分類	一般	犯罪	社會	糾紛	案情	商業	問答	規訓	衛生	警務	總計
右欄小計 （對話＋非對話）	564	33	61	44	58	20	97	18	19	86	1,000
民眾－民眾	155	3	3	11	1	2	60	1	2	1	239
民眾－官吏	－	－	－	－	－	－	1	－	－	－	1
民眾－店家	－	－	－	－	－	1	－	－	－	－	1
民眾－憲兵	2	－	－	－	－	－	－	－	－	－	2
民眾－警察	5	－	1	2	10	－	4	－	－	3	25
考官－警察	1	－	－	－	－	－	－	－	－	－	1
店家－民眾	－	－	－	－	－	1	－	－	－	－	1
店家－憲兵	1	－	－	－	－	－	－	－	－	－	1
憲兵－民眾	1	－	－	－	－	－	－	－	－	2	3
警察－民眾	5	3	－	3	5	－	1	5	－	40	62
警察－考官	－	－	－	－	－	－	1	－	－	－	1
警察－店家	－	－	－	－	－	－	－	－	2	1	3
警察－警察	1	－	－	－	－	－	1	－	－	2	4
總計	171	6	4	16	16	4	68	6	4	49	344

---

19 本研究以1899至1936年的日治試題語料庫為範圍，其中尚缺1908與1934年。

　　從整體通譯試題的主題內容看來，共339題 (約四成) 是具有鮮明主題的考題。依序為日常警察業務、社會情況、特定案情、民眾糾紛、犯罪、商業、規訓、衛生等。此外，以一問一答方式呈現的試題比重約達10% (97題)。

　　所有試題中約達三分之一是可推知談話參與者內容的試題，然而，這些以對話為主的考題，其主題分布卻與總體試題的主題分布差異頗大，故擬進一步檢視並細究各項分類與談話參與者之間的關係。結果顯示，試題中最主要的談話參與者，是民眾與民眾之間的談話；約達70%。次高則為警民之間的對話，約達25%。從主事者或出題者的角度而言，透過該項考試有意導引警察關注的對象，主要是針對臺灣民眾之間的互動及其談話內容。換言之，聽懂民眾與民眾之間的談話，對警察通譯能力而言，乃其第一要務。至於，警民之間的溝通，則屬其次之務。至於其他各項內容與談話參與者，無論主題對象皆屬零星。

　　針對以上警察與民眾這兩類談話對象，本研究依循考題的主要內容及特徵，進一步試探其究竟。如表11.4所示，民眾之間的談話大都無特定主題，而問答居多的形式特徵，也顯現其談話方式多屬片段，而非長篇大論的陳述或演辯等話語形式。然而，就警察所關注的主題內容而言，似乎民眾之間的問答內容確屬其觀察重點。反之，當警察與民眾之間對話時，兩者之間的話語主題則各有偏重。以警察對民眾為例，探詢與警察日常業務相關者最多(達40題)，其次為規訓、案情、一般(各5題)。再其次，則為糾紛、犯罪等內容。換言之，警察找上民眾時，目的通常十分明確，大多為執行警察業務而來。至於民眾找上警察的時候，則多與案件的發生有關。其次，則為一般與問答等話語主題與形式。

　　就警察找上民眾時的談話內容而言，依其題數多寡可推知警察關切的主題及其程度：(1)警務；(2)一般；(3)案情/規訓；(4)犯罪/糾紛；(5)問答(詳表11.5左側各欄)。而民眾面對警察時的主要談話類別依序為：(1)案情；(2)一般；(3)問答；(4)警務；(5)糾紛；(6)社會(詳表11.5右側各欄)。

表11.5　通譯試題中的警民與民警對話主題類別及其分項統計

類別	憲兵－民眾	警察－民眾	小計	民眾－憲兵	民眾－警察	小計	合計
犯罪	0	3	3	0	0	0	3
社會	0	0	0	0	1	1	1
糾紛	0	3	3	0	2	2	5
案情	0	5	5	0	10	10	15
規訓	0	5	5	0	0	0	5
一般	1	5	6	2	5	7	13
問答	0	1	1	0	4	4	5
警務	2	**40**	42	0	3	3	45
總計	3	62	65	2	25	27	92

　　警民之間談話主題最為平衡的數量是一般性內容，其次則為糾紛的處理。至於，雙方幾乎互無交集的，則是社會議題。而民眾面對警察的談話內容，以案情陳述的比重為最高（37%）。反之，警察對於案件的查辦，就警對民的談話總數看來，其比重僅約7.5%。而警察關注程度最高的事物，莫過於警務的處理（65%）。其次，則是對民眾的規訓（10%）及對案情的調查（10%）。而且，這幾類談話主要集中於警察對民眾，而非民眾對警察。

四、試題中的警民對話

　　配合前述主要談話內容與參與者，並針對試題分類中的相應例句，分析以下的談話內容及其特徵。結果發現，在民眾與警察的對話中，民眾私領域的日常生活細節，幾乎都鉅細靡遺地呈現在警察面前。例如，妻與人私奔（1–1）、隔壁有人腹痛（1–2）、夫妻關係失調（1–3）等，無不成為民眾向警方報告的題材。（語料1）

語料 1 民對警陳述

1	源語[20]	譯語	出版日期	分類	採集者
1–1	大人阮某昨昏隨人走不知走何去～	大人私ノ妻ガ昨夜情夫ト駈落チシマシテ	1929.01.15	案情	水谷寥山
1–2	大人哪阮隔壁房有聽見二三人暖暖叫有個腹肚痛有個吐瀉真正艱苦的款、請大人着趕緊為(伊+心)設法即好。	大人隣の房屋で二三人が暖よ暖よと泣いて居ます腹痛やら吐瀉やらで大変苦しいようですからどうぞ早く御世話をしてやつて下さいませ。	1931.08.15	警務	廣中雲水
1–3	大人＝啊我舊年(ケエアンタ・ウ ア、嫁尫之後)真好、不拘過無若久阮夫(ボア スゥ ビイ キアウ ソア ビヲ ブン ボオ チェン)、攏無顧阮妻子	大人私は昨年縁付きまして最初は夫婦仲もよかつたのですが間も無く夫が期米に手を出して損をし、それからは夫婦の情愛もなくなり、我等親子に見向きもせず～	1933.02.15	警務	研究生

此外，民眾在警察面前，往往處於被動地回答問題，且需表態以求自保。例如，「在您面前不敢扯謊」(2–1)、「大人請徹底查明」(2–2、2–3)、「不是偷來要賣」(2–4)、「何曾讓小孩把風幹壞事」(2–5)、「您若認為我知情不報，請儘管查」(2–6)(詳語料2)。

語料 2 民對警辯解

2	源語	譯語 (括號內中文為筆者自譯)	出版日期	分類	採集者
2–1	今我在汝的面頭前不敢講白賊話	モオ貴方ノ前デ虛ハ申上マセヌ	1918.08.15	案情	藤澤繁造
2–2	大人今一度十分ニオ調べヲ御願ヒ致シマス、	請大人更查一次較真咧、	1929.08.15	案情	南都生
2–3	大人今一度ヨクオ調ベヲ願ヒマス或ハ人ガ私ヲ陷入樣ト思ツテ其ノ樣ナ事ヲ言フノカモ知レマセン。	大人請汝着更一次探聽較真咧、	1929.08.15	案情	南都生

---

20 源語的臺語書寫用字，和現今的臺語用字用詞或有出入。為保存原貌，以抄錄語料為原則。

2	源語	譯語 （括號內中文為筆者自譯）	出版日期	分類	採集者
2–4	盗んで来て人に売るの なんと云う訳ではあり ません～	（都不是偷來要賣人的）	1935.11.30	案情	東方孝義
2–5	無、阮何有叫囝仔看頭 阮無要做不正的事情	いいえ違ひますよ、私共 は子供に見張をさせたな んて、	1935.11.30	案情	東方孝義
2–6	我若是知不講、做汝去 查、 查若有影隨在汝 辯。 （要是覺得我知道卻不 説，請儘管查，如果屬 實，任憑處置。）	私が知つて居ても云はな いのであると思はれるな らば御随意に行つて調べ て下さい、 調べて事實で あつたら御勝手に處分し て下さい。	1930.10.15	一般	臺中生

　　從以上試題裡的對話看來，顯然，民眾是自覺警察不會相信自己的。然而，弔詭的是，這些試題的撰述者並非民眾，而是法院通譯出身的「詮衡委員」（參見各語料右欄的採集者）。可見，民眾面對警察的心態，想必從出題者的日常觀察就已形成刻板印象。同時，民眾在與警察對話之際，往往居於訊息不對等的一端；既不知來者何人，而自己卻屬無關緊要或不能曝光的無名人氏。例如，「有提什麼書面文字來嗎」(3–1)、「想必您是官吏」(3–2)、「我照實講，不可對人稱是我所言」(3–3)等（詳語料3）。

語料3 民警對話

3	源語	譯語 （括號內中文為筆者自譯）	出版日期	分類	採集者
3–1	昨夜、因為阮主人遇着 災難、所以來通知你。 有提甚麼書面文字來 無、～	昨夜、私共主人力災難二 遇ヒマシタカラ、 御知ヲ セ二参リマシタ、 何力書 付ニテモ持参セシカ、～	1900.02.10	問答	在泉朝 次郎
3–2	我看打算汝做官人	私ノ考ヘデハ多分貴君ハ 官吏ダト思ヒマス	1916.02.20	一般	片岡巖

3	源語	譯語 （括號內中文為筆者自譯）	出版日期	分類	採集者
3-3	□□□□□（ヒエヌ ビエン　タイ　ジヌ ア，憲兵大人啊）我驚 見能得罪着彼個人卽不 敢講 今無講沒息得 我 憑天良照實講 拜託你 不可對伊講是我講的。	憲兵大人、私は彼の人の 感情を損ふやうになりは せぬかそれが心配で申上 げなかつたのであります が。もう申上げない譯には 參りませんから私は實際 のことを申します、どうか 私の言つたといふことだ けは彼の人に言はずにお いて下さい。	1933.03.15	一般	小野西 洲

　　反之，警察與民眾對話的場景與態度，又是截然不同的景象。在警務處理方面，談話主要分為三類：(1) 辦案查問；(2) 政令執行；(3) 政令宣導。由以下試題即可看出警察的角色功能，以及警民之間的權力關係。從以下42筆試題採集期間與採集者的多元性看來，已一定程度地反映了日治時期警民關係的時代性與社會性。

　　其中，題數最多的是以辦案查問為主題的警務類試題，可明確看出的罪狀則有：持有假鈔 (4–4)、誘拐少女 (4–14)、竊取財物 (4–12、4–13、4–19、4–20)。而其辦案程序與方式包括：拘提 (4–19、4–23)、訊問 (4–1、4–4、4–11、4–14、4–15、4–20、4–21)、推定 (4–5、4–6、4–9、4–10、4–13、4–17、4–22、4–23、4–24)、取供 (4–3、4–7、4–8、4–12、4–16、4–18)、裁定 (4–2) 等。從訊問或取供的手法看來，警察雖然頗為強勢，但警察與保正之間似乎仍有套取交情的空間 (4–9)，也成為警察軟硬兼施的手法之一。顯然，日治殖民警察的辦案訊問，無論心證的形成乃至裁量的空間，幾乎都在其權力範圍之內 (詳語料4)。

語料 4　辦案查問

4	源語	譯語 （括號內中文為筆者自譯）	出版日期	採集者
4–1	您二個是誰人原告 伊是被告我是原告～	汝等二人ハ何レガ原告デアル カ伊ハ被告デ私ハ原告デアリ マス～	1902.12.23	水谷寥山
4–2	保釋は許すから、保 証金百圓納めなさい	要保釋可以，但要交保證金一 百圓	1918.05.15	小野西洲
4–3	オ前ハ如何シテ本当 ノ事ヲ言ハナイカ。	汝怎樣不照實講。	1918.07.15	藤澤繁造
4–4	此の紙幣は偽造です 誰から受取つたので すか	此張銀票是假的汝與甚人提。	1923.02.15	東方孝義
4–5	汝不免叫屈有此呢多 的證據～	オ前ハ冤罪ト言フ二ハ及ハ ン～	1927.10.15	鄭坤
4–6	汝更較怎樣分訴亦是 無採工喇、～	其方が如何に辯解しても駄目 だ、～	1928.08.15	鄭坤
4–7	御前ガ此處デ事実ヲ 有體二申立テタナラ 或ハ御前ノ罪ヲ赦シ テヤルカモ知レナイ カラ～	此滿你若照實在來講倘採赦你 的罪亦無的確。	1929.02.15	水谷寥山
4–8	オ前ノ此事件ハ啼二 証拠ガ有ルバカリデ ナク証人モアル、	汝此起案不但有憑據、亦有人 做證～	1929.08.15	南都生
4–9	私ハ汝ノ父ガ保正ヲ シテ居ルノ二免ジテ 許シテヤルノダ～	我是帶着恁老父在當保正即要 諒情～	1929.08.15	臺中生
4–10	汝已經有彼多次的案 底在得、不拘到今尚 沒曉可改過如此豈沒 見誚。	汝ハ既二数回ノ前科アルニモ 拘ラズ今尚改心スルコトガ出 来ナイデソレデ恥カシクナイ カ。	1930.06.15	臺中生
4–11	君ハ此ノ間検察局デ 起訴猶豫二サレテ歸 サレタノ二幾何モナ ク又此ンナ大犯罪ヲ 仕出カシタノハドウ 云フ譯カ。	汝頂幫在檢察局寄罪俾汝返 來、若無久又更做出此款的大 犯罪是甚麼道理呢。	1930.08.15	臺中生
4–12	オ前ガ彼ノ品物ヲ盗 ンダ時現認シテ居タ 人ガアル、	汝偷提彼個物時、有人親目看 見、	1930.09.15	南都生

4	源語	譯語 （括號內中文為筆者自譯）	出版日期	採集者
4-13	此的書類、豈不是汝偷刻伊的印仔即去叫代書做的。	此れ等の書類は汝が彼の人の印章を偽造して代書人をして作成せしめたのであるだらう。	1930.10.15	臺中生
4-14	講汝是趁恁老父無在得、汝即去拐誘伊的查某子	汝は彼の娘の父が居ないのに乗じて行つて其の娘を誘拐し	1930.10.15	臺中生
4-15	今カラ私ノ尋ネルコトヲ国語デ答ヘナサイ。	對此滿起我所要問汝的事情汝着用國語應我咧。	1931.03.15	龍目
4-16	造日暗入去（伊心）厝墩開（伊心）老母的房間門、遂偷提廚仔內的手金庫走的就是汝了、	一昨晩彼の内に這入つて彼れの母の室の戸をコヂ開け戸棚の中に在つた手提金庫を盗んで逃げたのは御前に違ひない、	1931.06.15	廣中雲水
4-17	汝の顔はどうやら見覚へがある様だが汝は是迄に二三度拘留された事があるだらう。	汝若準面熟面熟的款、本成敢有曾被人拘留二三次麼。	1935.11.30	東方孝義
4-18	彼は既にすつかり白状しました、 それでも君は白状しないか。	伊今攏招認喇、如此汝尚不認乎。	1935.11.30	東方孝義
4-19	尋ねたいことがありますから明朝八時迄に新竹警察署に来てください。	有一條事情欲要問汝、到明仔再八點鐘即來新竹警察署。	1935.11.30	東方孝義
4-20	汝は金を盗んでいたのを現認した者があるから	汝在偷提人的錢、現有人看見、～	1935.11.30	東方孝義
4-21	講汝做賊聽食不時四界去在相人的縫喃。	君は盗みをして渡世し方々で人の隙を狙っているそうだね。	1935.11.30	東方孝義
4-22	知らぬふりして遁れやうとしても駄目だ	佯不知來看能消身沒亦是無路用喇～	1935.11.30	東方孝義
4-23	此處で言つても駄目だ。少し訊ねたいことがあるから君、僕と一緒に分隊まで來給へ。	在此講亦是無彩工、有少許要問你的事情、你與我來去分隊。	1936.03.15	小野西洲
4-24	君等ノ様無頼漢デ平素正業ニ就カウトモセズ	（你們這些無賴漢，平常就不務正業）	1936.10.01	灘波虎藏

　　而在警方的政令執行方面，早期的主題較有特定性（鴉片，5–1），後期則以依法行政為主。包含：戶政（5–5、5–8、5–10）、交通執法（5–6、5–12）、一般行政（5–2、5–3、5–4、5–7、5–9、5–11）等。從不同時期與不同採集者的試題內容，皆可梳理出相同主題，可見前述主題足以反映當時警察日常業務的典型性（詳語料5）。

語料5 政令執行

5	源語	譯語（中文為筆者自譯）	出版日期	採集者
5–1	臺灣人是由何一年前起吃阿片煙、你講我較愛聽、我無什知影	臺灣人ハ何年前二阿片ヲ飲ミ始メタカ、私聞イテ置キタイ、私能クハ存ジマセンガ、～	1900.02.10	在泉朝次郎
5–2	這個是誰人伊是海關檢貨的人～	是レハ誰レデスカアノ人ハ税関ノ貨物ヲ検査スル人デアリマス～	1902.12.23	水谷寥山
5–3	字着寫較明咧、不可寫簡省的字即好。	字要寫清楚點，不能寫簡筆字才行。	1918.05.15	小野西洲
5–4	此訴狀は一應受付ては置くが、内容不明瞭の為め、後で訂正しなければならぬかと思はれるが、一層の事に書き直して差出してはどうか。	這份訴狀我可以先收下來，但內容不夠清楚的話，後來還會要你改，乾脆你就改好了再交吧。	1918.05.15	小野西洲
5–5	オ前ハ何時此處へ移転シテ來タノカ、	汝何時徙來此處	1930.09.15	南都生
5–6	喉使牛車的、汝不可住彼放車、	こらこら牛車牽きよ、其處に牛車を卸してはいけない、	1930.10.15	臺中生
5–7	汝在開的山算是官有地、若無去官廳請許可濫滲開墾、	御前の開いて居る山は官有地だから官廳の許可を得て開墾しないと	1931.07.15	廣中雲水
5–8	此の寄留届には、もう一枚貴君の本居地の戸口抄本を添附しなければなりません。	此張寄留届着更合一張恁本居地的戶口抄本即能用得。	1935.11.30	東方孝義
5–9	皆さんも今聴かんれた通り解散命令が出たのですから静かに引取て下さい。	恁大家此滿照所聽見此款解散命令到出來、～	1935.11.30	東方孝義

5	源語	譯語（中文為筆者自譯）	出版日期	採集者
5–10	どうもお前は困つたも（口兮）、 のだ出産届も死亡届も 出して居ない。	汝亦成害＝嘮、 生亦無報、更死亦無報。	1935.11.30	東方孝義
5–11	此の願書は警察署長宛 に書き直して下さい。	此張稟着改寫給警察署長 咧。	1935.11.30	東方孝義
5–12	先般荷車取締規則が改 正になりましたので唯 今から改正の要點をお 話申します。	頂幫土車的取締規則有改 正、此刻要共恁講改正的 要點。	1935.11.30	東方孝義

　　相對於警方的政令執行，政令宣導在警察的通譯活動中，算得上是
雙語交流較為突出的活動。例如，宣導吸食鴉片的毒害 (6–1)、呼籲學
説日語 (6–2、6–3)、要求民眾理解警察/軍隊/國家 (6–4、6–5、6–6)
等 (詳語料6)。而從不同時期的不同主題，亦可知警方面對民眾時所需
處理的課題及其説服手法。而要求民眾多説日語的呼籲，從日治初期到
20年後依然入題，可見語言問題一直是殖民治理上的難題。

語料6 政令宣導

6	源語	譯語 （括號內中文為筆者自譯）	出版日期	採集者
6–1	你有吃阿片煙無、吃真 重、一日都不免得、如 此、世間所講會癮、身 軀得確有不好、	御前ハ阿片ヲ吸フカ、吸 フ段アハアリマセン、一 日モ廃メラレマセン、夫 レハ、世間テ云フ癮ニ陷 ツタノデシヨウ、体ノ為 メ必ズ好クアリマセン、	1900.02.10	在泉朝次 郎
6–2	恁既然是日本帝國的 百姓　以後應該着學 日本話　柳也着知風 俗人情～	汝等ハ既ニ均シク日本帝 国ノ臣民ナリ、今ヨリ後 汝等ハ宜ク日本ノ風俗習 慣ヲ知感シ～	1902.00.00	水谷寥山
6–3	汝等ハ既ニ均シク日 本帝国ノ臣民ナリ今 日ヨリ後汝等ハ宜ク 日本ノ言語ヲ學ビ日 本ノ風俗習慣ヲ知悉 シ以テ日本臣民ノ本 分ヲ守ルベシ～	汝等既經同為日本之臣民 自今以後、汝等宜學日本 言語、深知日本之風俗習 慣、順守日本臣民之本 分、～	1916.02.20	片岡巖

6	源語	譯語 （括號內中文為筆者自譯）	出版日期	採集者
6-4	警察官は公衆の為め に此んな話をするの ですからどうぞ皆さ んは御考え違ひの無 いにしなさい。	警察官是為着眾人即講此 款的話、請恁大家着不可 想不着。	1935.11.30	東方孝義
6-5	皆さんは十分に軍隊 といふものを理解せ られ軍隊が地方に於 て行動する時は總て について十分なる便 宜と援助とを與へて 下さる様お願ひ致し ます。	諸君、對阮軍隊着十分理 解。阮軍隊若是在地方創 事情的時、拜託您各項着 十分援助俾阮利便卽好。	1936.03.15	小野西洲
6-6	皆サン大イニ考ヘナ クテハイケナイ国家 ノコノ非常時ニ遭遇 シテ居ル際～	（大家要好好思考，國家 正在非常時期。）	1936.10.01	灘波虎藏

從以上政令宣導的話語互動中，似乎才能設想出警察通譯的受眾是臺灣民眾。而前述語料所顯現的各類通譯語境中，其話語現場往往是沒有受眾的。唯一可能的訊息接受者，或許是書面紀錄的事後閱讀者。在警民的對話中，雖有通過考試的警察通譯與民眾談話，然而，嚴格說來，那僅是警察能與民眾交談的雙語溝通能力，而非通譯能力。而這樣的語言能力之所以被視為「通譯能力」，關鍵在於警察通譯所要傳達的訊息，已經滿足了警察背後的訊息接受者一定程度的需求。

事實上，從片岡巖《臺灣文官普通試驗 土語問題答解法》(1916) 與東方孝義、鷲巢敦哉《警察試驗叢書第四編警察語學試驗問題及解答集》(1935) 的通譯考古題出版，[21] 可以分別獲得頂頭上司松井榮堯（臺南地方法院檢察官長）與森田俊介（警務局警務課長）的書序推薦，可知獎勵通譯能力是官方一貫的立場。

21　東方與鷲巢共編之初版，原為自行出版之作。出版當時，東方孝義任普通試驗臨時委員（1935–1940）且為高等法院檢察局與臺北地方法院檢查局通譯。他曾於 1923 至 1926 年任總督府警察官及司獄官練習所教官，1931 年出版《臺日新辭書》。而鷲巢敦哉在臺曾任警官練習所教官多年，1932 年退休後轉任總督府警務局警務課囑託（約聘人員）。

五、試題中的通譯角色

透過以下一道1931年的試題，足以鮮明地反映警察通譯角色的矛盾性。原來，「通譯」試題裡的警察，竟要求民眾應以國語（日語）回答警察的問話。雖然，讓臺灣民眾說日語是當時的國策，但這樣的對話竟然出現在通譯考題裡，不免令人錯愕。似乎那些通過通譯考試的日籍警察，日後根本無須通譯，直接讓對方說日語即可交差了！

語料7　警民對話

7	源語	譯語（括號內中文為筆者自譯）	出版日期	採集者
	今カラ私ノ尋ネルコトヲ国語デ答ヘナサイ。	對此滿起我所要問汝的事情汝着用國語應我咧 （從現在起，要問你的事，可得用國語回答我咧）	1931.03.15	龍目

看來，通譯現場不但可以沒有受眾，甚至通譯也可能缺席！而這種警民之間各說各話的現象，似乎在臺灣日治時期十分尋常。甚至，1930年提高津貼發放門檻之後，到了1937年竟有高達85%的乙種通譯考試及格者不符合領取津貼資格。[22] 可見，警民之間語言不通的情況，即使日治長期化之後依然並未解決。

相對於民眾之間在一般性話題或以問答為主的對話形式，警察與民眾之間的話語主動權多在警方，且多伴隨處理警務的目的意識。可以說，警民之間事實上並無自然對話可言，兩者間的對話大都屬於警察對民眾的詰問。現將表11.4的警民談話主題與類別數據再做歸納，即可看出以下各群體之間對話時的角色差異。

22　乙種為初試，甲種為複試，初試通過後每年皆須受複試，才可持續領取通譯津貼。1937年數據，引自鐵牛生：〈語學獎勵方法と通譯兼掌手當の改廢問題〉，《臺灣警察時報》（1937年12月），頁7–13。該年全臺警察總數7,412人，乙種及格者3,267人，不符領取資格者2,775人。其中，日籍巡查1,804人，臺籍巡查827人，幹部144人。巡查相當於現制之警員，為各級警察中之最低階。參林興西：〈日本警察教育制度〉，《警學叢刊》第15卷4期（1986年9月），頁39–48、94。

表11.6 警民與民眾間之對話主題及其分類統計

分類	一般	犯罪	社會	糾紛	案情	商業	問答	規訓	衛生	警務	總計
民眾－民眾	155	3	3	11	1	2	60	1	2	1	239
民眾－警察	5	0	1	2	10	2	4	0	0	3	27
警察－民眾	5	3	0	3	5	0	1	5	0	40	62

　　從表11.6的主題與數據分布顯示，在出題考官眼裡，警察對民眾的問話與警務處理時的語言傳達能力，無疑是最為重要的(參「警對民」的警務類題數)。其次，值得留意的是警察對於民眾陳述生活瑣事或是描述案情時的理解能力也是考評重點之一；亦即，有能力聽懂民眾對於生活瑣事(參「民對警」的一般類題數)乃至案情的描述(參「民對警」的案情題數)，同時也要求警察對於周遭事物或是案件有一定的描述能力(參「警對民」的一般及案情類題數)。而警民與民警間的題數落差則達兩倍以上。

　　然而，大量的民眾與民眾之間的生活交談(參「民對民」的一般及問答類題數)，何以成為警察通譯考題的最大宗？從佔239筆近九成的215題看來，對於當局而言，警察聽懂民眾說些什麼，似乎才是警察「通譯」的要務。然而，聽取之後傳達的對象究竟何在？至少，接收訊息的受眾是不在話語現場的。此外，警察與民眾之間的對話，有時並無第三人在場。因此，警察「通譯」也就同時扮演著發話者與通譯者的角色。換言之，警察既是源語的發佈者，又是訊息內容的中介者。而這樣的話語情境下，通譯是沒有源語與譯語可資對照的。也就是說，警察通譯並未受到源語內容拘束，也沒有譯語產出，而只有攔截監聽。

　　當我們從通譯功能的角度觀察，就會發現這項持續40年以上的警察通譯津貼制度，事實上並未要求警民溝通上真有通譯存在的必要。然而，通譯津貼的支給竟能持續到日治結束，贊助者的基本立場與實質獲益為何？當局若無需求與獲益，何須維持耗費龐大的通譯津貼？從高達239題的九成題數比重可知，透過警察眼觀耳聽去收集民眾的交談內

容，對於殖民統治當局而言，正是治理上的關鍵手段。因此，警察的通譯能力，並非用於溝通，而是採集民眾語言並傳達其言行中透露的情報。

關於這一點，從小野西洲在1930年12月號《語苑》〈漫言漫錄〉裡的撰述可以得到印證。他說：「一位精通臺語的警官就算坐在轎裡旅行，也能聽懂轎夫之間的談話，或到酒亭小酌也可從鄰室臺灣人口中聽到要緊的消息。就算人在廁所、看戲、街坊閒扯，獲得蛛絲馬跡，意外舉發重大事件或竊盜案件等，皆屬常見。」[23] 從考題內容看來，可見其來有自。

從甲、乙種通譯試題所反映的人際關係與社會面向，可知大都是針對民眾行為與語言的描述。可見，警察所需收集的情報，大都是一般民眾的生活點滴。設使同樣一批警察在日本本土，大概無須如此辛苦收集人民的語言與活動，也毫無發放津貼的必要。從表11.7源語與談話對象的語言組合及各類別題數，即可推知這項通譯考試操盤手想要知道的是哪些群體之間的哪些對話內容。

表11.7 警民對話的語言組合與各類別題數

源語/談話對象	一般	犯罪	社會	糾紛	案情	商業	問答	規訓	衛生	警務	總計
日語	**256**	**12**	**31**	**12**	**22**	**5**	**46**	**7**	**11**	**50**	**452**
民眾－民眾	71	2	2	4	0	1	32	0	2	0	114
民眾－警察	1	0	1	1	4	0	0	0	0	1	8
憲兵－民眾	1	0	0	0	0	0	0	0	0	2	3
警察－民眾	3	1	0	0	2	0	1	2	0	25	34
警察－店家	0	0	0	0	0	0	0	0	1	0	1
警察－警察	0	0	0	0	0	0	0	0	0	1	1
（非對話）	180	9	28	7	16	4	13	5	8	21	291
漢文	**2**	**0**	**0**	**0**	**0**	**0**	**0**	**0**	**0**	**0**	**2**
臺語	**306**	**21**	**30**	**32**	**36**	**15**	**51**	**11**	**8**	**36**	**546**
民眾－民眾	84	1	1	7	1	1	28	1	0	1	125
民眾－官吏	0	0	0	0	0	0	1	0	0	0	1
民眾－店家	0	0	0	0	0	1	0	0	0	0	1
民眾－憲兵	2	0	0	0	0	0	0	0	0	0	2

23　小野西洲：〈漫言漫錄〉，頁68–70。

源語／談話對象	一般	犯罪	社會	糾紛	案情	商業	問答	規訓	衛生	警務	總計
民眾－警察	4	0	0	1	6	0	4	0	0	2	17
考官－警察	1	0	0	0	0	0	0	0	0	0	1
店家－民眾	0	0	0	0	0	1	0	0	0	0	1
店家－憲兵	1	0	0	0	0	0	0	0	0	0	1
警察－民眾	2	2	0	3	3	0	0	3	0	15	28
警察－考官	0	0	0	0	0	0	0	1	0	0	1
警察－店家	0	0	0	0	0	0	0	0	0	1	2
警察－警察	1	0	0	0	0	0	0	1	0	1	3
（非對話）	211	18	29	21	26	12	16	7	7	16	363
總計	564	33	61	44	58	20	97	18	19	86	1,000

　　其次，針對1,000筆試題的題型，觀察1899至1936年間考試題型與年次之間的關係，以了解試題的難易程度及其變化情形。結果發現，其中有897筆是翻譯題，僅103筆是納入語音或對話等具有變化的題型。詳如表11.8。

　　對照可知，1922年11月將1–7等列為甲種，8–10等列為乙種。並提高門檻為筆試需達60分才得應考口試，且口試未達70分者，筆試通過亦為不及格。[24] 再加上1930年一舉提高發放津貼的標準之後，考試的題型變化加大，並透過臺語標音與填空等題型，加強對口語聽解、表達、詞語靈活度等語言能力的要求，即有明顯提升篩選標準之勢。

　　此外，口試也成為後期的主要考試方式，且每次考試的題數也顯著增加。但也由於採取個別口試的方式，故口試考期竟長達三週之久。且考試內容以日籍者應考日譯臺，臺籍者則要求臺譯日，採取考官口述、考生筆答的方式。[25] 對於應考中的高階者，則就其口語實踐能力及發音高下為取捨重點。

24　參「臺灣總督府警察及監獄職員語學試驗規程」，引自臺灣總督府警務局編：《臺灣總督府警察沿革誌》第三編（1934），頁933。

25　三宅愛次郎：〈甲種通譯兼掌試驗を終へて〉，《語苑》第26卷1期（1932年1月），頁71-75。他擔任主事的前述考試中，筆試僅一天（1931年9月26日），但口試卻從1931年11月21日考到12月4日。

表 11.8 1899–1936 年間考試題型與年次關係

題型	考試日期	筆數
造句 翻譯	1924	1
填空	1934.02	1
會話	1902	1
標音	1927	1
翻譯		897
翻譯 對話	1910	1
翻譯、填空		30
	1901	2
	1925	1
	1929.07.28	2
	1930.06.09	5
	1931	5
	1932	3
	1936	5
	1936.08.18	7
翻譯、標音		57
	1929.07.28	8
	1930.06.09	15
	1932	4
	1933	3
	1936	14
	1936.08.18	13
翻譯、標音、填空	1932	1
翻譯、聽寫	1933	10
總計		1,000

備註：粗體字表 1930 年之後的年份。

　　而在源語為日語的考題中，以甲種與特科兩類高階考科為例，反映民眾對話的題目共 12 筆。其中，要求日籍警察能說的臺語，僅達一般水平的語言能力（詳語料 8–1 至 8–5）。其實，以開辦臺灣語特科兩年後的 1925 年為例，該年受試的警部、警部補甲種及格者僅得 8 名。可見，即使考題不難，通過者並不多。而考題的難易程度，也反映了多數考生的語言水平。

語料8 甲種與特科中的民眾對話試題（日語為源語）

8	源語	譯語 （括號內中文為筆者自譯）	科別	口試/筆試	出版日期
8-1	此處で言ひ争をしてはいけません派出所へ行て委しいことを聞きませう。	住此不可車盤來去派出所問恁詳細。（別在這裡吵，去派出所講清楚吧。）	甲科練習生試驗	不詳	1923.02.15
8-2	君ハ叔父サンノ處へ居候シテキル身デアリナガラ賣掛代金ヲ誤魔化ストハ實ニ恩知ラズダネ、	汝住在您叔彼被伊在飼的、尚亦敢唔（暗）伊的錢、（吃住都是叔叔的，你好意思圖他的錢）	甲種通譯兼掌一警察官の部（1-3等）	筆試	1933.01.15
8-3	自分ノ金ヲ使フノニ何モ僕ニ詫ビル必要ハナイデハナイカ、	汝都開汝自己的錢、那使著對我會不著（花的是自己的錢，何須對我道歉）	甲種通譯兼掌一警察官の部（4-6等）	筆試	1933.03.15
8-4	お前達のやうに左様不景気だと言った処で景気は立直るものぢゃないよ、	像恁干乾在念講歹景氣歹景氣、唸了景氣豈能復元～（你老説景氣不好，光説豈能變好）	語學特科採用試驗	不詳	1935.11.30
8-5	君が一人前の人間になるようにとと思えばこそ気にいらぬことも言うのだ、	憶着看汝能成人、不即共汝講逆耳話～（看你已經是大人了，不好跟你説逆耳之言）	語學特科採用試驗	不詳	1935.11.30

　　同為甲種與特科的考題中，以臺語為源語的民眾對話試題有31題。其中8題要求以填空或對譯方式拼寫或譯寫臺語，內容則為生活、人際、錢財等。但細究其內容與題長，不但難度較高，題目也都較長。可見，聽懂臺語確是對通譯能力的考察重點（詳語料9-1至9-8）。

語料 9 甲種與特科中的民眾對話試題（臺語為源語）

9	源語	譯語 （中文為筆者自譯）	科別	口試／ 筆試	出版日期
9–1	汝 講 我 一 月 日 都 □□□（タヌ ウ ヒア ソエ チイ ナア サイ チヲ チツ ジツ チア チア テエ ハウ ヒイ）無 錢 嘮 無 到 前 無 到 後 嘮，（汝 講 我 一 月 日 都 賺 有 那 麼 多 錢，哪 賽 常 常 低 嚎 無 錢 嘮 無 到 前 無 到 後 嘮～）	貴方が私は一月に彼なに澤山儲けてるのだから、終日錢がないと彼れも足らんこれも足らんとか云つてこごさんでもよいと云はれる、	甲種通譯兼掌－警察官の部（1–3等）	筆試	1933.01.15
9–2	汝 無 想 您 序 大 人 平 日 □□□（ソア ア ニイ クヌ キアム キエク コオ）營 為 粒 積、坐 在 チア ソオ コン サヌ カヌ タア サイ 要 穿 綢 緞 奢 華 的 衣 裳（汝 無 想 您 序 大 人 平 日 總 按 呢 克 勤 艱 苦 營 為 粒 積、坐 在 這 爽 快 爽 腳 搭 刷 要 穿 綢 緞 奢 華 的 衣 裳）	お前は親が平常如何に克苦勤勉働いて蓄へたるものなるかを考えず遊んで親の遺した財産で生活し只絹やだ緞子の華美な着物を着、	甲種通譯兼掌－警察官の部（1–3等）	筆試	1933.01.15
9–3	ゴア イア ボヲ チエク カク ビエ ヌ キオン リン チヲ サイ イウ ブツ コヲ シイ コン チツ エ ゴ ア カア キイ エ イ キエヌ ニア ニア（我 亦 無 勉 強 逼 他，恁 着 隨 伊 舞，可 是（我）講 出 的（只 是）我 自 己 的 意 見 而 已）	私は必ずしもあなたに強ひて何うしなさいとは云ひませぬ、兎に角私自身の意見を申し上げただけです。	甲種語學試驗（7–8等）	不詳	1935.11.30

9	源語	譯語 （中文為筆者自譯）	科別	口試/ 筆試	出版日期
9-4	チツ　チウ　ポエ （ペイ）リイ　ベエ （ボエ）キアエ　シイ ム　チツ　ツヌ　ゴ ア　ベエ(ボエ)<u>ツツ</u> <u>キイ</u>　ソア　カア リイ　ロン。(這 張批你要寄是否，此 時我要出去唰卡你 投)	此手紙は御出しにな りますのですか、今 私は出ますが出して 上げませう。 （這封信是否要寄， 我出去順便幫你投）	語學特科採 用試驗	不詳	1935.11.30
9-5	リヌ　ヌン　エ　チ <u>ア　チア</u>　アヌ　ニ イ　キヲ　ヲアヌ ムホヲ　ホヲ、ブツ シイ　トア　カア ツン　アウ　コン ライ　コンキ イ、～(恁兩個常常這 樣結怨，不好好，不 時在(別人)屁股後講 來講去)	君達二人はいつも怨 み合って仲良くせ ず、常に陰で彼此言 い合うが～	語學特科採 用試驗	不詳	1935.11.30
9-6	理（ボヲ　ヌン　チ アウ，無二條）着不 着會會都好，如此大 聲鬼與（カウ）馬哮有 甚路用、～	道理に二つない、正 しいか間違っている かは話合をすればよ ろしい．そんな大聲 で癲違いの喚き合を したって何にもなら ない、～	語學特科採 用試驗	不詳	1935.11.30
9-7	汝□□（チ・ワジア ウ，給（推測）我招) 怎樣彼抓，第一臭名 是做此項，麼無想您 妻子亦被汝累=着～	君はどうしてそんな に手癖が悪いのか、 一番名を汚すのはこ の事をやるのだよ。 君の妻子までが君の 為めに迷惑を蒙ると いふこともお考へな いのか、～	甲種語學 （4-5等）	筆試	1936.02.15
9-8	汝□□□□□（キア ウ　サイ　イウ　ヒ ア　ヒエン， (賭怎樣那麼兇)亦不 是為着無孔亦不是無 頭路～	君はどうして賭博が そんなに好きかね、 不景気といふ譯でも なく、職がないとい ふ譯でもないのに…	甲種語學 （8等）	筆試	1936.02.15

相對於總數近250筆的解讀民眾話語考題（其中測試聽辨臺語的考題有42題），側重警民與民警對話的考題僅106筆。而其中，又只有6筆是測試聽辨臺語的考題。何以警察通譯的測驗重心在於聽辨民眾之間的臺語對話，卻未多要求警察的臺語表達能力（共5筆）？從通譯考題的內容與偏向，足以推知「通譯兼掌制度」背後的運作觀點及其目的。

六、結語

日治結束之際，約有13,000名警力部署於臺灣。[26] 如此眾多的警力，在殖民時期隨著「通譯兼掌制度」的施行而有權兼領通譯津貼，他們所扮演的通譯角色究竟有何屬性特徵？似乎迄今並未啟人疑竇過。而那批深埋在過往期刊與應考書籍裡的眾多通譯試題，數十年來始終沉睡其中，幾乎無人探究哪些話語內容與主題類別曾經受到格外的關注。

而試題中的警民對話及民眾間的對話場域，非但如實地刻畫了日治時期的警民互動關係，同時也揭示了當局透過警察而對臺灣民眾設定的觀察視角。從本研究對於試題語料的分類與分析看來，殖民地警察通譯政策的施行當局，似乎才是操控並定義警察通譯角色的關鍵推手。

此外，從考試結果透露出來的基層警察與廣大民眾之間長期各說各話，且通譯能力不彰而津貼制度卻未廢除的矛盾現象，可以推知警察通譯的設置目的並非促進警民溝通，而是要求警察為當局採集臺灣民眾日常言行舉動的第一手資訊。如此，才能解釋何以低階程度的通譯及格率偏低，而此項制度卻依然施行不輟的矛盾現象。[27]

---

26 1945年11月接收時，全島警察共計12,908人。據《臺灣警務》（臺北：臺灣省行政長官公署警務處，1946），頁18。轉引自陳純瑩：〈光復初期臺灣警政的接收與重建——以行政長官公署為中心的探討〉，賴澤涵（主編）：《臺灣光復初期歷史》（臺北：中央研究院中山人文社會科學研究所，1996），頁36–61。

27 感謝審查人指出，1921年前後臺灣民族運動興起，島內集會言論激化，故警察須能聽出演講內容是否逾越尺度，才能下令停止或取締非法集會。故這也是通譯及格率偏低，卻又施行不輟的原因之一。此外，審查人亦指本文（表11.1）1921年的津貼一等30元，乃歷來最高。其故亦在此。

　　而殖民地警察的通譯角色，或可解讀為殖民者監控殖民地人民而設
的窗口，透過警察職務與功能，將當地民眾的言行訊息傳遞給當局者，
同時也透過警察以當地語言宣達政令。就訊息傳遞者的角色任務而言，
他們似乎也符合了通譯者的角色功能。但就贊助人與譯者的觀點而言，
每年通過考試才能領取通譯津貼的警察，從試題中的談話參與者關係及
其話語情境可知，他們的通譯角色與功能是受到贊助人在體制與內涵上
雙重制約的。

附錄11.1
通譯試題取材來源及考試試種、科目、日期、題數一覽

刊	種	科	通譯試題取材來源及考試試種、科目、日期、題數(1/2)	題數
1			臺灣土語叢誌	21
	1	1	土地調查局の通譯試驗 (1901)	15
	2	2	警察官土語通譯兼掌者試驗 (1899.07)	6
2			臺灣文官普通試驗土語問題答解法 全 (1916.02.20)	91
	3	3	文官普通試驗 (1899–1907：18；1901：3；1902：1；1903：5；1909：10；1910：34；1911：10；1912：5；1913：5)	91
3			臺灣語學雜誌	22
	4	4	土語試驗 (1902)	6
	5	5	文官普通試驗及通譯試驗 (1902)	12
		6	臺灣總督府文官普通試驗 (1902)	4
4			臺灣警察協會雜誌	4
	6	7	土語通譯兼掌者甲種詮衡試驗 (1920.06.26–27)	4
5			臺灣警察時報	20
	7	8	乙種通譯兼掌試驗 (10，無等) (1936.08.18)	10
		9	乙種通譯兼掌試驗 (8–9等) (1936.08.18)	10
6			語苑	576
		10	乙種通譯兼掌者 (1918.04)	4
		11	乙種通譯兼掌者試驗 (1918.02)	8
		12	乙種通譯兼掌試驗 (1915：14；1918：8；1927：10；1928：38)	70
	8	13	乙種詮衡試驗 (1918.03：117)	117
		14	文官普通試驗 (1918：10)	10
		15	文官試驗 (1917：3)	3
	9	16	甲科練習生試驗 (1923：19)	19
	10	17	甲種通譯兼掌者 (1918：4)	4
	11	18	甲種通譯兼掌－警察官の部 (1–3等) (1932：5)	5
		19	甲種通譯兼掌－警察官の部 (4–6等) (1932：3；1933：3)	6
	15	20	甲種語學 (1935：8) (1936.02–04.15：27)	35
		21	甲種語學 (2–3等) (1936：6)	6
		22	甲種語學 (4–5等) (1936：4)	4
		23	甲種語學 (6–7等) (1936：4)	4

刊 種 科	通譯試題取材來源及考試試種、科目、日期、題數(1/2)	題數
24 甲種語學 (8等) (1936：4)		4
25 普通文官試驗 (1912–1917：各10) (1933：10)		70
16 26 臺中州警察官乙種通譯兼掌 (1929.11.10–1929.12.03：15) (1930.07.23–1930.08.17：35)		50
27 臺中州警察官語學乙種通譯兼掌 (1930.06.09：20)		20
17 28 臺南州乙種通譯兼掌 (1930.05.04：30)		30
18 29 臺灣憲兵隊臺灣語通譯兼掌試驗 (1931：20)		19
30 臺灣憲兵隊臺灣語試驗 (1936：8)		8
31 語學乙種通譯兼掌試驗 (1929.07.28：10)		10
19 32 警部警部補特別任用考試語學問題 (1928.09：2)		2
20 33 警察甲種語學 (1–3等) (1928.09：2)		2
34 警察甲種語學 (4–6等) (1928.09：2)		2
35 警察甲種語學 (7–8等) (1928.09：2)		2
21 36 警察官甲種通譯兼掌 (1931：29；1931.02：21)		50
37 警察官甲種通譯兼掌 —— 警察官第一種問題 (1–4等) (1929.10.24：4)		4
38 警察官甲種通譯兼掌 —— 警察官第二種問題 (5–6等) (1929.10.24：4)		4
39 警察官甲種通譯兼掌 —— 警察官第三種問題 (7–8等) (1929.10.24：4)		4
7 警察試驗叢書第四編警察語學試驗問題及解答集 (1935.11.30)		266
22 40 乙種語學試驗 (臺北州) (無、10等) (1927：5)		5
41 乙種語學試驗 (臺北州) (8等) (1927：7)		7
42 乙種語學試驗 (臺北州) (9等) (1927：5)		5
43 乙種語學試驗 (臺南州) (1927：10)		11
23 44 甲科生試驗採用の語學 (1922：5) (1927：10)		15
45 甲種語學試驗 (1–3等) (1926：4)		4
46 甲種語學試驗 (1–3等者) (1927：2)		2
47 甲種語學試驗 (4–6等) (1926：10)		10
48 甲種語學試驗 (4–6等者) (1927：9)		9
49 甲種語學試驗 (6等以上者) (1924：3)		3
50 甲種語學試驗 (7–8等) (1924：10) (1926：10)		20
51 甲種語學試驗 (7–8等者) (1927：10)		10

刊 種 科	通譯試題取材來源及考試試種、科目、日期、題數(1/2)	題數
24 52	巡查部長試驗の語學 (新竹州) (1921、1922、1923、1925、1926.05、1926.10、1929–1934：各2)	24
53	巡查部長試驗の語學 (臺北州) (1921、1922、1923、1925、1927–1933：各2) (1934：5)	27
54	巡查部長試驗の語學 (臺南州) (1923、1925、1927–1933：各2)	18
55	巡查部長試驗の語學 (臺中州) (1923–1925：各10)	20
25 56	普通試驗の語學 (1919–1921：各10)	30
26 57	語學特科採用試驗の語學 (1926：4；1927.02：1；1927.08：3；1928.08：4；1929.02：3；1929.08：3；1930.02：3；1930.08：1；1931.08：4；1932.03：3；1932.08：2；1933.03：4；1933.08：4；1934.02：4；1934.08：3)	46
總計		**1,000**

第12章

從《臺灣語虎之卷》看教材中的話語與權力

一、前言

所謂「虎之卷」，原為日語「武功密笈」之意。用於學習教材時，可以衍生其意為「易懂好用的應急參考書」。這批臺語教材以1931年11月為起點開始陸續披露，並成為日本警察必讀的學習材料。時值九一八事變，話語的選取與造句主題——人情、錢財、話語、警訓，尤其具有反映時代與政治意涵的行動。

事實上，進行話語採集的譯者與編輯者，可以說是當局對於民眾話語監控的執行者。他們長期採集並以連載、集結出版等形式持續披露的集體行動，既是總督府政策與資源配置的結果，亦可作為今日反觀話語採編者的群體慣習、活動場域，乃至社會位置等的視窗。

二、關於《臺灣語虎之卷》

《臺灣語虎之卷》及其續篇《續臺灣語虎之卷》的披露與編輯方式，都有所不同（下稱「前篇」、「續篇」）。但兩書都由《語苑》主編小野西洲造句編寫或加註解釋，多採日臺語上下對照方式編排。[1]

1　1932年4月至1934年7月期間，共有10期「臺日大辭典的活用」雖採上下版面，但非臺日對照的形式。每頁雙語例句較多但未編號，且又夾雜註解，版面擁擠不整。其實，1931年11月到1932年3月共4期，早已採取臺日語上下編排，且加編號。後來都統一為臺日上下對照的版面。

前篇以專欄形式陸續刊載於《語苑》；最早推出的是「臺日大辭典的活用」(1931年11月至1935年4月，551句)，其次是「妙趣俗語之活用」(1935年11月至1936年7月350句)、「日常用語必知」(1936年8月至1937年11月，895句)、「平易日常用語之活用」(1938年1月至1938年9月，271句) 等為欄目標題。[2] 直到1939年5月才以《臺灣語虎之卷》為題，持續連載到1941年8月，計有790句。前篇原刊載期間長達十年，總計2,857句。

《臺灣語虎之卷》最初從《日臺大辭典》選取臺人日常習用單詞 (原書僅以日文解釋，並無例句)，後由小野西洲編為日常習用對話連載於《語苑》(約為全書三分之二)。其餘三分之一強，如繼續連載估計需時十年，故於1942年出版成冊。

續篇原定出版上、中、下卷，但現僅存上、中兩卷 (下卷未出版或已逸失)，分別出版於1942年3月和8月。原定間隔三至四個月出版，一年內完成。[3] 因此，續篇上卷618句，中卷589句，共計1,207句。

三、《臺灣語虎之卷》的採集與編輯

從本系列的第一個專欄 ——「臺日大辭典的活用」開始，作者就以「小野西洲」或是「西洲」署名，符合他同一系列使用同一筆名的寫作慣習 (參第5、9章)。這也可見這批「虎之卷」臺語學習教材，從選詞到造句，都是主編小野西洲一手包辦的。至於採集的過程，主力是投入長達25年的《臺日大辭典》與《日臺大辭典》編輯團隊。[4]

歷時25載編成的《臺日大辭典》，上冊1931年，下冊1932年出版。由臺灣總督府總務局學務課所編，以廈門音為標準，廣錄漳州、泉州方言。

2　小野西洲：〈「續臺灣語虎の卷」をも是非讀んで貰ひたい〉，《警察語學講習資料》1941年12月，頁60。

3　小野西洲：〈「續臺灣語虎の卷」をも是非讀んで貰ひたい〉，頁61。

4　小野西洲：〈妙趣俗語之活用「附言」〉，《語苑》1935年11月，頁66。

收錄清朝至日治中期臺語，共計 81,981 項詞條，例句 4.6 萬句，達 2,000
餘頁。與此互為雙璧者為《日臺大辭典》(1907／1938)，內容達 1,183 頁。[5]

　　兩本辭典都由小川尚義 (1869–1947) 承擔主編重任，平澤平七、岩
崎敬太郎、東方孝義等擔任編輯。助編則為潘濟堂、蔡啟華、陳清華、
杜天賜、江心慈、黃銘鈺等。

　　據李壬癸指出，[6] 小川尚義透過親力親為的田野調查，製作了有史以
來第一張反映臺灣閩客語分布的語言地圖，附在 1907 年出版的《日臺大
辭典》中。又據李壬癸前文披露，1916 年 12 月到 1918 年 5 月，小川曾到
中國大陸，沿長江中下游到漢口，也曾在福建調查四個月，收集方言資
料。此外，他還前往菲律賓、婆羅洲北部、馬來半島、緬甸、印尼等
地，收集和臺灣地區有密切關係的語言資料。從小川東京帝大出身的學
術背景和語言調查的積極性看來，兩本臺語對譯辭典的採集，無論標註
發音、註解、來源上，都傾注了莫大的心力。

　　編輯團隊中的主要成員平澤平七，另主編《臺灣俚諺集覽》(1914)
時，由潘濟堂、蔡啟華、陳清輝擔任助編。校閱則由編修官小川尚義負
責(參該書〈凡例〉)。可見，這批長期共事的編輯團隊，在其他任務中，
依然以相同的班底合作分工。臺灣總督府學務部的長期主導和資源供
應，自是關鍵的因素。可以說，臺灣語言、俚語、慣習等採集和編輯出
版等，都是總督府指令下的集體任務。

　　平澤主編的《臺灣俚諺集覽》(1914)，收錄臺灣民間通行之泉州、
漳州俚諺語，發音以廈門音為準。包含日常用語、成語、故事、民俗傳
說、行話、詼諧語等，約 4,300 餘條。各篇目次為：天文地理、神佛、
命運、國家、人倫、道德、人、身體、衣食住及器用、職業、學事、言
語、禽類、獸類、蟲類、魚介類、草木、金石、事務、雜及補遺等 20

5　據中研院數位典藏資源網，http://digiarch.sinica.edu.tw/content/repository/resource_
　　content.jsp?oid=3334373。
6　李壬癸：〈日本學者對於臺灣南島語言研究的貢獻〉，《臺灣語文研究》第 4 卷 2 期 (2009
　　年 7 月)，頁 1–20。

篇（參該書〈凡例〉及目次）。本書雖以臺灣俚諺冠名，但僅從「禽類」看來，廈門引以為特色的白鷺鷥、鵜鶘鳥等也都入列，可見本書的學術性大於實用性。

　　對照1913年8月片岡巖出版的《日臺俚諺詳解》及1914年《臺灣風俗誌》三卷本的俚諺內容，可知片岡的俚諺採集自臺灣本島，而平澤的俚諺收集則依循歷史語言的脈絡，回溯至其閩南發祥地。且主題範圍亦有小百科的格局，俚諺的表達較為古雅、對句頗多；片岡的版本則反映農家生活與人物寫照，臺語讀音檢索則以日語假名為序，顯然是為了方便日本讀者而製作的。

　　到了1931年11月，小野西洲在《語苑》推出專欄——「臺日大辞典的活用」並陸續連載。1934年9月號，小野在專欄引言中加註了一段話：「本月刊載內容以《日臺大辭典》中讀者會感興趣的單詞，加以造句而成。或有未必常用者，或難免不自然之造句，望請讀者諒察。」（頁57）何以在「臺日大辞典的活用」專欄下，卻以《日臺大辭典》為藍本選材？對於編撰者而言，從日臺辭典選出的日文例句，必須譯成臺語，因而該期刊載的臺語，都得經由小野翻譯。難怪小野要承認可能會是「未必常用」和「難免不自然」的造句。但也可能是考慮日籍讀者興趣與能力的結果。

　　至於，這批教材對於臺語的收錄與改編基準究竟如何？小野在續篇出版前的1941年12月《警察語學講習資料》中透露：[7]「日人聽不明白，卻是臺人日常習用的臺語。」理由是，「民情查察、防諜檢舉，唯有能聽會說才能達成任務。除本書之外，未有他書可資參考。」[8]

　　何以警察必須精通臺語？小野西洲1941年3月另文具體指出其任務目的。亦即，「民意民情、注意戒諭、防犯防諜、事件檢舉，等皆須臺語

7　《警察語學講習資料》是《語苑》1941年6月停刊後由警方接手的刊物（1941年11月–1944年5月），主編依然是小野西洲。

8　小野西洲：〈「續臺灣語虎の卷」をも是非讀んで貰ひたい〉，頁60–61。

通達。」[9] 其實，早在1935年，小野就已指出：「明察民心民情，盡責善導訓化，透過話語才能同化。」[10] 換言之，讓警察了解民心，透過話語的導正規訓，讓臺灣民眾認同，正是這項警察臺語培訓政策的目的所在。

四、編採者的社會場域與群體慣習

這項從語言採集到辭典編纂，再從選詞造句、編輯連載，長達近40年的漫長任務，其執行團隊成員究竟是何許人？他們的群體是否具有某些共同特質？迄今對於他們主要成員的個別研究，多少已有前人文獻論及。然而，對於這個團隊的群體屬性，似乎尚未受到研究者注意。以下，試以《臺灣總督府職員錄》為依據，進行他們的人事檔案梳理。若遇「以人繫事」之處，再以其他材料補充說明。

小川尚義是廈門語、臺語、原住民語等南島語的語言學者。1896年畢業於東京帝大博言學科後，隨即進入臺灣總督府學務部任職。展開長達40年的語言田野調查、文獻考察、翻譯英廈、廈英字典為日文等工作。[11] 除主編《臺日大辭典》與《日臺大辭典》之外，還編修數種原住民語辭典，如排灣族、阿美族、泰雅族語等。

其任職機構包括：民政部 (1898)、學務部 (1912–1917)、內務局 (1909–1911) 學務課視學官或編修官。總務局 (1902–1907)、學務部 (1912–1907)、內務局 (1909–1911) 學務部編修課編修官，以及國語學校 (1900–1901、1906–1909)、各學校高等商業學校 (1920–1926)、臺北帝大文政學部講師、教授 (1928–1936) 等。此外，也是小學校及公學校教員檢定、教科圖書審查委員 (1912–1921)、[12] 學校教科圖書調查會常設

9　小野西洲：〈臺灣語精通の必要はここにある〉，《警察語學講習資料》1942年2月，頁1–2。

10　小野西洲：〈臺灣語研究の真の目的〉，《語苑》1935年4月，頁1。

11　山中樵：〈臺日大辭典の完成と其活用〉，《臺灣教育》1935年5月，頁86–87。

12　日治時期，日人子弟就讀於小學校，臺人子弟就讀公學校。僅少數臺籍望族或資優學生例外。

委員(1920–1924)、 史料編纂委員會委員(1922–1924)。1913至1922年，歷任殖產局、內務局博物館學藝委員。1918至1924年，擔任總督府官房(秘書處)參事官室、調查課翻譯官。

從前述經歷看來，小川尚義在臺36年的任務，集中在學校教材的編修審定或調查等指導工作，而擔任編修官或翻譯官則與主編日臺/臺日大辭典等語言採集編纂相關。在臺最後幾年的主要職務則是臺北帝大教授，1936年退休後返日。

辭典團隊中最資深的編輯就是平澤平七(1878–1944)。他1897至1900年國語學校土語科畢業，算是在臺學習臺語的科班出身，畢業後即任法院通譯。1903年轉任總務局編修書記，1925至1944年任警務局保安課囑託。

另一位編輯後期加入團隊的重要人物是岩崎敬太郎。他1902年曾在「臨時臺灣土地調查局調查課」擔任僱員，1902至1908年轉任法院通譯。1909至1912年歷任工事部總務課及土木部庶務課通譯。1915至1920年擔任臺北廳警務課僱員，1923至1925年任警察官及司獄官練習所講師囑託、1922至1928年任專賣局腦務(樟腦業務)課、庶務課通譯、書記、囑託(約聘或特聘人員)。1922至1928年亦任臺北州警務部高等警察課囑託。1929至1933年則在文教局編修課擔任囑託。據當時的總督府圖書館館長中山樵指出，岩崎1924年才以囑託身分，加入編修團隊，負責資料增補、精進及詞源查證，對該團隊助益甚多。[13]

另一位團隊中的後起之秀是東方孝義。他於1913年(24歲)以巡查身分來臺，1914年開始學習臺語，1918年(29歲)任臺南法院通譯。據他1931年出版的《臺日新辭書》序言顯示，他1915年受教於岩崎敬太郎，並尊稱岩崎為恩師，[14]深受岩崎《日臺言語集》啟發。[15]

13　山中樵：〈臺日大辭典の完成と其活用〉，頁85–89。

14　東方孝義：〈臺灣語の研究方法〉，《臺灣警察時報》1930年10月，頁21。

15　岩崎敬太郎：《新撰日臺言語集》(臺北：日臺言語集發行所，1913)。

　　他是在1918至1923年及1928至1944年擔任法院通譯。1924年任警務局理蕃課警部，1924至1927年任臺北州警務部高等警察課警部，1924至1926年亦任警察官及司獄官練習所教官。他來臺之後的工作主要圍繞在法院通譯、警部、編撰寫作上。1942年出版的《臺灣習俗》是其代表作；1931年出版《臺日新辭書》，則獲授勳六等瑞寶章。[16]

　　據東方孝義長女武田タカ於1995年版《臺灣習俗》的「著者介紹」指出，東方孝義在擔任法院通譯時，每週超過半數以上時間前往臺灣總督府文教局任事，參與《日臺大辭典》及百科事典編纂團隊的任務。[17] 東方孝義文章散見於報章雜誌，主要與臺語教學及教材相關，其次則是對於通譯兼掌制度的建言或批評等。從其投稿內容可知，他不同於片岡致力於迷信舊慣乃至俚諺俗語等的採集編撰，而是傾力於臺語的語音標記與臺語教學，並長期投入小川尚義主持下的《新訂日臺大辭典》編纂工作。

　　至於助編成員，大都是臺籍的低階僱員。以下是《臺灣總督府職員錄》對於他們職業歷程的記載。

表12.1《臺日大辭典》與《日臺大辭典》臺籍助編成員公職履歷

姓名	公職履歷
陳清華	1911–1920：臺南保社甲區區長
杜天賜	1927–1929：任警察官及司獄官練習所教官
江心慈	1929–1931：文教局編修課／僱
黃銘鈺	1930–1934：文教局編修課／僱；1935–1939：囑託
潘濟堂	1898：民政部學務課囑託；1902–1906：總務局圖書編修職員囑託；1908–1909：總務局圖書編修職員／僱；1910–1911：內務局學務課／僱；1912：學務部編修課／僱
蔡啟華	1904–1909：總務局圖書編修職員／僱；1911：內務局學務課／僱；1912：學務部編修課／僱
陳清輝	1907–1908：臺北廳大稻埕公學校訓導；1909：總務局圖書編修職員／僱；1910–1911：內務局學務課／僱；1911：阿猴廳溪州區區長；1912–1931：學務部／文教局編修課／僱；1942：鐵道部運轉課／僱

16　據1995年東方孝義長女武田タカ自行出版之《臺灣習俗》復刻版著者介紹內容。參《臺灣習俗》（福岡縣大牟田市：武田タカ自行出版，1995）。

17　《臺灣習俗》，版權頁。

從以上臺語採集與辭典編纂成員的公職履歷看來，除了小川尚義和多數臺籍助編之外，具有相當年數的警界資歷，甚至任職於高等警察課，都是不可忽視的群體屬性。他們受到網羅的警察單位和業務內容包括：警察官及司獄官練習所講師、警務課、高等警察課等囑託職務。[18]

然而，以上這些警察機構的主要業務是思想取締和訓練養成。思想取締以保安、特高、圖書等單位為其核心。[19]保安業務為民情事項、宗教取締、保安規則執行、外國人之保護與取締。特高（高等警察課）則以危險思想及機密取締、勞動與農民運動取締、社會及政治運動取締事項等為主。圖書則以新聞、雜誌、著作、電影之檢閱等為其核心業務。可以說，即使是低階的臺籍助編，也都隸屬於出版檢閱的思想取締行列之中。

而《臺灣語虎之卷》就是在一個「淨化」後的語言材料裡，開發出來的再生產知識內容，閱讀的對象則是臺灣的日籍警察。由於開端已是1931年11月，可想而知，為的不是殖民地警察的日常治理，而是中日戰時的話語監控，乃至透過規訓警戒的思想控制。

五、《臺灣語虎之卷》的主題內容

《臺灣語虎之卷》前篇以專欄形式，擷取臺日／日臺大辭典中的單詞，由小野西洲造句並附上日文對譯。期間長達10年，共計2,857句，約佔全書三分之二。專欄標題名稱，依刊行順序如下：

1. 「臺日大辭典的活用」（1931年11月至1935年4月，551句）
2. 「妙趣俗語之活用」（1935年11月至1936年7月，350句）
3. 「日常用語必知」（1936年8月至1937年11月，895句）

---

18 詳參本書第7章。
19 1944年8月蔣介石核定「臺灣警察幹部訓練班」（簡稱「臺幹班」），任命胡福相為班主任。1945年10月臺幹班學員奉命來臺接收警政。引自胡福相：《日本殖民地之警察設施》，頁12–13。

4. 「平易日常用語之活用」(1938年1月至1938年9月，271句)

5. 「臺灣語虎之卷」(1939年5月至1941年8月，790句)

從前述標題名稱可知，教材內容主要是「日常用語」、「生動俗語」，刊行目的則是「活用(應用)」與「必知」。由於主要讀者是接受通譯考試的警察，或是業務上必須具備臺語聽說能力的警察，所以受眾及其應用場景都是非常明確的。正好各專欄裡，小野西洲都曾附上按語，稱為「附言」。且看他透露了什麼訊息。

第一個「附言」，在1935年11月號「妙趣俗語之活用」初次刊載的末頁(頁66)。小野解釋改換專欄名稱的理由：「臺日大辭典固然得之不易，但如今應予調整改善之處，俯拾可見。故今後將每期連載日常習用會話，並以聽說能力之提升為要務。」

「妙趣俗語之活用」的第二個「附言」在1936年4月刊頭(頁65)。小野特別提到無論「司警刑教實業」各方，都應牢記並避免漏聽本地人常用的俗語，才算是會話無礙、聽力百分百的高手。衷心推薦讀者，應將俗語的活用「心讀強記」。

1936年8月首次推出「日常用語必知」的刊頭(頁65)，也有一段按語。小野強調的重點是：

1. 讀者以警察警官為主，故專欄中的日常用語，就是警察的日常用語。
2. 教材內容以婦孺皆知、經常使用的用詞為編撰原則。
3. 為使各位警察能聽會說，務請背誦本欄用語。

這段按語非常清楚地說明了讀者對象、目的，以及教材屬性和難易程度。甚至，還加上了學習方法。同時，小野也指出何以要更改專欄題目名稱，因為他不希望有人誤以為該專欄教的是俚語，而不是日常用語。而這個專欄的句數也最多，但是句長較短。接下來的「平易日常用語之活用」專欄，並未再附按語，且就內容看來，與「日常用語必知」大致屬同一類型的日常生活話語或對話。

在「臺灣語虎之卷」1939年10月號末頁，小野表示：「本欄雖數度更名，但內容皆取材自《日臺大辭典》中生動短語，絕非難詞僻語，且是本島人日常通行的通俗用語。然連載迄今十年，卻仍未及半數。深盼此事能有始有終，惟嘆日暮途遙，令人唏噓。」（頁70）

由此可見，小野早就有心汲取日臺/臺日大辭典的精華，進而用於警察臺語教材及人才培訓等事業上。此外，由於這段話提到的「未及半數」（累計2,217句），約可推估總數大概是5,000句。且對應於筆者現階段所能掌握的4,064（前篇2,857＋後篇1,207）句，似乎也是合理的數量。

至於前篇最後一次按語，則在1941年8月號，最後一次連載《臺灣語虎之卷》的末頁。這段話並無新意，而是再次重複他從前說過的按語內容。亦即，這是本島人日常使用的「真正臺語」。期勉讀者務必「心讀暗記」，徹底達到「能聽會説」（頁58）。

幸而，從現有的4,000多句語料，在確切的語言事實基礎上，我們還是可以按主題內容進行分類。以下區分為四類：人情世故、生活話語、錢財生計、治安警戒，並將相應的例句語境，及其編撰目的或欲解決的問題等，製成表12.2。

表12.2《臺灣語虎之卷》主題內容、例句語境、編撰目的主題與例句備註

主題與例句	年月/句子編號	備註
1.人情世故：以俗諺中的人生智慧，解決生活的疑惑。		客觀描述
例句：食人一斤，着還人四兩，此是禮數。	1941.08/30	（原文句中無標點）
續篇：親像伊好隂德，即出着彼的好子孫。	1942.03/01	隂德：前世功德
目的：解決日本人理解俗諺等臺語文化結晶的語言難點。		
2.生活話語：對話中反映人情世故與生活智慧的情境。		對話語境
例句：你此款的忘恩背義，能成人驚。	1941.08/32	成人驚：令人卻步
續篇：用燒酒飼白鰻，即落去煮，較有補。	1942.03/03	以酒殺鰻煮食滋補
目的：對應日本人聽解臺灣民眾生活對話的臨場能力。		
3.錢財生計：採集臺灣民眾與錢財相關的話語。		財貨相關

主題與例句	年月/句子編號	備註
例句：不過價錢有爭差，我對伊移即好勢。	1941.08/34	移即好勢：談妥了
續篇：厝內不時窮到無半文，即每冬提粟青。	1942.03/04	提粟青：稻未熟卻割之急售
目的：理解臺灣人錢財進出的情況及其金錢觀念等。		
4.治安警戒：警察對民眾的防諜警戒等治安常用訓話。		警察訓話
例句：此時警察嚴重拿彼經濟犯，正是博人鮭。	1941.08/35	博人鮭：人心惶惶
續篇：恁若看見生腳客，着來報我。	1942.03/13	恁：大家、各位，生腳客：陌生人
目的：警察對臺灣民眾下達的戰時訓話等治安指令。		

中日戰情熾熱的背景下，何以需要如此反映民眾日常生活調性的臺語教材？小野西洲其他的文章，已經透露了一些線索。

在人情方面，小野在1935年4月號《語苑》指出：「聽其真話，方知實情；未知實情，豈能得助。明察民心民情，才能推動統治。」[20] 而生活話語方面，小野在1942年6月號《警察語學講習資料》中強調：「臺人之間不經意的雜談巷說才是真心話，警察能聽懂，正是『防諜搜查、查察檢舉』的絕對必要能力。」[21]

而在錢財主題方面，大量的例句背後當然其來有自。1898年，第四任臺灣總督兒玉源太郎 (1852–1906) 重用後藤新平 (1857–1929) 出任臺灣總督府民政局長。兩人同日赴臺就任之後，兒玉總督軍務繁忙很少在臺，故後藤新平持續主持政務到1906年，以特有的「生物學見解」推展臺政。亦即，不以日本人觀點對待臺灣人，主張徹底了解臺人並尊重臺灣舊慣，且爭取特別預算，自1901年4月成立「臨時臺灣舊慣調查會」，展開長達近20年的舊慣調查。日治早期的優秀通譯人才，大都參與過該項調查事業。

---

20 小野西洲：〈臺灣語研究の真の目的〉，頁1。
21 小野西洲：〈本音を聽くため臺灣語を〉，《警察語學講習資料》1942年6月，頁2。

1927年2月20日《臺灣民報》有一篇菊仙(黃旺成，1888–1978)的〈後藤新平的治臺三策〉。文中指出，後藤新平研究臺人文化後，發現臺人有三項弱點，可用以治臺。那就是：怕死，故可高壓治理；愛錢，可施以小惠；愛面子，可虛名籠絡。這個說法，迄今仍在臺灣政治社會運動中廣受引用。因此，小野的臺語造句，把臺灣人錢財進出的語境置入，做為理解臺人錢財觀念的文化語境，是十分合理的安排。

至於警察訓話，小野西洲在1935年4月號《語苑》就已指出：「盡責善導訓化，透過話語才能同化。」[22] 本項結合例句最多的生活話語，正是為了讓警察能聽會說；警察才能在與臺灣人接觸的第一線，有效落實當局交付的政策命令。

六、結語：教材背後的話語推手

小野西洲一生著作中數量最多的就是警察臺語教材(達總數三分之一)，約從1928到1944年，16年間共約500篇。何以會有如此巨量的生產？自然與其背後的贊助資源與政策導向密切相關。

小野西洲於1899年來臺即進入法院，雖然1919到1932年轉往華南銀行工作，但1935到1945年之間，一直是法院最高位階的通譯。[23] 此外，1932到1944年持續擔任《語苑》及《警察語學講習資料》主編，以及各類語學考試委員。從總督府人事檔案可知，他在1924年任職華南銀行期間，就已擔任「警察官司獄官練習所」講師，並於1919年6月1日(5月自法院離職)及1920年9月前往廈門、福州、汕頭、上海等地調查興情。他與警方的淵源，上溯自1919年，應屬情理之中。

除了1931年連載的虎之卷系列教材之外，他從1928年就陸續推出了不同層級的警察語學教材。如，乙科(1928–1933)、甲科(1929–

22　小野西洲：〈臺灣語研究の真の目的〉，頁1。

23　小野西洲於1935年至1945年，取得法院通譯中唯一的高等官職位達四等二級。參見1945年10月臺灣總督府編之手寫本《行政長官名簿》。

1932)、通信傳授(1930–1934)、初等科(1933–1938)、普通科(1934–1935)、別科(1936–1937)等警察或警官語學講習資料。如此密集推出的各級警用教材，在小野西洲已有10年練習所講師經驗與材料積累的基礎上，再加上當局的政策導引，這項龐大的臺日語建構工程，本質上就是政策指令下的集體生產行為。

　　回顧日治時期的臺語調查與辭典編纂，乃至小野西洲的造句編撰、連載披露，終至警察臺語學習、通譯考試，並用於情資查察、同化政策的落實等，此一語言文化生產活動，可說撲天蓋地地籠罩了日治全期。

　　然而，參與其中的語言調查研究者、知識生產過程中的譯者、編撰者、出版者，以及語言學習的接受者、警察業務的實踐者，他們透過話語而施展的權力，在政治運動落幕之後，終歸回到原點，不再激起一絲漣漪。

終章

研究發現與我思我見

1998年，香港中文大學翻譯研究中心孔慧怡教授與我聯手在臺灣輔仁大學舉辦了兩天的國際會議，會後合編了《亞洲翻譯傳統與現代動向》一書。孔教授在書中指出當代翻譯學發展有兩個明顯的趨勢：一是學科的專業性和實用性增強，另一則是廣義的理論研究開始受到重視。此外，她亦指出翻譯學在亞洲的發展一直受西方規範牽引，對本土研究缺乏鼓勵作用等。

近年，藉由本書各章的披露與專書出版，筆者對於臺灣本土的譯史研究，似也呼應了當年研究夥伴的呼籲，並為翻譯學科的本土耕耘留下些許鴻爪。本章擬就本書在翻譯研究的定位與意義，提出筆者對於譯者研究的我思我見。

受許雪姬教授〈日治時期臺灣的通譯〉這篇長文的啟蒙，2011年筆者著手本課題之初，就已草擬題目並繪製了一份研究藍圖，針對日治時期譯者和他們所形構的譯史，預計展開十年的探索之旅。題目包括譯者的群體特質、文化位置、知識生產路徑、譯者與贊助人關係等。筆者固然可從中研院臺史所等史學資源中摘取各方豐碩的成果，納入在這個旅人的行囊裡，但究竟如何後製加工，就還得回到翻譯學科的研究視角與方法。

當時在翻譯學界，首開先聲並具影響力的譯史研究專著，就是Jean Delisle 及 Judith Woodsworth 的 *Translators through History*。他們透過各國學者

的協力，描述並歸納譯者的角色功能——創造、傳播與操控。[1]然而，該書對於廣布歐、美、亞洲各國的翻譯活動描述，呈現的則是翻譯簡史的筆法。而對於個別譯者的描述，更可說是一個未見譯者形貌的譯史研究。

因此，從社會科學研究方法出發的Anthony Pym的 *Method in Translation History* 所提出的譯史研究方法與目標，就對譯者研究之於譯史研究的位置，提示了十分明確的指引與補充。根據其四項譯史研究「普遍原則」(general principle)，譯者研究應包含探索生平經歷、描述多重身分、從事翻譯的多重目的，以及該環境下所產生的譯事活動及其特徵等。

本書在前述譯史前人研究基礎上，以日本殖民統治下的臺灣為舞台，針對當時活躍的譯者和譯者群體，進行了深入的個案及群體研究。其中，長達三十餘年未曾中斷出刊，並由法院通譯主編的月刊《語苑》(1909–1941)，是全臺警察通譯應考的日臺雙語教材，也是觀察法院通譯的文化力量與警察權力此消彼長的重要視窗。至於，貫通日臺雙語文本的關鍵詞則為：漢文、慣習、俚諺、民俗、漢詩、辭典等。本研究對於涉及這些議題的個別譯者，各以專章考察其個人生平及其譯事活動，並透過「以事繫人，以人繫事」的途徑，進行譯者群體關係的梳理。其中，關於小野西洲、片岡巖、東方孝義的生平與譯事研究，在筆者提出關鍵事證的相關論文出刊之後，已陸續見到學界的後續研究。

由於小野西洲是法院通譯群體中，作品最多、官階最高、在職最久的標竿人物，故先著手該課題。而研究方法則以翻譯學為視角，運用譯史與譯者研究的前人文獻與論述，透過史料、戶籍資料等公文書，以及口述訪談及當事人信函等私文書，探索日治時期譯者身分的形成、譯事活動的屬性特徵、贊助人與譯者關係等，務求以多元的視角與方法深入探索。

誠如Delisle及Woodsworth指出的譯者角色功能（創造、傳播、操控），本文將小野的譯者角色依其時序及知識生產特徵加以綜述，並與

1　原書僅以條列式陳述譯者多項特徵，後由筆者統整梳理成這三項特點。

前書所提出的譯者主要功能加以對應。亦即，從譯者的語言與文學創造、知識與文化價值的傳播、譯者權力或主體性介入等，探究譯者角色及其知識生產之間的關係。

此外，為了能將小野西洲的知識生產及其交友關係盡量網羅且功不唐捐，2012年以來持續建置了兩個語料庫。透過對這兩個語料庫的編碼與標註修訂，得以形成小野西洲的知識生產研究平臺，對譯者角色與知識生產關係等進行深入探索。如今，本研究建立了小野西洲在臺1,520筆著作目錄，並依文類與主題分門別類，據此下分為漢詩、漢文、教材等子目錄。進而透過作品內容與人物的交叉檢索，掌握同時代文章與人物的關係脈絡，乃至其交友圈的文化角色及社會群體位置。

由於語料庫的建置與修訂持續進行，收入本書第5章的論文和2014年初次出版時的內容，無論在小野知識生產的數量與分布，或是生平履歷及其依據等，都因新材料的發現和補充而有了相當大幅度的修訂。此外，由於規模龐大的日治期刊文章在數位化過程中，存在許多失誤與疏漏，非經一一詳讀並細查作者姓名，幾乎難以判讀作者為何許人。感謝臺師大賴慈芸教授主編臺灣翻譯史計劃的邀稿，讓小野西洲的研究得以在2019年大幅修訂補遺。[2]

至於法院的通譯群體特徵，則採取「以事繫人」的方式，從《語苑》的組成與運作切入。尤其，從歷年編輯委員名單的質量變化，即可看出不少端倪。如，1925至1929年及1933至1934年主編者中間小二郎與神吉信次郎，都是警察出身。又如，1929年6月，57名地方委員之中，約有兩成來自原本的編輯委員，八成則由警方與地方首長出任；可見警界勢力藉此全面進入該刊營運的核心地帶。此外，《語苑》早期的贊助員大都是個人身分（如法院院長、檢察官、律師），但從編委、贊助員名單變化可以看出1925年起警方勢力的日益擴張。

2　楊承淑：〈譯者的角色與知識生產：以臺灣日治時期法院通譯小野西洲為例〉，收賴慈芸（主編）：《臺灣翻譯史：殖民、國族與認同》，頁85–140。

　　而在法院另一批基層通譯的組成上，由於1923年起警方設立臺語特科，養成警察中的高階通譯，施以特科生1–2年培訓。然而，數期之後的特科生結業，並無可期的前景，故有半數轉入法院擔任通譯。即使他們的待遇與職位未見高升，取得良好雙語能力後的警察通譯，似乎更願以法院通譯為其終生職業。口譯職業的專業化路向，似乎在日治時期就已透過法院，提供了一個可實現的選擇。

　　在法院通譯群體的權力架構中，自1920年第一位以臺語通譯背景出任高等官的川合真永以來，[3] 日臺語通譯在同一時期僅能有一位高等官。透過對個案精細的官職紀錄比對，本研究發現每位《語苑》主編（川合真永、澤谷仙太郎、中間小二郎、水谷利章、神吉信次郎、小野西洲）在升任高等官時，幾乎同時擔任主編。藉此可知，譯者身分的形成途徑、養成方法、角色功能、群體屬性及其影響作用，與《語苑》所形塑的文化資本是密切相關的。

　　日治全期對於警察的通譯能力一貫重視，日治初期的警察通譯津貼尤高，但能否取得，端賴每年通譯考試的成績表現，而通譯考題的試題委員則多由資深法院通譯操持。法院通譯和警察通譯之間，可說是長期且持續的權力生態結構。這些通譯考題大量記載於《語苑》等期刊，但這份珍貴的一手史料數十年來幾乎未蒙研究者關注。本研究從現可掌握的6,000筆考題中，收錄1899至1936年間約達千筆日臺語通譯試題，根據考科別、類屬、日期、主題、範圍、題型和結構製成試題語料庫[4]。進

3　1902至1910年任高等官的鉅鹿赫太郎（1860–1933）及1911至1918年任高等官的飛松次郎（1872– ？）的職稱都是「翻譯官」，而非「支那語通譯」。不論是工作語種、屬性，對於都有極大的轉變。

4　筆者以〈臺灣日治時期通譯試題、制度、及譯者言論研究〉為題，於2013年3月8日在「香港亞洲研究學會」第八屆研討會上報告，會後蒙編輯邀稿，改題投為英文稿。該稿收入試題僅380筆。2013年9月14日，再以本章題目發表於「譯史中的譯者」國際學術研討會，考題規模擴充至1,000筆；採集年份則從原本的1912至1936年，上溯為1899至1936年。本篇書目詳書末〈本書各章初出一覽〉。參見Cheng-shu Yang, "Police Interpretation Examinations in Taiwan during the Period of Japanese Rule," *Asian Education and Development Studies* 3, no. 3 (2014), pp. 253–266.

而以其中的警民對話為焦點，試圖從中揭露日治時期警民對話中的話語權力關係及其話語場域特徵；而藉由法院通譯的出題，又可取得警察通譯現場逼近真實的角色功能描述。

未能製成的5,000筆試題語料，原本屬意一位日臺語口譯高手的博士班門生接手，可惜天不從人願，此計劃暫時無著。盼日後有緣人願為這批臺灣語文史料獻身，讓這批語料不再寂寞，讓臺灣民眾在「他者」眼中的身影和話語，得以重新呼吸新鮮自由的空氣。

1942年出版的《虎之卷》則是《語苑》1931至1942年的摘錄版通譯教材，由小野西洲從《臺日大辭典》與《日臺大辭典》中抽出詞語所編，現存4,064句。從中可以看出當權者對臺灣民眾話語關注的主題內容，亦可以分析其話語採集與編輯者的集體屬性。對照日治初期為掌握民眾心理而發動的大規模民俗及語言採集（詳第3章），透過1899至1936年間的考題，則可窺知當局為掌控民眾行動和話語而要求的監聽能力；而在中日戰況趨於長期化之後，則轉為情資查察、同化政策等服膺於政治指令之下，話語監控和思想改造並進的方向。

綜觀本書，除了個別譯者和譯者群體的探究之外，貫穿全書的一個軸心課題，就是「譯者與贊助人」。這是1990年代翻譯理論進入「文化轉向」及社會學轉向以來，十分重要的研究視角轉變。透過對日治時期的回顧，林獻堂所代表的民間贊助人及其通譯群體，透過政治遊說、結社、辦報、辦學、興辦銀行等民間力量，展現出哈貝馬斯（J. Habermas）公共圈理論指出的超越政治權力，讓日治下的臺灣人取得另闢討論公共事務、參與政治的活動空間。筆者認為這是林獻堂及其譯者群體，對於譯者與贊助人理論極有意義的詮釋。該篇論文2013年出刊後，蒙復旦大學文學翻譯研究中心再收入《復旦談譯錄》第一輯。[5]

5　楊承淑：〈譯者與贊助人——以林獻堂為中心的譯者群體〉，收范若恩、戴從容（主編）：《復旦談譯錄》（上海：上海三聯書店，2017），頁158–214。

　　至於本書第2章（論林獻堂）以下的各章，可說無不與官方贊助人息息相關。甚至色彩較淡的第4章（佐藤春夫的臺灣遊歷過程），也是官方派給他通譯隨行，並安排訪問林獻堂等文人雅士。相較於官方資源不足的閩南之行，他就顯得格外困窘難安。而論及贊助人至為鮮明的共同特點就是，無論譯者個體或群體，官方政策的順勢利導或施壓脅迫都是撲天蓋地的。這不但籠罩日治全期，也在每位躍然紙上的譯者的活動歷程中，成為他們譯事活動背後的有力推手。透過對日治時期譯者的長期追蹤，本書為翻譯的贊助人理論，展開了一幕幕厚重的書寫。筆者相信，無獨有偶的事蹟，日後也會在他國異地發現共鳴的交集。

　　儘管如此，一如 Delisle 和 Woodsworth 所指，[6] 譯者中亦有不顧主流大勢「逆流而上的顛覆」（translation as subversion）。日治期間亦可發現日籍通譯致力於臺灣的民情風俗、蕃族生態、臺人意識、景物風貌等書寫流傳，直接影響了往後日臺籍文學與藝術創作者的主題訴求等（詳第1章）。

　　而從本書第3章對比日治後期的東方孝義與日治初期片岡巖的民俗書寫，又可看到時代與社會脈絡所顯現的主要差異。東方孝義關注的是臺灣人的生活和情感，他除了記述臺灣習俗之外，還會從自己的視角提出觀點並寫下按語、給出評價，甚而不惜拿日本人也有的陋習與之相提並論。對於融入臺灣民眾豐富情感的文學、戲劇、音樂、娛樂等，都以相當篇幅書寫成章，把臺灣習俗的記載從供人翻查的辭典詞條，轉化為民眾生活文化的紀實篇章。在1995年東方孝義長女武田タカ代表披露的《臺灣習俗》復刻版成書跋語首句：「故東方孝義無與倫比地愛臺灣、愛臺灣人。」[7] 譯者書寫文本背後的情感，莫過於子女印象中的這句話了。

6　Delisle and Woodsworth, *Translators through History*, p. 153.

7　武田タカ・木村米・塚本シゲ子：〈復刻版作成に当たって〉「故東方義孝は台湾及び台湾の人々をこよなく愛した。」參《臺灣習俗》（福岡縣大牟田市：武田タカ自行出版，1995）。

　　然而，譯者無論在什麼時代和場域，一如 Lawrence Venuti 的譯論
The Translator's Invisibility: A History of Translation 所指，[8] 譯者是「隱身的」（不
讓人看見），也是「隱形的」（別人也看不見譯者）。而日治時期最龐大的
隱形群體莫過於「無處不在」卻又面目模糊的臺籍譯者（無論閩客蕃語）
了。[9] 總督府職員錄中固然有著逐年逐月的人事記錄，但要書寫他們的
事蹟或翻譯活動，唯有透過日籍譯者的書寫才得以浮現。即使如此，片
岡巖《臺灣風俗》(1914)〈例言〉中，請益過的法院臺籍通譯趙鐘（鍾）麒
與顏天壬，以及佐藤春夫筆下的A君（許文葵）、M氏（森丑之助）、鄭君
等，譯者的姓名不是被誤植就是受到隱蔽。唯有《日臺大辭典》和《臺日
大辭典》留下了助編潘濟堂、蔡啟華、陳清華、杜天賜、江心慈、黃銘
鈝、[10] 陳清輝等譯者群體和知識生產的記錄，故在第12章中將編輯成員
的簡歷稍加整理。但若無日籍譯者如小野西洲對趙鍾麒的再三書寫，他
們恐難在臺史中留下鴻爪足跡。[11]

　　譯者的位置從來是十分邊緣的。透過小野西洲在《語苑》的大量書
寫，能夠掌握到的譯者描述，大都是圍繞著一些事件而出現的記載。例
如，讀者來函、試題回應、出版推薦、編輯記事等單篇文章或段落。而
對譯者敘述最為詳盡的，主要集中於弔唁或隨筆，如有關《語苑》歷任
主編的離世或離任（中間小二郎）。其次則為小野尊崇的翻譯官，如鉅鹿
赫太郎。大抵而言，《語苑》中的譯者書寫，似乎難免存在依官職資歷排
字論輩的官僚體系架構。而通譯在法院的生態鏈中，自然只能在《語苑》
裡比畫高下。但也因為在這相對封閉的場域裡，讓研究者有機會進行針
對性的探究。

8　Lawrence Venuti, *The Translator's Invisibility: A History of Translation* (Abingdon, Oxford:
　　Routledge, 2008).

9　參見第6章註1，許雪姬教授對於譯者數量的形容。

10　據東方孝義長女武田夕力指，黃銘鈝與他父親交情尤其深厚，但這竟是相隔一個世代
　　的書寫了。參〈父‧東方孝義を偲んで〉，《臺灣習俗》，頁30。

11　參見陳韶琪：《日治時期法院通譯趙鍾麒研究 —— 跨涉譯界的漢詩人》。

　　不過，回到通譯的語言知識和技能等有關臺語的論爭，最明顯的莫過於小野西洲和東方孝義之間的論辯，前者崇尚雅音，後者則立足草根。從兩者的爭論，可以窺知中央與地方的權力階層，以及語言政策執行團隊和日臺／臺日雙語辭典編輯的語言田野團隊的組織文化和屬性特徵。就「以人繫事」的觀點而言，從譯者的視角與論述，我們還是可以見微知著，感知背後的操持力量以及譯者的價值選擇路向。

　　如今看來，如流星畫空的日治時期譯者似乎只是前塵往事，何需大費周章賦予數十萬言？然而，透過研究者的探索與書寫，沉默數十寒暑的被殖民者、讓譯者見證的過往經歷與知識生產，乃至前人嘗受的苦痛與遺憾，終能化為臺灣大地與先民的養分，成為後殖民時代中本土的力量與言述。回首推展本研究的十年歷程，各個研究課題大都是自己感興趣且自認「非我莫屬」的好題目，能進行這些研究真是人生難得的幸福。感謝十年前香港中文大學翻譯研究中心王宏志教授提出這個研究課題，繼而出錢出力支持我的起步研究，直到十年後更為出版本書不辭勞苦。十年來臺、港、日學術資助機構的慷慨支持，可說是結合天時、地利、人和的無限美意。此外，由衷感謝上山下海、晨昏顛倒、伴我八年半的助理賴雅芬小姐，以及筑波大學名譽教授伊原大策學長為我校訂日文版書稿，並接手我做不了的日治初期臺語教科書研究，為小野西洲的田野調查奔走千里，勞心勞力、鞠躬盡瘁。沒有他們無怨無悔的付出，不會有這本書的問世。筆者盡力耕耘十載，亦盼有志者奮勇前行，長江後浪推前浪，江山代有才人出。

跋 語

　　2011年，我取得了一年的學術休假。為了在這一年達到改變個人知識框架與開拓學術視野的目標，我在當年春天走訪中央研究院臺灣史研究所，拜訪許雪姬所長，並懇請她惠予指導。在她的慷慨支持下，我竟以翻譯研究者的背景，冒險越界地闖入了臺史所，由當年7月至年底，展開為期半年的訪問學者生活。

　　這半年的研究主題是本書第2章〈譯者與贊助人：以林獻堂為中心的譯者群體〉，主要著眼於當時臺史所獨有、百萬字規模的林獻堂日記資料庫。週一至週五和研究助理日夜匪懈地蒐集整理並研讀資料，週末則獨自回到輔仁大學的研究室繼續讀書寫作。我像個進了新天地的小學徒，在中研院積極參與國際研討會、讀書會、學術演講，並向研究室裡來自各方的歷史學者請益。得益於他們的點撥啟發，甚至提供珍貴收藏、介紹口述訪談對象等，讓我這個百分之百的臺史門外漢，得以從此開啟日治時期的譯者研究之路。

　　同年，香港中文大學翻譯研究中心主任王宏志教授主持「翻譯與亞洲殖民管治」國際研究計劃 (2011–2014)，邀請我擔任「翻譯與臺灣殖民管治」子計劃的執行者。2012年1月到8月，雖仍在休假期間，我又回到輔大研究室日夜閱讀消化從中研院搬回來的大批材料。由於在中研院期間認識了幾位日治研究的同好，故決定每月選一個週末在輔大舉辦日治研究讀書會，以免所學淺薄，不幸誤入歧途而不自知。

　　於是，2012年3月到2015年6月之間的40個月，我們展開了一段翻譯學、臺灣文學、社會語言學、歷史學者之間的對話與討論。從這個讀書會裡，出了兩篇碩士論文，四位成員報考了輔大跨文化研究所博士班（一位已取得博士學位），並於國際研討會上陸續提出論文及出版有關日治時期的研究。

　　2012年9月27日，香港中文大學翻譯研究中心和臺史所合辦了「日治時期的譯者與譯事活動」工作坊，並提出五篇學術論文。2015年底，七位讀書會成員在臺大出版中心，共同出版了一本日文學術專書。[1]而本書第5章〈譯者的角色與知識生產：以臺灣日治時期法院通譯小野西洲為例〉即變身為日文，並被收入該書之中。畢竟，日治時期最重要且語文專業性最強的口譯群體，莫過於法院通譯。然而，這群人物在臺灣日治歷史中迄今卻未曾受到史家的關注。許雪姬〈日治時期臺灣的通譯〉是唯一的例外，共提及95位通譯，包含了幾位重要的法院通譯。我開始著手研究日治時期譯者時，所有知識幾乎都得自於這篇論文。而這十年來，她給予我這個冒然闖進臺史的門外漢所給予的支持與助力，始終讓我銘感五內，無以回報。希望本書能不辜負她的厚愛。

　　投入日治譯者研究以來，處處屢見驚奇，讓我深信冥冥中自有天意與因緣。2013年1月，也是讀書會成員的筑波大學伊原大策教授，在其策劃與陪同下前往日本九州大分縣。他聯繫了津房小學校長羽下尚道先生，並透過校長的熱心斡旋，舉辦了鄉土人物座談會，且邀請到當地《大分合同新聞》記者採訪報導。其後，由於該報的披露，數週後的2月25日竟獲小野次子道光先生協助致電聯繫伊原教授，至此終於了解小野西洲後半生經歷，並取得其東京墓碑文字及照片等關鍵證據。然而，此後他們卻表明不願見面受訪。因此，2014年3月那篇論文是在自認材料已盡的情況下投稿的。

1　楊承淑（主編）：《日本統治期台湾における訳者及び「翻訳」活動：植民地統治と言語文化の錯綜関係》。

　　想不到，因緣仍然未了。2015年7月3日，我們終於在京都見到了小野道光先生（時年84歲）及其夫人，更難得的是還見到小野西洲的長女——粕原淑子女士（舊姓小野，時年96歲）。受訪後數月，奉寄2015年底出版的日文版專書給她，豈料僅數月後她已悄然仙逝。小野家屬為本研究解決了以下幾個至關重要的問題：

1. 小野西洲生平補遺
2. 小野西洲家族成員介紹
3. 小野西洲的戰後生活（且惠贈其戰後漢詩106首）
4. 小野西洲經常提及的在臺人物
5. 返日後與臺籍人士關係：與李春生孫女李如月女士仍有書函往返
6. 解釋小野西洲何以自華南銀行再返法院任職

　　2020年11月15日，小野西洲成長的大分縣宇佐市安心院町，為紀念小野西洲逝世55週年於「津房公民館」舉行「小野眞盛を語る会」（小野真盛談話會）。由宇佐市前市議會議員用松律夫先生及小野西洲故居傳人村上敬子女士共同推動，於會中披露筆者2015年的日文版著作，並邀請當年報導本研究的《大分合同新聞》再度報導此一鄉里人物的功績。[2] 會中決定繼續集結在地力量，深化對於小野西洲的人物探索。[3] 未來，透過在地寺院的歷代記載，可望對於小野家世的溯源研究等，能有更進一步的突破。

2　參見藤本昌平：〈小野真盛の功績を知って——日本統治下の台湾で通訳、文人として活躍〉，《大分合同新聞》，2020年11月18日。與會發言者除用松先生與村上女士外，尚有津房小學羽下尚道前校長、安心院繩文會鄉土學者小野正雄先生、及當年帶領小野赴臺的尾立惟孝檢察官外曾孫安部平吾先生。

3　2021年元旦，接獲用松先生函告，他於11月15日演講報告已刊登於《大分民報》和《大分文學》。村上女士則決定於自宅門口豎立標示，揭示為鄉土人物小野真盛故居。此外，小野道光夫妻也提供了小野西洲返國後的往來人物線索等。6月26日用松先生再度來函並附照片，告知標示已設置於津房村「本耶馬渓町東谷」。

　　除了本書焦點人物小野西洲之外，研究過程中出現的第一個奇蹟來自片岡巖的曾外孫——沖內辰郎先生。筆者那時經常抱著萬分之一的希望遊走於網路，2011年初終於展露了一線曙光。竟然有人在部落格上自稱是片岡巖的後人，於是留言給對方，盼能賜告片岡巖的生卒年份。約莫五個月之後，沖內先生回函了！接到回覆時，不禁深感這個研究可真生逢其時。若非網路時代，人海茫茫，如大海撈針的癡想，怎有可能如願成真呢？

　　同年，和沖內先生同往嘉義朴子、臺南展開田野調查之外，甚至遠赴日本福島拜謁片岡巖的墓地，訪問他的母親及姨母等生於臺灣的長輩，並獲贈片岡巖親家翁（女婿之父）森永信光1922年秋擔任東石郡守時，創立「樸雅吟社」的詩集《竹陰唱和集》。數年後，著手小野西洲漢詩文的媒體披露（本書第10章）時，塵封多年的詩集竟成該文重要的呼應與佐證。而與沖內先生和他母親森永勳枝女士，十年來多次於日、臺兩地會面，並和辰郎先生成為忘年之交。他也在曾祖父行誼的感召之下，投入臺史相關研究。

　　2019年秋，賴慈芸教授主編《臺灣翻譯史：殖民、國族與認同》之際，賜予重新出版本書第5章小野西洲研究的機緣，讓該文得以在取得新材料與重要證據下加以修訂翻新，並為日治研究略盡棉薄之力。寄望今後日治時期的譯者群體研究，不僅在臺灣翻譯史上，更能在殖民的譯史研究上，提出能與他國共鳴的學術見解。

建議閱讀書目

一、中日文書目

木村宏一郎（著），陳鵬仁（譯）：《被遺忘的戰爭責任：臺灣人軍屬在印度洋離島的歷史紀錄》，臺北：致良出版社，2010。

木村美津：〈父木村貞次郎の思い出〉，《新竹警友会報》第219號（平成13年〔2002〕8月）。後收中島利郎、吉原丈司（編）：《鷲巢敦哉著作集》別卷，東京：綠蔭書房，2002，頁439–442。

山根幸夫（著），吳密察（譯）：〈臨時臺灣舊慣調查會的成果〉，《臺灣風物》第32卷第1期（1982年3月），頁23–58。

山邊健太郎（編）：《現代史資料（21）：臺灣1》、《現代史資料（22）：臺灣2》，東京：みすず書坊，1971。

中島利郎（編）：《「臺灣民報・臺灣新民報」總合目錄》，東京：綠蔭書房，2000。

中島利郎、宋子紜（編）：《臺灣教育總目錄・著者索引》，臺北：南天出版社，2001。

中島利郎、林原文子（編）：《「臺湾警察協会雑誌」「臺湾警察時報」総目錄：著者名索引付》，東京：綠蔭書房，1998。

中島利郎、吉原丈司（編）：《鷲巢敦哉著作集》5冊，臺北：南天書局，2000。

——（編）：《鷲巢敦哉著作集》別卷，東京：綠蔭書房，2002。

——（編）：《鷲巢敦哉著作集》補遺續集第一輯，東京：綠蔭書房，2003。

——（編）：《鷲巢敦哉著作集》補遺續集第二輯，東京：綠蔭書房，2006。

王宏志：《翻譯與近代中國》，上海：復旦大學出版社，2014。

王昭文：《日治時期臺灣基督徒知識分子與社會運動 (1920–1930年代)》，國立成功大學歷史系博士論文，2009。

王詩琅：〈日人治臺政策試探〉，收曹永和、黃富三 (編)：《臺灣史論叢第一輯》，臺北：眾文圖書，1980，頁330–358。

───(譯)：《臺灣社會運動史──文化運動》，臺北：稻鄉出版社，1988。

───(著)，張良澤 (編)：《臺灣人物誌》，臺北：海峽學術出版社，2003。

矢內原忠雄：《帝國主義下の臺灣》，東京：岩波書店，1988。

───(著)，林明德 (譯)：《日本帝國主義下之臺灣》，臺北：吳三連臺灣史料基金會，2004。

末次保、金關丈夫 (編)：《民俗臺灣》，臺北：南天書局，1998。

西岡英夫、長坂金雄：〈臺灣の風俗〉，《日本風俗史講座》第19號 (1928)，頁1–64。

竹中信子：《植民地台湾の日本女性生活史》(大正篇)，東京：田畑書店，1996。

池田敏雄：〈鹿港遊記〉，《臺灣地方行政》1942年8月號 (1942年8月)，頁92–104。

池田敏雄：〈亡友記〉，收張良澤 (編)：《震瀛追思錄》，佳里：琅瑯山房，1977，頁119–139。

百瀨孝、伊藤隆 (監修)：《事典昭和戰前期の日本：制度と実態》，東京：吉川弘文館，1990。

住屋三郎兵衛：《臺灣人士之評判記》，臺北：南邦公論社，1937。

住屋圖南：《臺灣人士之評判記》，臺北：成文復刻，1999。

芝原仙雄 (編)：《臺北師範學校創立三十周年記念誌》，臺北：臺灣日日新報社，1926。

朱惠足：《「現代」的移植與翻譯：日治時期臺灣小說的後殖民思考》，臺北：麥田，2009。

吳文星：《日據時期臺灣社會領導階層之研究》，臺北：五南圖書，2008。

───(主編)：《臺灣總督田健治郎日記》(上)，臺北：中研院臺史所，2001。

───(主編)：《臺灣總督田健治郎日記》(中)，臺北：中研院臺史所，2006。

吳濁流：《アジアの孤児》，東京：一二三書房，1956。

───（著），傅榮恩（譯）：《亞細亞的孤兒》，臺北：南華出版社，1962。

───（著），傅榮恩（譯）：《亞細亞的孤兒》，臺北：草根出版社，1995。

邱若山：《佐藤春夫台湾関係作品研究》，臺北：致良出版社，2002。

河原功：〈佐藤春夫「植民地の旅」の真相〉，收《台湾新文学運動の展開──日本文学との接点》，東京：研文出版，1997，頁3–23。

李幸真：《日治初期臺灣警政的創建與警察的召訓（1898–1906）》，國立臺灣大學史研所碩士論文，2009。

李尚霖：《漢字、台湾語、そして台湾話文──植民地台湾における台湾話文運動に対する再考察》，一橋大學言語社會科博士論文，2006。

───：〈語言共同體、跨語際活動、以及「混和」──試論日治初期伊澤修二對東亞語言的思考〉，收《「日治時期的譯者與譯事工作坊活動」工作坊論文集》，臺北：中央研究院臺灣史研究所，2012，頁1–12。

武田珂代子：《東京裁判における通訳》，東京：みすず書房，2008。

Anthony Pym（著），武田珂代子（譯）：《翻訳理論の探求》，東京：みすず書房，2010。

岡本真希子：〈日本統治時代台湾の法院における『通訳』たち──台湾総督府公文類纂人事関係書類から見る台湾人/内地人『通訳』〉，收《第五屆臺灣總督府檔案學術研討會論文集》，南投：國史館臺灣文獻館，2008，頁153–174。

───：《植民地官僚の政治史：朝鮮・台湾総督府と帝国日本》，東京：三元社，2008。

林美容：《白話圖説臺風雜記》，臺北：國立編譯館，2007。

───：〈臺灣民俗學史料研究〉，收《慶祝建館八十週年論文集》，臺北：國家圖書館臺灣分館，1995，頁626–645。

───：〈宗主国の人間による植民地の風俗記録〉，《アジア・アフリカ言語文化研究》第71號（2006年3月），頁169–197。

林柏維：《臺灣文化協會滄桑》，臺北：臺原出版社，1993。

林淇瀁：〈日治時期臺灣文化論述之意識型態分析：以《臺灣新民報》系統的「同化主義」表意為例〉，收《臺灣近百年史論文集》，臺北：吳三連臺灣史料基金會，1995，頁41–62。

林莊生：〈談1900年代出生的一群鹿港人〉，《臺灣風物》第57卷2期（2007年6月），頁9–35。

———：《懷樹又懷人——我的父親莊垂勝、他的朋友及那個時代》，臺北：
　　自立晚報社文化出版部，1992。

林博正（編）：〈林攀龍先生年表〉，收《人生隨筆及其他：林攀龍先生百年誕
　　辰紀念集》，臺北：傳文文化事業，2000，頁301–335。

———：〈回憶與祖父獻堂公相處的那段日子〉，《臺灣文獻》57卷第1期
　　（2006年3月），頁154–166。

林獻堂（著），許雪姬（編）：《灌園先生日記》，27冊，臺北：中央研究院臺灣
　　史研究所籌備處、中央研究院近代史研究所，2010。

周婉窈：《日據時代的臺灣議會設置請願運動》，臺北：自立晚報，1989。

若林正丈：《台湾抗日運動史研究》（增補版），東京：研文出版，2001。

———（著），何義麟等（譯）：《臺灣抗日運動史研究》，臺北：播種者文化，
　　2007。

若林正丈、吳密察（主編）：《臺灣重層近代化論文集》，臺北：播種者文化，
　　2000。

———（主編）：《跨界的臺灣史研究——與東亞史交錯》，臺北：播種者文
　　化，2004。

洪炎秋：〈懷益友莊垂勝兄〉，《傳記文學》第29卷第4期（1976年10月），頁
　　806–87。

洪炎秋、蘇薌雨、葉榮鐘：《三友集》，臺中：中央書局，1979。

張子文，郭啟傳，林偉洲（編）：《臺灣歷史人物小傳——明清暨日據時期》，
　　臺北：國家圖書館出版，2003。

張正昌：《林獻堂與臺灣民族運動》，臺北：益群書店，1981。

許世楷（著），李明峻、賴郁君（譯）：《日本統治下的臺灣》，臺北：玉山社，
　　2006。

許佩賢：《殖民地臺灣的近代學校》，臺北：遠流出版，2005。

許雪姬：〈反抗與屈從——林獻堂府評議員的任命與辭任〉，《國立政治大學歷
　　史學報》第19期（2002年5月），頁259–296。

———：〈日治時期臺灣的通譯〉，《輔仁歷史學報》第18期（2006年12月），
　　頁1–44。

———：〈是勤王還是叛國——「滿洲國」外交部總長謝介石的一生及其認
　　同〉，《中央研究院近代史研究所集刊》第57期（2007年9月），頁57–
　　117。

———：〈他鄉的經驗：日治時期臺灣人的海外活動口述〉，收當代上海研究所（編）：《口述歷史的理論與實務：來自海峽兩岸的探討》，上海：上海人民出版社，2007，頁177–212。

———（編）：《日記與臺灣史研究：林獻堂先生逝世50週年紀念論文集》上、下，臺北：中研院臺史所，2008。

———（編著）：《霧峰林家相關人物訪談紀錄頂厝篇》、《霧峰林家相關人物訪談紀錄下厝篇》，中縣口述歷史第五輯，豐原：臺中縣立文化中心，1998。

宮田安：《唐通事家系論攷》，長崎：長崎文獻社，1979。

笠原政治：〈佐藤春夫が描いた森丑之助〉，《文化人類學の先驅者・森丑之助の研究》平成12–13年度科研費補助金基盤研究C2研究成果報告書，東京：橫濱國立大學，2002。

陳俊安：〈日治時期臺灣總督府新竹地區的客家社會統治：以《警友》雜誌為例〉，國立中央大學客家社會研究所碩士論文，2012。

陳培豐：《同化の同床異夢》，東京：三元社，2001。

陳培豐：《日治時期的語言・文學・「同化」》，臺南：成功大學，2004。

陳培豐（著），王興安、鳳氣至純平（譯）：《「同化」的同床異夢：日治時期臺灣的語言政策、近代化與認同》，臺北：麥田，2006。

陳恆嘉：〈以「國語學校」為場域，看日治時期的語言政策〉，收黎中光、陳美蓉、張炎憲（編）：《臺灣近百年史論文集》，臺北：吳三連基金會出版，1996，頁13–29。

陳偉智：〈「可以了解心裡矣！」：日本統治時期臺灣「民俗」知識形成的一個初步的討論〉，《2004年度財団法人交流センター協會歷史研究者交流事業報告書》，臺北：財團法人交流協會，2005，頁1–35。

陳豔紅：《『民俗台湾』と日本人》，臺北：致良出版社，2006。

陳翠蓮：《臺灣人的抵抗與認同》，臺北：遠流出版，2008。

陳韶琪：〈日治時期法院副通譯的群體研究〉，《臺灣風物》第68卷3期（2018年9月），頁45–90。

陳韶琪：〈跨涉「譯者」的漢詩人——日治時期法院通譯趙雲石與日本文人的交遊網絡〉，《臺灣風物》第70卷2期（2020年6月），頁45–90。

———：《日治時期法院通譯趙鍾麒研究——跨涉譯界的漢詩人》，輔仁大學跨文化研究所博士論文，2021。

鳥飼玖美子：《通訳者と戦後日米外交》，東京：みすず書房，2007。

冨田哲：《植民地統治下での通訳・翻訳 —— 世紀転換期台湾と東アジア》，臺北：致良出版社，2013。

———：〈日本統治期台湾の通訳者、通訳をめぐる近年の研究動向〉，收郭南燕(編)：《世界の日本研究 2017》，京都：国際日本文化研究センター，2017，頁 322–334。

黃美娥：《重層現代性鏡像：日治時代臺灣傳統文人的文化視域與文學想像》，臺北：麥田，2004。

黃富三：《林獻堂傳》，南投：臺灣文獻館，2004。

黃富三、曹永和(編)：《臺灣史論叢(第一輯)》，臺北：眾文圖書，1980。

黃馨儀：《台湾語表記論と植民地台湾 —— 教会ローマ字と漢字から見る》，一橋大學言語社會科博士論文，2010。

植野弘子：〈植民地台湾における民俗文化の記述〉，《人文学科論集》第 41 號（2004 年 3 月），頁 39–57。

森理惠：〈台湾植民地戦争における憲兵の生活環境 —— 明治 28–36 年（1895–1903）高柳彌平『陣中日記』より〉，《京都府立大学学術報告・人間環境学・農学》56（2005 年 12 月），頁 51–65。

森丑之助(著)，新宮市立佐藤春夫紀念館(編)：《佐藤春夫宛森丑之助書簡》，新宮市：市立佐藤春夫紀念館，2003。

游勝冠：《臺灣文學本土論的興起與發展》，臺北：前衛出版社，1996。

———：《殖民進步主義與日據時代臺灣文學的文化抗爭》，國立清華大學中文系博士論文，2000。

葉榮鐘：《日據下臺灣大事年表》，臺中：晨星出版社，2000。

———：《日據下臺灣政治社會運動史》上、下冊，臺中：晨星出版社，2000。

———：《臺灣人物群像》，臺中：晨星出版社，2000。

———：《葉榮鐘年表》，臺中：晨星出版社，2002。

森丑之助(著)，楊南郡(譯註)：《生蕃行腳》，臺北：遠流出版，2000。

楊承淑(編著)：《日本統治期台湾における訳者及び「翻訳」活動：殖民地統治と言語文化の錯綜関係》，臺北：國立臺灣大學出版中心，2015。

劉惠璇：〈日治時期之「臺灣總督府警察官及司獄官練習所」(1898–1937) ——臺灣警察專科學校史探源〉，《警專學報》第 4 卷第 8 期（2010 年 10 月），頁 63–94。

廖炳惠（編著）:《關鍵詞200：文學與批評研究的通用詞彙編》，臺北：麥田，2003。

蔡明志:《殖民地警察之眼：臺灣日治時期的地方警察、社會控制與空間改正之論述》，國立成功大學建築研究所博士論文，2008。

蔡錦堂:《日本帝国主義下台湾の宗教政策》，東京：同成社，1994。

潘為欣:《日治時期臺語白話書寫與文字拼音系統關係之研究——以〈語苑〉、〈臺灣府城教會報〉為中心》，國立臺北教育大學臺灣文化研究所碩士論文，2011。

鄭政誠:〈日治初期臺灣舊慣調查事業的開展（1896–1907）〉，《回顧老臺灣展望新故鄉臺灣社會文化變遷學術研討會論文集》，臺北：臺灣師範大學歷史系，2000，頁225–263。

謝天振:《譯介學導論》，北京：北京大學出版社，2007。

賴慈芸:《臺灣翻譯史：殖民、國族與認同》，新北市：聯經，2019。

戴國煇（著），魏廷朝（譯）:《臺灣總體相——人間．歷史．心性》，臺北：遠流出版，1989。

———:《戴國煇全集》，共27冊，臺北：文訊雜誌社，2011。

顏娟英（編著）:〈徘徊在現代藝術與民族意識之間——臺灣近代美術史先驅黃土水〉，《臺灣近代美術大事年表》，臺北：雄獅圖書，1998，頁7–15。

關詩珮:〈殖民主義與晚清中國國族觀念的建立〉，收《翻譯史研究（2011）》，上海：復旦大學出版社，2011，頁138–169。

———:〈大英帝國、漢學及翻譯：理雅各與香港譯官學生計劃（1860–1900）〉，《翻譯史研究（2012）》，上海：復旦大學出版社，2012，頁59–101。

二、英文論著

Bassnett, Susan, and André Lefevere. *Translation: History & Culture*. London and New York: Pinter, 1990.

Bhabha, Homi K. *The Location of Culture*. London: Routledge, 1994.

Delisle, Jean, and Judith Woodsworth. *Translators through History*. Amsterdam and Philadelphia: John Benjamins, 1995.

Lefevere, André. *Translation, Rewriting, and the Manipulation of Literary Fame*. London and New York: Routledge, 1992.

————. *Translation: Culture/History: A Source Book*. London and New York: Routledge, 1992.

Munday, Jeremy. *Introducing Translation Studies: Theories and Applications*. London and New York: Routledge, 2001.

Maine, Henry Sumner, Sir. *Ancient Law*. London: John Murray, 1861.

Nida, Eugene A., and Charles R. Taber. *The Theory and Practice of Translation*. Leiden: E. J. Brill, 1969.

Pöchhacker, Franz. *Introducing Interpreting Studies*. London and New York: Routledge, 2004.

Pym, Anthony. *Method in Translation History*. Manchester: St. Jerome, 1998.

————. *Exploring Translation Theories*. London and New York: Routledge, 2009.

Scott, James C. *Weapons of the Weak: Everyday Forms of Peasant Resistance*. New Haven: Yale University Press, 1985.

Shlesinger, Miriam, and Franz Pöchhacker, eds. *Doing Justice to Court Interpreting*. Amsterdam: John Benjamins, 2010.

Soja, W. Edward. *Thirdspace: Journeys to Los Angeles and Other Real-and-Imaged Place*. Cambridge: Blackwell, 1996.

Takeda, Kayoko. *Interpreting the Tokyo War Crimes Tribunal: A Sociopolitical Analysis*. Ottawa: University of Ottawa Press, 2010.

————. "Interpreting at the Tokyo War Crimes Tribunal." In *Doing Justice to Court Interpreting*, edited by Miriam Shlesinger and Franz Pöchhacker, pp. 9–27. Amsterdam: John Benjamins, 2010.

Torikai, Kumiko. *Voices of the Invisible Presence: Diplomatic Interpreters in Post-World War II Japan*. Amsterdam: John Benjamins, 2009.

Tymoczko, Maria, and Edwin Gentzler, eds. *Translation and Power*. Amherst/Boston: University of Massachusetts Press, 2002.

Lee, Wei-chin. *Taiwan (World Bibliographical Series)*. Oxford and Santa Barbara: Clio Press, 1990.

本書各章初出一覽

1. 楊承淑：〈臺灣日治時期的譯者群像〉，《翻譯史研究》，上海：復旦大學出版社，2012，頁178–216。**（第1、6、12章）**

2. 楊承淑：〈臺灣日治時期的臺籍譯者群像〉，《翻譯與跨文化交流研究：積澱與視角》，上海：上海外語教育出版社，2012，頁43–61。**（第1、7章）**

3. 楊承淑：〈譯者與贊助人：以林獻堂為中心的譯者群體〉，*The Making of a Translator: Multiple Perspectives*（《譯者養成面面觀》），臺北：語言訓練測驗中心，2013，頁41–83。**（第2、8章）**

4. 楊承淑：〈譯者的視角與傳播：片岡巖與東方孝義的臺灣民俗著述〉，《走向翻譯的歷史：香港中文大學翻譯研究中心四十周年紀念》，香港：香港中文大學翻譯研究中心，2013，頁105–156。**（第3、9章）**

5. 楊承淑：〈譯者的角色與知識生產：以臺灣日治時期法院通譯小野西洲為例〉，《編譯論叢》第7卷1期（2014年3月），頁55–78。**（第5章）**

6. 楊承淑：〈譯者與贊助人：從日治時期警察通譯試題中的對話見端倪〉，《翻譯學研究集刊》第17輯（2014年6月），頁261–281。**（第10、11章）**

7. 楊承淑：〈臺灣日治時期法院通譯的群體位置：以《語苑》為範疇〉，《翻譯與跨文化交流研究：互動與共生》，上海：上海外語教育出版社，2015，頁55–77。**（第6章）**

8. 楊承淑：〈《語苑》裡的譯者角色——跨界於警察與法院的譯者〉，《翻譯史研究 (2015)》，上海：復旦大學出版社，2015，頁188–215。**(第7章)**

9. 楊承淑：〈日治時期的法院高等官通譯：譯者身分的形成及其群體角色〉，《第八屆臺灣總督府檔案學術研討會論文集》，南投：國史館臺灣文獻館，2015，頁69–90。**(第8章)**

10. 楊承淑主編：《日本統治期臺湾における訳者及び「翻訳」活動：植民地統治と言語文化の錯綜関係》(臺灣日治時期的譯者與譯事活動——殖民統治與語言文化的錯綜交匯現象)，臺北：國立臺灣大學出版中心，2015。**(第5章)**

11. 楊承淑：〈譯者與他者：以佐藤春夫的臺閩紀行為例〉，《東亞觀念史集刊》第8期 (2015年6月)，頁175–209。**(第4章)**

12. 楊承淑：〈譯者的解讀與重構——以小野西洲對謝雪漁的「內地遊記」讀後文為例〉，《亞太跨學科翻譯研究》第3輯，北京：清華大學出版社，2016，頁1–36。**(第9章)**

13. 楊承淑：〈小野西洲的漢詩文媒體披露與日臺藝文圈形成〉，《翻譯史研究 (2017)》，上海：復旦大學出版社，2017，頁218–244。**(第10章)**

14. 楊承淑：〈從《臺灣語虎之卷》看教材中的話語與權力〉，《或問》第37號 (2020年6月)，頁95–104。**(第12章)**

15. 楊承淑：〈亞洲的譯者與譯史研究：理論與實踐〉，《長江學術》2021年第1期 (2021年1月)，頁97–105。**(序章)**

索 引

（以中文首字拼音排序）